母親的歷史

MOTHER

AN UNCONVENTIONAL HISTORY

Sarah Knott

莎拉・諾特——著　王翎——譯

臉譜書房 FS0145

母親的歷史：

懷胎、分娩、哺乳、一夜無眠、安撫嬰孩、教養育兒……跨越時間與地域，思索母性、理解母職，並探尋人母身分的歷史及演變軌跡

MOTHER: An Unconventional History

作　　者　莎拉·諾特（Sarah Knott）
譯　　者　王　翎
編輯總監　劉麗真
責任編輯　許舒涵
行銷企畫　陳彩玉、陳紫晴、楊凱雯
封面設計　莊謹銘

發 行 人　凃玉雲
總 經 理　陳逸瑛
出　　版　臉譜出版
　　　　　城邦文化事業股份有限公司
　　　　　台北市民生東路二段141號5樓
　　　　　電話：886-2-25007696 傳真：886-2-25001952
發　　行　英屬蓋曼群島商家庭傳媒股份有限公司城邦分公司
　　　　　台北市中山區民生東路二段141號11樓
　　　　　讀者服務專線：02-25007718；25007719
　　　　　24小時傳真專線：02-25001990；25001991
　　　　　服務時間：週一至週五09:30-12:00；13:30-17:00
　　　　　劃撥帳號：19863813　戶名：書虫股份有限公司
　　　　　讀者服務信箱：service@readingclub.com.tw
　　　　　城邦網址：http://www.cite.com.tw
香港發行所　城邦（香港）出版集團有限公司
　　　　　香港灣仔駱克道193號東超商業中心1樓
　　　　　電話：852-25086231或25086217　傳真：852-25789337
馬新發行所　城邦（馬新）出版集團
　　　　　Cite（M）Sdn. Bhd.（458372U）
　　　　　41-3, Jalan Radin Anum, Bandar Baru Sri Petaling,
　　　　　57000 Kuala Lumpur, Malaysia.
　　　　　電話：+6(03)-90563833　傳真：+6(03)-90576622
　　　　　讀者服務信箱：services@cite.my

一版一刷　2022年5月

城邦讀書花園
www.cite.com.tw
ISBN 978-626-315-092-8

售價：NT$ 499

獻給K、M和V

目次

序言

廚房桌上有一份黃褐色的文件，剛好放在小寶寶搆不著的地方。是家母上一回來探望我們時帶來的，她想說我對她的媽媽手冊可能會有興趣。信封上印著：「密件」。底端還有一行字「重要注意事項」：「本卡須由本人親自保管。」一九七〇年代的英國國民保健署（National Health Service）會對病患三申五令。

信封袋的米褐色，和我身為歷史學家做研究時常會讀的十七、十八世紀手抄本顏色頗為相像。紙張一開始往往是近乎白色，但是等到文件存放至現代檔案庫時，已經歷了數百年的光陰，紙張裡的雜質也顯現無遺。

國民保健署用的信封已磨損，但形狀大致完好，還能打開。信封外側上，家母在倫敦的郵遞區號N14住址被塗劃掉，改成在艾塞克斯的地址，那是我童年的住所。從小小一層市區公寓，換到一處有三間臥室的整潔獨棟屋宅，房子位在距離北海（North Sea）不遠的村子裡。

我想取出信封裡的內容物，但是懷裡的小寶寶扭來動去，和我小眼對大眼想要引我分心，身上好聞的味道讓我真的分了心。海星狀小手拍擊圓臉，表示午睡時間已到。

成為母親，在過去有著哪些不同的樣貌？好比說，對於十七世紀的人所謂「懷帶小孩」（going with child），亦即婦女孕產和育兒，我們能有什麼樣的了解？「懷著小孩可說是一名大肚子婦女和胎中嬰兒在驚滔駭浪的海面上漂浮了九個月」，一六八八年時有人觀察後如此描述。接著：「而分娩那唯一的港口，充滿危險的礁岩，……以致無論母親或胎兒，在抵達港口之後，往……仍然需要大力援助和守護。」風雨交加的變形場景，凶險緊繃，戲劇張力十足。[i]

再一個半小時，家門口處會有一陣騷動，另一半K會帶著有點吵鬧的老大回來。最好先擱下信封，還有裡頭那件出自英國本地的證據。

小寶寶睡著了，斜射的陽光灑落在信封上面地址第一行印好的稱謂：「太太」。二十世紀晚期的國民保健署假定所有孕婦都是已婚婦女。大家耳熟能詳的「未婚媽媽」一詞於一九六〇年代改為較不具貶義的「單身媽媽」（single mother），但是備受推崇的模範家庭樣貌仍是男女結婚成家後，由媽媽在家全職育兒。

信封裡有張「孕產婦就醫協作紀錄卡」，上面用釘書針釘了一張嬰兒的預防接種紀錄。關於一九七〇年代英國婦女為母育嬰，我們由此可以獲悉怎樣的洞見？懷孕第三個月，在醫師檢驗確認懷孕後，開始進行產前檢查。紀錄卡上寫著十二週。十四週，接著十八週，二十二週……

一九七〇年代有幾位倫敦媽媽告訴社會學家安・奧克利（Ann Oakley）她們到診所產檢的心得。「很像工廠裝配線」，二十六歲的插畫家吉莉安・哈特利（Gillian Hartley）如此回憶第一次去診所產檢的情景；「我檢查完起身還是一樣緊張兮兮」，不過醫護人員很親切。店員妮娜・布萊迪（Nina Brady）稱呼奧克利為「親愛的」，她覺得去看醫生非常尷尬，不想再去。布萊迪告訴一名護理師說有一個女人從不去診所接受產檢，覺得毫無意義。二十六週，二十八週，三十週。家母當時是快三十歲的護理師，害羞的她完成所有例行產檢。[ii]

在紀錄卡上，「胎動」（quickening）是單獨列出的條目。一個人第一次感受到寶寶在動，從醫學角度來看很重要。「胎動」一詞具有很長的歷史淵源。十七世紀的英國婦女將胎動視為懷有身孕的確切證明。北美洲原住民族歐及布威（Ojibwe）婦女認為胎動是肚子裡的小生命成為人的開始。不同時代對於「胎動」一詞的熟悉度各異。小說家夏洛特・赫希（Charlotte Hirsch）於一九一七年匿名出版歷史上首部孕婦私人記述，她一直認為這個詞的意思是胎兒第一次吸到外面的空氣。我在英格蘭的親友通常都聽過這個詞，我平常在美國工作和生活，有時會碰到一些朋友和同事沒聽過「胎動」一詞。[iii]

紀錄卡間接記錄了關於懷孕的種種知覺感受，簡潔扼要。關於「胎動」，只記錄了發生日期，沒有其他細節。倫敦的醫師在第三十四週記下「情況良好」。艾塞克斯的醫師在此後沒有多久寫下「感覺很好」。第四十週時也是「情況良好」。假如思索如何重新捕捉一九七〇年代以降的經驗，都會陷入兩難境地了，那麼想要了解英國和北美的偌大疆域從十七世紀開始的情況，會有多麼艱困？這些地方有時候彼此有所連結，可能是基於過去的殖民歷史，或是西方共同經歷的種種變動，有時候則毫無關聯。

「感覺很好」。簡短倉促——從前為母育兒的母職（mothering）經驗所留下供後人追溯和揣想時注意到的典型印象。無論從前或現在，即使是在有最多光線照亮的歷史角落，照顧嬰兒讓人思路中斷，念頭停頓，連一本書也無法讀完。最豐富的紀錄，如信件和日記，往往在開始變精采的時候戛然而止。一封信寫到一半，句子只寫了前半就遭擱置，因為寫信者在哭鬧聲召喚下離去，或是一篇日記沒寫完就停筆，因為寫作者得空出雙手抱嬰兒。

身為研究政治革命的歷史學家，我研讀的通常是龐大的文獻檔案：獨立宣言、憲法、新聞專欄、政治理念宣傳小冊，戰爭時期通訊紀錄。除了請產假期間，我在學校教授關於十八世紀晚期王國轉變成為共和國的宏大敘事。聽到不太熟悉的部分，學生一個個瞪大了眼睛：不是某位班傑明．富蘭克林（Benjamin Franklin）或某位瑪麗．安東妮（Marie Antoinette）做了什麼事，而是遭受奴役的男男女女為了尋求自由而逃亡，或是美洲原住民族的外交使節為了阻止殖民者在美洲大陸擴張勢力範圍，而與法國或西班牙、英國或美國締結聯盟。關於為母育兒，我能討論的就為之縮減，內容也偏向粗礪艱難的現實。故事支離破碎，紀錄零星片斷。

從產檢紀錄卡的情境脈絡，可以洞悉一些一九七〇年代風格的胎動或「感覺很好」的故事。根據那個年代的醫學建議，孕婦應該「健康滿足」，懷孕是一件「快樂的事」。

會是一本**快樂**的書嗎？家母在電話中詢問，慈愛親切，語帶試探，話聲中帶著一絲憂慮。

事實上，我們對於一九七〇年代母職經驗的了解，勝過任何更早期的年代，這要歸功於發生在同樣年代的婦女解放運動。當安．奧克利詢問她的倫敦受訪者對胎動的想法，他們提供了各種各樣關於胎兒最初活動的詳細描述，例如「像是吃東西堵住不消化」，「就像輕輕震顫」，或是像「小蝴蝶」，「一尾魚在水裡游泳——或是一隻很大的蝌蚪」。有些作家，主要是美國的白人女性主義作家，出版了孕產回憶錄，就好像女性可以選擇要不要生養小孩的事實，終於讓成為母親一事的複雜性成為大家會感興趣的主題。還有作家很叛逆，她們寫詩。〈吹擂者的語言〉（The Language of the Brag），莎朗．歐茲（Sharon Olds）將她關於生產的詩作如此命名。[iv]

而英國和北美在一九七〇年代**以前**留下的，只有大概一英擔的零碎片段。一份十七世紀的法庭紀錄剛好揭露了有嬰孩在教堂裡哭鬧。一名十八世紀的旅人描述原住民婦女一邊將獸皮鞣製成皮革，一邊照顧放在嬰兒背板（cradleboard）裡的孩子。一名十九世紀社會改革運動人士記下有嬰孩被放在吊掛在工廠天花板的蛋盒裡，暗示當時的職業婦女如何克難育嬰。一九三〇年代的農夫妻子匆忙寫下嬰孩腸絞痛的症狀交給政府部門，希望獲得最先進的醫囑。

諸如此類零碎細瑣的證據。我一直跟同為歷史學家的K抱怨，說沒有什麼素材可以研究。我母親的人生至少還產出了一張醫療紀錄。

想要探索歷史上生兒育女之事，最好的方式或許是先擱置宏大敘事到一邊，將注意力放在零碎片段和遺聞軼事。欲探索母職在歷史上的種種樣貌，最好的方式或許是先搭建出由眾多微小場景構成的格架，追索其中牽涉的許多行為動作。受孕，流產，胎動，懷胎，生產。接下來，把屎把尿，餵奶，睡眠，不休不眠，養家育兒，受到干擾，反覆送托接回。這些構成身體內在的「持續發生中」（ongoingness），是活生生、血淋淋的「帶小孩」場面，全是動詞。

「母親」是動詞，是為人母親。

這天晚上，K打開收音機，在準備幫老二洗澡要用的東西，收音機的白噪音應該能避免老大被我們的講話聲吵醒。我靠在門口探頭問他：你知道嗎？英國精神分析學家唐諾．溫尼考特（Donald Winnicott）在一九四〇年代製作最早談論母職的廣播節目時，聽眾一開始還以為他是女人。他的音調很高又尖細，聽起來很像女性。也許溫尼考特談論照顧嬰兒的方式有所幫助；他和許多更早或更晚的男性專家不同，他顯然喜歡也信任全天下的母親。

今晚的廣播節目討論到一位加拿大跨性別男性的回憶錄，他照顧自己的孩子並以提供哺乳諮詢為業。任何人只要養小孩，就成了活靶。想想看我們在二十一世紀面臨的所有轉變，社會地景中出現了全新的人物和風格：溫尼伯（Winnipeg）的跨性別男性；有小小孩的酷兒家庭；新時代的家庭主夫；雙薪家庭中夫妻平等分擔育嬰的責任。或是醫療服務和國家提供的援助縮水，以及資本主義下的教養照護僅被賦予極低的價值。

K點點頭表示贊同，繼續專心致志幫寶寶洗淨身體。我的英國腔話聲中，不時有他的紐約口音輕巧跳出，是整串半對話中的另一番半對話。

我接過寶寶抱在臂彎裡。這正是生養兒女在過往歷史上種種樣貌如此引人入勝的地方。變動不斷的現在召喚著變動不斷的過往歷史。

我將英國國民保健署紀錄收到安全的地方，放在我的一疊日記底下，紀錄呈現出為母育兒主要被當成一種生物性的事務，是有待監控的自然歷程。LMP表示「最後一次月經」。EDC是「預產期」，我們現在單純稱為「生產」（birth）。但是我逐漸發現，為母育兒與其說是生物性的事務，其實更偏向身體性的事務。

片斷史料中的呈現形形色色。懷胎和育兒在不同時代和地方各有不同的樣貌，遠比我們推想的更為殊異。為母育嬰並非固定不變的狀態，是身體的，也非常生理，但若要說是生物的、普世的、恆久不變、再自然不過的，就未必如此。若是如此，要捕捉母職從過去到現在的樣貌，表示取材要廣博多元且特定具體，方能探索母職的無窮變化。「邁向多元且具體」（pluralize and specify）是伊芙·可索夫斯基·賽菊寇（Eve Kosofsky Sedgwick）的用語，優美簡練：承諾將重

塑理解，不將任何身體性的事物視為理所當然。v

我用揹巾將新生兒揹在身上，在庭園小徑裡來回踱步，一手拿著文章或書，另一手不停寫著筆記。我讀歷史學、人口學、考古學、人類學和社會學著述；讀回憶錄、信件和日記；讀公家機關報告和法庭紀錄；讀調查報告和訪問內容——這些文獻資料多半與孕產或育嬰幾乎沒有任何直接關聯，但是字裡行間多少能找到蛛絲馬跡。

研究從我最初考慮為人母開始，在我生下老大之後的育嬰磨難中持續進展。一個新發現的小細節，或是一連串細節，倏忽閃現的同情共感，或是短暫設身處地同理他人的挑戰，一股熟悉感或一股距離感，盡是慰藉，盡是明燈。

把握晚上一小時或上半天班的零碎時間打字潤稿，我有意保留筆記原汁原味：不眠不休、匆忙混亂的特質；不時被打斷難以集中注意的奇特狀態；簡短的句子；為了沒覺可睡或衣服弄溼發愁；以及對於善感的心緒忽而欣喜，忽而不順反感。老二的到來為我的探究帶來一種迫切感。

翌日早上，經歷片斷破碎的一夜之後，我需要出門透氣，於是搭公車到市中心辦點事。雨滴輕輕落在傘頂，濡溼的鞋尖顏色深暗。在石砌中庭的另一頭，博物館的旋轉門召喚行人進入乾燥的空間。市中心只剩這個地點，讓人不用買咖啡或茶就有位子可以帶著嬰兒坐下。

我在疲倦恍惚中朝畫廊走去，展室中央的矮凳是洋紅色的，似乎將文藝復興畫作的色彩吸入了展室之中。牆面上，緊身男上衣筆挺亮眼，華麗裙襬披垂裹覆。畫中的聖母子靜定不動。場景是十六世紀的佛羅倫斯，或那不勒斯。接著，一片緋紅中跳出一幅徹頭徹尾的現代畫，是牆面上臨時新增的展品。樸素的炭筆線條或飛逸或聚集，構成一名抱著嬰孩的女子。幾乎不留任何色彩，畫面卻搏動如生。嬰孩身體拱起，腳丫踢向半空。母親緊緊挾抱孩子，穩住身體，凝望畫外。

隔著展室裡的亞洲觀光客和當地學校的校外教學團，一名博物館保全人員瞥向我，眼神帶著一絲同情。在他眼中的，也許是帶著小孩的媽媽惹人心煩，也許是有點年輕的白人女性淋了雨渾身溼而且心事重重，也許是家長在享受天倫之樂。

「我頭一個孩子出生時，我覺得自己好像在飛。」創作炭筆畫的藝術家在受訪的錄音中解說道。珍妮・薩維爾（Jenny Saville）為求快速自由的寬大筆觸，捨棄油彩改用炭筆。她以大幅素描畫重新詮釋達文西筆下的聖母，將聖母重塑為帶著活潑孩子的活潑當代母親。[vi] 畫作之大，令人自覺渺小。畫面中以奔放線條取代僵硬剪影，呈現為母育兒的反覆重塑。薩維爾的現在讓畫廊的過去活了起來，就如同過去形塑了現在。兩者相互結合，相互對比，更顯豐富，更具動感。

對歷史的好奇心讓我們飛翔，我揣想著，讓我們得以擺脫自我，得以質疑，然後重新想像。為了更全面認知自己身處的時代，在時代的輪廓中辨析時代是什麼，或可能成為什麼。過去之於我們，可以是重擔，也可以帶來解放。

第一章　子女數

回到一開始，家裡一個孩子都沒有，研究也才剛起步。母職只是一個抽象的願景。[1]窗外的鐘塔顯示再十分鐘就到整點。大學生匆匆趕去上正式開學前的暑期課程，腳步踩平了穿過乾枯草地的徑道。我和一位同事兼親近好友討論人生和工作，講得慷慨激昂。如果要生小孩，我不確定會生一個還是兩個，我宣示，語氣略嫌輕快。

不太好應對的場面。我們都知道，或至少我認為我們都知道，調查結果顯示，有伴侶和小孩的男性，像是這位好友，在我們的職場中發展順遂。有小孩的女性則未必。她們有所成就的比例下降，遜於沒有小孩的男性和女性同行。

他不知所措地反駁，帶著一絲不耐：先**一個就好**。

從前的人對於要生幾個小孩有什麼反應，他們會預設家庭有幾名成員？不同的人在各自所處的時空中，會看到家家戶戶育有多少子女？

邁阿密族（Miami）和波塔瓦托米族（Potawatomi）一度橫越山丘林立的美國中西部向外遷

徒，來往於夏季的大型農耕聚落和較小的冬季村莊之間，部族婦女鮮少只生一胎。部族中，女性負責處理毛皮，種植玉米、南瓜和腰豆，她們各自生育數名子女，並合力照顧部落的所有孩子。部落族人藉由食用當地墮胎藥草、禁欲和延後斷奶時間，小心地每隔三到四年才生育一胎。這是一個以親族為基礎的世界，家族成員的協力合作與生存息息相關。在賓州或俄亥俄州的觀察者所做的紀錄中，常記載原住民家庭子女數量平均為四到六名。[2]

時間同樣是十七到十八世紀，再看向更東方，在廣闊北美大陸逐步推進的殖民者生養更為眾多，家庭的子女數量超過他們企圖取代的原住民族以及他們拋諸腦後的舊世界社會。殖民者在曾是易洛魁人（Iroquois）或阿岡昆人（Algonquian）的土地落腳，女性通常十八、九歲或二十出頭就結婚，每隔十八個月到兩年就生一胎。較高的生育頻率是咸認良好的繁衍韻律，如此稀鬆平常，看來幾乎完全自然、天賦神賜，也是繁榮昌盛之兆。仕紳階級（gentry）、住在城市的猶太人和德裔居民社群的成員普遍早婚，大家庭特別常見。同時在殖民者遷出的舊歐洲社會，民生經濟往往較不穩定，女性不婚或等到年紀較長時才成婚，每隔兩到三年生一胎。由於難以達到經濟無虞，很多婦女終生未婚。

大多數的社會對於記錄社群集體相關的數字並不熱衷。多虧有現代人口學家研究過去的人口，我才能得知這些生育率數字。

對於沒有子女的人來說，這些數字可能乍看無比冰冷，遙不可及，甚至引人反感。現代人口學家計算並製作圖表之後發現，這些數字隨著時代更迭有所變動，十七到十八世紀時，北美洲每個家庭平均育有七或八個孩子，英國家庭則平均有四或五個孩子，到了二十世紀晚期，兩地的家庭平均子女數都降至二．二甚至更低。他們主要從西方史料文獻擷取匯整相關數字，來源包括地方人口普查、家庭史料、遺囑和教堂紀錄，到了十九世紀開始，則多了全國人口調查資料。看到第一個北美洲的數字時，我頓了頓，深吸一口氣：**平均數**接近臀寬身厚的「8」。[3]

能夠將這些數字帶入熱烈喧鬧的日常作息嗎？我尋思著。十七世紀以降形塑母職的重大轉變，無疑是人口學家俐落名之的生育轉型（fertility transition）。如果**真有**所謂關於母職的宏大敘事，那麼我們所能提出最接近的說法，就是從很可能是大家庭為主變成以小家庭為主。

平均子女數從八或五降到二．二——暗示一個人對生活的期望會出現三種大幅改變，或者可說對於未來的期望會發生改變三部曲：

從生孩子……變成育兒。或者不那麼言簡意賅，一種「以前」是生下很多孩子並活在一副留下多次懷孕生產印記的身軀；而一種「以後」是只生幾個孩子。一種「以前」是生養大群子女，分身乏術、應接不暇；一種「以後」是為人母者投注全部心力，照顧拉拔獨生子女或兩、三名子女……而我同樣難以想像。

從受孕懷胎基本上只能接受命運安排……改變成強調家庭計畫。改變的最大動力並非來自新的避孕方式，而是來自知識，以及更明確的未來發展方向——或者該說是更精準的計算。規畫要生養幾個，進行後續推算，考慮中間要隔幾年，評估自己的負擔能力，依照計畫行事。

從預期一胎接一胎甚至同時升級當祖母……變成僅有數年在育嬰。相關數字暗示，生養兒女一度是成年婦女的定義，以及永久處在的狀態。稍晚的年代直到現今，育嬰已經變得更像是生命週期中一個短暫的時刻。

「吾友，你難道不覺得，」蘇珊娜・霍普金斯（Susanna Hopkins）在信中寫道，「此人思維十分之狹隘，」——小家子氣——「這種認為我們〔女人〕就應如家畜一般的人？」這位馬里蘭州的年輕女子是在這些改變肇始之前寫下這句話，她生在十八世紀晚期的美國。她對於傳統思維將女人視為負責繁衍的家禽家畜，感到厭惡畏懼。生育轉型就是在她這個世代開始，大約同一時期發生了美國獨立革命，有些婦女於是有機會將爭取自由和獨立的激進訊息套用在自己的人生。一名貴格派（Quaker）商人的妻子莎拉・羅根・費雪（Sarah Logan Fisher）述及同時代的一名婦人「不到二十九歲就生了第六胎」：生太多個，年紀太輕，太倉促了。拒絕因循守舊，將新的可能性付諸實行，感覺起來似乎和推翻君主政體一樣激進且意義深遠。[4]

法國婦女的家庭人口統計史也遵循類似具革命性的發展路徑。英國在十九世紀晚期也邁向由大家庭轉為小家庭的趨勢，這種轉變一般多認為與工業化有關。

無論由大家庭到小家庭的轉型發生在何時何地，女人開始能掌控自己的身體和時間。她們得以藉由精確特定的數字設定理想的家庭規模。賓州菁英階層女性愛絲特・艾德里（Esther Atlee）可能會認為這種轉變表示女人終於變得好命一點。生活在一七八〇年代的她注意到自己再次懷孕時的惡劣心情，「我無從解釋自己時常感受到的一股憂愁抑鬱，」她寫道，隨即又補充，「要是能稍微從家事雜務中脫身……我應該會好過一點。」（該次懷孕會讓她的子女數稍稍進位成二位數。）威廉斯波特的瑪莎・伯溫（Martha Bowen of Williamsport）於一八五五年回顧育有十餘名子女的祖母在鄉村的生活時記述道：「要照顧一大家子……她的活動範圍有限。」在祖母和瑪莎中間這一代的瑪莎母親育有四個孩子，身為牧師妻子的瑪莎則只生了一個。5

諸如此類的轉變情景並不普遍，而且僅侷限在特定地方。於一九二〇年代造訪美國小城蒙夕（Muncie）的遊客指出，承襲自一八九〇年代的多子多孫增產報國風氣已經「消退」。在大眾心目中，有六到十四個孩子的家庭不再跟「有兩個、三個或四個孩子的家庭一樣是『優良家庭』」。以一九三〇年代的倫敦為例，像在紡織廠當女工的朵莉絲・韓斯洛（Doris Hanslow）這樣的年輕女子，可能認為少生幾個孩子與冷熱自來水供應、電燈普及，或地方社會住宅興建等近期民生狀況改善有關。她的母親生活在世紀之交的柏蒙西（Bermondsey），育有八名子女。朵莉絲和同時代倫敦其他勞工階級婦女一樣，不會生養那麼多孩子，她只生兩胎。我的祖母在倫敦幫人打掃樓梯貼補家用，她並未跟上節育的時代潮流，生下的五個孩子中只有三個長大成人。如果於二戰之後在城市街頭訪問女性理想中的子女數，她可能會回答「生一個就夠了」，也可能回答兩或三個。生一個，因為：「得花心力好好栽培孩子，不是嗎？」生三個，因為：「我希望盡可能給孩子最多最好的，要是生更多個，我想我就吃不消了。」[6]

有些社群的理想子女數量可能與其他社群大相逕庭。十九世紀的克里族（Cree）婦女生活在北美洲的大草原，她們通常一家生四個小孩。該族平均子女數到了一八六〇年代卻增加了，或許是因為獵捕水牛為生的時代進入尾聲，部族逐漸轉為定居生活。克里族的故事裡也提及了子女數：「『很久以前』我們抱得動幾個孩子就生幾個，打仗時才能抱了孩子就跑。」至於一九三〇年代居住在威斯康辛州、密西根州和明尼蘇達州原住民保留地的歐及布威族，可能也符合子女數在較早的年代較少的情況。一名提供消息的人士告訴身為天主教修女的人類學家伊內絲・希爾格（Inez Hilger）說「孩子一胎接一胎地生是很丟臉的事」。[7]

在大家庭的時代，家族對於人丁興旺的要求，以及女人可能陷入「憂愁抑鬱」的威脅和所受到「活動範圍」的限制，都顯得無比艱辛，令人生畏。

女性在失落中可能感受到的種種欣慰，就比較難以捉摸。也許，是對於健壯充實的身體暗自感到驕傲。或者，是呼召一聲膝下就有兒女成群的愉快。或者，是新生兒長了一副和已經長大成人的兄姊酷似的面貌。或者，是密密麻麻刻了十數名在世孝子孝女名字的墓碑。在多產的過去和節育的現在之間某個時刻，為人母生兒育女不再是命運，而成為一種困境，一個問題。

長大成人的過程中，我覺得自己似乎不可能生小孩。我想要有意思的人生。我想要獨立自主，在伴侶關係中和另一半地位平等，這可說是適合一名唸文法學校、受惠於第二波女性主義的英國女孩追求的目標。當媽媽感覺很無聊，很拘束，很居家，而且會變得沒有大人的話題可聊。身為一個滿足地享受充足母愛的孩子，我很愛我的母親，但是我不喜歡她對父親言聽計從，而我對父親有很高的認同。家父不喜歡小孩子，我也不喜歡；一直到二十幾歲，我才明白有些人親暱逗弄小嬰兒不只是出於禮貌。

三十出頭時，我很敬重的一位年長友人點出她這輩子的遺憾就是沒有生小孩。我遇過一些個性獨立的人，毫不掩飾對孩子的疼愛，享受養小孩的樂趣。整件事忽然好像完全不同了。在二十一世紀這麼個人似乎嘴巴上說「不要小孩、不要小孩」然後就生了小孩的時代，諸如此類的啟示並不罕見。家庭子女數這個問題的最新版本是要生或不生，同時也是非常當代的變形：不是要生幾個小孩，而是到底要不要生小孩。

這樣的啟示可能受到許多考量和許多不同的家風所形塑。蕾貝卡・華克（Rebecca Walker）的回憶錄以「在矛盾一輩子之後選擇成為母親」為副標題，她的母親是黑人女性主義代表人物愛麗絲・華克（Alice Walker）。對於愛丁堡作家琪特拉・拉瑪斯瓦米（Chitra Ramaswamy）來說，懷孕忽然成了誘惑和複雜的謎題：如何拋開多愁善感、衛生和科學；如何拋開醫師處方、心理勵志書和煽動情感的打油詩；如何拋開謊言、錯誤觀念和不請自來的建議；拋開政治活動，還有源源不絕、怎麼也聽不完的新故事？[8]

對我的同事來說，生孩子一事已有定案。他的伴侶是稱職的家長。我和K跟他們一起去附近森林健行，她很會派任務給他們家兩個小孩，一會兒要他們找特大號的蕈菇，一會兒要他們找字母形狀的樹枝，讓小孩玩到忘了疲憊。同事的表現同樣稱職，我還注意到K也毫不遜色，他將小一點的孩子抱高，讓他坐到肩頭上。先一個就好。

人口統計圖表在我腦海中縈繞不去，我想像著一個又一個已然失落的過往世界。在二十一世紀之前的多數社會中，必定有一大群、一大群的小孩。大家都看得到嬰兒：不像我們現今的社會，沒有在帶孩子的人通常和帶孩子的媽媽隔絕開來。對於小寶寶完全無知以及深刻的分隔感，都是現代的發明。[9]

從前的那些小孩成群結隊跑來跑去，儘管嬰兒死亡率高於現今。到了二十世紀中葉，罕有嬰兒夭折，但在此之前的十餘世紀，只有很幸運的父母才能避免遭逢新生兒夭折的經驗。人口學家無法為嬰兒死亡率逐漸下降提供充分的解釋，不過他們指出與生活水準提升有關。

我決定，我不那麼刻骨銘心的研究主題，會是那些存活並一起生活的親子：活著為人母親生養孩子的生活，而非孕產婦死亡、嬰兒夭折或是被迫棄養的經驗。面對自己未來人生中會否出現一個小孩的赤裸未知，只有這樣的母職課題不至於令人無法忍受，得以思索探究。

至於比較可怖的歷史，就留給其他人探究。生養孩子、成為母親，雙重層面上的形成，足以讓人全力發揮想像和投入研究。

「要是生了半打或十個孩子，我無法想像日子要怎麼過下去。」紐澤西州殖民地婦女艾絲特・愛德華茲・布爾（Esther Edwards Burr）在孩子於一七五五年出生後煩惱不已。在一百年後前往奧勒岡州拓荒的娜席莎・惠特曼（Narcissa Whitman）可能也有同樣的顧慮，她親身體驗膝下兒女成群的直接後果。「摯愛的雙親，」她在一八四五年寫了一封書信寄回紐約，她很少寫信，而這封信情感真摯溫暖，「我們家現在有十一個孩子，讓我覺得自己好像沒辦法寫信了。」[10]

我在更多書信或第一手紀錄中讀到這種偶然的記述，宛如未經刻意安排之下來自生育轉型時期不同時間點的現場特派報導。絕大多數紀錄都是由最富有文采和最多閒暇時間的人寫下。在研究剛開始頭緒繁多時，我發現以英國和北美洲的識字讀寫階級最容易入手，最容易將母職從數據呈現轉化成許多個人，並想像生育率數字的變動如何趨於真實。

要生動刻畫比如受奴役的婦女、原住民族，或是我自己的父母祖輩出身的勞工階級的母職樣貌，難度就高多了。奴隸主嚴格禁止奴隸學習讀寫，因此由他們親筆書寫並存留至今的文件極為稀少。北美洲各個原住民族皆採口述方式傳承文化，不以文字檔案的方式保存文化紀錄。無論哪個種族或族裔的勞工階級，醒著的時間大多忙於討生活。但是我可以堅持不懈。沒有她們，只會形成錯誤片面、誤導他人的看法。

同事家的小孩逐漸長大，他堅持生兩個就好。

不生，生一個，或生兩個？不生，或要生？

第二章　創生

受孕需時片刻。也許需要反覆數刻，但無論如何，只需片刻。成年之後多年來皆進行安全性行為，親密時以替代動作謹慎避孕，不需避孕的性事似乎閃著一絲新奇。諸如此類的房事時刻，這種一名十八世紀晚期日記作家稱為「混攪拌合」生孩子的行為，想來必定皆有一段歷史可以追溯。

最近幾個世代，皆是六〇年代發生的性解放運動以及運動所述說過去關於性的故事的繼承者。如詩人菲利普・拉金的著名妙語所說，性事直到一九六三年才真正開始。口服避孕藥問世之後，性事與繁衍成了分開的兩件事，性欲的火辣新世界由此開展。性解放之後的世代憐憫前人，認為他們在性事方面壓抑、欲求不滿，因羞恥感和道德焦慮而承受沉重的心理負擔。在後來世代的想像中，從前的婦女靜默躺平，心不在焉。如今避孕藥成了大眾心目中的祝福。性欲在現代意味著性開放、性快感、為性而性。任何其他的，或過去的，都是不好的，或冷漠無感。[2]

我感受到的一絲新奇——性愛和性欲中所添的那份繁衍後代的意義和希望，那種純粹獨特的狀態——無疑讓我成為這則現代故事的繼承者，我是故事的幸運受惠者。在這個日新又新的世界，性也不再專屬異性之間，我同樣也是受惠者。長大成人的意思往往可能是出櫃。現在既可以「選擇」性伴侶，也可以「選擇」要不要生小孩，即使貧窮、男性掠奪或頑固保守主義等勢力仍然努力否定。我也許希望能跟一個男人生孩子，走老派路線，但是我可以挑剔講究，全憑自己的意思。

近代的性解放運動和出櫃故事，帶給我們什麼關於黑暗時代的性的暗示呢？在一九六三年以前，真的只有一個堅定不移、始終不變、靜默無聲的性事世界嗎？聽起來像是諷刺畫場景，也或許是迷思，極少性事只是為了歡愉快感，或只是為了繁衍後代。

當然，過去的性活動歷史幾乎特別難以知悉。但我們還是可以提問。如果「母親」一詞是動態的為人母親，繁衍就是尋常原初的活動，不管小寶寶是收養的、代孕的，或「自己的」，都不是送子鸛鳥送來的。

在性解放之前，性都只是沉悶無聲的嗎？那些最了解情況的人偶爾會被問到這個問題。剛好前一個世代的成員，也就是在一九三〇和四〇年代成年並結婚的人，如今多半已經離世。但在二十世紀進入尾聲之前，來自英格蘭工業中心區的蘭開郡（Lancashire）或較富庶的倫敦周圍各郡（Home Counties）的一些人接受兩名研究人員訪談。其中一位是一九二一年出生於布拉克本

（Blackburn）的中下階級婦女菲莉絲（Phyllis），她和丈夫一起經營小雜貨鋪。她記得談論性的話題絕對是踰矩的。「在學校不會討論；在家也不會〔和父母親〕討論」。她不喜歡「急色」的男生。大多數年輕女性希望保持莊重矜持，社會鼓勵女性避免任何與性有關的話題，與異性往來也要保密，不向母親或朋友坦誠。她們從小到大接受嚴謹的家教，要重視身體的隱私和衛生，在晚上全家一起洗澡時留意遮掩，從舞廳回家時小心避開鹹豬手。[3]

身為虔誠教徒的朵琳（Doreen）的丈夫是建築工人，她回憶起新婚洞房夜帶著尷尬。新婚夫婦兩人在床上一人躺一邊，「笨拙得像兩個木頭人」。被問到接吻的經驗時，她回答：「不是隨便敷衍的那種。」「那樣我無法忍受。」「我有過不少次接吻的經驗，但必須很認真。」這些婦女表達擔心會傳染細菌，並暗示有一些反對嚐新的嚴格禁忌。這樣的憂慮自然讓性事變得令人很難滿意或是枯燥乏味？例如朵琳，就從來不曾真正喜歡這項婚姻中的義務。乍看之下，沉悶和緘默似乎完全正確。無知和責任，都令人感到枯燥乏味。

然而也不盡然如此。同樣的一些方式之中，或許令人有點驚訝，有一些方式成了有意義的性的基礎。同樣的隱私，或對於潔淨的注重，可能成為歡愉性事的標誌，成為性感的面向。菲莉絲和丈夫確實覺得沒辦法在彼此面前寬衣解帶。「我的意思是我們從來不會裸睡或脫掉衣服，你知道，在別人面前」，她指的是在彼此面前。但是她享受性的歡愉嗎？「是的，我想是的。」她的丈夫會刻意「忍住」讓她能夠享受快感。女裝裁縫師朵拉（Dora）於一九四五年與一名汽車技師結婚，她說起往事時暗自欣喜：「他幫我蓋了一間很棒的浴室，真的很大一間……花了兩年才蓋好。說實話，他就像大魔王。」潘妮（Penny）辦事時「從不脫衣服」，但是她覺得「那檔事」很自然、很輕鬆愉快。在跟後來成為丈夫的「鄉下男孩」談戀愛時，他們會一起散步，走一走「就躺下來親親抱抱」。她補充：「我想就是從這裡開始發展……自然而然會發生，你直覺就知道……你直覺就會想到接下來會發生的事。」

也許最令人驚訝的是，這些女性並未將婚姻的行房義務視為悲慘不快的性事。對她們來說，行房義務也可能充滿歡愉。菲莉絲傾向肯認自己喜歡性愛——「是的，我想是的，是的」——接著解釋道：「是一種，對我來說就只是一種說『我愛你』的方式，你，呃，表達你的」（咳咳），「真的只是表達對彼此的情感。」曾是織工的艾蓮娜（Eleanor）究竟享受性愛的什麼部分？「呃事實上呢，你也知道，」（停頓），「就是事實上……女人享受性是因為男人想要她樂在其中，也挺好的，男人不都希望這樣？」這段話在女人的歡愉和男人的歡愉之間舉棋不定，在配偶的期望和女人的享受之間徬徨猶豫。

在性解放的風潮掀起之後，因義務而行的性事幾乎從定義上就被視為令人不快，成了夫妻關係陷入危機的確鑿證據。這些婦女對於愉快和不愉快性事的回憶是天壤之別。她們猜想之後的世代會覺得，老一輩不能看到彼此「光溜溜的」，還有洗澡時須小心謹慎不能走光的隱私觀念「很蠢」或「好呆」——她們猜對了，而她們也覺得現代批判她們的年輕一輩沒有好好保護自己。

如今回顧過去，最觸動人心的，是完全沒有任何關於大腿曲線或乳溝深度的煩惱。性吸引力似乎取決於秀髮是否柔亮，面容是否乾淨，衣服是否齊整，其他大多無關緊要。回顧過去，最令人感到陌異和疏離的——也最能驗證後來的假設的——是話語的缺席，沒有能夠搭配兩人之間姿勢、觸碰和感覺的語言。

受訪婦女向訪談者說出過去經歷時青澀笨拙，彷彿此前從來不曾大聲描述親密性事，彷彿婚姻中的性是無聲的內在經驗。這些女性絕不只是像一名中產階級婦女語帶挖苦所說的「坐倒然後躺平」，但是性事無疑裹覆於靜默無聲之中，絕大部分無人討論，無人描述，無人談及。丈夫有意求歡的徵兆可能只被描述成「老樣子，不只一隻手臂，而是伸出兩臂環抱著我」。或者妻子可能會暗示：「上樓洗個澡。」

義務如影隨形，有時與隨興自然互相較勁。我數算排卵日期，輕描淡寫，祕而不宣。我跟K講起那些浴室，那些靜默無聲。

早期的性事，或者說一九六三年性解放之前的性交時刻，或許不總是沉悶無感，但一直具備消音無聲的特徵嗎？翻看二十世紀的主流字典，直到性解放風潮湧現之初才開始出現關於性的字詞，似乎可以確認一九三〇和四〇年代對於性的消音無聲。在十九世紀卷帙浩繁的詞典中也遍尋不著關於性的字詞，這類字詞的空缺匱乏，符合一般對於維多利亞時期英美兩國的性的刻板印象：僅是為了傳宗接代，一律倉促拘謹、毫無歡愉可言。再回溯年代更早、由知名文人薩繆爾．約翰遜（Samuel Johnson）於十八世紀中葉編纂的《英語字典》（*Dictionary of the English Language*），裡面也查不到任何關於性的字詞。對字典的探查，似乎是走進了無聲死巷。[4]

然而再往更久遠以前追溯，卻發現一九六〇年代出現的與性相關的字眼似乎只是重返再現。它們**就在**十七世紀甚至更早期的英語字典裡。這些字眼在說什麼？[5]

端列於字典頁面上的十七世紀所用與性有關的字詞看起來粗俗、生猛有力，多半著重隱喻或強調身體部位，也有些令人摸不著頭緒。委身、尋歡、滾床單、捅搗、啪啪啪。如今有一種重讀這些字詞的方式，可能介於羞恥和淫蕩之間，而且即使時空相隔遙遠，也能揭露過往性事時刻的一些事實。（在十七世紀沒有任何口頭訪談者，女性的書寫中也不會留下任何與性事時刻有關的直接跡證。）我們可以將字典裡的字詞想成由舞台後台的動作轉變成鮮活生動的語言——讓我們以間接的方式一窺曾經的行為動作。若是如此，十七世紀的性事造就了這些一般用於描述性事的動詞和片語：淫猥（lewd）或好色（lascivious）；淫蕩（wanton）或淫穢下流（bawdy）；性交（having carnal knowledge）或交合（congress）；施行愛的儀式。這些詞語聽起來或熱情，或狂野，或試探，或占有欲強，或充滿愛意。

我特別關注男人與女人之間的性事，相關的動詞諸如「私通」（fornicating）、「交媾」

（copulating）、「圓房」（consummating）、「上床」（lying with），以及和「搖擺舞」（jiving）押韻的「翻雲覆雨」（swiving）。（一般不會注意到，十七世紀的色情作品將為生兒育女而從事性行為描寫得特別性感。）在進行性行為時，擺動的身體部位構成大量描繪一物嵌合另一物的名詞。女性和男性的性器官被安排配對，成了「那話兒和那地方」（bit and bit）、「盒子和小玩意」（box and bauble）、「套管和樞軸」（cony and pintle）、「無花果和人鞭」（fig and pizzle）、「苞穴和肉棒」（purse and yard）。同時也產生了描述一些附帶動作和姿勢的詞語，例如求愛（wooing）、撫弄下巴（chin chucking）、柔情蜜意地輕拍、愛撫，還有「翻騰如比目魚」（firking like a flounder）（意指一種激起性欲的方式，不過確切作法隱諱不明）。

令人眼花撩亂的字眼乍聽帶著一點莎翁風格，像是去欣賞戲劇時等著讓雙耳調整適應一套不同的詞彙。那是有待我們重新想像的恰當場景。觀賞近代早期戲劇表演的觀眾聽著台上角色耍弄台詞引觀眾發笑：講到性就直說，別拐彎抹角，說些什麼「你的『環圈中的繩索』，你的『競技場上的方尖碑』，你的『園子裡的韭蔥』，你的『插在鎖裡的鑰匙』，你的『門裡的門』……更別提……你的『小猴兒』，你的『這話兒』，你的『那話兒』，你的『小弟弟』和你的『小妹妹』」。交際花角色一開口就是說不完的暗喻：臼裡的杵，鞘中的劍。

我不知道十七世紀的英國女人查字典或看劇時碰到這些動作和字眼的體驗，是不是和男人一樣覺得充分歸屬其中。誠然，十七世紀的劇院觀眾席上有著形形色色的女人。勞工階級、仕紳階級、貴族仕女、妓女和情婦齊聚一堂。[6]有些女性肯定期待聽到交際花角色說一、兩句諸如環圈中的繩索或園子裡的方尖碑之類的俏皮話；也有些女性肯定小心翼翼調整臉上神色。與性交有關的隱喻通常假設男性在動作中占主導地位——撬開鎖頭，捶搗鐵砧，用錐戳刺，長矛衝鋒，偷香竊玉，攻城掠地——但是比起被戳刺或被攻陷、庭園和方尖碑、鎖頭和鑰匙、護套和劍鞘，女性可能比較偏好將性交想成是「那話兒」和「那地方」相互嵌合。

一般認為無法言說性事是貞潔的表現。但在十七世紀的英格蘭，女性通常被視為男女之中性欲較為旺盛的一方，她們的澎湃激情令人無從招架。

因此根據此項證據，十七世紀英格蘭的性交時刻不太可能像一九三〇和四〇年代蘭開郡的性交時刻一樣消音無聲。與眾多處於「性的黑暗時代」的社會相比，十七世紀英格蘭社會對於性的討論，可能相對不那麼大驚小怪。在字典學家和劇場觀眾的世界裡，五花八門的淫言穢語至少持續到十七世紀下半葉，之後才因為講究嚴肅得體的風氣漸盛而遭打壓。相關證據暗示過去曾發生某種由解放走向保守的性革命，如同一九六〇年代的轉變一樣迅速。字典學家和劇作家在大眾公開言談中不再聽到撫弄下巴或翻騰如比目魚之類的詞語，而現今的慣用語料中也就不見這些詞語的蹤跡。

受孕確實需要反覆進行的時刻，幾週延長成幾個月。對於懷孕的想望一度清晰，日漸模糊。

我們倆之間什麼都不會變的，對吧？我問K。只是多了些什麼，是我們的生活中出現了新生命，不是你我之間有什麼變了樣吧？

我尋得一份菲利普．拉金朗讀他自己所寫關於性解放的詩作錄音。他的口吻隨意，語調平板，聲音些微正經。這首詩創作於一九六七年，該年通過了《家庭計畫法》（Family Planning Act），從此英國未婚和已婚婦女都能很容易取得口服避孕藥。法國和美國分別在一九六七年和一九七二年制定類似的法規。乍看之下肯定會以為，全世界的人無論未婚者、已婚者或不婚者，似乎都在一夕之間改頭換面。對於這樣一則故事的出現，一則自信滿滿述說一個格外不好的過去的故事，我並不感到驚訝。7

「在此之前，」拉金平板的語氣中帶著鄙視，「在從前只存在」男人與女人之間為了性和婚姻的扭打搏鬥。討價還價。飽受羞恥感的威脅。為了婚戒「爭執不下」。在拉金還年輕的時代，英國女人會用一套充滿憂愁焦慮的詞彙來描述婚前性行為：「失去理智」、「屈從」、「委身」。席拉．華克（Sheila Walker）是討價還價者之中運氣不好的一個。十九歲的她對肚裡孩子的父親言聽計從、不疑有他：「我想我們很快就會結婚，就覺得應該沒關係。我很安全，要是有什麼事，他也會好好照顧我……」但是他「一下子對我漠不關心。他變了，就這樣，結局就是如此。」她最後進了母嬰之家。8

如果說性的黑暗時代完全陰沉無聲是誇大其詞，那麼拉金的「在從前只存在」也只能算是輕描淡寫。我想到男性特權這個簡單直接的事實，以及它可能具有的強制脅迫的形式。在艾塞克斯鄉村，大約於我長大的三百年前，「性財產」（sexual property）的概念讓一般年輕女性陷入困境。她們大多擔任農場女工：照顧牛隻，拔除雜草，看顧雞群。長久以來，這些婦女都被視為農場主人的性財產。大多數私生子女都是由農場女工所生下，其中超過一半是因為和僱主發生關係而懷孕。在教會法院上，時常可以聽到一家之主聲稱「必須跟我做」這樣帶有威脅性的說法。城市生活不會比較好。如羅伯特・帕克（Robert Parker）於一六〇六年的倫敦告訴愛莉絲・艾希摩（Alice Ashmore）的話：「妳是我的僕人，我可以對妳為所欲為。」在為了執行婚姻道德規範而設立的法庭，留下了這類羞辱人的字句紀錄。[9]

北美洲的女性奴隸同樣遭遇被視為性財產的困境。在美國實行蓄奴的數世紀中，出現了膚色特別的混血孩童以及整個「影子」家庭，由此我們得以窺知工頭和奴隸主的掠奪欲望。一九三〇年代，一名曾是奴隸的男人回憶南卡羅萊納州一名奴隸主在南北戰爭之前的伎倆。奴隸主會叫年輕女奴「去倉庫剝玉米粒」：意思是去穀倉。「他是主人，所以她得乖乖過去。接著他會叫其他人去別的地方工作。」故事還沒有完：「然後他會去倉庫。他對我的親阿姨這麼做，她生下一個黑白混血男孩。」[10]

廢奴主義者哈莉葉特・雅可布斯（Harriet Jacobs）寫下的第一手見聞稀罕且著名，其中說明這類奴隸生活中的日常。她的北卡羅萊納州奴隸主已經跟奴隸生下十一個孩子，全是奴隸。詹姆斯·諾康（James Norcom）「告訴我」，她在一八六一年記述道，「我是他的財產；他要求的任何事，我都必須服從。」他輕聲細語，威逼騷擾。他暴力相向。無論對美國南方奴隸或奴隸主的白人妻子而言，這種故事早已不是新鮮事，奴隸主的妻子向來厭惡丈夫的一眾「小老婆」和「標致女僕」。哈莉葉特·雅可布斯以化名出書，向北方自由社會的白人女性讀者解釋她的盤算：與未婚白人男性發展出關係，冀望對方能夠保護他們的孩子。她和鎮上律師之間的交往，如她所形容，「過程驚險」。也許詹姆斯·諾康會打退堂鼓，也許伊甸頓（Edenton）的律師會出錢贖回她後來生下的兩個孩子，還他們自由之身。[11]

還是沒有懷孕。我現在注意到六〇年代性解放想要述說的故事中少了什麼——任何其他想望都不合理——是對於懷孕生子的渴望，有血有肉的一段盼望受孕的歷史。一七七六年，一名蘇格蘭亞麻織品商的妻子借助一支暖熱的針筒受孕，這是早期的人工授孕試驗，大膽罕見——而且成功了。（為他們提供醫療諮詢的內科醫師直到許多年之後才敢公開他的紀錄。）其後一百年間，在為了符合夫妻期望而進行的醫療處置中，只會使用丈夫的精子。[12]

「種」的施予和收受有一些響亮的名稱，諸如狂喜、「抽搐起癲」（epilepsy）、「連射」（cough）、「噴薄」、「洩出」（dousing）、「清槍」（purging）或「流出來」。關於如何受孕，傳統上最為歷久的解答，是女人以及男人都必須經歷上述過程，類似現今所稱的高潮。英國人與前往美洲的白人殖民者及其後代普遍如此理解，這樣的理解則源自男性與女性之間具有「相同性」（sexual sameness）的特定邏輯。男人和女人被認為具有大致相同的性器官，只是位置不同。若將一名醫學院學生之語換句話說，把男人的陰囊、睪丸和陰莖內外反轉，就成了女人的生殖器。從前一名主教則用比較婉轉的措詞表達同樣的概念：「女人的性器官和男人相同，只是她們的位在身體裡面而非外面。」[13]

距離我辦公室五分鐘路程的李利圖書館（Lilly Library）典藏一份關於助產的十七世紀專論，其中有一幅乍看之下不太迷人的雕版解剖圖：毛茸茸的陰莖加上厚厚一圈陰莖頭冠。只不過，圖中呈現的是女性身體內部解剖構造。從蜷縮在器官頂端極小的子宮胚胎，可以確知畫的是女性身體。相同性的邏輯讓大眾以為，男女**雙方**都必須「達到高潮」才能讓女方受孕，後果是有幸，也有不幸。雙方都會「高潮噴射」：男人噴射，女人噴射並接收。[14]

直觀的想法往往要傳承許久之後才會斷絕。直到一八六〇年代，始有一名在城市執業的醫生輕蔑不屑地埋怨：「還有人認為性交時應該要雙方同時獲得徹底滿足，達到一定程度的圓滿，才能確保受孕……真是庸俗之見。」一名社會學家於一九三〇年代訪問美國的貧困農婦，指出：「她們在話中間接提及、僅有一次明確陳述的想法，認為女人只有在達到高潮時才會受孕。」[15]

從古到今，皆有不同的方式鼓勵以傳宗接代為目的的合法性行為。建議包括節制飲食，保持心情平和，享受前戲，以及幫婦女的下體「暖身」。瑪格麗特．高朵芬（Margaret Godolphin）於一六七六年時仍是年輕新嫁娘，她聽一位男性導師說，性交時避免讓女方達到高潮「不但不可能，而且十分愚蠢，也會對終極目的構成阻礙」。（他的解釋反轉了十七世紀一貫強調男方採取主動的說法：丈夫可能「長久因她的愛而迷醉銷魂」。）服用偏溫熱的藥草植物，例如芝麻葉、胡椒、薑和肉桂，或是飲用濱海刺芹（sea holly）製成的糖漿。完事後輕緩小心地分開——避免咳嗽或打噴嚏。每週行房一次（柏拉圖傳授），或者每週三到四次（名為維利希〔Willich〕的內科醫師的說法）——但不可太過頻繁，房事過度會損耗氣力。[16]

一九六三年以後的繁衍行為又是如何呢？美國一九七〇年代的年輕女同志邦妮．佩雷拉（Bonnie Pereira）指出她因為「想當母親」，特地跟一個男人發生關係。與她同時代並接受同一位研究者訪談的米雪．歐尼爾（Michelle O'Neill）解釋自己「一直很愛孩子，尤其是小小孩」，藉由人工受孕生了兒子。這些孩子起初被稱為「烤火雞滴管寶寶」（Turkey baster baby）。[17]重點不只在於性事可以和生小孩分開，也在於兩者從此和異性戀關係鬆綁。二十一世紀的世界，是一個認同與成家形式都趨於多元的世界。我們家對面住了一對女同志伴侶，她們有兩個孩子，兩位母親各生一個。凱倫（Karen）也告訴我她幫親近的異性戀朋友當代理孕母的事，我們聊到合法性以及確認是否符合資格的醫療面談。

我最後一次重播拉金的錄音，那股老派過時的感覺尤其令我著迷。詩篇所依據的簡單等式聽起來古老狹隘：一個異性戀男人碰到一個異性戀女人，就等於性吸引力。拉金生於、長於也逝於二十世紀，這是二十世紀的原始型公式。身為異性戀——認為異性戀性向是完全的身分認同，排除其他所有身分認同，將性交視為「那檔事」——與十九世紀下半葉的嚴格命名（naming）和規範化（normalization）恰好同時。這個詞語於一九二〇年代經由婚姻指南和答問專欄推廣，成為通俗用語。如今進入二十一世紀，異性戀認同不是逐漸式微嗎？

當現在變動不斷，歷史也隨之變動。如果個別社會和特定族群將親密、欲望與身分認同——還有生兒育女——交織在一起的方式南轅北轍，那會如何？私密的性交時刻可能伴隨或與各種各樣的經驗同時發生，意即這種時刻的體驗與各種先前未獲認可的欲望密切相關。十七世紀字典確實指出當時形形色色的肉體行為和床伴類型。男男戀，男風。婊子（sodomitesse），娼妓（fricatrice）。英文字典裡許多與性有關的字詞皆與性交無關，很多字詞並未預設性是發生在一男一女之間。[19]

那麼其他地方呢？對於十七世紀的原住民族邁阿密族，除了異性戀之外還曾有另類選項。族中有一些穿女裝的男人，他們扮演看來是女性的角色，例如照顧田地、煮飯和織布縫衣，這樣的行為令早期的法國觀察者大為驚愕。十八、十九世紀時也曾有另一種另類選項，在英美兩地的大眾媒體上都出現了「女夫君」一詞，這個指涉同性伴侶的親暱代稱往往帶著嘲諷意味。生於蘇格蘭的查爾斯．漢彌頓（Charles Hamilton）與一位瑪麗．普萊斯（Mary Price）共結連理，後於一七五二年經醫師認定為一名「男裝女子」。一百年後，有一位大半輩子皆以約瑟．洛戴爾（Joseph Lobdell）的男性身分生活的人產下一名嬰兒。留存至今的紀錄顯示洛戴爾「為了謀職而著男裝」，「習慣做男人的工作」，並於一八六二年在賓州與瑪莉．露薏絲．佩里（Marie Louise Perry）結婚。直到十九世紀最後數十年，才開始出現禁止扮裝（cross dressing）的法律。[20]

或者，異性戀婚姻生活的一大特徵，可能是女女之間橫溢的情欲暖流。從十九世紀中產階級已婚婦女寫給女性友人的書信中，我們現今有可能從中嗅到一絲私密的情欲氣息，並加以重新標記和指向為明顯的女同志或酷兒情欲。紐約人潔妮．費雪（Jeannie Fisher）於一八六一年寫信給以前寄宿學校的好友莎拉．威斯特（Sarah Wister），末尾寫道：「我要去睡了……〔即便〕我可以徹夜不眠寫信給妳——吻妳千遍——我的整個靈魂深愛著妳——妳的安潔莉娜（Angelina）。」二十九歲且已婚的她在另一封信中宣稱：「〔接下來這週〕我會獨自一人。我對妳的渴求無法形諸筆墨。」這些女性朋友完全不受禮教成規的拘束。她們自認未有任何不檢點之處，在嚴守男女之防的世界從容度日。除了共享愛欲，這些中產階級太太的主要活動範圍有限，僅能待在家裡、上教堂、拜訪親戚和女性友人以及生養兒女。[21]

吻妳千遍，潔妮．費雪如此寫道。性交會在其他親密行為當下或前後發生。有很多沉浸於情欲、親密或性相關行為的方式：繁衍後代的時刻有許多不同的生命脈絡。多元且具體，我暗想。莫將任何身體性的事物視為理所當然，莫將任何肉體本能的事物視為不言自明。真令人振奮。

過往那些不同形式的欲求，如今我們只能透過文字、回應和少之又少的情感和感覺轉譯等形式企及，而這些情感和感覺多半未曾訴諸言語，甚至無以名之。

性的時刻不論是否靜默無聲，都不可能以文字充分再現，或侷限於多種迷思之中。從前如此，現今亦然。「妳先到，再讓妳的丈夫到。」（寇里太太〔Mrs E. E. Coley〕，一九一八年，印第安納州艾克提〔Eckerty〕）……「我們就只是瞎搞瞎弄，直到有了發現……以前就是這樣子」（蘇・巴克斯特〔Sue Baxter〕，二十世紀初蘭貝斯〔Lambeth〕）。「我總是說啊，你嚼煙草的時候，吐到窗外就沒那麼多麻煩」（一九三〇年代阿帕拉契亞〔Appalachia〕）。「絕頂歡愉」，類似打呵欠時全身舒展開來的感覺，帶一點震顫抖動，最終雙肩之間透入一股沁涼（一六一二年，論受孕）。吻妳千遍。[22]

第三章　結果揭曉

如今，性在各地各處都可以發生：在家中臥室或旅館房間，在驕陽烈日或朦朧月光之下，在床單或墊子或草地上。然而，揭曉是否懷孕的場域多半在浴室。在一根棍子上解小便——一般稱為驗孕「棒」比較文雅——可能在外頭公廁，或朋友家的浴室，或工作場所，或者通常在自家。無論採用何種模式進行繁衍，報喜訊的重點通常只在於馬桶和一根棒子。

我站在陌生的洗手台前，腳下踩著堅硬的白色磁磚，等著一條線出現。當時是和朋友一起到海灘度假，喝了不少加牛奶的咖啡，很晚才吃晚餐，一週的假期將近尾聲。生理期晚到了。也許遲了三天，也許四天？我稍早和其中一名友人一起驅車前往藥妝店，店裡什麼都賣，從太陽眼鏡到麵包一應俱全。收銀台的女店員對緊張兮兮的我們擺出的酷樣報以淡漠的微笑，將那一盒連同其他為了掩飾而加購的面紙和護唇膏逐一掃描刷過條碼。沒錯，「家用」驗孕棒並未讓揭曉懷孕結果成為毋需公諸於世的私事。

浴室地板角落不怎麼乾淨。踢腳板旁積了一團貓毛積聚成的毛球。一本近期雜誌書角已經沾溼，無精打采捲掛在毛巾架靠下側的橫桿上。打開的使用說明書飄落到地板上。還不到檢查是否出現那條線的時間。

時間還沒到，但我抬眼去看。然後就看到了。出現了一條線，毫無疑問，而且顏色還在變深。線性的。從橢圓形顯示窗的一邊延伸到另一邊。我眨了眨眼。那麼，就是這樣了：從沒有懷孕跨越界線到懷孕，結果揭曉的一刻。激素說的。自從一八九〇年代為這些激素定名以來，或者更適當的說法是自從一九二七年研發出「A-Z驗孕測試法」，激素就以不同方法和方式顯示驗孕結果。科學家阿許海姆（Aschheim）和榮戴克（Zondek）將婦女的尿液注射到大鼠或老鼠體內，如果老鼠開始發情，就表示該名婦女懷孕。在咆哮的二〇年代（Roaring Twenties），大鼠和老鼠被迫負責報喜，接下來換成兔子，到了一九五〇年代則換成蟾蜍。[1]

數小時過去，慶祝有喜的晚餐（「她能吃蝦蟹貝類嗎？」）結束，我臉上的紅潮退去，K和我出門散步。有點詭異，但我覺得心滿意足。所以我是**真的**想要懷孕，而如今，我忽然就有了。

在A-Z驗孕測試法有如人生重要岔路口一般顯示激素濃度改變情況之前，婦女往往要等到較晚期才知道自己懷孕，而且是漸進式的。數世紀以來皆為英語人士偏好的健康指南《亞里斯多德名著》（*Aristotle's Masterpiece*）中，引用《聖經》段落將懷孕類比為製作乳酪時凝乳化的過程：「你不是把我倒出來像倒奶，又使我凝結像乳酪凝固嗎？你以皮肉為衣給我穿上，以筋骨接絡我。」*在農村社會中，大多數婦女的主要工作是製作奶油、鮮奶油和乳酪。將懷孕想像成凝乳化，可能讓人得以洞悉妊娠初期尚未發展成形的神奇過程。懷孕是流動的，是漸進的，將來會發展生成孩子的東西，在緩慢的翻騰攪拌中凝聚成形。[2]

從前的人對於懷孕的不確定性司空見慣。女性有生育能力的數十年間，通常會經歷一連串脹大和排空的進程，這些過程未必只在懷孕期間發生。如果說，對於已有平安產子經驗的母親來說，一般都認為懷孕隱含不確定性，那麼對於沒有生產經驗的女性來說，不確定性就更高了。就如十七世紀中葉一部助產指南以頗為尖刻的語氣指出：「年輕女性，尤其生第一胎者，多半懵懂無知，甚至無法判斷自己是否懷孕。」她們要是再懂事一點，就能適切推算產期，「不會像很多年輕女性為了突如其來之事而驚愕」。或如另一部指南所解釋的，孕期長短可能很容易誤算，「就像女人在黑暗中可能將鞋子左右腳穿反」。[3]

現今大眾熟悉的徵兆，例如月經沒來，過去可能未必是最早或最明顯的懷孕徵兆。有些女性可能因營養不良而月經不規律，也有些女性可能單純只是沒在計算日子和週數。十七世紀的男性助產士法蘭西斯·莫席索（Francis Mauriceau）警告：「很多女性判斷自身懷孕，其實是被自身持續的經期給騙了。」這段話正確顯示了在莫席索那個時代，女性習慣依賴對於自己身體的了解，就如莫席索話中重複提及的用詞「自身」所清楚呈現的那樣。在過去尚未發現激素的時代，是否懷孕是由女性慢慢加以判定。即使是社會中菁英階層的女性，通常也不尋求內科醫師診斷。

那麼，從前又是依據哪些身體徵兆？十七世紀有一位姓名平凡的產婆珍・夏普（Jane Sharp）列出了十四項徵兆。在她的清單中，月經沒來只排在第六項。依照熟悉和陌生程度，我按自己的需求將其他幾項重新排序。再怎麼說，我們都只透過文化提供的方法來認識自己的身體。綜觀夏普列出的徵兆，並非每項皆能找到完全對應的當代語彙，或納入現代的觀察方式。[5]

夏普列出的徵兆包括：胸部變大且血管腫脹；腹部疼痛；很想吃或喝一般人不會食用的東西；以及我們會稱為情緒起伏的情況。「孕婦有時會開心喜悅，」產婆如此報告，「或看似無緣無故就忽然悲傷難過。」這是目前可查得最接近現今所謂懷孕期間「因激素導致情緒波動」（being hormonal）一段精確扼要的描述。

其他徵兆還包括腹部異常扁平（因為「子宮為了保護其中的種而下沉」）；乳頭泛紅；「打嗝出現酸味」；氣色；臉色改變；以及眼圈血管，尤其是眼瞼下方血管更為明顯。夏普重申這些僅是「通則」，儘管有這些孕婦身上常發生的情況，「仍有些孕婦未出現任何徵兆」。幾位十八世紀的婦女分別記錄了其他種徵兆。其中一位根據鼻子流出的特定分泌物得知自己懷孕；另一位是依據頭部左半邊類似腦充血來判斷；還有一位是從頸部血管搏動得知的。

*譯註：語出《約伯記》第十章第十至十一節。

現代的尿液驗孕法在更早之前已有先例。翻閱一六三九年出版的《人體奧祕A-Z速查指南》（*An Alphabetical Book of Physical Secrets*）會讀到，女性的尿液煮沸後若是「色紅如金且上方泛起一圈漣漪」，表示「該名女性有孕在身」。該名女性望向尿液如能看見自己的面容倒影，就更確定已經懷孕。如果煮沸的尿液泛白，表示腹中為死胎，如果顯現清楚波紋，則表示「胎兒尚有氣息」。十七世紀晚期倫敦的凱薩琳・波以耳（Katherine Boyle）以靈動自信的筆跡寫下一份處方，對尿液顏色提出不同的解讀：此次在尿液中加鹽之後煮沸，變白色者表示有孕，紅色則無。利用驗尿來檢測是否懷孕的方法已有悠久歷史，其他尿液驗孕法包括：在孕婦的尿液中可發現三天後仍存活的精蟲，以及將針插入尿液中，若針出現紅點表示懷孕。（出現黑點則表示未懷孕。）根據一六三七年的《專業助產婦》（*The Expert Midwife*）記載，將女性的尿液「澆淋於大麥種子，種子在十日後發芽表示該名女性已有身孕。」6

其中一些尿液驗孕法讓人聯想到古代與魔法有關的觀念：不為人知的祕辛，紅金色液體，粼粼水光中的倒影。但不僅如此。上述最後提及以尿液澆淋種子的方法的特殊之處，就在於將女性的生產能力與她們所處的農業世界直接連結起來。懷孕不只可以理解為與鮮奶油和奶油緩慢的凝乳化過程類似，也可以想成是在滋養哺育種子。

對於幾乎所有農村婦女來說，翻土播種就像酪農工作一樣稀鬆平常，即使種子萌芽長成植物的確切過程其實神祕難解。人類的種子被想像成某種母親體內的客人。她會殷勤款待這顆種子，如同招待來到自家的訪客。母親血液不再化為經血排出體外，而是為子宮裡萌發的種子提供澆灌和滋養。《人類的誕生，或婦女之書》（*The Birth of Mankind, otherwise named the Womans book*）的作者在書中如此描述：「血管中的血液有如隨時待命的天然泉源或水井，在胚胎初形成時立即供給水和養分。」根據這種思維，女性的身體天生就預備好要迎接胚胎，像是經過犁耕的溼潤土地。長久以來就存在女性的殷勤好客與農村鄉土律動相符的概念，與這樣的想法不謀而合。[7]

因此，用婦女的尿液澆淋大麥種子看看是否發芽的作法，也就頗為合理。古埃及人可能會大表贊同；他們也相信孕婦的尿液能夠讓大麥或小麥的種子發芽長大。現今的研究結果顯示，這種驗孕方法的準確率為七成。[8]

奶醬義大利麵、塗滿了奶油幾乎要滴出來的熱吐司：以前最愛吃的食物，現在卻令我噁心反胃。我再次回到浴廁。無論是授課的大教室附近、超市或辦公室對面女廁的磁磚地板，對我來說都變得再熟悉不過。產婆珍．夏普列出一系列類似徵兆：沒有食欲不想吃肉、厭食、嘔吐、「胃部軟弱無力」。（我覺得自己臉色蒼白；是她所謂的臉色改變嗎？）「晨吐」（morning sickness）一詞是在一八四〇年代由一位內科醫師提出，想來這位醫師對孕吐所知並不全面，因為害喜的時間絕不限於早晨。幸運的是，講課時分泌的腎上腺素固然令人口乾舌燥，卻似乎有助於抑制孕期過度旺盛的唾液。我在包包裡發現一個專門裝偏乾硬餅乾的袋子。我的孕吐情況輕微，得以成為二十一世紀的少數幸運兒。孕吐可能會害我們無法保密，因為我們盡責地等到第一孕期結束才準備向親友公開。只有一起度假的朋友知情。[9]

「最近腸胃時常不舒服，」十九世紀喬治亞州的艾拉·克蘭頓·湯瑪士（Ella Clanton Thomas）如此寫道，「我發現自己再次註定要當媽媽。」（她在僅僅數個月後生產。）時代比她早了三百年的查爾斯·利特頓（Charles Lyttelton）則發牢騷說妻子「（我想應是）因為懷孕而一直身體不適，除了嘔吐，什麼事都做不了。」十八世紀英格蘭北部的上流階級女性則不同，她們鮮少提及懷孕期間噁心嘔吐的情況。她們用來治百病的萬靈丹是清空腸胃（purging），藉由讓自己不適來保持健康，因此嘔吐對她們來說也許十分平常，不需特別提起。[10]

直到近代，婦女才開始能在初期就辨別自己是否懷孕：似乎是在瞬間就從一種狀態跨越到截然分明的另一種狀態。更常見的情形，則比如薩克其萬省（Saskatchewan）北部克里族婦女或二十世紀初倫敦勞工階級婦女所經歷的，女性直到出現胎動，也就是胎兒開始踢腳，才能確定有孕。[11]

假期尾聲突如其來的喜訊，半私密半公開、面紅耳赤又頭暈腦脹的時刻，這樣的體驗無疑專屬當代：平凡且世俗的報喜時刻。我小心呵護祕密，發揮意志力度過孕吐的那幾週。

第四章　第十週，或過了八週

到了現代胚胎學家計算的第八週，胎兒身體部位已然成形，心臟也突突跳動。胚胎體內的細胞不只長大分裂，像學生時代生物課所教的細胞成長歷程那樣，它們是幹細胞，在擺脫禁錮後會像蝸牛長出腹足般遷移，並發展成特定結構和器官。胚胎和迴紋針差不多大。一週之後，依稀可辨認出大略的形體，所有器官和身體部位都長齊了，而胚胎成了胎兒。現代產科醫師計算方式略有不同，是從最後一次經期結束開始計算懷孕週數。胚胎學家的第八週是產科醫師的第十週。[1]

在這些細胞遷移之際，我的行動變得更加緩慢，而孕吐情況並未減輕。

在超音波螢幕上，我們看到的是一團花生米形狀的清晰小塊體。我盯著技師的臉，她在量測不同組尺寸的過程中始終面無表情。藉由觀察較長骨頭的長度和頭部大小，超音波技師得以回推受孕日並估算預產期，誤差不超過三天。由未受訓練的外行人來看，完全看不出這顆花生米哪邊長了脊骨或腿骨或頭骨。技師未再多說什麼，就離開了瀰漫興奮好奇氣氛的超音波室，離去前不曾回望一眼。她去找助產士過來。

聲納系統能將深處的回音顯像。這種聲波顯像科技源自二戰時期用以偵測敵艦的軍用設備，邱吉爾（Winston Churchill）認為聲納是影響不列顛空戰（Battle of Britain）勝負的關鍵因素之一。富有開創精神的外科醫師開始將相關科技應用於在黑暗中進行的手術。原本用來讓深海中潛水艇無所遁形的技術經過調整改造後，如今用於偵測和診斷深潛的胚胎。聲波觸碰到胚胎之後回彈，在螢幕上顯現出花生米的圖像。[2]

在助產士來到之前，是一段長長的暫停。時間拉長，好奇心動搖。

超音波檢查發現胚胎沒有心跳，她解釋道。可能是活的胚胎，或是空的胚囊，也可能根本就沒有胚囊。很遺憾。有一些企圖使人安心的統計數字。流產相當常見，一般最常引用的數字是懷孕發生流產的比例為百分之十五到二十。一次流產——就是我現在遇到的情況嗎？——不表示未來會再次流產。一次流產不會造成下一次流產。

未見血，不會疼痛，不曾陷入大亂。甚至不曾滲漏一丁點血跡。此情況稱為「無聲」流產。無聲。誠摯希望的回音自室內洩逸，直到我們返家仍縈繞不去。

一七六三年二月六日，深色頭髮、家境富裕的費城貴格會教友伊麗莎白·德林克（Elizabeth Drinker）在日記中寫下：「下午很不舒服，小產。〔字句遭劃除〕莎莉，已接種。」停頓，段落結束。接著：「發生時，是八週以後。」[3]

日記的片段不算特別簡短或含蓄。十八世紀的日記多用於記錄事件，有助日後回想或追溯。也許在寫下又劃除的字句中，以及亂無章法回想流產時間的句子中，藏著某種訊息，暗示書寫者情緒不寧。又或者這些不過是表示，母親忙於照顧脆弱幼兒（十五個月大的莎莉接種了天花疫苗），無暇分神留意自身情況；或者她為計算常出差的德林克先生是幾週前待在家而花了點工夫。

將近兩百年後的二月某一天，詩人雪維亞．普拉絲（Sylvia Plath）流產。她和德林克太太一樣，當時已有一個小女兒。和德林克太太不同的是，她留下大量關於流產的文字。當時是一九六〇年代初期，正值披頭四樂團（the Beatles）發跡，《查泰萊夫人的情人》（*Lady Chatterley's Lover*）被視為淫穢出版品而遭法院審訊，而普拉絲在文壇開始有「自白」（confessional）詩人之稱。其中一首詩作的敘事者漫步於倫敦的國會山原野（Parliament Hill Fields），她的思緒與海鷗和排成長串、身穿單調藍色制服的女學生一同飛馳，尋思著失落的意義。「你的缺席隱而不顯；／無人得識我所缺失。」「念及你我想已毫無意義。／你那小娃兒的抓握已鬆開。」「你的哭聲漸消如蚊蚋。／你在昏盲旅程中失了影蹤。」[4]

我們或可假設，流產就如同瘋狂，只有詩人捕捉得到。但這麼說也不盡正確，因為在許多文化中，談論流產就有如談論包心菜和國王一般是家常便飯。在二十世紀晚期的尼泊爾，女性討論起不孕和流產的音量和「從容自在」的程度，絲毫不亞於討論生產。而在同時代的約旦鄉下，婦女每次流產後都會吃儀式性的一餐。

然而，在二十世紀中葉的倫敦，普拉絲可說是打破了某種禁忌。時至今日，無論是報喜不報憂、壞消息總是挨到最後才告知的醫療文化，或是消費文化，都未納入「流產很常見」這樣的事實。驗孕棒說明書中隻字未提，讓我有些微受騙的感覺。先前的低調守密，如今反而讓我們覺得困惑，也表示懷孕的事幾乎無人知曉。[5]

在德林克所處的近代早期世界，流產想必會是她的同儕固定討論的話題。她在那幾個月寫的日記中簡短提及兩名友人流產：貝姬．詹姆斯（Becky James）是她先生生意上合作夥伴的夫人，以及另一位商人的妻子凱蒂．霍威（Catty Howell），她因流產而「身體嚴重不適」。也許德林克一直惦記著流產的事；其他幾年的日記中，她並未再費心寫下類似訊息。女主人會讓僕婢知道自己流產，朋友圈中也會討論流產的事。當時的人會在晚間休閒時光朗讀日記內容，一起分享並追憶往事，而德林克的日記也可能被公開朗讀。[6]

至於大眾談論流產時確切的話語，則比較難以捉摸。在法庭紀錄或醫師開出的診斷證明中，有時能約略瞥見相關內容。在十七世紀的薩默塞特（Somerset），伊麗莎白．路易斯（Elizabeth Lewys）告訴寡婦瑪格麗特．霍伍德（Margaret Whorewood）說她前一晚身體非常不舒服，要對方洗淨一條「髒得不得了的布」。她「手邊先抓到什麼都會拿來用，即使是家裡最好的亞麻布」。不斷有東西從她身體裡流出來。伊麗莎白．布萊福（Elizabeth Bradford）拿到一條「沾滿大量經血的布待清洗」，並指出從那條布的情況看來，路易斯「罹患的疾病和常見的天然婦女病

〔月經〕很不一樣」。另一人描述路易斯「流的血（濃稠如果凍）跟男人兩手捧起的量一樣多。」流產和月經一樣出血不止，但是流出的血格外不同。濃稠沉滯，有如果凍，血量驚人。[7]

在十八世紀的德國，一位不尋常的醫師約翰·史托奇（Johann Storch）留下了婦女講述流產的第一手記錄，並自行推導結論。愛森納赫（Eisenach）的婦女自述體內排出了血塊、燒焦的東西和燒焦的血液。從她們體內流出的東西呈皮革狀或是由皮膚構成，又或者看起來溼答答的、虛軟空洞，血淋冒泡像是石頭的物質。即使是在還不確定懷孕的最初幾週，子宮排出東西也足以令人驚駭。婦女形容她們排出的是「假胎」，或者生了「沒有用」或長了不該長的東西。史托奇本人則描述成長出了壞東西，看到燒焦物體、焦灼皮膚和皮肉塊屑，以及以較有學問的用語如「畸胎」（mooncalf）和「胎塊」（mole）。這位內科醫師認為，受孕可能「真確無誤」而孩子會如期誕生；或者受孕也可能是「空虛無用，徒然無功」。若是後者，應以類似分娩陣痛的方式或在墮胎藥物如紅珊瑚粉末的輔助下排出。[8]

我另外找了一間診所看門診，在燈光刺眼、地毯潔淨的空間中，感覺麻醉藥帶來的冰冷感從手臂蜿蜒直上，花了半天時間，排得乾淨俐落。

我不確定該如何理解這些事件，也揣想著會否不孕。思緒飛馳，一下跳到孑然無後。

比起出血或打麻藥，生育能力受損更加危險。出於對不孕的恐懼，英格蘭國會於一六〇四年通過一項禁止實施巫術的法案，類似法規直到一七三六年才遭廢除。在近代早期的歐洲各地和美洲殖民地，大眾普遍認為女人的生育能力會受到自然界或凡間的巫術或邪靈攻擊破壞。不孕的女人可能是女巫，或者不孕可能是施行巫術所導致。在這種壓力之下，對於不孕的恐懼在女人之間埋下分歧的種子，成為滋生猜疑和憎恨的溫床，讓人覺得魔鬼和他的女黨羽就在身邊。多產的已婚婦女成為眾女欽羨的對象；而沒有子女的女人，無論年紀老少，都很容易成為受害者。推動獵巫熱潮的，除了高舉宗教大旗的異端裁判所和裁判官，還有因恐懼而控訴其他女人的婦女。[9]

當生兒育女成了個人名譽之所繫，或是當一個人無法自主選擇不生孩子的時候，「不孕」就變得特別艱辛。倫敦婦女說出「我生了十個，妳一個也生不出來」的話來貶低鄰居，這樣的事發生在十七世紀，然而「有小孩」相對於「沒小孩」的嘲弄話語直到二十世紀仍根深柢固，且至今仍有餘音迴盪。早期的新英格蘭殖民家庭需要多生孩子來幫忙打理生活中的繁多雜務，婦女認為不孕是因為觸怒了神。不孕同時對現實生計和宗教信仰構成威脅。對於在中部殖民地（Middle Colonies）較南邊落腳的貴格會農民來說，孩子不是收入來源，反而會增加開銷，但他們還是認為懷孕生子才算成功，而生不出孩子是一種失敗。無論對於女性或農場來說，肥沃豐產皆與荒瘠不育相互對立。婚姻和孩子是連在一起的，而女人的命運就應該是結婚生子。伊麗莎白・德林克的姊姊瑪麗（Mary）單身無子女，就只能淪為妹妹家的「管家」。[10]

積習難除。在德林克生活的費城，最後一名被當成獵巫對象的女子死於一七八七年。她被控施術讓一名婦女不孕，「依據自古以來的古老習俗，以前額劈開之刑加身」，她被架著遊街任人扔擲石頭，之後很快就被發現已經斷氣。她又老又窮，也許是以織籃筐為業。在報社的報導中，將這些場景描述成較早之前未經啟蒙年代的餘緒。[11]

與不孕無子如影隨形卻不受歡迎的，不只有巫術。二十世紀中葉的美國在數年的嬰兒潮引發反彈之前，膝下無子的女人被視為不夠女性化、社會適應不良，而且不像美國人。女性的個人幸福及愛國與否，都被形塑成和她是否生養子女息息相關。即使是性感女星伊麗莎白・泰勒（Elizabeth Taylor）也是到生了孩子才被稱為「終於成為女人」。對現代女性來說，這類話語即使不如獵巫控訴那麼危險，但也可能十分傷人。在〈不孕的女人〉（Barren Woman）一詩中，雪維亞・普拉絲想像自己宛如一座空蕩的博物館，徒有柱子、柱廊和圓形大廳，卻沒有雕像。為普拉絲作傳者指出，這首詩可能是指與她關係不睦且無兒女的大姑歐爾溫・休斯（Olwyn Hughes）。「不孕」一詞在詩中被各種負面涵義環繞，有如野餐時盤繞打轉的黃蜂：不毛，貧瘠，荒蕪，不足，缺乏，欠缺，貧困，匱乏，光禿。有些暗指失敗和無能。也有一些召喚虛無之感。[12]

其他親友並不知道我懷孕的事。我不曾以自己理解的任何方式成為母親。然而，我變得不一樣了：我曾在成為母親的路上。如今，我遭到中止。

流產不只與特定時間和空間密不可分——剪貼簿裡的一張超音波照片、沾了血的布、某一次在倫敦某座公園裡散步——而是在更廣的人生中浸潤。照顧家人的需求沖淡了流產帶來的失落。家母因腦出血而陷入昏迷。我回到艾塞克斯，我和姊姊跟她出生不久的兒子一起擠我以前睡的床。我們一起照顧虛弱的父親。姊姊回去之後，我繼續扮演從前母親的角色。家母醒了；她畫了一張要幫朋友家小寶寶織的全套衣服圖樣；她告訴我她夢到我的姊姊又懷孕了。在這整個難捱的秋季，我在英國的家庭四分五裂，然後又奇蹟般地組合還原。

在沒有孩子的幾個月裡，我是在家煮三餐、當司機、打理家務、扮演管家的女兒。我代替母親進駐她的居家生活。我很有用。接著，母親能夠移動雙腿了，然後又能開口講話，最後總算出院。流產的事像是芝麻蒜皮，微不足道。

父母親團聚之後，我回到美國的家。我遭到中止。

伊麗莎白・德林克的家庭狀況很符合十八世紀的典型，除了女兒莎莉，她後來又多了四名存活下來的兒女。在〈國會山原野〉一詩中，普拉絲想像流產的女子因小女兒而獲得喜樂和撫慰。她漫步回到燈火通明的家，孩子就在亮著燈的嬰兒房裡。普拉絲在許多方面都顯得與她所處的世界格格不入，多生孩子的情況卻與一般人無異，她在人生結束前十三個月生下第二胎。

春天，正是小寶寶有可能誕生的時節，我夢到一個蓄著一綹頭髮的小小孩，在花園小徑上好奇地盯著我看。翌月，我再度懷孕。

第五章　胎動

馬路上的坑洞邊緣尖利。我駕車直接從上方駛過，「呼咚」一聲——開過去了。那一刻我提心吊膽，深怕輪胎會被劃破，但同時還有其他東西跳了一下，步調稍微不太一致。

五天後，我再次感覺到輕微的跳動。就是這樣。是胎動：從前被認為是第一項確切懷孕徵兆的體驗，描繪胎兒在母體內運動的詞語，洋溢盎然生機。有些人形容這種運動像是蝴蝶或小鳥振動雙翼。這樣的形容捕捉了飛掠即逝的特性，但要想像一個自己從未放在手上的小生物——把胎兒換成紋白蝶或蜂鳥——我的腦海中還是沒有生出活靈活現的動態場景。爆綻、抽動、輕敲：這樣的描述比較貼切。我贊同二十世紀溫哥華作家葛萊蒂絲・辛瑪奇（Gladys Hindmarch）所言：「你在裡頭踢腳，輕巧碰撞如微小波浪般向外擴散。你的輕敲並不帶來疼痛，彷彿粗大血管中有一小塊血液激湧。」不帶來疼痛的輕敲和激湧並不明顯：起初的感覺十分古怪，輕微隱約的程度令我難忘。到了夏天。我的肚皮外有棉T恤輕觸，內有寶寶輕觸。[1]

來自體內的碰觸是懷孕的特徵之一——也許是除了生產之外，延續最久的一種特徵。通常孕婦是在第四到第五個月之間，在孕吐逐漸減緩之後感受到胎動。一六六七年，英國上流階級婦女愛麗絲・桑頓（Alice Thornton）回憶道：「我有孕後原本身體多有不適，直到肚裡的孩兒開始會動；此後我就變得身強體健。」我第二次懷孕跟第一次一樣孕吐，但這次不舒服的情況隨時間慢慢減緩，而非以流產作結。我們小心翼翼數著十週、十一週、十二週，惹得地方上的助產士笑話。[2]

我全心全意惦記著體內的碰觸，彷彿寶寶忽然得以參與我每天的生活。我們去這裡，我們去那裡。有幾個晚上，在呼呼作響的電風扇下，睡同一張床讓人覺得好忙。K和我共享床鋪，我和寶寶共享他。或者是他和寶寶共享我。喧擾忙亂逐漸消退成奇異的相伴關係。什麼都沒做，不想也不動，我碰觸，也被碰觸。

家母再次拿起她的編織用棒針。

觸覺，視覺，聽覺，嗅覺，味覺。我們很習慣所謂五感，五種接收世界的標準方式。但在其他地方不一定是五感。有些佛家文化認為心是第六識，而奈及利亞的豪沙人（Hausa）則認為只有兩感，豪沙語中以一個字詞稱呼視覺，另一字詞統稱其他所有感覺。在不同的周遭環境中，我們感知和理解事物最基本的方式也會有所改變。[3]

曾經，感覺得到來自體內的碰觸，是證明體內有小生命在成長的首要證據。我在文獻中能夠查考到最早的相關紀錄之一，是在一六六二年的冬天寫下。倫敦的日記作家山繆爾．皮普斯（Samuel Pepys）記錄了國王的情婦「在傑洛德爵士閣下府上用晚餐時發現胎動，於是放聲大喊她完了。所有的男士和男人皆樂意離開餐廳，婦女則被召喚前來幫忙。」國王情婦的肚皮若有了動靜，地位也就改變了，而這名情婦正是如此覺得，也如此宣告。與傑洛德同桌的其他人接受了這名情婦宣布自己懷孕的證詞，在座的男人離席，女人則留了下來。一觸即知——觸覺具有權威地位。[4]

將過去與逐漸邁向專家稱霸的現代相比，無疑存在著相當強烈的對比。現今，驗孕棒上的顯示窗呈現出懷孕在化學上的變化，而超音波螢幕則呈現生理上的發展。如今，一看即知，而視覺具有權威地位。據說現代科學已經完全捨棄以胎動判斷懷孕的概念，而英文中的用語也逐漸跟上。直到目前為止，視覺幾乎已正式宣告大勝觸覺。[5]

然而，週復一週活在一副能夠感受胎動的身軀裡讓我信心大失，無法相信上述即反映了全部的情況。胎動的感覺反覆發生，而且有所變化。我動，寶寶也動。那種碰觸感難以被外面的手捕捉，但在體內卻持續不斷而且非常強烈。每當獨自一人，我開始習慣在坐著時下意識一手撫著肚腹的肌肉，撫著薄肚皮裡一個精力滿滿的確切位置。懷著一個好動胎兒的觸覺歷史為何？也許是脹大的胸脯摩擦手臂內側，雙腳拚命塞進熟悉的舊鞋裡直到腳趾發疼，像是將針穿進異常小塊的布料。感受他人的手撫摩或按壓繃緊的肚腹。彈性伸縮布料，難以扣好的座椅安全帶。如果能夠寫下懷孕的觸覺史，有什麼能留名青史？

我們可以重新想像一六六二年十二月那頓晚餐席上，國王的情婦卡索曼夫人（Lady Castlemaine）發現胎動的情景。當時是冬天，因此載著她沿著倫敦骯髒鋪石街道前往傑洛德爵士府邸那輛馬車的車廂會有陣陣冰冷空氣灌入，凍得人牙關打顫。馬車行經立面抹了灰泥的木桁架房屋，房屋較高的樓層參差突懸於人行道上方，車廂兩側與屋舍挨得極近。幾乎所有建築物門前都低低垂掛著招牌，行業五花八門。搖籃表示是一家籃筐製匠。整排棺材表示是一家木匠作坊。亞當和夏娃表示是賣蘋果和其他水果的鋪子。也有些招牌的細節精緻，卻因罩上一層家戶壁爐冒出的惡臭煙霾而晦暗不明，例如表示此處販售象牙髮梳和其他異國商品的大象招牌。[6]芭芭拉·卡索曼（Barbara Castlemaine）芳齡二十二，個性強勢，美豔動人，於宮廷中權勢正盛。

數年前王權復辟，君主政體取代了由清教徒建立、崇尚簡樸的共和政體。國王查理二世復辟那一天，御林軍意氣風發進入倫敦，騎在馬上帶頭的即是好鬥的軍人傑洛德男爵，也就是在卡索曼夫人胎動那一天招待她的主人。大受愛戴的新任國王儀式性地碰觸了數萬人民，許多民眾相信他的碰觸具有療癒的力量。禁止跳舞和演出戲劇的法令已經撤銷，表示大眾又可以沉溺於聲色犬馬等感官歡愉。這些感官歡愉集中體現於英國宮廷的放蕩春色。

彼得·萊利（Peter Lely）於一六六二年繪製了一幅芭芭拉·卡索曼的肖像畫，畫中的女子眼皮低垂、雙頰紅潤，周圍環繞富麗錦緞和具有凹凸紋理的簾幕。她的深色長髮披散開來，腰枝纖細，以慵懶的眼神直視觀者。畫中人長髮披落，擺出一手撐頭的聖潔姿勢，呈現的無憂無慮之感令人屏息——畫家將她描繪成抹大拉的馬利亞（Mary Magdalene），既是《聖經》中最著名的娼妓，也是耶穌基督的忠實追隨者。這幅畫既敗德辱行，又充滿機智，一方面頌讚卡索曼夫人的魅力，一方面將君王提升至與神之子並列。山繆爾·皮普斯是效忠先前清教徒政權的模範公僕，這幅畫令他萬分驚駭，也萬分著迷。「我一定要弄來一幅一樣的。」他寫道。卡索曼夫人吉星高照，肖像畫家的運勢同樣大好。朝臣貴族紛紛購買雕版複製畫，懸掛在自家門廳和餐廳。[7]

那麼芭芭拉·卡索曼的觸覺世界是什麼樣子？前往舞會在入口處時一位公爵伸手抓握。擲骰，洗牌。脖子上沉甸甸的一串珍珠項鍊的重量。抹於肌膚清潔用的杏仁油和酒石酸溶液。飾有華麗蕾絲的亞麻襯裙。皮普斯在日記裡不時記錄關於卡索曼夫人的宮廷八卦，他曾在御花園（Privy Garden）裡看到她的貼身衣物晾晒其中，不論是年輕情婦本人或她的貼身衣物，他都不得碰觸，但他卻寫道：「看一看有益身心健康。」[8]

還有體內胎兒的碰觸。卡索曼夫人和歷史上大多數孕婦一樣，並未留下任何描述相關感覺的字句。皮普斯和同時代多位男性無疑有寫日記的習慣，但目前所知幾乎沒有任何同一時期由英格蘭女性所寫的日記流傳下來。我們僅能從皮普斯的窺淫癖和宮廷中的流言蜚語，獲取近代早期的人對胎動的單一看法。據嚼舌根者——這次是他上司的管家——所言，是肚皮裡的些微動靜讓卡索曼夫人反應激烈，高聲喊道「我完了」。

胎動會否對她的情婦身分造成威脅，體內胎兒的碰觸會否讓她魅力全失？腰枝不再纖細，千嬌百媚毀於一旦？這是我讀到之後的第一個念頭，雖然與我自己確認懷孕時臉紅心跳的經驗並不相符，而且也並不符合近代好幾本孕婦指南中扭捏說明在第二孕期由於血液供給增加，造成「性欲更加高漲」的情形。[9]

無論如何，從其他小道消息以及另一幅肖像畫可知，情況並非如我所想。當時卡索曼夫人已經為查理二世生了兩個孩子，此後她又生了兩胎。身為國王情婦的大多數時間中，她皆懷有身孕。懷孕是卡索曼夫人與國王之間關係中亮閃閃的錢幣，是她與王后以及宮廷群芳競爭中的強勢貨幣。在前一年夏天，卡索曼夫人即將足月時，國王「每天早晚」皆在夫人於國王街（King Street）上的宅邸用餐，他們還對夫人的情況開了幾個不怎麼私密的玩笑：「國王和夫人確實派人取來幾組磅秤為彼此秤重；據說懷著孩子的夫人是最重的。」萊利為夫人畫的另一幅肖像則膽大妄為地仿效聖母與聖子像，畫中的卡索曼夫人雙眼惺忪，明顯懷有身孕，抱著國王之子的她一臉心滿意足。（一座法國修道院曾懸掛該幅肖像其中一個版本，以為是正統的宗教圖像，直到有人指出畫中人物真實身分後才快速將畫像取下。）[10]

所以胎兒第一次有些動靜時那股細微的感覺，可能像是感覺到權力的激湧。卡索曼在宮廷裡一向長袖善舞，她選擇的肖像畫呈現方式，以及大喊「完了」——完全毀滅——的宣言，可能是刻意作戲，表現出遵守女性應守貞的《聖經》教條的姿態。畢竟聖母是以童貞之身受孕。至於性感的抹大拉的馬利亞，則是**懺悔**的罪婦。

又或者，高聲呼喊的激烈反應其實真誠由衷，因為夫人暗自疑心孩子的生父是誰。卡索曼夫人和國王情夫一樣放蕩不羈，她有許多情人，淫亂程度與國王不相上下。當時贊同這種放蕩作風者，將性自由與誠實、善良本性和保皇主義連結在一起，視為一種忠於復辟王權的生活風格。那年冬天，謠傳卡索曼夫人與花心的廷臣亨利・傑明（Henry Jermyn）私通，而夫人希望國王會因為最近的新歡而無暇注意她偷情之事。

據傳夫人發現胎動是在一六六二年到一六六三年的冬季，但後來就沒有消息。春天，卡索曼夫人再次發現胎動，她從原本的私人宅邸搬到白廳（Whitehall）區域裡一間比王后居處更華麗的寓所。王后布拉甘薩的凱瑟琳（Catherine of Braganza）膝下仍虛。在情婦卡索曼夫人的寓所中，伸手就能觸及緻密織毯、深色絲絨及鑲金皮革，可以盡情撫摸富有光澤的印度絲綢、東方地毯及平滑的銀質壁爐用具。國王情婦的胎動，將體內胎兒的碰觸織入了以華貴織品展現的王室恩寵。

即使所有順利生產的孕婦都發現胎動，我也無法重建延續不斷的胎動歷史，因為其他相關紀錄非常有限。

我的孕程持續進展。寶寶的動作變得愈來愈扎實，愈來愈好預期。雙腳朝天踢蹬，手肘向外翻開。自己將一隻腳埋在我的右側肋骨下方，直直戳著我。我在書桌前或水槽前都不再傾身向前。在地鐵車廂中貼著冰涼的金屬桿，寶寶先是推抵表達抗議，接著以自己的脊椎為中心打轉起來。如果視覺是五感之首，那麼懷孕或許是觸覺的再教育。碰觸是寶寶和我之間傳遞知識的盲人點字，是孕期中間和最後幾個月藉以體驗察知的五感之首。觀察驗孕棒上是否出現一條線，螢幕上令人難過或開心的超音波掃描結果，這些代表寶寶「在那裡」的視覺時刻逐漸衰微暗淡，繼之而起的是堅持不懈表示寶寶「在裡頭」的碰觸。碰觸是觸動和激發情感最重要的連結。寶寶感覺像是天外來客，像是伴侶，像我自己。

所以繼一名女子於宮廷晚宴上高喊的事件之後，還能繼續拼湊出什麼樣的歷史片段？有可能找出在其他時間地點延續進展的過往懷孕和觸覺經驗嗎？在政治上，查理二世在位期間，英國在中斷三十年之後重新開始於北美洲的殖民活動。查理二世將「復辟殖民地」卡羅萊納（Carolina）賜予支持君主政體的忠實擁護者。朝廷中有幾名大臣是奴隸販子；舉行宮廷晚宴接待卡索曼夫人的主人即是皇家非洲公司（Royal African Company）的成員，該公司經營買賣黑奴的生意。在一六八〇年代，每年約有五萬名非洲人被運送至他鄉為奴。英格蘭大肆擴張奴隸貿易的規模，於十七世紀末領先全世界。流落異地的非洲人之中，有些成為英格蘭上流階級的僕役，例如被稱為芭芭拉・卡索曼的「黑小子」的男孩，絕大多數最後則到了美洲各地的種植園受人奴役。查理二世宮廷所享受絲綢和珍珠的迷人觸感，就有部分來自醜惡的貿易活動。[11]

在卡羅萊納低地地區的聚落，稻米在三十年內成為主要的高經濟價值作物。著名的「卡羅萊納黃金米」（Carolina Gold Rice）為種植園園主帶來大筆利潤。為了大量生產這種小粒硬質、表面平滑的穀物，南卡羅萊納對於引進非洲黑奴的需求比北美大陸其他地方更高。[12]

南卡羅萊納：氣候獨特，社會由黑人與白人兩個種族構成，蓄奴制度晚期。時值十九世紀，沼澤地上坐落著一座低平寬廣的稻米種植園。在這裡，上漲的海潮將淡水朝上游方向推送灌溉田地，淹斃雜草，為根淺且脆弱的稻米植株帶來養分。空氣中飄盪淤滯死水的氣味，直到堤壩水閘於退潮時打開才將其沖散。苔蘚成串，自橡樹低垂的枝梢懸垂擺盪。草澤裡的徑道中群蛇出沒。奴隸小屋歷經風吹日晒雨打而色調暗沉，柏木屋瓦和寬闊的前門廊會讓來自英格蘭的訪客隱約聯想到鄉間村莊。小屋內部像是奈及利亞約魯巴人（Yoruba）隔成兩房的屋舍，陰暗擁擠。農奴無論男女，每天在稻田裡工作長達九、十一甚至十四個小時。沒有什麼工作是劃分給「女人的工作」。女奴在田間勞動的步調飛快，才能達到符合白人奴隸主要求的收穫量。

她們過度勞動且營養不良的身體，又會有什麼樣的觸覺經驗？物質文化和氣候條件使然，她們的肌膚上會罩著粗麻布衣，拉高的裙襬以綁在臀部上方再高一點的繩子繫緊。前額上橫綁著一塊大手帕，在後腦杓上多半插著一塊厚紙充當髮梳。鞋子不分左右腳。陽光炙熱灼人。溼氣感覺得到卻看不見。摩娑那一年用的鋤頭時熟悉的手感和重量：用當地木頭做的握把在粗暴使用下拋磨光滑；基座長八或九吋的鐵條鑲有耐用的鋼鐵邊緣。跟著工作歌曲的韻律，這把鋤頭高抬又落下。高抬至頭頂揮甩，落下來挖進土地，拔拉出來，周而復始。女人和男人成排成列，肩併肩工作。

抓握鋤頭、粗糙長繭的手掌上，可能染上黑核桃或靛藍布料的顏色。一日將盡，平底船載運稻米和奴隸回到種植園穀倉旁的空地，疲累的十指可能劃過船身，或是向身下伸去碰觸繫於腳踝處的穿孔硬幣或獸骨，希望驅走厄運。這類護身符也稱為「托比」（toby）、「魔喬」（mojo）或「傑克」（jack）。

一名女奴為了煮飯，盡可能將袖子捲得高高的，拿了肥皂洗淨雙手，沖洗鍋子之後注滿水，將鍋子放在火上，等水煮滾時洗米，在鍋裡加一點鹽，在水大滾時將米放入，讓米粒煮至膨脹，倒出鍋中的水，再將鍋子放回爐上蒸熱。有太多重複進行的動作。雙手忙著準備要用明火烹煮的玉米麵包、豌豆、豬肉或魚肉，三不五時用雪松木鏟攪拌。這樣一位女性知道黏稠糖蜜和糙皮番薯的觸感。木匙、蛤殼、一塊陶片：這些就是她的烹飪用具。

感受到體內寶寶的碰觸後，隨之而來的是相對靜定的特權。在南卡羅萊納種植園生活的女性，第一次胎動通常發生在十九歲時。此時的季節最可能是春末或夏初：在這樣的種植園，女性多半是在冬季受孕，在工作韻律由辛勞採收轉為修築馬路溝渠和磨製穀粉的季節。這樣一個女人第一次感受到肚內動靜的時機，也許是從木造浴盆裡站直身體，也許是當她的雙手忙於捆紮稻草製作揚米去糠用的寬口圓形籃筐，她的十指製作出與塞內甘比亞（Senegambia）或安哥拉

（Angola）的祖先所製的相同樣式。或者，她直覺感受到肚內胎動的時機，是在她站著播種之後伸腳撥土覆蓋淺溝內稻種，或者稍晚到了夏季當稻穗幾乎成熟，她在田間發出噓聲驅趕也稱「食米鳥」（rice bird）的長刺歌雀（bobolink）之時，這種羽色為黃及黑色的鳥類在此時開始向南遷徙。又或者，寶寶第一次有些動作，是在回應禮拜祈禱時的激情呼喊、奴隸所信奉宗教的交錯呼求與應答，以及敲擊覆上獸皮的搗米臼發出的陣陣鼓聲。[13]

胎動確實也讓孕婦必須承受特殊關注，那會來自堅決守護一己利益的奴隸主。女性奴隸承受特別多的磨難苦楚，她們不僅要有生產力，也必須不斷繁衍生育。不孕的女奴隸往往遭到轉賣。「如果不想被賣掉，最好幫那些白人生幾個孩子。」艾莉絲・道格拉斯（Alice Douglass）於一九三〇年代接受訪談時回憶道，她曾在田納西州為奴。胎動的感覺，也可能像是湧起一小股嶄新的安全感：孕婦很可能得以待在原地不動。或者陣陣搏動帶來的是驕傲榮譽感，因為母職在非洲文化以及在美洲遭奴役的非洲族群採行的文化形式中皆備受尊崇。又或者，體內的搏動和踢撞帶來的，是對於某個強取豪奪的工頭或奴隸主的仇恨，那是先前創傷的提醒和回音。也許上述所有可能性都成立。[14]

在南卡羅萊納一些種植園，胎動會帶來實質的新「特權」，日常生活規律的觸覺世界會由新的工具和新的碰觸表面替代。孕婦會被視同女孩或男孩，分配工作時僅當成半個人力，不再做長時間彎腰駝背的粗重田間工作；或者到了孕期後期，會被帶到奴隸主居住的「大房子」（Big

House），負責較輕鬆的居家雜務。葛蕾西・吉普森（Gracie Gibson）接受一名白人訪談者訪問時回憶道：「懷了孩子還沒生產的女人就去拿梳毛器手梳羊毛；有些女人可以用紡車紡紗。」胎動之後，原本肌膚只能任憑日晒風吹，可能換成有四面堅固的牆壁遮陽擋風，而原本要握在手裡的鋤頭，也換成讓人陌生的輕巧、有著纖細線刷的梳毛器。天然的羊毛脂具有滋潤肌膚的功效。梳理羊毛線時所用的，是幾把上有數百個細小線刷的小梳毛器。梳理時先將羊毛纖維撫平整理並朝正確方向對齊，然後就能撚線紡紗。梳毛需要運用不同於先前的靈活手法，並且要在奴隸主妻子的現場監督下進行。[15]

對於懷孕的女奴隸來說，胎動和雙手的勞動相互應和，無止無休，兩者不可分離。曾是奴隸的漢娜・戴維森（Hannah Davidson）回憶時聯想到緩慢蠕動、試圖橫越無垠大地的渺小昆蟲，她如此描述：「我工作到筋疲力盡，好像一隻沿著屋頂爬行的尺蠖。我做個沒完，做到我覺得再挨一鞭子就會沒命了。」[16]

另一方面，十九世紀的奴隸主妻子是歐洲殖民者的後代，從小就學到雙手勞動是低下的。她觸碰到的木頭不是鋤頭握把，而是拋光的樓梯欄杆，陽台的雕刻側板，以及她掌管偌大家庭運作發號施令時所坐座椅的曲線。她觸碰的鐵不是農用鋤頭的鐵片，而是作工講究的倉庫鑰匙。她最有可能握持使用的工具，是將羽毛俐落裁製成的羽毛筆。奴隸主妻子的親友遍布南方各個種植園，她和他們相隔遙遠，只能透過在信件中絮絮叨叨和分享日記傳達私密近況。「我想我晚上感覺到了新生命的隱約跡象，」瑪赫拉・羅奇（Mahala Roach）於一八五八年十一月在信中提及胎動時如此寫道，並在一週後補充說明，「『生命』的徵兆……千真萬確，後來我一直感覺得到。」時間往前二十年，艾黛兒・奧斯頓（Adele Allston）的姊妹建議她別再穿平常穿的鯨骨裙撐，穿著要「寬鬆一點」，並且建議她暫時搬離溼熱的種植園，前往涼爽有風的查爾斯頓（Charleston）。[17]

從這些夫人太太的信件，可以看出她們既視女奴隸為挫折感的來源，也從女奴隸身上隱約看到自身的處境。許多人以尖酸刻薄的言詞抱怨奴隸桀驁不馴，說交代他們工作都無法完成，縫紉技巧差勁，或是不鞭打他們就不好好工作。有些奴隸主妻子在盛怒之下，會掌摑或毆打女奴隸的臉，拉她們的頭髮，或用火燙她們的皮膚。有些奴隸主妻子基於身體上的相像而對女奴隸感到某種認同：「我知道要是我能獨力管理種植園，就能給懷孕的奴隸很好的待遇，」其中一位自鳴得意地寫道，「身為女人，我能夠同情女性，無論她是白人還是黑人。」在曾遭奴役者的回憶錄中可找到佐證相關言論的描述，不過相當少見：「有時候園主太太得知懷孕女人的情況，會告訴先生說必須減少她的工作量。」一名農場工人如此陳述。[18]

南北戰爭期間，南卡羅萊納和美國南方其他地區廢止動產奴隸制（chattel slavery），曾在田中為奴者放下鋤頭趁夜逃離。南卡羅萊納稻米種植園實行奴隸制約有兩百年之久，維吉尼亞州和馬里蘭州的煙草種植園施行時間則更長。在稻米種植園的女奴隸生下了數萬名孩子。其中一些人學著從前的女主人打扮得優雅精緻，她們會穿禮服或在孩子頭上繫緞帶以表自由的象徵。展現新獲自由的其中一種形式，就是掌握禁忌之物。[19]

俗話說：「眼見為憑」。懷孕則為較長的原句帶來新的生機：「眼見為憑，但感覺才是真理。」[20]

孕婦躺下時，胎兒可以更自在地活動，不受腰椎的弧線拘束。在卡羅萊納奴隸宿舍的木箱床裡；在填塞稻草或搗碎玉米穗軸的亞麻床墊下；在奴隸主那間「大房子」的羽絨床上；在國王情婦位在白廳的寓所中；在你住的街道上幾乎每一間臥室或住處裡——都曾有胎兒踢蹬。從古到今，或許有正式名稱，或許沒有，胎兒在母體內獨特的胎動從未止歇。

感覺也許是真理，但是觸覺既建立連結，也切斷連結。有時候，共享的感覺會被歷史的距離打斷，或者遭到不平等和脅迫手段破壞。實體信件、肖像、鐵鋤和鑰匙能夠歷經光陰流轉存續，但是血肉會分解、消失，如同大多數事物的去向。奴隸主妻子打在女奴隸臉上的熱辣巴掌，讓人看到同理心如何在命運的兩個極端和脅迫手段之下消散無蹤。而在其他時期，共通的感覺諸如撫摸圓凸的肚腹、代表懷孕的勞工介入調解、換位思考將心比心的想像，能夠激發人與寶寶之間的連結，以及過去的人與現在的人、前人與今人之間的連結。

第六章　圍裙隆起

我醒來時，周遭一片靜寂。現在每天上午和下午都安靜而漫長。K在廚房磁磚地板上走來走去，忙著準備早餐或晚餐，預先備妥接下來一週要吃的餐食。他也重新整理製作家具（一張嬰兒床、一座斗櫃）要用的工具箱。

第八個月結束，邁入第九個月，我查閱媽媽手冊下一章，整理之前去生產教室上課的筆記，計算還剩幾堂課要上，從逐漸減少的可穿衣物中找出衣服穿上。執業醫師莎拉．詹納（Sarah Jinner）在她撰寫的一六五九年倫敦年鑑中，將妊娠晚期形容為「圍裙隆起」。我在腳踏車上像高貴莊重的夫人一樣正襟危坐，兩臂前伸打直，膝蓋向兩邊打開讓位給隆起抵到胸腔的肚腹。有司機發出嘖嘖聲。有店員說話時盯著我的肚子而非我的臉。寒暄問候的話題不再聚焦於工作或寒冷的冬季。是男生還是女生？好好照顧自己！我幾乎不去引導話題，每一段對話都滿懷期待。[1]

「我就跟你以前見到的我一樣，有血有肉、鮮活如生。」紐澤西州一名婦女於一七五三年在寫給密友的信中誇稱。「像一隻鬥禽！」一名北美大草原農場主在一九一二年的一封信中如此描述。其他人的描述還包括「大得驚人」……「快落在地上」……「裝得像特洛伊木馬一樣滿」……厭倦「繁衍」等等。[2]眾人談論妊娠晚期時都說了些什麼?十七世紀用以形容女子懷孕的詞語如「有了」(bagged、bound)和「身子重了」(heavy)等皆承襲自十五世紀,「成孕」(pregnant)一詞同樣源自十五世紀。十六到十八世紀間,身懷六甲的婦女可能稱為「滿漲」(teeming)、「大腹便便」(great-wombed、great-bellied、big-bellied)、「有身子」(child-great),所有詞語都指出豐沃和巨大之意。或者描述為女子在孵育(brooding),像是照顧一顆尚未孵化的蛋,或是呵護羽翼下的小鴨。或者稱為碩果纍纍、裕足、隆盛、多產、豐健。[3]

對特權階級婦女來說,她們大約在同一時期開始主導膝下兒女的數量,生育率於是開始下降,這類詞語也隨之轉變。十九世紀的菁英階層婦女有了全新的形象,她們被形容為不具實體的理性生物。委婉語在當時蔚為風尚。懷孕婦女於是成了「準備成家」(in the family way),或是「將為人母」,又或者是「健康狀況『需要小心照料』」(in a *delicate* state of health)。有些用詞則借用外國詞語重組。英國貴族或許厭惡法國文化,鄙視法國人不敬神及實行共和,但他們開始借用法文中稱呼懷孕的詞語,例如「有身子」(enceinte)或「身子重了」(grossesse)。蘇珊・麥高芬(Susan Magoffin)於一八四六年自認為第一位遊歷墨西哥的「美國女士」,儘管所思所想帶著英裔美國人的優越感,在描述自己懷孕時她仍借用了西班牙文「embarazada」(她寫成「emberaso」)。密蘇里歷史學會(Missouri Historical Society)圖書館員於一九二六年公開麥高芬的聖塔菲（Santa Fe）旅遊日誌時進行索引編目，以絕對溫和無害的詞語「狀況需小心照料」指稱該段描述。[4]

於是，十九世紀時彬彬守禮的英文談吐和私人信件中，不再出現腫脹的子宮或是隆起圍裙下的膨大肚腹。懷有身孕不再是成年人會處於的常見狀態。生育不知怎麼的變得不自然，或是太過自然而然。合宜話題從豐沛多產、便便大腹，彆扭笨拙地轉為被動等待的結果：小陌生人，或小鬼，或小壞蛋，或新來的，或甚至是婚姻情愛的頭號承諾。這些詞語在謹守距離分寸和過分多愁善感之間遊移。贈送給新手媽媽的針插上裝飾的字句溫暖卻生硬：歡迎小陌生人。諷刺意味十分深刻。正因為這些婦女皆被視為理性生物，並減少家庭子女數，豐富且有意義的身體經驗語彙也隨之銷聲匿跡。「親愛的老日記……我將獲得愛的承諾。」艾蓮娜・柯恩（Eleanor Cohen）吐露心事，她出身十九世紀中葉南卡羅萊納的富有猶太社群。波士頓的伊麗莎白・卡博（Elizabeth Cabot）語焉不詳地寫道，一名友人「走上肉身之路，預期八月抵達她的終點」。在過度保護的婉曲用語，以及對於女性理智的崇尚運作之下，心靈與肉體分離開來。[5]

「任何人若是說出『繁衍』、『懷著孩子』或『臥床』，必定被視為粗鄙不雅。」一名年長貴族婦女於一八一八年評論所處時代菁英階層的改變時寫道。她補充說明：「替代的詞語是『準備成家』和『坐月子』（confinement）」。一七九一年刊出的《紳士雜誌》（*Gentleman's Magazine*）挖苦趾高氣昂的上流階級於同一時期在用語和態度上的轉變：「眾多母親和祖母們，從前會在時間到的時候『懷了孩子』，或如莎士比亞所描述的『大腹便便』……但如今人盡皆知，過去十年來不曾有任何階級比侍女或洗衣婦更高的女性『懷了孩子』。」[6]

無論是勞工族群用語又或是十九世紀俚語，拐彎抹角的程度幾乎不相上下。加入布丁俱樂部（in the pudding club）。搞大了肚子（up the duff）。烤箱裡的小圓麵包。甜膩黏稠的婉曲用語讓人聯想到男人與性。「布丁」是陰莖或精液的鄙俗稱呼。提到「葡萄乾布丁」（duff）或小圓麵包，表示「頂在棍端」（up the stick）、「進退不得」（up the creek）、「陷入瓶頸」（up the spout），意思是麻煩大了。從十九世紀一直到相當近代，說英語的孕婦可以自行選擇：要談吐優雅或陷入麻煩，無論如何都是委婉用語稱霸。在十九、二十世紀之交的倫敦，或者內布拉斯加州鄉下，許多勞工階級大家庭不僅言談中忽略不提懷孕，甚至常發生完全無視婦女明顯可見的孕肚這種事。「『準備成家』的婦女會被稱為『加入布丁俱樂部』。」某本一八八九年俚語字典的作者群如此編寫，強行疊加兩種委婉用語。[7]

字典編寫者認為這個俚語的使用時機，常常是說話者覺得詞窮、既有詞語不足以傳達自身感覺的時候。如果在十九世紀描述某個人「甜上」（sweet on）、「糊上」（mashed on）或「迷上」（gone on），表示愛上某個人。如果他們喝酒過量，可能是「酩酊」（kisky）、「喝高了」（flying high）、「喝掛」（paralysed）、「大醉」（boozed），或者「爛醉如領主」、「爛醉如帝王」或「爛醉如魚」。但在描述懷孕的例子中，活在一副圓滾、沉重身軀的感覺卻未經由字詞傳達，而是被字詞隱藏。便便大腹就在光天化日之下遭到掩蓋。

是兒子還是女兒？我不知道——想要先保密，當成驚喜。

詢問孩子性別是常見的客套話，大家會在我轉身展露側面輪廓和充滿希望的突起孕肚時發問，無疑都是出於好意。這個問題也在嘲弄、招惹和挑動我的女性主義信念。我不希望性或性別議題這時候就衝著我來。敝校的金賽研究所（Kinsey Institute）收藏了一張黑白照片，照片中的婦女剛好在生產的那一刻低頭望向號啕大哭的嬰兒：嬰兒的頭部已經冒出來，雙肩和身體仍在產道裡。瑪瑞特．派蒂．艾倫（Mariette Pathy Allen）將這張一九八三年拍下的照片題為：「最後一個無性別時刻」，無比深刻且激烈。

在一次例行產檢中，醫師形容寶寶的腦袋很「帥氣」。K注意到對方無意中說溜了嘴，但一直到很久之後才跟我提起這件事。我們認識的人盡可能掌握各種醫學資訊：預先規畫，假想生男或生女的未來，看看是否適合自己，或者想辦法從令人憂心忡忡的產檢找回樂趣。廣播主持人討論一項蓋洛普（Gallup）民調結果，結果顯示現今美國民眾和一九四一年時一樣偏好生男勝過生女。

從前絕大多數的社會都執著於重男輕女的偏好。這就是父權主義。這樣的觀念也將身體視為二元，將世界區分成非此即彼，即使有些寶寶無疑並不能如此劃分。過去曾有各式各樣預測寶寶性別的平凡方法：受孕時多吃性溫熱的食物比較有可能生男，多吃性寒涼的食物比較有可能生女。在子宮裡位置較高的會是男孩，較低的會是女孩。如果孕婦的右胸比較堅挺，或是右眼比較明亮，就會生男孩。若是左側，則會生女孩。年紀較輕的母親最常生下兒子，年紀較大的母親通常生下女兒。[8]

從一九四一年到二十世紀末，蓋洛普民調機構六度隨機訪問美國民眾對於生男或生女的偏好。民調數字保持顯著穩定：百分之三十六到四十一的人偏好生男孩。但也有很高比例的人表示並無偏好、不確定或沒意見：百分之三十八（一九四一年），百分之三十五（一九四七年），百分之四十一（一九九七年）。我不確定該如何從整體判讀這些數字。個體永遠比整個社會更加複雜。在一九四七年遭隨機選上的美國人在被問到個人想要生男或生女時，當下腦中想的可能是二戰時失去的家人，也可能是眾多摯友家裡最討人喜歡的小孩。[9]

同時，大眾接收「男孩還是女孩？」這句話的方式也有所改變。女性主義以及關於性和性別的主流概念自一九四〇年代以來已有轉變，轉變方式多半很混亂。從「性」和「性別」之間有所區隔一事可見端倪。派蒂・艾倫於一九八三年所說的性別，指的是改變中的男人和女人的角色及權利，與生理上的男性和女性有所區別。這位攝影師和同時期其他女性主義者皆認為，性別以及女性的從屬位置，不是，也不應該是，由自然賦予的。在二十世紀中葉之後，性別的主流概念分成數個不同發展路徑。一說性別是一種社會地位，依據外在對於人的性如何感知，繼而施加於人的身上。或說性別是一種身分認同，與一個人大腦中的性相互關聯，可以自由表達。性別的表達就如同性，是二元的，或者是非二元或流動的。[10]

蓋洛普民調的問題也愈來愈簡單扼要。從中或許可以窺見一些跡象，包括生育率普遍下降，以及民眾選擇只生一個小孩或不生小孩。「如果你只能（再）生一個孩子，你會比較想生兒子還是女兒？」（一九四一年三月）「如果再生一個孩子，你比較想要兒子還是女兒？」（一九四七年九月）更近年的：「要是你只能有一個小孩，你會比較希望是兒子或是女兒？」永遠是二元。[11]

誰想得起來我在受孕的重要時刻吃了什麼？無論如何，我的腦袋不夠帥氣嗎？

好好照顧自己！多多保重！

我會的。謝謝。

懷孕總是讓人想到脆弱易受傷害。明顯的孕肚也讓人將種種脆弱的形象投射其上。厭女情結、對畸形怪物的畏懼，或者只是大自然中的小細節——地景、作物、一顆鳥蛋的色澤——都引發大眾擔憂母親可能會對胎兒造成某種影響。

當代的評論執著於孕婦的飲食。避免攝取酒精、咖啡、茶、海鮮和軟質乳酪。大量專家看法意見的分量勝過實際證據。但是直到二十世紀，主要的顧慮仍基於經驗法則。在大眾的期待下，有幾種人無疑應該改變飲食習慣。以生下繼承人為主要任務的英國貴族遇上聽起來文雅含蓄的「身子重了」時期，也免不了受到飲食相關的禁令限制：禁吃肉，少鹽，禁喝酒，多攝取纖維。

美國的女士夫人如「em beraso」的蘇珊．麥高芬，則被鼓勵要使用灌腸劑清空腸胃，以及避免油膩和辛辣食物、咖啡及烈酒。更多人擔心的，是吃得夠不夠多。懷孕讓人飢腸轆轆。[12]

更典型的情況是，母體經驗關係重大，因為母親經歷的事件和情感可能會在體內胎兒身上留下印記。所見景象、所受驚嚇、入口食物、夢境和強烈情緒，都可能影響胎兒。坊間流傳著關於奇怪胎記，或者常稱為「母胎印記」（mother's mark），或是畸胎的故事。在明尼蘇達州的奈特湖（Nett Lake），原住民族孕婦會蒐集有斑點的海鷗蛋，互相提醒千萬別吃豪豬肉，因為豪豬的尖刺銳利，可能會讓寶寶變得任性固執、桀驁不馴、暴躁易怒。[13]

大眾關於胎記的想法，有時會讓孕肚明顯的婦女成為他人剝削利用或責備怪罪的對象。在近代初期的英格蘭，可能會有身帶殘疾的乞丐故意跟蹤婦女，想要讓婦女掏錢打發他們走開。典型的醫師叮囑中有一項，就是不健全的渴望可能會對胎兒造成「不良印記」。婦女若是過於注重穿著打扮，生下的孩子身上可能帶有形如都鐸王室（Tudor）肖像畫中硬挺皺褶領（ruff）的瘤塊。[14]

在其他時期，則出現女性利用大眾對於胎記的觀念，取得協商餘地甚至權力的個案。一位懷孕的女主人因學徒的行為動怒，可以將他送上倫敦市長法庭（Lord Mayor's Court in London）。平常在家享有父系社會威權地位的丈夫都明白，孕妻忽然大發脾氣是合理的，應當遷就包容。一位知名植物學家的夫人懷孕，孕婦說有一股衝動想要朝丈夫的臉上砸一打雞蛋——他也就忍受了。荒誕怪異的故事所傳達的道德教訓再明白也不過。十八世紀有一名丈夫沒能幫懷孕的妻子在利德賀市場（Leadenhall market）買到龍蝦，終於帶了一隻回家時還嚇到妻子，但後來出生的孩子看起來「好像煮熟了一樣紅通通的」。[15]

遭人奴役的愛瑪・佛斯特（Emma Foster）生下一名兩手各有六根手指的嬰孩，她將孩子多出手指的事解讀成因為她幫朋友揉過受傷的手指。在舊南方（Old South）有一位種植園女主人或許是踰越了所屬社群的種族和性方面的禁忌，聲稱自己是因為害怕當地黑奴造反才會生下深色皮膚的孩子。一七四二年，小說家亨利・費爾丁（Henry Fielding）如此刻畫一名角色的特出之處：「在左胸上有一塊胎記，形如草莓，是他的母親想吃這種水果而在他身上留下的印記。」胎記可以讓婦女與所屬社群連結在一起，可以為積極進取者或絕望無助者提供資源，也可以用來解釋無傷大雅的情況。[16]

民間流傳許多關於為人母者的想像如何富有力量的故事，並且總是反映了故事本身生成的歷史環境。英國內戰期間，保皇派與信奉清教的「圓顱黨」（roundhead）相互對抗，當時的宣傳小冊中，就出現一名婦女寧願生下無頭孩子也不想生下「圓顱」孩子的內容。結果完全可以預期。至少莎士比亞覺得這樣的想法具有喜劇效果：《冬天的故事》（*The Winter's Tale*）中的一段民謠講述放款人的妻子生下二十只錢袋。[17]

相關的故事或許引人發噱，或許帶有譴責意味，但都指出身體、胎兒與周遭環境之間的界線薄弱。這些故事都假設三者之間有許多孔隙，脆弱而易於穿透。結冰的人行道有如變形的九柱戲瓶狀木柱，我在其上蹣跚而行，揣想著我能認可視覺、靈魂和嬰孩的脆弱易受傷害的感覺，或甚至假設三者之間容易互相滲透的性質。胎記的老歷史並未完全傳承至我們這一代，不過我們或許會在禁止不健全的欲望或不適當的渴望之訓示中，或期望孕婦保持好心情、避免陷入憂鬱的呼籲中，聽到一些回音。有什麼會透過我傳給寶寶呢——高潮、乳酪三明治，或是受寒瑟縮？寶寶的心情會跟著我一起好好壞壞嗎？

目前並不清楚「母胎印記」的觀念究竟何時式微，而相關故事又是從何時開始不再流傳。根據倫敦綜合婦產醫院（General Lying-In Hospital）的紀錄，直到一八八〇年代仍可查到與胎記相關觀念和故事。病歷中有一些呼應早期故事的紀錄。艾格妮絲・里德（Agnes Reed）解釋說她的第五個孩子臉會紅紅的，是因為她吃了大量幫助消化用的硫黃和糖蜜。一位藍伯特太太（Mrs Lambert）的第九個孩子生下來就缺了一隻手掌，她回憶說擔心與先前碰到的乞丐有關。醫院的住院醫師僅記錄她的說法，並未加上任何評語：「街上的一名乞丐露出自己缺了手掌的胳膊，讓她著實吃了一驚。」

如果一名孕婦「看到一個手臂殘缺的男子在舞台上演出，令她印象極深、驚慌失措，不得不離開觀眾席，之後三天茶飯不思，腦中只是不斷浮現舞台上的場景，」康乃狄克州一名婦女於一九一六年寫道，「對腹中胎兒會有什麼影響嗎？」這封詢問信是寫給成立於一九一二年、致力於改善母嬰健康的美國兒童局（US Children's Bureau），從信中可知直到二十世紀上半葉，坊間仍流傳著胎記故事的不同變化版本。電影或許也會造成影響，還有雜耍表演？「鄰居家有新生的嬰兒，是個畸形兒，」另一封一九二六年來自阿拉巴馬州的信中寫道，「大家都說是看影戲（picture show）才變這樣。」就這一例而言，有關單位的答覆令人安心：「您若愛看電影，而且可在不干擾晚上八小時睡眠時間的狀況下前去觀賞……沒道理不能偶爾去看一場逗趣的影戲。」

我能查找到年代最近的證據來自一九七〇年代中葉，美國中西部民眾於受訪時表示，想吃草莓或魚或者擔憂焦慮，皆會在胎兒身上留下印記。他們指稱道，別看馬戲團裡的「怪胎」，去動物園也別看蛇。小心！小心！

我仍在工作：就坐在講堂前方的桌子上，很不雅觀。工作一點一點離我遠去。還剩最後一批學生交來的報告要評分。儘管思緒面對長串數字清單退避三舍，縮進自己廣闊的龐然身軀，我仍督促自己振作起來計算總成績。

我從來不想要孕期結束。我們違背數學原理：一加一等於一。我是我自己，也不是我自己；我一人吃，會有兩人補。我與這個額外的生命之間的關係，不能說不像我與夢境和念頭之間的關係，我可以講給K或朋友聽，但對我們各自來說卻永遠不會相同。我比平時更開心，但也變得更愛哭。

我等不及想要孕期結束，迫不及待想要回歸正常：可以抱抱親愛的老公，可以盤腿而坐。我覺得氣惱，想做以前習慣的動作，卻發現自己的身體橫加阻攔——彎腰想綁鞋帶卻發現硬邦邦的肚腹抵著大腿；轉身想確認大門是否關好，身側卻有一股拉力。

五味雜陳而豐盛無比。

我家鄉每年會舉辦濱海賽船會，會有一艘巨大的黑船，可能是一艘快速帆船（clipper），作為舉行海上活動的總部。船首雕像的豐滿胸脯呼之欲出，乳溝處淡彩色漆料剝落。小時候我總會注意到她，因為這尊木雕像讓我很不自在，像在嘲笑母親耳提面命切莫「粗魯不雅」的教訓。

如今我就像古老帆船的船頭，以雄偉胸脯宣告貨物即將運抵。在從前航海仍是要角、不列顛帝國仍主宰貿易的時代，有一句俗諺說：「日常所見最美妙的兩種東西，一是航行中的帆船，一是大肚子的女人。」肚中之物每一天、每一小時愈長愈大，也與我愈漸分離。

賽船會最後是走油杆比賽和煙火表演，有時我們看完以後會回到瓦思太太（Mrs Wass）家喝茶。年老的瓦思太太很嚴厲，她會做魚醬三明治。窄淺的窗台上放了一艘瓶中船，帆船上三根纖細高聳的桅杆掛著白色船帆。我想是出自她過世許久的丈夫（瓦思先生是我朋友的祖父）之手，不過我一直不知道是怎麼製作的。

時間愈久，我愈害怕自己是不是做出了一艘瓶中船。同時傳來第二下心跳，玻璃中響起的這一聲自有其意圖。

第七章　說到生產

傾身，蹲坐，使勁，呼喚所愛，哭爹喊娘，呼求神佛，喘粗氣，拉，推——產婦分娩時不會記錄生產過程。生產過程可能會由其他人記錄下來——也許是妻子受苦許久的丈夫寫下的一篇日記，產婆帳簿裡有產婦以雞蛋或奶油當成酬勞的付款紀錄，或是存於醫院的記錄新生兒各項測試分數的檔案——但是分娩的產婦僅能從回憶述說故事。她們沒辦法作筆記。生產這樣閃閃發光的動詞——借用一位詩人的用詞——是在事件發生後才得以形諸文字。[1]

每個事件都有開始和結束，於是有了兩個時刻。首先，外頭一片漆黑，破掉的羊水在我腳邊積成水池。在木地板上擴張的小池中沒有鮮血或漬跡，聞起來有點農村的味道，像是潮溼的稻草。沒有裝窗簾的窗戶玻璃上映出我的面容，倉促一瞥，只見害怕表情和實事求是的咧嘴笑容被窗戶框格切成四份。數小時之後，在數英里之外，我又置身亮晃晃的房間，而外頭一片漆黑。在醫院的開闊大窗之外，穿著厚重大衣的人影低頭傾身走入寒夜的冷冽空氣。胸口一個健康新生兒的形體帶來一陣暖意。助產士清理著床腳。

任何生產場景或條件皆是獨一無二的。有些人分娩時間長達數日，有些人則是數小時。有些生產過程很激烈，有些進展不明，有些兩者兼具。曾有產婦分娩的場地包括住家、特別設置的小屋，以及醫院、診所和救濟院。或者在其他多少令人出乎意料的地方：恩人家的階梯上，雪堆裡，一棵樹後，一座橋旁，計程車後座或是手術台上。在產婦分娩時圍繞她們身邊的人有女性友人和鄰居，還有醫生、護士和產婆，在場的可能還有產婦的親密伴侶、僕人、女主人、姊妹和母親。她們曾為了讓呼吸集中而朝瓶子裡吹氣，或是跨在分娩凳（birthing stool）或以張開雙腿的坐姿來分散自己的體重。她們曾以四足跪姿在地毯、報紙或苔蘚上生下孩子，曾經或有意識、或無意識地在戴了滅菌手套的雙手中生下孩子。

然而有史以來的每次生產，都以某種方式符合歷史上一種大跨度的變化趨勢，歷來的生產變化趨向一致。也就是從在女性家人、鄰居和友人環繞下生產，轉變為在醫院的醫療體系中生產。過去有些婦女獨自生產，或在一群陌生人之間生產，現今有些婦女選擇在家生產，但是分娩的最主要脈絡——也就是在某個特定文化中對於我們無論在何種情況下生產所懷抱的期望——已經發生決定性轉變：從女性發揮她們的知識和陪伴那樣的傳統世界，轉變為科技和專業的醫療世界。最初，醫師到特權階級婦女的住家看診，早期這些人的角色是男性助產士，後來則是產科醫師。年代稍晚一點，臨盆的婦女會被送進醫院，在嗶嗶叫的儀器設備、各種止痛藥劑和潔白床單環繞下分娩。近年，尤其是在二十世紀晚期倡議人士推崇自然分娩之下，在分娩課題中又帶入了從前注重人情溫暖和生產經驗的考量。現代的生產，有時是為了挽救生命或顧及產婦懼怕或顧慮心情而進行的剖腹產；有時候，分娩是新舊行醫方法的層層覆寫。[2]

結束之後，產婦會尋求所知的各種類比來理解分娩時發生的事。初期的宮縮像斯汀森海灘（Stinson Beach）上的細小波浪（語出近代柏克萊〔Berkeley〕某位婦女），或是綠色等高線地圖上的突升陡降（語出一位當代詩人）。疼痛像火紅熱燙的撥火棍（語出二十世紀一位女帽商），或是以通電細針刻出骨盆輪廓（語出二十世紀初一位社會科學家，她在腦中刻畫疼痛的軌跡）。分娩是承受酷刑折磨，四肢宛若就要分離（語出十七世紀一位上流階級清教徒婦女，她將分娩視為等同宗教殉身者的苦難）。推力的移動像雪崩之前颳起的風（又是柏克萊那位婦女）。那樣的夜晚足以殺死一匹馬（語出約克郡〔Yorkshire〕一名婦女，當時馬匹仍是主要交通工具）。產婦對於生頭胎的洞見似乎有著共通點：寶寶頭上頂著火圈。上述所有詞句都在試圖理解。從古至今，字句無疑形塑了經驗，而且在回想的過程中伸手可得，但生產本身永遠超越字句：難以捉摸，要求嚴苛，自身既須存在，亦須失落。我已無法將自身情況形諸文字。雙腳下一小池羊水泛著波光，一開始只是茶碟大小，接著變大成了晚餐餐盤，我在生產這個閃閃發光的動詞中棲身。[3]

一開始能做的實在不多，除了在屋裡四處走動、吃吐司跟假裝鎮定。在我居住的社區，有一個很大且活躍的「生產社群」，以推廣自然分娩為宗旨。莫莉（Molly）在幾小時之後就到府幫忙，她是陪產員（doula），我之前上的生產課程就是由她授課。聞到咖啡味可以嗎？我對她的提問以點頭回應。我把幾張來不及使用的音樂會門票放進信封裡，準備送給朋友。我從碗裡取出一顆蘋果，然後又放回去。

在十七世紀的東安格利亞（East Anglia）有所謂「喚穩婆」（nidgeting），即挨家挨戶找產婆或其他有經驗的女性來幫忙接生。珍・喬斯林（Jane Josselin）的丈夫是厄爾斯科恩（Earls Colne）的牧師，他很可能挨家挨戶喚來六、七位甚至十幾位婦女幫忙，包括鄰居、友人，以及妻子娘家的姊妹和母親。他們生活的村子位於鄉間，僅有數百村民，分布著小塊田地和圍籬、草澤以及低矮的赤陽樹叢。古老森林大部分在許久以前就已退縮消失，僅留下一片中世紀的林地。在村裡無意中聽見的口音或許暗示有些居民來自倫敦或荷蘭，倫敦和村落之間有道路相連，而荷蘭移民則是來到當地成為紡織工人製作銷往全歐洲的布品。或許珍・喬斯林聽得見巷弄傳來的人聲，或許她注意到了屋宅後方廚房飄出烹煮洋蔥或大蒜的味道，蓋過了閣樓裡蘋果或啤酒花的氣味或是剛剪下羊毛的油膩味。改造成產房的房間保持溫暖無光。受到召喚的婦女陸續到來，拉起厚重簾幕隔絕光線和空氣。鑰匙孔也被堵了起來。[4]

這樣的產房場景可能是為了避人眼光，也可能引發猜疑。身為一六四〇年代的牧師妻子，珍・喬斯林是公認端莊正直的夫人。她分娩時應獲得大家的好心援助。助產人員可能將穿戴的戒指、絲帶、蝴蝶結、鈕扣、扣環物件等全都除下，以免妨礙接生。周圍的助手統統是熟人且溫柔和藹。比較不幸的婦女，或許窮困，或許未婚，可能是在田裡、當地監獄，或得在女主人凌厲目光下生下孩子。喬斯林或許曾看過，這樣一名單身女子在分娩最緊張的當口，被旁人要求說出孩子生父的姓名。她甚至可能自己就曾吐出同樣的話語，同時還搖著手指大談罪惡和最後審判日。某位窮困母親可能就站在喬斯林產室一隅，她負責產房的清洗和打掃等粗活，以換取教區施予的賑濟。

在即將生下頭胎的時刻，珍．喬斯林或許會聽見牆壁另一邊傳來丈夫的咳嗽聲。男人是被排除在生產場景之外，但是木架房屋的牆壁很薄，中間有許多孔洞、縫隙和空間。在牧師如雷夫．喬斯林（Ralph Josselin）眼中，生產是女人應該屈從之事。分娩是神對夏娃犯下原罪的懲罰，祂以管教的杖施以女性應耐心承受的苦痛。同時代的其他男人則想像產房裡的婦女開黃腔，對男人品頭論足，讓他們名聲蒙塵。參與的女性被稱為「親友團」（godsip或gossip），這個語詞到了下個世紀才開始有了帶貶義的「閒言碎語」之意。*然而在產房中，產婆將生產視為動態的過程，視為女人承負的苦工。產婆和「親友團」努力幫珍加油打氣，她們會談天說地，一起喝一種特別加了辛香料和穀物的濃稠葡萄酒。這種酒湯（caudle）暖熱味甜，稍具緩解疼痛的效果。產婆也會在雙手塗抹滋潤加溫用的百合花油。房裡的一只白鑞盤，女人額上的點點汗珠，與搖曳的燭光

*譯註：godsip或gossip原指自己子女的教父母，通常是很親近的友人，後來演變為愛講閒話的「三姑六婆」之意，之後又演變為「閒話、八卦」之意。

相映。

我們按兵不動，只是暫時的，但隨著每一次宮縮，屋子裡都愈顯寂靜。每一次收縮，都耗盡我的——什麼？注意力？全副心神？堅忍韌性？恐慌會誘發嘔吐，我心想，我做不到，然後我也這麼高喊，但是這股抗拒來得快，去得也快。所謂不由自主，莫過於這種在體內移動的疼痛。我只需要現身，擺脫自己的心智神識，然後呼出氣來。開闊客廳裡的空氣和壁爐架上的老時鐘全消失了，取而代之的是浴缸盆壁的狹窄緊迫。我注意到老時鐘打從我們搬來這裡之後就沒有再走過，真的應該修理一下……但這個念頭轉瞬即逝。浴缸裡的水涵納了每次宮縮四散的痛。K將水淋在我身上，一次，五次，三十次，一百次。對於令人無法招架的體內韻律而言，他的存在感覺既是完全必要，也十分邊緣。

十八世紀的切羅基族（Cherokee）女性在生理期和分娩時，會自行住進特別的小屋。這種避居用的小屋稱為「歐西」（osi），與城鎮裡一般住所之間有一小段步行可達的距離。進入小屋後，平常在室內做的工作如製陶、織布、煮飯和帶小孩等活動全部暫停。歐西小屋四壁皆為抹灰籬笆牆（wattle-and-daub wall），長久以來皆是休息和談話的空間。小屋牆壁曾旁聽「玉米母親」（Corn Mother）的故事，這位女性始祖的鮮血落在大地上，變成維持生命所需的玉米。它們也聽過其他故事，有些是關於貓頭鷹和巨人，有的是在講過河發生意外時會呼召的「白色河狸」

（White Beaver），故事將生產與靈性力量相互連結。

一名切羅基族婦女，或許名叫旦妮（Dawnee）或夸莉尤嘉（Qualiyuga），也許一度站在爐火旁。也許她下一刻會跪在地上扶著椅子，另一刻則坐在旁人大腿上，周圍的婦女中有一位幫忙抱住她的腰。她平常穿的衣物，諸如水牛毛、鹿皮、或麻和桑樹皮織成的衣裳，皆向上拉起紮好。

這樣一名婦女在較早的時刻，可能會聽到外頭的男巫醫或女巫醫繞著小屋從東隅走到西隅的腳步聲。阿帕拉契山脈南部（Southern Appalachians）的谷地肥沃豐隆，遍植雲杉和糖楓，此地的男人打獵，女人務農。耕田時使用削尖的木棍和石製的鶴嘴鋤。年長的女性稱為「鴉婆」（raven），她們負責看守外圍種植硬粒種玉米（flinty hominy corn）的田地，以防有烏鴉、浣熊或搶匪前來劫掠。*田地附近可能有一名年紀較大的母親教導兒子使用弓箭，她會將一片苔蘚或某種質輕的東西拋向半空當靶讓他瞄準。用富含樹脂的剛葉松枝搭起的火堆不斷冒煙，上面擱著預備用火燒製的黏土碗皿，燒製後呈黑色的碗皿會更加光滑堅固。油和蜂蜜以鹿皮容器盛裝保存。麵包裡加了滿滿的栗子、豆子或南瓜。

「小弟弟，跳下來，」歐西小屋東隅可能會響起薩滿的喊聲，或者是西隅會傳來「小妹妹，跳下來」的呼喊。薩滿手中拿的赤榆（red elm）樹枝是用來嚇唬孩子，讓孩子從產婦體內向下跳

*譯註：硬粒種玉米經鹼法烹製並洗去外皮後可得玉米核（hominy），搗碎成粉後即可製作玉米麵團（masa）。

到樹葉上。還會有人將浸泡櫻桃樹皮的熱水送到產婦面前，讓她嗅聞溫暖的樹皮香氣。小屋中的婦女則聲聲呼喊，希望哄騙寶寶出來。既有愛心承諾，也有空洞威脅：「你這小傢伙，給我立刻起來。有一個老太婆過來了……你聽！快點！趕快起床，我們一起逃走！」

出現在醫院停車場的我們是一組怪異的三人行：莫莉和K一左一右站直在我身旁，而挺著龐大身軀的我身姿蹣跚不穩，兩手分別緊抓他們的手。身上的大衣敞開，緊急買來穿的廉價男睡衣突露出來。無比緩慢的前進過程中，每次痛起來都得停下來，在對於零下低溫不合常理的抗拒中急煞腳步。我感覺不到寒冷。感覺無比美妙，也無比汙穢：讓我憶起自己過去曾在一段年少輕狂、短暫得令人難過的時期跑去狂歡，玩到嗨翻天的同時又清楚意識到倉庫冰冷的地板，和保全人員穿的鼓脹大外套傳來的低溫。混凝土停車場和醫院灰暗的建築物今天是嚇不倒我的：生產已經令我瘋癲。到了電梯前，我們再次停步，在產房外又停下來一次。

我們的助產士已在等候。子宮頸擴張至八公分：媽媽手冊上的寶貴資訊宛如學校考試時認真記下的知識，滲入當下發生之事。產房樸素舒適，在浴缸中再次沖洗。莫莉以說話引導我挨過每次疼痛，陣痛現在來得愈加急促。很棒。那個你就不用再做一遍。有必要的話可以請產科醫師過來，不過我們希望可以不去請醫生。我母親從前暗示她的產科醫師種種好戰表現，與生產課程談起醫療介入措施便滔滔不絕的警示相互應和。

在一九三〇年代美國東南部，醫師到白人佃農家裡幫忙接生時，通常會攜帶氯仿，並要求家屬準備煮沸的水。醫師知道醫學界對醫院產科接生的種種缺點，例如感染的風險、孕產婦死亡率高的激烈爭論，而分娩的產婦知道前往醫院路途遙遠且所費不貲。開闊的地景上，除了十字路口的鄉間雜貨店（country store）、白色小教堂，和壁面縫隙以溼泥填滿、專供烤乾煙草的原木穀倉，僅有為數極少的幾家醫院。紅色和灰色的泥地上，坐落著一棟棟以雨淋板（weatherboard）為牆面、未上漆的平房。鄉間的電氣化線路沿著公路兩側延伸。週日的典型餐食是肉配皇帝豆或包心菜。[6]

生第一胎的婦女，很可能會選擇在有四個房間的娘家生產。房間牆壁上通常留有懸掛煤油燈留下的煤煙汙漬。廚房裡可能有一口爐灶，一張鋪了油布桌巾的桌子供備餐和用餐，還有一個存放物品用的木頭保險箱。在起居室兼臥室裡，有床鋪、縫紉機，也許在壁爐旁還擺了幾把椅子。室內可能掛著麵粉袋拼組而成的簾幕，化妝台上以鬱金香假花、或新或舊的月曆或照片裝飾。沒有櫥櫃或衣櫃，槍械、手斧和衣物只能掛在牆面的釘子上。鞋子多半鞋跟朝上扣掛在鏡子頂緣。盛裝水果或蔬菜的罐皿在廚房牆邊排排站，或在臥室堆疊成落。一個一品脫的牛奶罐裡裝著這一年收成後保留起來的煙草種子，預備翌年播種使用。

一位有經驗的鄰居，大家往往稱她為阿婆，會到家裡幫忙。這是在女人生產時需要盡可能尋求周圍所有人援助的時代。阿婆將水燒熱，讓產婦服用氯仿減輕疼痛，幫忙遞東西給醫師，並且在產婦屏住氣、腹部用力時握住她的雙手。如果產婦難產且需要使用器具，廚房餐桌就會派上用場。有上百種不同的產鉗。產婦的目光或許會被以倒放餐盤蓋住的飯菜，或是阿婆嘴角褐色的鼻煙漬跡吸引。她可能會因為手邊還有預留的一罐消毒劑，還有先前蒐集了舊衣物當成生產褥墊和包紮嬰兒肚臍用的敷料，而稍覺放心。分娩過程的極端特性，無論是格外漫長或格外短暫，再加上能夠忍耐住不大聲喊叫，賦予產婦自誇吹噓的權利。阿婆們一致宣稱，如果痛的時候大喊大叫，就得重來一遍，如果喊太大聲或太常喊叫，就會害死寶寶。

屏住氣腹部用力的動作需要適應。這是做苦工：艱鉅費力，也激情狂熱。醫院的助產士一派冷靜理性。將身體捲起來包住寶寶。我很訝異，用力的時間要這麼久。一小時，兩小時，三小時。莫莉把時鐘移開。在暫歇不用力的時候，我消失在某種類似睡眠的狀態之中，接著又開始使勁捲起身體。有一股期盼的氣氛。一名護士推著一台附輪的胎心音監測器進來。她監測，幫我清潔，監測，再清潔。或許有一絲憂慮的意味，我不確定，不過我不擔心。我還是可以感覺到肚子裡熟悉的踢蹬。

在一九四九年的紐約，歐蒂絲．柏格（Otis Burger）想要在每次宮縮時停住，看看會有什麼感覺。肚內出現一種全新的感覺，十分古怪。她先前讀了英格蘭醫師葛蘭利．狄克－里德（Grantly Dick-Read）的著作，他認為生產應該是無痛的——她不喜歡醫師看待女性僅關注生物構造，但是很欣賞他的溫柔。她懼怕在醫院裡赤裸裸的，還有自己好像某種標本任憑陌生人宰割的感覺。男醫師都高高在上：他們似乎認為一切困難全是產婦自己想出來的，生孩子是稀鬆平常的事，產婦無須大驚小怪。[7]

柏格受過高等教育，她所在的城市裡有手提收音機和泳衣，有加入吉利丁製作的甜點和漿得硬挺的衣服，還有打字機和挨家挨戶拜訪的業務員。公雞俱樂部（Royal Roost club）裡演奏著爵士樂，無論拜日或抽煙，都是安全無虞的活動。格林威治村（the Village）裡一戶附家具的兩房公寓，售價七百五十美金。歐蒂絲．柏格的母親非常相信醫學和穿白袍的醫師。而歐蒂絲是作風新潮的男人婆（tomboy），她對寶寶的了解來自大學時修習的動物學課程。

歐蒂絲．柏格喝下四杯蘇格蘭威士忌作為分娩之始。一名護理師幫她剃毛，給她灌腸藥服用。產房裡，燈光亮晃炫目。她的雙手手腕被束帶綁住，以免用力時弄髒消毒過的床單。她的腰部以下塗滿消毒劑。醫護說可以施予止痛劑緩解疼痛，先是乙醚，之後是東莨菪鹼（scopolamine），她都拒絕了。一名護理師告訴她，紅頭髮的女人生產時速度都很快。一名醫師告訴她，中世紀的產婦只能由產婆接生，第一個男扮女裝想親眼看到接生過程的醫生被處以火刑。（不是真的。）寶寶出來一半時，一名戴著面罩的醫院助理進來施放笑氣，她於是「斷線」二十分鐘。

感覺一下寶寶的頭頂，我的助產士指示。對於探索自己變得龐大又陌異的下半身，我毫無準備可言。在向後方傾斜的細小縫隙後面，有什麼黏黏的、硬硬的，帶來一股躍動感，令人聯想到尚待完成的浩大工程並為之震懾。K滿面紅光。寶寶再次踢蹬，我試著將這股感覺蝕刻於記憶中，將它永遠保存在體內。終於，寶寶的頭冒出來了。我想起我的親姊妹。她生第一胎時是兩次用力才把孩子生下來。在停止用力的間隔時間，我睜大眼，等待最後一次用力。接著是一陣四肢亂揮，半空中一下蛙踢擦邊，我和孩子分開了。事件結束。戛然而止。

生產連續搥打時間，將時間變得結塊不均。我忽而又穿越回到原本時空，再次置身這間產房，這個城鎮，跟這個男人和這些女人在一起。莫莉將醫院的時鐘掛回牆上，一分鐘又變回六十秒鐘。

所以女人生產是在正常時間裡進出。也許她們最近的過去，感覺起來多少也會像現在一樣。在十七世紀的厄爾斯科恩，像珍．喬斯林這樣一位女性的所思所想，可能會回到宗教改革運動之前更早的幾個世代。在比較久遠以前的年代在同一個村莊的婦女分娩時，是靠著聖人腰帶、十字架聖髑，或者聖母瑪利亞或聖瑪格麗特（Saint Margaret）的庇祐。宗教改革之後，這些風俗習慣連同地方上的本篤會（Benedictine）小修道院一起湮沒消失。8

有隻溫暖的手在摩擦她的肚皮促進胞衣排出，十八世紀這名切羅基族婦女（也許名叫旦妮，也許名叫夸莉尤嘉）或許會想起先前的世代和古老的預兆。如果新生兒向下跳到置於她身下的樹葉上，並且前胸先著地，就必須用一條布將嬰兒裹住浸入溪水中，讓嬰兒身上的布片沉入水中，帶走所有噩運，接著就能將嬰兒抱回屋內。基督教傳教士遷往阿帕拉契山脈一帶切羅基族城鎮附近定居，矢志掃除這類代代相傳的古老傳說和習俗，包括關於「玉米母親」豐產的故事，以原罪和耶穌基督的受難敘事取而代之。有一個名為旦妮的女子來自布雷納（Brainerd）傳教區附近的烏斯塔諾拉（Oostanaula），她與一名白人結婚。

一九三〇年代美國東南部白人佃農農場的婦女回憶道，比起平躺床上的姿勢，**她們的**母親分娩時更偏好坐在便盆上。這群母親可能也會說其他的故事讓孩子分心，諸如她們的上一輩在經濟大蕭條之前生活寬裕的日子，當時種煙草能夠帶來不錯的收入，而生產時唯一的幫手是稱為「阿婆」的產婆。運氣好的話，這些產婆老是說，胞衣會「像書本一樣掉出來」。「阿婆在你受苦受難時提供援助」，一名母親如此觀察：「產婆……端來茶水；用她的雙手幫忙」，另一名母親表示。這些州的產婆膚色有黑有白，她們稱宮縮為「疼痛」，提醒產婦說寶寶「動作很慢」。她們往往將豐富經驗與宗教信仰相互結合——「我要你做的，只有冷靜跟放鬆，」一名產婆常說，「其他的都交給神，祂會辦到的。」

歐蒂絲．柏格於二十世紀中葉在醫院生產的經驗，與她從十九世紀小說裡讀到的事形成對比，小說裡沒有提到任何麻醉劑或適合使用的藥品。她預期自己不會喜歡生產，覺得自己好像失能，也確實如此。她也由衷相信科學，相信進步。生下孩子後數天，歐蒂絲以化名發表分娩的第一手紀事。在歐蒂絲的時代，這種作法可說是領先了二十年。在倡議自然產及第二波女性主義期間，出現不少書寫私密親身生產經驗的作品。由於寫作者得以查考過去沒有醫療介入的生產史，加上婦女開始有「選擇」並且拒絕如同從前的世代三緘其口，生產經驗終於得以公諸於世。

改變的趨勢到了我們現今似乎更是快馬加鞭，像是一發加速落於此時此地的箭矢。從前當父親的是在待產室和走廊等待，最近幾個世代的父親開始被帶進產房。醫師不再在毫無預警之下逕自進入待產的隔間。醫院裡一些怪異的作法，例如將寶寶倒吊半空並打屁股讓寶寶哭出聲來，也戛然而止，跟開始時一樣突然。推動生產去醫療化的人士將分娩重新想像成婦女人生中的事件，而非疾病，並且尋求久遠以前的接生專業和經驗。同時，各式各樣的止痛劑輪番上陣。剖腹產變得比較常見。已有醫院制定協助變性者生產的政策。

在這漫長的十二月天，我分娩之後的日日夜夜，生產的故事將會成為孩子的故事。我們將會注意到，寶寶是如何一心一意堅持提早幾週來報到，而且在被挪來移去量體長秤體重時大聲抗議。我們將把一串串事件，繫綁成一張家庭意義的網絡。目前為止，生產的故事仍是未經蒐集的散落片段。沒有創造和連結的神話。我們只是凝望著寶寶。

第八章　跟「你」說哈囉

於是事件成了事物，新生的嬰兒，後代。

當我們看著一個嶄新的嬰孩，我們所看見和我們已看到的，取決於是誰在觀看。現代的助產士或醫師會將注意力放在整組生命徵象。疑心猜忌的父親或許會尋找表明他生父身分的表徵，而焦慮忐忑的母親目光可能會來回掃視，希望出軌之事別露出蛛絲馬跡。護理師看到的，可能是在發脾氣需要人哄的嬰孩。匆匆趕來的牧師看到的，可能是待拯救的靈魂。代理孕母看到的，可能是準備交出去的嬰孩。很多人看著嬰孩時，多半已經知道自己會看見什麼：某個回返的祖輩；家裡備受疼愛的新成員；教區信眾的一員，盼望許久的男孩或女孩；未來的國王或奴隸；私生子；孤兒；被收養的孩子；母系氏族的新成員；和某位姑姑或阿姨同一個模子刻出來的分身。

看視歐蒂絲．柏格所生嬰孩的，不是她本人，而是醫院的護理人員。笑氣的藥效已經褪去，而這位新手媽媽直到凌晨都清醒地待在單人病房裡，她在看小說：「我很少看見寶寶，也很少想到她，都快忘記自己為什麼在這裡。」一直到近年，母親分娩後就立刻將母嬰分開，在醫院裡仍是常見作法。在一九六七年的倫敦，年輕的家庭主婦安．奧克利看著兩名身穿白袍的醫學院學生背對她，剛生下的嬰孩還大哭不止，他們在計算孩子的手指和腳趾數。孩子有什麼問題嗎？[1]

十八世紀一名切羅基族母親也許輕觸了新生兒頭頂柔軟囟門周圍，頭骨上的「甜蜜點」是靈魂棲居和記憶保存之所，將會恆久長存。也許她認真看著小寶寶的四肢、肚子和臉龐。在小屋的抹灰籬笆牆之外，族人可能會問：「寶寶是拿弓箭還是拿篩子？」「球棍還是麵包？」（新來的人會打獵、玩遊戲，還是篩麵包、做麵包——是男生還是女生？）

通常會由丈夫將胎盤包覆後埋起來。在小屋裡，若是男嬰，則用豹皮裹住，女嬰則用鹿皮，表示未來要扮演的角色截然不同。[2]

我自己所見光景則在激素影響之下充滿粉色泡泡：長長的雙腳發紫，四肢斜向張開，胸膛如圓桶一般，深色頭髮結成細綹，一邊的耳朵裡還留有幾許白色點點，擦磨過的臉頰發亮，下巴有道美人溝。一雙油汪汪的深色大眼回看著我。跟「你」說哈囉。

就誕生一、兩個小時的寶寶而言，這個「上天的禮物」十分警覺。他的眼神從容不迫，剛開始幾天都帶著一副自給自足的古怪神氣，之後他終於意識到自己已經在母體外頭。他似乎知道自己該做什麼，緊緊攀附我的乳頭，然後臉頰貼著我全身放鬆下來。睡著的他帶瘀血的眼瞼極纖極薄，嘴巴張成O字型，握起的拳頭輕抵嘴角。乳汁被吸乾，竟令人詭異地感到至福極樂。

醫院員工進進出出：包巾要這樣用。應該讓寶寶睡在透明嬰兒床。含乳姿勢很好。可以幫你排明天下午兩點的聽力檢查。在浴室裡要面對的，是令人見之謙卑的設備和一陣陣小小的驚恐：專供丟棄傷口敷料的巨大搖蓋式垃圾桶，雙腳踩的地板磁磚上鮮血淋漓，緊急求救用的拉繩。我同時處於極端喜樂和極端謙卑，心裡很想回家，想回歸正常。

寶寶腕上的手環標著「諾特兒子」，好像我們還不確定他叫什麼名字一般，我們手腕上同樣套著姓名手環。上面還有條碼，暗示醫院剛剛製造出一個嬰孩和一對雙親。接著冒出了申請出生證明所需的文件紙張。

我和K為了該取什麼名字爭辯不休。不同的名字基於某種考量顯得或合宜，或不妥適，也許像是某個姓氏的樣子，也許像是學校惡霸的名字，也許像是電影裡某個角色，也許符合某種刻板印象。女孩的名字很好想，男孩的名字沒那麼好想。某一天下午在車上，安全帶就如我逐漸消褪的耐心一樣緊繃，K提出幾個名字，說是一組四個好名字，另外還有一個我大概不會喜歡。先講我大概不會喜歡的那個，我要求——於是它便中選。如今，在停車場想到的名字與我們奇異的新禮物合而為一，似乎很適合。

名字裡帶有諸多意圖。偶爾會有一些成人為自己取名。這麼做的包括伊莉莎白・豪厄爾（Elizabeth Howell）、約翰・鮑爾（John Powell）和山謬爾・史蒂芬斯（Samuel Stephens）。他們都是十八世紀晚期的費城人，是那個城市自由黑人社群的第一代。伊麗莎白・豪厄爾為人奴役時叫蘇珊娜（Susanna）。約翰・鮑爾曾是傑克。山謬爾・史蒂芬斯曾是詹米（Jammy），「牙買加」（Jamaica）的簡稱。奴隸主毫不在意奴隸姓什麼，他們的商貿紀錄中充斥諸如貝蒂（Betty）和班恩（Ben）之類的簡短名字。也許是在美國獨立革命期間逃離奴隸主，也許是在賓州逐步推動立法解放奴隸的特殊條件之下獲得自由，曾經為奴的人自己取了新名字，有名也有姓。威廉・特拉斯提（William Trusty）、詹姆斯・瓊斯（James Jones）。雖然他們留下的相關文獻紀錄極稀少，但從港口城市的法院紀錄、稅單、受洗紀錄和人口調查中，仍可查到他們當時的決定。[3]

堅定，合宜。這些新名姓，在為人奴役的人生與在白人主宰的世界披荊斬棘開闢獨立自主的未來之間，刻出一道分明的界線。有些人選擇以弗里曼（Freeman）或紐曼（Newman）為姓，個人的決心不言而喻。獲得自由身的費城黑人拒絕接受許多類型的名字，這些名字多與奴隸制有關，通常是由殖民者所取：他們不要「卡菲」（Cuffee）或「凱喬」（Cajoe）（在非洲原指一週中的某天）*，不要「凱圖」（Cato）或「凱撒」（Caesar）（與過去殖民史有關），不要「格拉斯哥」、「布里斯托」（Bristol）或牙買加（奴隸主經營種植園做生意的地方），也不要「維納斯」（Venus）、「謬誤」（Mistake）或「穆迪」（Moody）（可能招來風險或帶有貶意的名字）。面對比較平凡的事務如幫新生兒取名時，原名蘇珊娜的伊麗莎白・豪厄爾以及與她際遇類似的其他人的作法相似。

二十歲的黛娜（Dinah）試圖逃離「最後還剩一些英軍士兵尚未離開」的城市投奔自由，她當時「大腹便便，即將臨盆」，我們不知道她後來的遭遇為何。孩子平安誕生了嗎？她幫自己和孩子取了什麼名字？在費城落腳定居的自由黑人幫孩子取名時，謹慎地將自己的新姓氏和與自主、自由及當地教會相關的名字相互融合。在自由的黑人中，夏洛特和詹姆斯・佛登（Charlotte and James Forten）屬於經濟情況相對無虞的族群，他們透過為寶寶取名，小心翼翼將當地善心人士和商人的名字織入自己的家族。在他們的恩人羅伯特・布里奇斯（Robert Bridges）的白人家族裡，也出現了羅伯特・布里奇斯（Robert Bridges；一八一三年）、莎拉・露易莎（Sarah Louisa；一八一四年）和瑪麗・伊莎貝拉（Mary Isabella；一八一五年）等名字。湯瑪士・威利斯・法蘭西斯・佛登（Thomas Willis Francis Forten；一八一七年）一名，同時紀念祖父以及當地一位商人。寶寶受洗時有四個名字，不像那些從前名為黛娜或蘇珊娜的人只有一個名字。命名是振奮人心之事，能夠幫助一個孩子或一個家庭在變動快速的世界找到人生道路。

在比較庸俗的場景，在變動較不明顯、風險較低的地方，同樣有種種意圖流動其中。在二十世紀晚期蘇格蘭東薩瑟蘭（East Sutherland）的幾座小漁村，村民為孩子取名時重複使用同樣的名字，村民姓氏則以三種大姓為主。村子裡有好多位休・麥唐諾（Hugh MacDonald），也有好多位約翰・薩瑟蘭（John Sutherland）。漁家的妻子生養眾多，大家庭裡的孩子都以祖父母的名字命

＊譯註：Cuffee 源自阿坎族語中的 Kofi，意指在「星期五」誕生的男子。

名。父母親通常輪流幫孩子取名：第一胎由父親命名，第二胎由母親命名。每個家庭裡至少有一個兒子和一個女兒的名字是「菜市場名」。這樣的命名習慣，在關係緊密的社群裡構築成人脈連結的迷宮。北海（North Sea）的天候難免惡劣，共用的名字將乾荒陸地上的家庭與時常往返淺灘捕撈鮭魚的漁民相互連結牽繫。為了解決村裡太多位休．麥唐諾和約翰．薩瑟蘭的撞名問題，東薩瑟蘭的漁民為「漁家子女」（fisher biarn）取了外號：村民用這些綽號指稱不同人，甚至可以當著本人的面直呼外號。[4]

與這些蘇格蘭人同一時代，生活在德州邊界的塞米諾黑人（black Seminole）也刻意重複使用同樣的名字。基於幾種命名習慣，同樣的名字不斷出現。其中一種習慣是以親戚之名取名。艾絲特．費克特（Esther Factor）的兒子取名為哈迪（Hardy），與孩子的父親同名。另一種習慣是將姓氏改用作名字，或將名字改當成姓氏，還有一種作法是將男孩名與女孩名對調使用。克萊拉．狄克森（Clara Dixon）的兒子就以母姓「狄克森」為名。從非洲到佛羅里達州再到德州，這些共用的姓名讓塞米諾黑人的遺緒得以傳承延續，可說是善用過去的歷史。為了區分姓名雷同的族人，德州的塞米諾人會採用所謂「籃名」（basket name）：即與個人本名截然不同的小名，其中許多名字皆彰顯了非洲傳統。在德州邊界就如同在東薩瑟蘭漁村，能夠清楚分辨每個人，就有如幫整個社會的齒輪上油，讓社會運作順暢。名字承載豐富的溝通和社會意義，承載個人希望和歷史事件，也承載看待人生的態度和文化價值。[5]

寶寶的人生嶄新，不通言語，任何名字都顯得太過正式。跟「你」說哈囉，我發現自己在M每次睜眼時重覆說著，好像在歡迎他重回社會存在（social existence）之中，再次標記他的返回。跟「你」說哈囉。

事件成為事物，但事件總是蕪雜不清。儀式努力將事件涵括其中，諸如國王登基加冕，或法官的判決，但罕有乾淨俐落的「發生前」和「發生後」，即使生產也是如此。

從裡到外，從懷孕到為人母，進展過程並不如我所預期的那般乾脆。堪稱牛步龜速。到了懷孕後期，我一心想著寶寶誕生之後，實質上就會和母體完全分開，我就能重拾心裡多少有些盼望的自主，而寶寶和我之間會保持我樂見其成的距離。外人看來，生產看似是一人的身軀離開另一人，接續在極端的合一之後是極端的分離。（「寶寶體重七磅一盎司。」）＊但從特寫鏡頭會看到，生產看起來是另一番光景。我感覺到體內傳來蛙踢。當寶寶睡著時雙臂交叉抱胸，像是安眠的虔誠教士，我就想到這個笨拙姿勢顯然解釋了為什麼好幾個小時都有寶寶在推搡的感覺。（在我看來，虔誠安眠的姿勢派頭十足，更糟的是會讓我想到葬禮，不過我只能小小聲說。）他只有與我肌膚相貼才會心滿意足。

＊譯註：換算公制約為三千兩百公克。

一九二〇到一九三〇年代開始有大批婦女住院分娩，此後生產完畢的儀式就多半由醫院提供。在二十世紀晚期的英國，二十年來的慣例是由國民保健署的助產士抱著嬰兒到醫院大門階梯上，將孩子遞到父親手上。奈及利亞移民布琦．艾米契塔（Buchi Emecheta）如此描述出院前的一小時：一九六〇年代醫院產科病房寬大開放，年輕母親互相比較彼此的睡衣和收到的賀卡，出院時則要幫寶寶穿上第一套正式嬰兒裝並裹好全新嬰兒包巾，所有人都會圍著寶寶柔聲說他有多麼可愛。在艾米契塔的自傳體小說中，年輕的移民躲在走廊裡，想像其他婦女全都在嘲笑她很窮而且是黑人，同時一名護理師將她的孩子展示給所有人看。住在產科病房可能會培養出同袍情誼，新手媽媽在住院的兩週中（她特別指出，這是英國政府提供社福全額補助的狀態）會成為朋友。但在病房中，也可能遭孤立。即使其他產婦很友善，她仍覺得自己的膚色格格不入，而嬰兒身上的是別人的二手包巾。對於二十歲的年輕媽媽來說，沒能拿到全新包巾就是世界末日。[6]

坐在輪椅上的我被推到側門，背向最後這場儀式的主持者。我看到醫院勤務人員的藍色工作服一閃而過，但看不到他的臉。側門咻一聲滑開，一陣冷風灌入，我思索著輪椅有何用處。醫院覺得會是誰在門的另一邊迎接我們呢？我不能自己走嗎？寶寶在過大的汽車安全座椅裡縮成一團，我第一次向K發出當媽媽的擔憂之聲：你覺得他會不會著涼？是不是該幫他裹一條毯子？我們怎麼沒想到帶保暖一點的衣服？送禮的人比我們更有遠見：感謝汽座遮罩。

當媽媽的永遠有操不完的心，我不是愛瞎操心的人。無論如何，通常不是。

第九章　啼哭與軼事

寶寶在哭。滿室充斥號啕哭聲。哭聲撕扯著我。我抱起寶寶，輕拍他的後背，沿著臥室門口的走廊來回走動，柔聲安撫。哭聲在狹牆之間反覆彈跳，將我浸透。懷孕期間的靜寂觸手可及，而今實在太吵。

小兒的啼哭聲聽起來究竟像什麼？都柏林（Dublin）作家安瑞特（Ann Enright）在本世紀初挑起任務，矢志寫下早年為人母親的回憶錄，她以不少於三頁的篇幅——三頁——將嬰孩的哭聲形諸文字。喤嗚。喤嗚。喤嗚。（HaNang. HaNang. HaNang.）六百個「字詞」。整整三頁，直到哭聲畫上句點。[1]

安瑞特面對的挑戰是將聲音轉化為文字，轉化為頁面上一組字母，轉化為黑與白。她所處的困境，是持續不斷的啼哭聲未必總如此、但常常做到的程度：鋪天蓋地淹沒其餘一切。

嬰兒的哭聲聽起來像什麼？這個問題平凡無奇。嬰兒哭是天經地義。有時候——比如說現在——他們動不動就哭。

但事實證明，嬰兒哭聲聽起來像什麼，與所處的歷史環境脫不了關係。對一九〇〇年加州的一名阿姨來說，哭聲聽起來可能像蘇格蘭風笛聲——尖細拉長帶鼻音的呼哧聲。或者對一九四〇年代曼哈頓的一名新手媽媽來說，像是廉價玩具號角（penny horn）的響聲。或者對於一九三〇年代生活在位於祖先獵場的原住民保留地的歐及布威族人來說，像是赤頸鵪鶉的啼叫。鵪鶉的體型和鴨子差不多大，是精力充沛、固執難纏的鳥類。寶寶「可憐悽慘的嗚咽聲」聽起來可能就像鵪鶉的叫聲。平常習慣聽到的聲音，決定了你聽到嬰兒哭聲時會覺得那像什麼。[2]

哭聲聽起來像什麼，也可能取決於聽者對嬰孩的看法。在十七世紀的英格蘭，大家樂於聽到新生兒清楚宏亮的哭聲，表示寶寶在排出從子宮帶來的溼氣和黏痰，不過愈哭愈凶就會引起擔憂。咸認嚎哭過猛會讓嬰兒脆弱的骨骼不堪負荷。大約五十多年前在諾丁罕鎮，很多母親認為小寶寶哭單純是因為有某種需求。也有些母親認為寶寶既任性又狡詐，她們會區分寶寶是真哭，還是只是「詐哭」。就如一名受壓榨的管理員妻子所形容：「他們變得很奸詐，要是知道一哭起來，你就得〔樓梯〕跑上跑下，他們就更常哭，然後一下子又停住不哭，還會笑你。」[3]

對哭聲的解讀，也取決於對痛苦的看法：幾乎整個十八世紀一直到十九世紀初，西方醫學的共識是嬰兒對各種刺激極度敏感。這種看法於一八七〇年代有所改變，很多科學家和診所醫師宣稱嬰孩幾乎毫無痛感。此說法直到一九八〇年代才被完全推翻。嬰孩的照顧者真的相信嗎？[4]

或者，哭聲不只是一種聲響：十八世紀的書信作者形容為「惱人的」哭聲，二十世紀初一段記述中則稱為「摧脊斷骨的」哭聲。所以啼哭可能具備一種身體性的特質，跳過照顧者和寶寶之間分明的界線，並且拉扯五感之間的牢固區隔。嬰兒啼哭感覺起來，可能絕不只是聽得到的聲響。可能還觸摸得到。[5]

哭聲如何解讀，或許取決於當地人口。「寧可忍受」健康孩童吵吵鬧鬧，也不願聽到「病童的尖厲哭喊」，艾絲特・考克斯（Esther Cox）於一八〇一年指出，當時嬰兒死亡率很高。嬰孩啼哭聲聽在洛伊絲・拉寇姆（Lois Larcom）和她女兒艾玫琳（Emeline）的耳裡肯定大不相同，洛伊絲育有十名兒女，成員眾多的大家庭有如麻薩諸塞州的氏族。艾玫琳生活在西部的拓荒家庭，她生了六個孩子，其中四個孩子在一八五二年春天死於還未完工的小木屋裡。[6]

在不該出現的地方出現的哭聲，也可能令人憂煩。一名英格蘭婦女於一六二〇年被送上教會法院，原因是「將吵鬧不休的孩子帶進教堂，嚴重冒犯全體會眾」。據說牧師的聲音完全被「擾人的噪音」蓋過。一名美國南方的奴隸父親「在上衣裡塞一瓶糖水保溫，在寶寶啼哭時餵給寶寶。」蘿拉・克拉克（Laura Clark）的雙親是阿拉巴馬州種植園的奴隸，她回憶童年時奴隸母親們會給孩子吃糖果「讓我們安靜別吵」。南北戰爭之前，在肯塔基州路易維爾（Louisville）一座監獄，安姬・金恩（Angie King）整晚抱著孩子來回踱步，以免一名出言恐嚇的喝醉白人婦女真的說到做到，「孩子再哭的話，就抓去撞牆砸爛他的腦袋」。翌日金恩拿出「自由人文件」（free papers），向獄卒證明丈夫已經付錢幫她贖回自由之身。[7]

二十世紀晚期在南達科他州（South Dakota）的松嶺（Pine Ridge），歐格拉拉族（Oglala）婦女遵循「傳統」，她們會在寶寶開始啼哭時用一隻手覆住孩子口鼻，輕輕阻斷他的呼吸，同時「柔聲唱歌以免嚇到孩子」。嬰兒掙扎時，她們就將手放開。這是為了訓練寶寶保持安靜，他們得學會不哭不鬧，以免嚇走獵物，破壞部族的狩獵行動。[8]

在曾經處於靜寂狀態的臥室旁走廊上，寶寶的哭聲反覆重現，是沒有主歌的歌曲，沒有文字的講道。我聽，我解讀，我安撫，我將啼哭聲置入歷史。尖細風笛聲。鷓鴣嗚咽聲。喤嗚。喤嗚。哭聲聽起來很生猛，有什麼內在之物向外噴湧。同時，哭聲也證明了看似自然的，終究是透過文化而為人所知。自然和文化可能是同樣東西的不同稱呼。如果脫離我們的歷史情境（historical circumstances）之外，撇除時間、空間和個體的特殊性（particularities）和特定性（specificities），就沒有任何聲音能夠被聽見、被察知或具有意義。我發現這個念頭令人寬慰，是在拒絕詐偽的普世共通性。

但願哭聲能夠停止。但願我們知道怎麼樣才能更快把寶寶安撫好，讓他回復自給自足。我的教母瑪格麗特（Margaret）和貝蒂（Betty）是倫敦的退休護理師，同住的兩人熱情堅定捍衛二十世紀的醫學專業，她們說大哭對嬰兒有好處。但我不這麼認為。

淋浴時水流不斷，自成短暫的寧靜狀態。我空空如也的肚腹鬆弛又難看，毫無吸引力。鮮血打轉流入排水口，我對懷孕的好奇心也隨水消逝。懷孕就像聽到啼哭聲，將身體和文化予以複合：懷孕是由恥辱和信心所造，或遭忽略或受頌揚，由衣著和字詞所形塑，是鬆開的束腹，是加大尺碼或隆起的圍裙，是觸覺的隱喻，是關於性或尺寸的婉曲用語，是對感覺的期待，是科技的到來，是不得觀看或注視的禁忌，或者是吃這個或吃那個。

寶寶永遠是某種新的開始。此刻的我、我們，處於分離狀態。幾乎。也許。我的俐落自主，我裹在皮膚裡的堅固稜角，都融化了。乳汁自我的胸膛淌落，近代早期所稱的「白色血液」沿著無人照料、無人居住的肚皮帳篷流了下來。*它們和血塊匯流，一同隱沒在沖澡的水裡。洗澡時水溫不要太高，助產士說，可能有助於防止白色汁液外洩。

寶寶的哭聲讓我所有念頭倏忽中斷，緊緊揪著我的心。我想到莫莉的生產課，想到全班輪流抱嬰兒娃娃以各種方式假裝安撫孩子，哄完再給下一個同學，新手任務當時顯得既愚蠢又抽象。如今，我甚至還來不及穿衣服就惦記著：你餓了嗎？累了嗎？啼哭讓其餘一切中斷無法接續。

斷斷續續的，不只是我照顧嬰兒的這一天，還有關於從前的嬰孩照護仍待知曉的一切。如果

---

*譯註：古代醫學中稱乳汁為「白色的血液」，稱血液為「有顏色的乳汁」。

你是一位政治歷史學者，在資料庫裡搜尋議會或國會紀錄，你會發現政治演說的紀錄多少還具備延續性。但是在資料庫裡搜尋嬰兒同住及照護嬰兒的紀錄，假如你努力搜尋，而且知道竅門，就會發現雖然有龐大資料，但大多是不完整的零碎片段。

舉例來說，我在生產之前所查到關於聽見嬰兒掉淚的證據如同吉光片羽，或許來自人類學家訪問原住民保留地的歐及布威族或歐格拉拉族的紀錄，或許來自已出版的日記中的隻字片語，或許是在政府贊助經費下訪問曾為奴隸的男女的訪談紀錄中的一、兩句話，或許是幾份書信手稿，也或許是一份十七世紀的教會法院紀錄。

將這些資料蒐集起來並思考探究，這樣一個資料庫裡所包含的，充其量只能說是軼事。即使從前最健談多話、最有文藝素養的英美人士，也就是享有特權的白人中產和菁英階級，他們固然在十八世紀到二十世紀之間寫下數十萬封書信寄給彼此，卻極少述及日常照護嬰兒的細節。「這部分的證據最為零碎。」喬治王朝時期（Georgian）婦女史首席學者如此評論。9

講述軼事在我看來，是在例如蓄奴制度、邁入工業化、革命意識形態等「大寫」的歷史（History），以及與嬰孩一同生活如此庸碌俗事之間移動特別有效的手段。即使沒有延續不斷的紀錄，而資料庫中遺留的蛛絲馬跡往往顯得次要或無關緊要，軼事仍提供了極為罕見的機會，讓我們得以解讀闡明與嬰兒共同生活的不同場景、言論或物件。如果要問「從前是什麼樣子？」軼事是我們唯一的憑藉。

理由在於，軼事嚴格貼近所有在深層其實平凡庸俗、又不為普羅大眾所知的事物。即使在現今，照顧嬰孩的經驗往往也是透過遺聞軼事，以口耳相傳的故事形式呈現。「我哄寶寶睡覺哄到她快睡著時，剛好郵差來按門鈴，結果寶寶接下來一整天都在鬧脾氣。」或者「他吃**這種**配方奶粉長得比較好。」或者「我累到開車時看到紅燈還直接開過去。」軼事同時呈現了微不足道與無比重要之事，用某種方式將兩者表達成並無二致。此地，此時，兩者是一樣的。

我和K分享的簡樸軼事，都是在企圖解讀嬰兒啼哭的意思，或是要怎麼做才能讓嬰兒不哭：他哭是因為肚子餓了。你記不記得昨天那時候……？是因為疲累。是因為過度刺激。我明白我們和一九七〇年代那位倫敦媽媽並不站在同一陣線，她滿足地表示她的寶寶「表現特別優良——要是帶的是一個愛哭的孩子，我就不知道自己會怎樣了。」我們的寶寶很常哭，但我敬佩他的堅毅不屈，而且已經成為面對任何批評指教時最堅定的擁護者。順應時勢調整步調的我們如釋重負，開心地向彼此宣告，天底下沒有所謂不乖的嬰兒。[10]

有時候，我們家寶寶的原初狀態似乎就是帶淚的皺起小臉。他總是哭著醒來。我得知，北美大平原的拉科塔語（Lakota）使用者會習得一個動詞：「像是小孩剛醒來或想找媽媽時啜泣嗚咽」。我向外探尋字彙，想要用來形容我所聽聞和察知的，以及照護帶給我的感覺。有時候多了解一點過去，有助於擴展我們可用的語彙。[11]

為了不要做錯，我戰戰兢兢，如履薄冰，我絞盡腦汁想要理解。M的眼淚像小貓，哭起來起初是咪嗚咪嗚的，慢慢蓄勢待發。淚是我的，也是他的。我是悲中有喜，喜中有悲，而我多半聽不到自己在想什麼。

第十章　坐月子

滿月。六週。也許只過了一週，或十天。新生兒剛誕生的日子亟需維持生命，而這段時間破碎又緊繃，於是指定了長度各異的產婦恢復期和嬰孩哺育期。有些情況下，會有家人親友、僕侍或孩子的養父母在旁盤桓、幫忙或替產婦代勞，一邊數著日子。

「坐月子」（staying the month），是其中一種稱呼產婦恢復期的方式。或者稱為「臥床」（lying-in），之後則是「坐床」（up sitting）。從前的人是如何計算和標記時間的呢？又是什麼穿梭於數算日子之中，與這種新型態的估算方式相連呢？

一月天，在陰暗的屋子裡，日與夜狂野同奔。我的過去、我平常的生活，正在快速遠去；我的未來遙遙無期，無從聚焦。唯有漫長、混沌的現在，根據寶寶年齡以日計算。或者是自生產之後以我的日子計算。關於過去，有一連串零碎片段尚待組合，有一些主題的線索尚待浮現。

坐監三天

「嬰兒憂鬱」（baby blues）是現代詞語。這個詞語曾經帶有稱讚意味，風情萬種的「嬰兒藍眼睛」（baby blues），令男人神魂顛倒。「標緻樣貌和嬰兒藍眼／或許讓你能三挑四揀」十九世紀晚期一首詩中如此寫道。不過自一九四〇年代以降，這個詞語用以形容產婦在生產後不久的日子裡感覺到轉瞬即逝的情緒起伏。我有同感。「到了第三天，」於一九七八年合撰《我們的身體，我們自己》（*Our Bodies Ourselves*）的女性主義作者群指出，「大多數女性都經歷了現今大家耳熟能詳的『嬰兒憂鬱』。」我們可能會哭泣，會胡思亂想或作可怕的惡夢，會由於缺乏「母愛」而感到害怕或擔憂。生於愛爾蘭的衛生訪視員（health visitor）愛倫·喬治（Ellen George）回憶自己生產前聽到這個詞還取笑一番：「你要是第三天來看我，那天我可是會哭一整天！」她跟著母親回娘家住了三週，感覺棒極了。[1]

在分泌母奶之前，會先分泌初乳。近代早期的醫師認為，寶寶出生第一天不應攝取任何乳汁，出生後第二天到第八天應由其他婦女哺乳。他們的邏輯是，婦女生產完之後的奶水稀淡，「混濁不淨像凝乳」，品質較差。但這樣的看法有所轉變。如果在一九二〇年代翻開特魯比·金恩（Truby King）所寫關於照顧未滿月寶寶的暢銷書，就會讀到：「通常會有一天左右的時間，幾乎不餵任何東西給寶寶——頂多幾小匙看起來像鮮奶油的黏稠液體；但是每一滴都無比珍貴。」這種情況變得很普遍。五十年後，曾在酒吧當女侍的安・布魯菲爾德（Anne Bloomfield）痛恨親餵母乳，她餵了四天就停掉，但至少她的寶寶「喝了初乳，所以沒關係，你知道的，他們說初乳是好東西。」她的變通方法是瓶餵。[2]

十八世紀，喬治亞州西部。根據白人觀察者的紀錄，如果一名切羅基族婦女於分娩時過世：「該名婦女的親族中若有任何在哺乳的婦女，就會收養孩子並為其哺乳，對收養的孩子和自己的孩子一視同仁。」對切羅基族而言，沒有所謂的孤兒。[3]

一九七〇年代有一名紅髮白膚的美甲師荷賽・布萊斯（José Bryce），她覺得自己的身體又乾又鹹，都快要可以賣給洋芋片製造商當原料。懷孕讓她覺得像「生了要命的病」。生產之後身體有太多縫合的傷口，她連坐都沒辦法好好坐。有一個傷口「像是一段釣魚線，一個好大的結」。世界上其他部分不再存在：「我看著新聞，當下就算發生第三次世界大戰，也不怎麼重要了。」[4]

我在沙發上，面對壁爐：寶寶原本小口吸啜，開始變成大口吸吞、大口吸吞。小臉磨皺的皮膚開始變得平滑。他的下巴有美人溝，像我，或像K。我已經習於感受到這種浪漫愛戀，這樣令人墜入情網、神魂顛倒的感覺出乎預料，甚至有點困惑混亂。

在二十世紀初的加拿大，居住在大鯨河（Great Whale River）的因紐特人（Inuits）部族中，剛生產完的新手媽媽會將頭朝向帳篷門口臥躺約一週。幸運的話，會有年輕女孩來幫她的忙：直到下一週都可以不用做粗重工作。在加拿大亞伯達省（Alberta）北部和紐芬蘭島（Newfoundland）白人生活的地區，也鼓勵新手媽媽在產後保持仰臥。一般認為婦女產後飲食以清淡為宜，並應穿戴法蘭絨束腹支撐腹部。一名婦女回憶當年助產士的產後護理指示：「第一天可以吃麵包抹奶油配茶。接下來三天就不能這樣吃，我靠著吃乾吐司過了三天……在床上絕不可以坐起來。」[5]

亞伯達省再往南有一塊原住民保留地，一九三〇年代在此居住的歐及布威族年長婦女對於產後必須臥床禁足的想法感到困惑。從前不是這樣：「生完孩子的媽媽在他人攙扶之下站起身來，服用一些原住民的草藥水。之後她會稍微走動一下，不過接下來兩、三天不會做任何工作；但是她不會一直躺在床上。」新生兒是以苔蘚和松鼠皮或黃鼠狼皮裹著。據說從前夭折的孩子極少：「他們就像小貓，就這麼活著了。」[6]

七天

我們的陪產員莫莉來訪，她將寶寶抱在懷裡，兩腿屈起將腳踩在沙發上，讓寶寶的小臉湊近她的臉。其實我很希望她留下來過夜，最好多住幾天。我很希望她能當我下半輩子的好朋友。但是我沒有說出口。我多愁善感，也不確定能否妥善拿捏用詞，於是什麼都沒說。她對小孩的了解，比我和K加在一起還多。我看著她疼愛寶寶，愛她這麼愛寶寶，一種新的三角情感。

生產後第七或第九天，瑪格麗特．查爾斯．史密斯（Margaret Charles Smith）抱著孩子、拿著裝了水的頂針在屋裡走來走去，裝水的頂針象徵歡迎孩子到來。據說要這麼做，嬰兒的靈才不會躁動不安。當時是一九二六年，類似的習俗可以從阿拉巴馬州追溯到蓄奴時代之前的西非。她的母親要她做完之後，一定要把水連同頂針都喝掉。「只是吞一口而已。不只是吞一口。那是一枚小頂針。」瑪格麗特謹遵母命（其實是將她帶大的祖母）；她「從來沒有解釋為什麼要這麼做，但是你也知道她是老人家，我喜歡聽老人家的話。」數十年之後，她接受另一名訪談者訪問時談及這件往事，她把頂針放回去了。[7]

十九世紀初在英格蘭和北美洲，較富裕的中產階級普遍僱用「月嫂」（monthly nurse）到府照顧產婦和新生兒。第一週結束進入第二週時，月嫂會和母嬰一起住在樓上。華威郡（Warwickshire）一名紡織廠主妻子稱讚月嫂體力過人，幾乎不需要睡覺。（月嫂守在寶寶睡的嬰兒床或搖籃旁。）月嫂的其他優點包括：熟悉醫囑；慈祥、親切又溫柔，而且很有精神；富有鼓勵小寶寶保持固定作息和衛生習慣的經驗。到了一八五〇年代，有月嫂到府照護已經成了體面人家必不可少的標誌。[8]

十九世紀的用語洋溢澎湃濃烈的情感，要捕捉僱請月嫂可能是什麼感覺，對我來說並非易事。有一位月嫂在紐約的約翰斯頓（Johnstown）照顧了兩個世代的新手媽媽，她們稱她為「蒙羅媽媽」（Mother Monroe）並如此描述她：「充滿人性慈愛的魅力」，「智慧與善良兼具，既溫柔又剛強」。一位媽媽有如下評論：嬰孩「在她的懷抱裡平靜安詳」，「就像睡在鴨絨襯墊上。」但在小說《露絲．霍爾》（*Ruth Hall*）中，作者想像一位年輕媽媽與月嫂展開無聲的鬥爭。她在想能不能請吉孚太太（Mrs Jiff）「把寶寶帶開，讓寶寶晚上安靜**一陣子**」。

在屬於美利堅邦聯（Confederate）一員的德州，當時南北戰爭將近尾聲，美國南方蓄奴制分崩離析。曾是奴隸的克蘿伊．安（Chloe Ann）回憶自己和剛生下一週的寶寶在小木屋裡，「十二個三K黨員跑進來」。家族內口耳相傳說當時「一大群人湧進屋內，而她把他們一個接一個給打敗」。無論是長久存在的暴力形式，或地方上對於巨變的抗拒，都不會因為一名嬰兒而止步。[9]

九天，十天

當時是一九一四年。薇塔．薩克維－魏斯特（Vita Sackville-West）收到丈夫哈羅德（Harold）寫給她的信，他在外交部忙到難以抽身。「幫我抱抱那天來報到的小古靈精。」他留下一大家子，家裡有妻子和稚兒，還有多名僕侍和一名保姆。[10]

一九六〇年代晚期。一名韓國戰時新娘唱韓文搖籃曲給小寶寶聽。她的丈夫大吼：「別講韓文！」此時她才意識到她的孩子是美國人。像她這樣的戰時新娘自一九五二年以後於美國組成的小家庭，通常是雙語家庭。11

K出身移民家庭，他的長輩母語是俄文和德文，但他們被交代只能跟他講英文，於是我們現在也只能教孩子講英文。

英格蘭北部煤礦區，十九世紀最末十年。她的先生又失業了，她非常擔憂家庭生計。丈夫失業一點都不稀奇：有時候他上夜班，他們結婚以後，有時候他失業，他們就各自回各自的父母家。她懷孕時也是一樣。為了付房租，她已經賣掉縫紉機。請保姆的費用是七先令六便士。「寶寶出生後，我第一次在週六晚上出門採買，我只有一先令七點五便士，要買肉、食品雜貨，還有其他所有過日子要用的東西，直到後來〔我媽媽〕過來……她住附近。」她的丈夫徒步到各地求職。什麼工作都找不到，只有「給男孩的挖礦工作」。12

在出門進行週六採買之前，礦工的妻子臥床休養了十天。她認識的其他婦女迫切期待這段臥床時光：「可以躺著不動休息，真是奢侈中的奢侈。」很多女性對於坐月子自有主見。「在滿十天前，他們都不讓我起床，我認為任何人就算可以，也不應這麼做。」在往後的歲月，她會再生下四個孩子，屢次接受母親和一名姊妹的援助，而經濟壓力會因新任英國首相大衛·勞合·喬治

（Lloyd George）任內發放的生育給付而獲得紓解。「誰工作比我們當媽媽的還辛苦？」她會問，「我常說我們常常一天二十四小時要工作二十小時。有些日子，連坐下來吃一口東西都沒空。」

十四天

溫哥華藝術家卡蘿・伊特（Carole Itter）生於一九三九年，她覺得產後體力耗竭就像永遠被困在火車車廂裡。「量度時間的方式，從肚子空空如也到雙乳飽漲，然後又倒過來。我從來不知道人可以這麼累，好像搭普通列車從溫哥華到哈利法克斯再到溫哥華再到哈利法克斯再到溫哥華，長達兩週，孩子出生至今兩週了，我不曾連續睡上三個鐘頭，作了好多奇奇怪怪的夢。」[13]

寶寶有時候睡在K的胸膛上，有時候更遠，睡在距臥室門口幾步之遙的沙發上。阻塞脹痛讓我沒辦法睡熟，K很大方、心善，但這種善意總有什麼地方不太對勁，心中彷彿因為未達到自己設定的高標準而警鈴大作。通常寶寶似乎也不認同，搞得大家都不開心。我和寶寶在符號的洪水中泅泳，溝通媒介如眼淚和抽搐湧流四溢。他老是肚子餓，我也是。

出身東倫敦蘭貝斯勞工階級的薇歐蕾特・哈里斯（Violet Harris）如此描述：「你不能下床，就連鋪床都不行，連續七天。接著到了第十或第十一天，你能起床了，第十二天就可以出門，你知道的，要上教堂，然後差不多第十四天吧，帶寶寶去領洗，通常是這樣，如果你狀況都還好的話。」到了二十世紀，上教堂可能是傳統，也可能是迷信，要看你的說話對象是誰。[14]

十九天

在亞利桑納州的馬里科帕（Maricopa）原住民保留地，正是禁食結束的日子。海倫．賽卡夸特瓦（Helen Sekaquaptewa）捱了十九天，終於能吃鹽跟肉了，她是在一八九八年出生的霍比族人（Hopi）。先前的十九天裡，她只能吃玉米跟烹煮得熟爛的蔬菜。按照習俗，她的婆婆在她生產後二十天內，每天會來幫忙打理家中雜務。海倫每天都會站在放置熱燙岩石、雪松枝和水的池子旁洗蒸氣浴，薰蒸能幫助她更快癒合恢復。「真的帶給你一種很棒的感覺。」她一五一十向耶穌基督後期聖徒教會（Church of Jesus Christ of Latter-Day Saints）的露薏絲．尤德爾（Louise Udall）報告，對方將她的經歷寫了下來。在描述完霍比族的習俗之後，海倫補充說明她的婆婆住在奧拉拜（Oraibi），因此「每四天來一次」。[15]

我注意到海倫．賽卡夸特瓦所屬社群數日子時，是用玉米來標記。「第一天，婆婆就在房間的四面牆上用白色玉米粉畫了五條橫線，每條線長六吋，表示二十天……她每四天從牆上擦掉一條線。」

置身喜樂困惑擾亂疲憊之中，我還無法沉浸於這些歷史上的軼事。我幾乎看不出來，自己要如何進入過去造就了這些雷同和反差的背景脈絡。

好友珍（Jen）懷裡抱著四個月大的傑克，在壁爐旁說著話。她那時正奮力逐步回復從前的生活。她的話語寬厚機智，口紅顏色還是平常的柔美亮紅。我努力攀附住歷史。我們的每一項計畫都只是在努力尋找意義。我們凝望彼此的目光有些狂野，有些失衡。

三週

山姆三週大。喬・英格姆（Jo Ingram）是老師，她其實比較想生女兒，但也只能接受了。她原本想買粉紅色的棉製床單，覺得粉紅色很漂亮，但最後妥協買了藍色的。對於「教養男生，教養歧視女生的孩子」，她很煩惱。既然「我已經開始把他當成男孩，」她心想，「我只希望不會有太大的差別。」也許她覺得自己好像格格不入：當時是英國的一九七〇年代，平均五名婦女中只有一人想生女兒。準媽媽特別希望第一胎就生兒子。喬和史蒂夫（Steve）同居，史蒂夫負責幫孩子換尿布。男廁裡找不到尿布台，因為社會並不期待男人幫孩子換尿布。[16]

一七九八年八月二十二日，利物浦。棉花商人的妻子漢娜・拉思邦（Hannah Rathbone）寫日記時惜字如金。她在日記中記錄照顧兒子狄奧多（Theodore）的辛苦日子。孩子當時三週大：「小孩很乖很安靜，前所未見。」接下來一篇：「二十四號晚上雷雨交加，但我的寶貝兒子睡得很熟，跟平常一樣，我深感安慰。」日記裡穿插記述她自己和孩子的狀態：「又是糟糕的一夜，整天頭痛。孩子哭個不停，餵他吃了點戴爾比（Dalby's；一種具舒緩效果的驅風劑）。」[17]

我們逐漸明白，我們家的寶寶聰明、警醒、煩躁不安，神經緊繃如豎琴弦。有他在，我們一刻也放鬆不得。

「聰明」是裘吉安（Georg'ann）形容他很敏感時的用詞，裘吉安是這天早上的訪客，她提倡自然產，有一個孩子已經成年。

在一九三〇年代的美國南方，「聰明」的寶寶指的卻是在大人剝玉米苞葉時不會一直哭著要人哄的孩子。一名白人佃農婦女誇耀說她的寶寶很聰明，在她剝玉米苞葉時，寶寶可以安靜躺在床上將近三小時，連哭都不會哭一聲。研究人員瑪格麗特．哈古德（Margaret Hagood）聽到在場人士如此詳述：「這件創舉引來大家注意，最後有幾名較年長的婦女出言責備那名婦女，她們說：『現在就把孩子抱出去餵奶。不用因為孩子聰明，就讓他餓死。』」[18]

舊金山，一八九六年。楊馨棠（Jeong Hing Tong；音譯）生下頭胎之後，滿心期盼孩子的

「紅蛋酸薑」滿月宴。她是來自廣東佛山的華人移民，追隨著於一八四八年淘金熱（Gold Rush）首批來到美國的亞洲移民腳步。在唐人街，像她這樣的婦女通常足不出戶。如果她們出門上街，會因為纏小腳而遭人譏笑。然而，張女期待的紅蛋酸薑、好運氣以及家業重振，都將因為一場大地震而落空。那時候，居民會爭先恐後逃到街道上。她將抱著嬰兒，想辦法搭上一輛馬車到金門大橋（Golden Gate Bridge），眼睜睜看著城市陷入火海。[19]

大約一九一六年或一九一八年前後在密西西比州鄉村，多數黑人婦女住在租佃農場，她們努力想要遵循當地所謂讓新手媽媽「坐好她的月子」（stay in her month）的傳統。如果有人表示「我在我的月子期間都沒下田」，表示她非常幸福。多數婦女臥床做月子的時間不到一週。生產時是哪個季節很重要。一名婦女描述自己生了「夏季寶寶」，只在床上躺了四天，要是她是在一年中其他時間生產，也許可以在床上躺久一點。田間最忙的時候是五月和六月，要幫棉花和玉米田鬆土除草，以及採收棉花的十月和十一月。從六月中旬到九月中旬，則是農事最清閒的幾週。[20]

沒有什麼內心生活可言。我的生活僅限於在寶寶與我之間拉伸擴展的中介空間（in-between），在昔日生活與任何變動無常場景之間展開的中介空間。我為我自己和他而存在。當下發生之事的尾聲餘緒難以捉摸。望進寶寶幾乎看不到眼瞼的雙眼，注意到他臉上白色的粟粒疹逐漸消失，完全沉浸其中，這樣容易多了。

我以前習慣向外看，不習慣向下看。近代早期的英格蘭女性接受的教導是「與男性同在一處時應低眉垂眼，切莫站著瞠目結舌，像在和嬰孩大眼瞪小眼」，這類教誨既傳達了女性的行為舉止如何才算是正常合宜，也表現出哪些行為需要箴言指引以確保女人之於男人的從屬關係。[21]

K出門工作時，一名友人來訪，K下學期才要開始請育嬰假——我擱下手邊的事，花時間思索了好一陣子。記得先前讀到，中世紀的人有一種感覺發生的位置在腹部：失去祈禱熱誠的感覺。看起來，感覺似乎有可能在光陰遞嬗中失落，僅留在崩壞歸為塵土的身體裡。人有感覺的部位不只有大腦、神經和心臟，也就是當代科學如功能性磁振造影檢查，以及訴諸浪漫之物如賀曼（Hallmark）卡片鎖定的目標，還有脾臟、腸子跟肝臟。所以形容一個人「愛發『脾』氣」（splenetic）或「『膽』大妄為」（having a gall），在從前是完全身體性的描述。[22]

在那些先前不熟悉的位置感到某種感覺，這樣的概念不知怎麼的，在我帶孩子的時候，反而變得更加直觀易懂。「奶陣」或排乳反射（let down）（一種腫脹、拖扯的感覺）不只是在寶寶「含乳」時發生，而是在聽到自家寶寶哭聲、聽到別家寶寶哭聲、看到朋友擦傷的膝蓋、看到煽情催淚的廣告或愛侶分手離異的新聞時，一種同情共感的回應。在我能夠大聲說出口之前，情感已經搶先回應世界。這些情感很奇異、漫無目標，古怪的是令人激動振奮。我感受得到它們就在胸臆之間。

四週

在十七世紀的倫敦，很少有陷入絕境的母親會拋棄不到四週大的嬰兒。[23]她們最後會拋棄孩子，通常是因為孩子是私生子、丈夫過世或者——

室內有一疊關於失去孩子或扶幼院（foundling hospital）的書，我將整疊書的書脊轉成朝著牆。書籍主題令我反胃，或恐慌。我扣緊主題，比從前更為急迫：鮮活生動的為母育嬰生活。

歐及布威族的說故事者露意絲・艾德里奇（Louise Erdrich）在她位於新罕布夏州的住家。「在生產後不久，還在哺餵嬰兒的時候，就以母親的身分書寫，很容易有椎心之感。」她寫道。當時是一九九〇年代中期，她正在撰寫回憶錄。家裡還住著年紀較小的三個女兒。最小的還是嬰兒。「要正面面對邪惡，似乎是不可能的事，而要很有說服力寫出使慈善、愉悅和熱情失去光輝的卑鄙、凶殘和冷酷無情……無比困難。」[24]

在一七八二年的波士頓，莎莉（Sally）剛生下的孩子是她的嫂嫂看過「身上打了最多結

（knotty）的嬰兒」。也許這句話是在形容寶寶的外觀：雙臂和雙腿細長如繩索，四肢好像纏結在一起。也許是指寶寶很難纏，很難懂，不管怎麼哄、怎麼柔聲安撫勸說都沒用。又或許「knotty」一詞的用法是十八世紀的人會比較熟悉的，表達某種已經成形的個性。頑固難搞，甚至蠻橫。寶寶可能肚子餓了：圍在一旁的家人，包括莎莉的丈夫和嫂嫂波莉（Polly），對於莎莉沒辦法幫寶寶餵奶都很失望。波莉寫到莎莉覺得將寶寶「交給外人」——從地方報紙上刊登廣告的眾奶媽中僱請一位幫寶寶餵奶——「實地一試發現感覺很差……甚至超出她原本的想像」。[25]

在一七八五年的費城，伊麗莎白・賽勒斯（Elizabeth Sellers）的丈夫奈森（Nathan）從前當過代書，他描述自家新生兒是「好一個小女娃」。他寫信給母親邀請她來訪。他們需要幫手。[26]

我一直盼著會有社區助產士或衛生訪視員登門拜訪：在英國國民保健署社福制度下長大，就會對於政府援助有所期待。但在這個美國的小城市，我們只能自立自強。誰來監測我們經歷的人生劇變，確保我們活下來而且狀況良好？

海絲特・施拉爾（Hester Thrale）覺得嬰孩的哭聲讓她難以專心。一七七七年九月時，生產過十一次的她膝下育有四名子女，當時她正努力彙編一本由大名鼎鼎的文藝仕紳詹森博士（Doctor

Johnson）所述軼事的合集。她明白了自己為什麼一直失敗。自從十二年前為人母之後，她就瞭然於心……那時是一七六五年。就如同年長者的暴躁易怒，或是突如其來的危險，「稚子的啼哭……會將與機智、科學或情感有關的對話立刻逐出母親腦中。」（不只如此，她解釋道，若是身為人母，「進行」某件事比起「聆聽」大人對話更加重要——否則哪來時間「教養、疼愛」孩子，或是「讓兒女簇擁身旁」。於是可以看到她是如何在文藝圈友人出言責備時，以戲謔中帶傷感的話語反唇相譏：「我……覺得自己在此刻十分悲慘，現在終於有……閒情逸致撰寫」《詹森文集》（the *Johnsoniana*）。）[27]

許多主題一下子蜂擁而來。時間留下的記號和光陰有所變動的韻律——這些是受到干擾的特質。靠著親餵或瓶餵養活寶寶。善用雜物，如法蘭絨束腹或塑膠瓶罐，如松鼠毛皮或小張棉質床單。睡眠，或者說得更正確一點，不眠。將母職指派由眾僕婢包辦。由親戚或社區成員分攤「非生母母職」（othermothering）——此詞彙是由美國黑人女性主義者獨創。為了體驗我們自己、他人和我們的世界，母職提供了全新的材料。在照顧者、嬰孩和歷史情境之間，原料應運而生。

最終，所有主題將會需要釐清。在這股猛衝急湧之後。

一九八〇年三月八日。倫敦的琴・拉德福（Jean Radford）在這一天成了養母，在十年婦女解放運動的尾聲。她領養回家的女嬰與她不同種族：「頭髮稀疏，還沒長牙，孩子胖嘟嘟、頭光光的，穿著質地粗糙的粉紅色洋裝。我對她一見鍾情。這句老掉牙的話在我腦海中迴盪，我幾乎無法直視著她。」在拉德福想像中，孩子的來到對於生母來說會是分離的場景，是歷程的結束，而非只是個開始。但是對於養母來說，「孩子來到的場景具備的意義迥然不同。想要孩子的渴望『出於內在』，但收養的孩子來自『外頭』。統合兩者比較像是一種結合，而非分離，對我來說是令人欣喜若狂的場景。」[28]

五週

一八六一年，美國南北戰爭期間。寶寶五週大，史利希特太太（Mrs Slichter）餵寶寶喝糖蜜。她的女主人——新手媽媽蕾秋．寇曼尼（Rachel Cormany）是加拿大人，她覺得這種做法令人髮指：「她為此大大發作一番。」[29]

一七六八年，英格蘭北部的上流階級婦女貝希．拉姆斯登（Bessy Ramsden）在臥床休養坐完月子之後，得以將她放鬆的心情和所思所想記錄下來。「感謝主，我臥床休養期間十分安好，整個月我們母子不曾有一小時身體不適。」臥床休養也稱為「稻草中」（in the straw）。這幾週是丈夫的「雄鵝月」（gander month），此說法是在取笑人夫在這段期間必須暫停行使行房權利。[30]

一六七三年。漢娜．伍利（Hannah Woolley）所寫的《淑女手冊》（*The Gentlewomans Companion*）的讀者家境優渥，請得起傭人。書中談到育嬰——保姆應該「常常抱著孩子來回走動」並且「小心別粗心大意跌倒摔著了孩子」。[31]

嬰孩嘴巴和胃之間的管道依然細窄，依然靠近皮膚表層，我甚至聽得見母奶向下流的聲音。我們忙完之後，我會抱著他到街上來回走動，在一片漆黑中望進透出光線的鄰居房間。

一座分糧租佃（sharecropping）農場，一九三〇年代。十七歲的農家女兒未婚生子。「女嬰啼哭的時候，就算是夜裡發出最細微的哭聲，孩子們也會輪流抱她走來走去或輕輕搖晃。」政府社會福利單位發給這家人一頂蚊帳。[32]

晚上大多由K幫寶寶洗澡，我坐著一動也不動，在靜寂中寫作。生活與例行公事之間，悄然有著一絲相似。

六週

六週大的寶寶明天要做健康檢查，我們全都會去。

自荷蘭出發的「玫瑰樹號」（Roseboom）在一個霧濛濛的安靜日子抵達曼哈頓，一名出身低微的乘客在船上生下的孩子當時已經六週大。守船人原本註記該名女乘客於一六六三年四月二十一日生下兒子，但到了船隻停靠於碼頭時，註記修訂成生下「女兒」。像她這樣家境貧困的荷蘭人在大西洋沿岸各地討生活，為公司、大地主或富裕家庭工作，活在一個有如漂萍的世界。[33]

一九九三年十一月二日。舊金山。墨西哥裔美國（Chicana）劇作家謝莉・摩洛卡（Cherríe Moraga）感覺內在好像有什麼破碎了，但她不得不繼續生活，假裝一切如常。她寫道：「我現在當媽媽了，而我還不知道要如何在世界上的這個位置充分棲居。在我家狹小侷促的範圍內，和艾拉（Ella）一起」——她的愛侶——「和我的家庭一起，有一種正確的感覺，但這在其他地方都找不到。」她睡眠嚴重不足，只好和寶寶一起睡在鋪了法蘭絨床單的床墊上。他們看起來像是大小特別不同的雙胞胎。「我擔心，這是什麼意思？孩子讓我跟我的女人分床睡了。」[34]

接著是片刻安寧：「和拉菲（Rafa）一起進浴缸洗澡，我看到他的身體放鬆下來，我想他連在子宮裡都不曾這麼放鬆。漂浮，漂浮。握成拳頭的雙手放鬆，兩臂向後伸到頭的左右放下，胸口碰水。」育兒書上寫說拉菲利托（Rafaelito）這時候應該已露出微笑，但他是早產兒。「總有一天會看到他微笑的。」

摩洛卡懷孕期間幾乎每天都寫日記，但日記裡卻鮮少記錄拉菲出生後第一年的點點滴滴。她後來總結：「第一年的一連串時刻，是由不眠夜晚、耳朵感染和瑣事口角構成的尋常世界，第一年的正字標記就是平凡日常：寶寶翻身，寶寶坐直，寶寶爬來爬去……」

儘管懷孕和為母育嬰都由「母性」（maternity）一詞概括，兩者其實大異其趣。承載和照顧是截然不同的活動。滿懷期待的孕婦出門時仍「形單影隻」，進門時就「成雙成對」。甚至與其他照顧者組成「三人行」，也許不只三人。同時，產婦未必會成為母親，而養母即使並未親自生下所照顧的嬰孩，也可能同樣沉浸於為母育兒之事。

「懷著小孩」如今的意義對我來說大為不同。我堅持以動詞來思考，而非以比如身分認同或體制來思考。堅持是「為母育兒」，而非當「母親」或「媽媽」或「媽」。堅持是照顧嬰孩，而非專橫霸道、受到各種批評指教、賦予過多情感的「母職」（Motherhood）體制。

我們有一個聰明警醒的寶寶。我想要他，我選擇他。

在他露出笑容之前，我的愛感覺像是得不到回應的淫亂單戀。即使寫一個段落，都必須準備許久。

第十一章　溼布

再次發現自己靜止不動。我和寶寶仍在同樣一張沙發上，在同樣的客廳裡。抬起頭來，看到的仍是牆上同一張畫。整個上午，我都一身新鮮奶味。李立揚（Li-Young Lee）有一首詩在寫哺乳的母親，寫「乳汁汩汩流出」，描述乳汁「甜美、帶鐵味、稀薄得驚人。」稀薄，沒錯，在寶寶嘴角流淌。聞起來甜美，加上一絲鐵味。都對。些微的濡溼氣味在空氣中縈繞不去，滲入我身上的衣物。長時間待在沙發上，嗅覺、視覺和觸覺都被放大，我的五感都變得更加敏銳。[1]

寶寶其中兩根手指的指甲尖隱約有一條黑線。他的指甲又長太長了。他的指甲纖薄如紙，讓人捨不得拿起涼冷尖銳的金屬指甲刀靠近。數週前，他過長的指甲抓傷了自己的臉，現在左眼下面有一道極細的疤。這是破壞他的完美的第一道瑕疵，第一個看得見的錯誤。

發現自己在沙發上靜止不動，就跟昨天一樣，明天也會一樣，我的思緒自房間和寶寶臉龐曲折漫逸，尋索可延續的育嬰主題，始於想像其他困於家中的視線、其他濡溼的衣裳。想像其他氣味。

維多利亞時代的格拉斯哥，一座中產階級排屋（terraced house）。卡納文街（Carnarvon）或克雷蒙街（Claremont）上的屋子大多有五、六個房間。一八八〇年代。寶寶兩個月大，表示「臥床休養」的坐月子時間結束，月嫂不再到府服務。新手媽媽可能靜靜坐在起居室，縫製或縫補白色嬰兒連身衣，挑揀出有破洞或汙漬的日用織物，或是專心記帳記錄家庭收支。她的腳邊放著一個針線籃。[2]

這樣一位置身起居室的婦女，她的視線會落在紅色或綠色天鵝絨及錦緞材質的簾幕上。室內很擁擠；擺放什麼都不嫌多，前提是它們美麗動人。油畫中人包括過去和現在的家族成員，例如一位虔誠信教的親戚，她在宗教感召下前往大英帝國轄下某個遙遠地區傳教。有一台鋼琴。一座譜架。一台勝家牌（Singer）手搖式縫紉機。鋪在腳凳上的蓋布是以柏林刺繡風格（Berlin wool）繡製。

竹製的下午茶桌上，可能放著當時流行的日本茶盤，或當地出版的《韋佛利期刊》（*Waverley Journal*）。報章中沿用維多利亞時代那套陳腔老調，認為家屋是由一名盡心奉獻的妻子和母親主持，是恢復精神和重振道德的地方。

家具擺飾擁擠沉重，自成一種悶裹的氣味。瓶中摘下的花香味讓起居室裡的氣味更為複雜。女人的氣味很乾淨。一八八〇年代的「乾淨」銳利分明：她晨間盥洗時用的肥皂是用動物脂肪和燒鹼製成的。她身上可能還有一股花香味，可能是肥皂的香味，或是噴了薰衣草香水。

其他氣味則被排除到屋外：弄髒的衣物送到外頭待清洗，前一晚留在夜壺裡的排泄物則由僕人清理。一個家庭有能力聘僱一名家僕，證明了這個家庭的中產階級地位。煮菜的氣味集中在起居室樓下、位於地下室的廚房。

循著送洗的衣物走入當地的洗衣婦家，屋裡的氣味取決於當天是一週中的哪一天。週一先是髒汙衣物堆積多日的味道，接著是肥皂、漂白劑、藍色漂白劑（bluing）和漿洗劑混合蒸氣的味道。接下來幾天，加熱熨斗用的焦炭爐或煤氣爐會發出臭味和煙氣，而當時可能已關上窗戶阻擋城市裡產生的「煤灰」。有時候會傳來不新鮮的啤酒味，是啤酒讓洗衣婦得以撐過一天。以下動詞依序進行：軋乾脫水（mangling）、上漿、熨燙、摺疊、晾曬。維多利亞時代的格拉斯哥空氣中充斥煙塵，因此必須在室內的晾衣架上晾乾衣物。進入一週的最後幾天，洗衣婦家中充滿晾乾衣物的潔淨氣味。洗衣工作從週一開始，到了週日就會有剛洗乾淨並整理妥當的日用織品可用。目標就是送回雪白且「漿得硬挺」的日用織品。[3]

回到排屋，寶寶很可能根本就不在起居室裡。在育兒室裡，保姆兼僕人負責比較平凡單調的日常照顧工作。僕人的視線或許會落在育兒室牆上的壁紙，上面可能飾有《愛麗絲夢遊仙境》角色的圖案。或許映入眼簾的，會是掛在壁紙上的圖片（例如呈現嚴肅警語「看顧人的神」字樣的手工刺繡範本），或是嬰兒床的條桿和黃銅製球形把手，或是馬毛皮沙發的形狀。僕人的衣物占據了房間裡一個特別的角落。十九世紀中葉的英國中產階級屋宅無論再怎麼小，多半皆設有類似的育兒室。這個世代的孩子長大後，於二十世紀初期到中葉書寫的自傳中，常常憶及小時候父母不常在家，親子關係疏離。

僕人負責處理髒尿布。很可能有一個專門用來浸泡尿布的桶子。其他氣味，像是抹了防止起疹子的豬油味道，則被寶寶身上裹了一層又一層的連身長衣物掩蓋住。

在比較晴朗的早上，一位母親坐在起居室裡，室內明亮如荷蘭畫作中的一小角。新鮮空氣流通。如果她的丈夫很體貼，室內甚至不會有繚繞不去的煙草味。

再一次，人又在沙發上。新鮮母乳微微發酸。共享的奶味變得格外熟悉；它測量出我與舊時身體及從前生活之間的距離。過了兩個月，每天換下的尿布已經比最初幾週少了一些。K在家時，由他來換。

阿拉巴馬州莫比爾鎮（Mobile），時間仍是一八八〇年代。三十歲的卡洛琳・鮑爾斯（Caroline Bowers）親餵，寶寶威利（Willie）是她第一個（後來知道是唯一一個）孩子。她很習慣布料濡溼的氣味。她母親盧克蕾西婭・佩里曼（Lucrecia Perryman）——家人都喊她克蕾西（Crissy）——自南北戰爭解放黑奴後就以幫人洗衣維生。比起其他可做的工作，幫其他家庭洗衣服有幾個優點：盧克蕾西婭・佩里曼可以在自己家裡工作，她只在收送待洗衣物時和當地的白人互動，和曾是奴隸主的白人保持距離。他們家在城鎮邊緣的木蘭公墓（Magnolia Cemetery）對面有一小塊地，地面上有兩棟簡易搭建的建物，他們因此成為莫比爾黑人社區裡家境較好的家庭。他們也得以躋身城鎮的黑人菁英階級之列，其他成員包括開雜貨店、餐廳或五金行的老闆。[4]

若你以洗衣為業，嗅覺會為你提供指引。你需要很靈的鼻子。佩里曼家的女性肯定早就知道這一點；他們的鄰居艾米拉・漢斯貝里（Emira Hansberry）也是洗衣婦，她肯定也早就知道。這些女性也具備其他知識：例如將衣物晾在美國南方炙烈陽光下，衣物會晒到褪色。或是包含寬大翻領西裝外套和寬領上漿襯衫的「小公子」（Little Lord Fauntleroy suit）套裝，這是一八八〇年代富裕家庭很流行的正式男童裝。*或是絕不能讓小孩靠近晾晒待乾的衣物：卡洛琳・鮑爾斯姊代母職，幫忙帶弟弟、妹妹和同母異父的手足，後來流傳的家族故事都稱她為「卡洛琳媽媽」。

即使木架房屋是奴隸小屋的三倍大，洗衣服的氣味和食物的氣味還是很容易混雜在一起。有來自墨西哥灣（Gulf of Mexico）的炸魚味。有伍斯特醬（Worcestershire sauce）、辣根、醃漬蔬菜、芥末等醬料強烈刺鼻的氣味。伍斯特醬來自英格蘭：自棉花貿易發展初始，莫比爾就與英格蘭有密切的貿易往來。芥末很適合用來增稠魚肉汁醬（fish gravy）。如果屋裡最近才剛打掃乾淨，空氣中會飄著「提切諾博士抗菌劑」（Dr Tichenor's antiseptic）的淡淡薄荷味。卡洛琳・鮑

*譯註：名稱由來為《祕密花園》、《小公主》作者法蘭西絲・霍奇森・伯內特另一作品《小公子》，故事描述一個美國男孩發現自己原來是英國貴族子弟方特洛伊小爵爺（Little Lord Fauntleroy）。

爾斯和其他許多生活在一八八〇年代的同胞一樣，知道新近普及的細菌理論，具備接觸細菌會生病的概念。給大眾的衛生建議包括：保持屋內空氣流通，開窗讓陽光照進來，以及撿拾掉在地板上的東西。這些作法讓佩里曼家的生活與從前的奴隸生活更加不同。

卡洛琳．鮑爾斯哺乳時靜定不動，視線所及物品取決於她坐的位置，也許會是數個小天使花瓶。成對花瓶上的裝飾圖案，讓人聯想到健壯美麗、不屬於特定種族的孩子。一個孩子演奏魯特琴，另一個淘氣地擺出抬手側耳傾聽的姿勢。卡洛琳的母親那時在學習助產接生；也許花瓶是為了供待產的訪客觀賞而擺設。

一只陶瓷痰盂，不僅暗示帶走盧克蕾西婭丈夫的是肺結核，也代表了當時的衛生習慣。從幾個竹子造型茶杯，看得出這家人跟上了十九世紀晚期盛行的日本風。「水井旁的利百加」（Rebecca at the Well）茶壺（有兩把，可能是小壺或大壺）上的圖案描繪《聖經》中利百加的故事，她從水井打了足夠的水供以撒家的僕人和駱駝群飲用，因此被選為以撒（Isaac）的妻子。這則故事的啟示是，女人是全家人在精神和身體層面的保護者。

也許女人可以透過她的兒女獲致偉大地位。至少這是某個紅土陶製（Redware）火柴盒上女人餵食老鷹圖案的寓意。圖案指涉著名神話故事中宙斯變成老鷹引誘塞墨勒（Semele），他們的兒子酒神戴奧尼索斯（Dionysus）後來將塞墨勒變成女神。

卡洛琳．鮑爾斯的故事在家族中一代接一代傳頌，而種族隔離於一九〇二年立法通過，後來又遭廢止，莫比爾鎮上的騾車也先後被電力街車和汽車所取代。在為人奴役的時期，盧克蕾西婭是嚴母。她後來總是留長髮綁成兩條長辮，因為短髮會讓她聯想起從前不幸的日子。

佐料罐、花瓶、茶杯和有利百加場景圖案的茶壺、繪有塞墨勒遇見宙斯圖畫的紅土陶製火柴盒——我們能夠知道有這些物件，是因為它們被棄置在家戶垃圾坑裡，後來被一位考古學家發現。曾經附在破碎陶器和茶具上的氣味，早在許久之前就已散逸。

下午稍晚，寶寶在我懷裡小睡。我一動，他就會醒來，我只好心不甘情不願看著桌上的茶從熱放到涼。我離開過沙發嗎？桌上的茶匙旁放著一本線圈筆記本，是我在K上班時留言給他的本子——寫下「我們」一天的生活，可能會寫一些愉快或奇怪的事。如果不寫下來，這些小事就會被遺忘；或者與外在世界真正的事實相比毫無地位可言；或者它們瑣碎微渺，無力抗衡一個人要安撫整夜哭鬧不休的寶寶的需求。

（嬰兒會讓你的人生出現多大的差異？黛安娜・米德〔Diana Meade〕被問到這個問題，當時英國的首相是愛德華・希思〔Edward Heath〕。「以前我一天喝好幾杯茶；現在我一杯都不喝。我沒空泡，或沒辦法喝。〔轉向寶寶〕我什麼事都做不了，對不對？」自十八世紀開始流行喝茶之後，有多少杯茶是這樣放到涼掉？）[5]

帶著寶寶坐定不動，意識到各種氣味和濡溼布料。在阿拉巴馬州鄉村、「棉花帶」（Cotton

Belt）的中心區域，炙熱得連地景似乎都在顫抖。氣味蒸騰。艾莉．梅．巴洛茲（Ellie Mae Burroughs）比卡洛琳．鮑爾斯晚了一到兩個世代，兩人的種族不同。她於一九三〇年代住在窮鄉僻壤，與周圍鄰居相隔半英里。大多數居民都是分糧租佃的佃農。[6]

最好的哺乳位置，是坐在走廊後頭那把山胡桃木椅上。晚上最適合坐在那裡，可能是晚餐前或吃完晚餐之後的一小段時間，因為只有走廊有可能吹進一點微風。走廊前後連通。兩邊的牆壁相隔六英尺，構成屋頂的厚松木板下方沒有裝天花板。坐於椅上時，她可以看見前方荒瘠的大院子硬實地面上滿是沙塵，看見養的狗群和母雞群，還有門廊上另一張椅子的邊緣，看得見製作這張搖椅的山胡桃木幼樹的樹皮。白天時，從走廊地板其中幾片厚寬木板的間隙，看得到底下的泥土。常有人沿著光裸厚木板赤腳踩過，走出一條平坦徑道。

有四個房間的屋子裡照例飄著幾股味道——燃燒松木的煙味，還有炒鹽醃豬肉、煎煮豬油脂和煮玉米的香味。在艾莉．梅．巴洛茲坐著餵寶寶的走廊後頭，就在主屋旁附設的廚房邊，有一座架子，上面放著臉盆和肥皂。洗手用的肥皂有時是洗淨力很強的黃褐色「廚房用」肥皂，有時候是鄉間雜貨店買的廉價白色果凍狀薰衣草洗面皂。

視線穿過開放的走廊，可以看到一座壁爐上有一幅畫，畫中是深淺不同的紅、褐和黃色。畫名是「只是拂曉時的祈禱」（Just a Prayer at Twilight）：一名年輕母親坐在壁爐旁一張很大的椅子上；一個身穿白色長睡衣的小女孩雙膝跪地，雙手合十；母親看起來既像在教誨孩子，又像滿懷寵溺。艾莉．梅．巴洛茲的其中一位鄰居家裡也掛著同樣的圖畫。另一位鄰居伊麗莎白．丁格（Elizabeth Tingle）家裡則掛滿各式各樣的圖像——理想的家庭生活場景，壁爐周圍釘滿誘人的平面廣告：年輕家庭主婦開心地站在滿室陽光的廚房裡華麗的爐台前方；或淘氣貪玩、或有狗陪伴、或在祈禱的小男孩和小女孩；有著粉嫩臉頰和藍眼睛的寶寶在一團團粉紅或粉藍中吸吮著大拇指；年輕女性興奮揮舞手中來舒（Lysol）抗菌清潔劑的特寫。

壁爐附近一座衣櫥裡，成堆連身工作服、連身裙、襯衫和寢具散發一股待洗燙衣物的氣味。艾莉．梅．巴洛茲懷中的嬰孩身穿樸素的白色棉質連身裙，或是她自己裁開灰色牛仔布上衣和黃白格紋襯衫縫製成的連身裙。她自己穿的衣服則是用未經漂白的便宜棉布縫製而成，特別剪裁成上半身短、下半身長的樣式。當時正逢經濟大蕭條那十年：她的鄰居不得不將就，把肥料袋縫成無袖連身裙來穿。一家肥料公司還特別在袋子上印出印花棉布的圖樣。

一名記者前來採訪巴洛茲家，以多達數頁的篇幅詳細報導棉花種植的情況，但並未述及巴洛茲太太洗衣的場景。不過同樣在經濟大蕭條時期，一名拜訪了其他白人佃農家庭的女子留下的紀錄中則提到了尿布：「寶寶的尿布弄溼之後多半不清洗，直接晾乾再使用。髒尿布掛在壁爐前或椅子上晾乾時，飄出的味道充斥整個房間。」

借住巴洛茲家的記者確實描述了艾莉．梅哺乳時斜視的目光。她安靜地垂眼凝望，視線越過孩子的頭，落在土地、地板、牆壁、陽光和陰影的交界處。對記者來說，房子裡最主要的氣味是昏暗中松木板悶在熱空氣裡發出的味道、難聞的玉米味，以及新鮮和陳舊汗水味。這些構成了「美國南方白人鄉間屋宅的懷舊氣味」。

氣味這種感覺倏忽即逝，據說不留一點痕跡。各種氣味散逸在稀薄空氣之中。然而，氣味同時也是種由空氣承載的語言，或高聲大喊，或輕聲細語，在不同房間中傳遞。氣味具有暗示性。

難聞的氣味往往在聞到一陣子之後消散，而尿布味卻匯聚成數段母職歷史的主流。其中兩段歷史的延續性特別強：一是嬰兒包的尿布需要定時更換和頻繁清洗；一是清洗衣物自始至終皆是婦女的工作。第一種延續不斷的是嬰孩的需求；第二種延續不斷的是特別的家務安排。女性的勞動不一定與母職有關：浸泡和清洗尿布是所有低賤家務中最為低賤的，而僱主階級有能力時就會將勞務外包。一名十八世紀的傭人受僱時可能會答應清洗嬰兒的髒尿布，條件是原本薪資之外另付一年兩先令和一件新外袍。[7]

濡溼布料匯聚的氣味，與上述延續不斷的歷史同樣有所改變。在十七世紀的英格蘭或美洲殖民地，一名母親的存在有部分是由她為全家人縫製的布來定義。當時的人常更衣，因為大眾相信布料與皮膚摩擦能保持身體潔淨。接著，隨著布料逐漸改由機械生產，提升居家品質的風潮和細菌傳播理論興起，家庭中對於自製布料產量的重視，則轉向關注布料乾淨與否。依據的標準為家用布料是否乾爽、潔白、無異味。新英格蘭的露絲·亨蕭·巴斯寇（Ruth Henshaw Bascom）一輩子的白天時光大多在織布，六十歲時正好碰上時代變動的浪尖。對年輕一輩女性花在洗刷清理衣物的時間比織布縫衣還久，她在一八四〇年表達了厭煩不耐。「『打腫臉充胖子』的女士們」她在日記裡這麼叫她們。她借用的這句諺語耳熟能詳，是表達過分講究、小題大作的扼要短語。

在過去，從十七、十八到十九世紀，為人母親者對於衣物布品再熟悉不過。如果生活比起窮人階級更加優渥，那麼衣物和家用布品的洗滌頻率可能是每次換季或每一季一次（十七世紀）；每個月一次（十七世紀住在城鎮的婦女首開風潮）；或是每週一次，以週一為洗衣日（大約從十九世紀初期開始）。

家庭的日常勞務包含大量紡織女紅或洗滌衣物的工作，因此造就整套與衣物布品有關的語言——質地鮮明、紋理細緻的語言——充分捕捉了物質上的面向。在一八三〇年代的廚房裡，可能會找到刀具擦拭布、撢布、茶巾和玻璃擦拭布。刀具擦拭布手感粗糙，棉或亞麻製的抹布具有集塵效果，茶巾和玻璃擦拭布則是用舊床單裁製而成，布面柔軟、不掉棉屑。不同家用布品的特性取決於要處理的是哪種髒汙。

「亞麻布巾」（linen napkin）於是演變為「尿布」（nappie），尿布的另一種說法「diaper」則源自「菱形斜紋布織品」（diaper weave linen）。這種織品等級較低，圖樣較小且簡單，織製時採用不同出線方向，因此變換角度觀看時會反光。關於布品的討論可能非常專門。二十世紀初在蘭卡斯特（Lancaster）紡織廠工作的母親們都知道，可以把分發給勞工清潔機器用、輕軟的棉織法蘭絨布「揩抹用布」（wiper）拿來縫製嬰兒服，改用「適合的碎布」（proper rag）來擦拭機器。

柔軟布料未必不虞匱乏，有時候也可能沒有任何布料可用。維多利亞時代最窮困的媽媽讓寶寶躺在稻草堆上，最下面再墊油布。論者指出，二十世紀初期倫敦勞工階級對嬰兒的印象就是永遠又溼又臭。尿布是在穿破的男人上衣下襬縫上扣環和綁帶而成，根本不敷使用。在某些時代和某些地方，尿布根本不是用布製成。在朱砂湖（Vermilion Lake）原住民保留地，原住民母親將澤蘚（swamp moss）晾乾當成尿布。她們在春夏時蒐集澤蘚，鋪在灌木叢上晾乾，然後搖晃並剝開來除去昆蟲和乾燥的種子。照顧嬰兒的媽媽們會將晾乾的澤蘚收在樺樹皮袋（makuk）裡，她們會讓手邊隨時有一些可用，這種袋子也用來儲存楓糖漿或野米。一九三〇年代的一位媽媽回憶：「寶寶很少擦破皮，而且打開來的時候只會聞到蘚類的甜香。」

近年來，大眾使用各種除臭劑、深層清潔用品、消臭噴霧和除味產品。他們把衣物放進洗衣機裡洗，然後發現家裡有寶寶時這麼做的次數有多麼頻繁。電力驅動的洗衣機在二戰後趨於普及。我們家的洗衣機塞在屋後一個房間裡，運轉時的轟隆聲成了低鳴的背景音。K用的洗衣粉氣味和我母親用的寶瀅牌（Persil）洗衣粉不一樣。我從母親那裡學到買衣服時要挑選純棉材質，但從前並未花太多時間思索衣物布品的問題。

一八八〇年代維多利亞時期的格拉斯哥一棟中產階級屋宅；在同樣年代，阿拉巴馬州莫比爾的一棟木造建築物；一九三〇年代，位在棉花帶中心地區、阿拉巴馬州鄉村一座分糧租佃佃農的小木屋。再次抱著寶寶靜坐不動，我訝然發現自己腦海中第一個浮現的，竟是維多利亞晚期的白人中產階級母親的形象。也許這是因為我們對她的了解，遠遠勝過對於過去數個世紀以來幾乎其他所有的母親形象。「維多利亞時期母親」（Victorian Mother）宜室宜家，為家庭犧牲奉獻，道德高尚、慈愛無私。對於經濟上依賴丈夫，她感到心滿意足。她在格拉斯哥《韋佛利期刊》和其他報刊、各種指引工具書和持家指南等無數承載維多利亞時期意識型態的書頁中成形。第一波婦女史書寫中，瑪莎．維西納（Martha Vicinus）將一九七二年所發表關於「維多利亞時期母親」的論文題為「完美的維多利亞淑女」。[8]

我最先想到的是「維多利亞時期母親」，或許是因為當代關於母親的想像仍舊受到這個無私的理想形象支配。還有許多似乎仿效她的形象和她一起共享主宰地位：一九五〇年代打理家務的家庭主婦，她的冰箱閃閃發亮，丈夫和孩子臉龐乾淨，臉上露出單純的笑容。「待在家裡」的母親常被問到「她們是怎麼辦到的？」，問題背後往往藏著這組母親形象。或者，這組形象代表著傳統或平常，代表著安穩或「優良」。一講到「母親」，名詞形式，大眾固定聯想到的就是這些歷史上的形象。在當代文化中，她們似乎無所不在，是藉以批評攻訐的話柄。

一九七〇年代的婦女解放論寫作者試圖理解母職，維多利亞時期女性的形象無疑在他們腦海中縈繞不去。同志詩人、女性主義者亞卓安．芮曲（Adrienne Rich）於一九七六年寫作時述及自已在成為母親前不曾體認之事——像她這樣受過教育的中產階級婦女在一九五〇年代晚期單純不曾意識到的事。「那時我還……不了解，」她回想，我們「被期望要同時扮演所有角色：維多利亞時期的『清閒淑女』（Lady of Leisure）、『家中天使』（Angel in the House），還有維多利亞家庭裡的廚娘、洗碗女僕、洗衣婦、女家庭教師和保姆。」芮曲既不想要成為宜室宜家、道德高尚的母親，也不想成為薪資低微的苦命女工。「我**知道**我必須重新創造自己的人生，」芮曲寫道，並且想辦法遠離「重複不斷的洗衣晾衣收衣輪迴」，她要避免為相夫教子、顧全「孩子福祉」和「丈夫事業」奉獻全部心力。「維多利亞女性特質」（Victorian womanhood）需要重新命名，如此才能予以周全處置。[9]

一直以來皆有母與子的理想形象。或許是擱在維多利亞時期格拉斯哥風格白色刺繡嬰兒服旁邊的《韋佛利期刊》裡頭，又或許釘在一九三〇年代鄉村一名分糧租佃佃農家裡的壁爐周圍。在維多利亞時期，法蘭西絲・莫瑞（Frances Murray）前往倫敦郊區拜訪一位友人時稱之為「寶寶王國」（babydom），並且評論女主人的居家生活「單調乏味」。她的用字遣詞事實上更為辛辣，原話為：「登峰造極的寶寶王國」。理想形象有時令人處處受限，過去與現今皆然。更糟的是，理想形象一直是——或者可能是——有害處或令人無法企及的。只要有所謂「好」母親的形象存在，無論是在人人自己眼中，或者是在體制（包括國家、法律、醫師和社工）凝視之下，隨之必會出現一長串真實生活中的「壞」母親。[10]

一八八〇年代阿拉巴馬州莫比爾的卡洛琳・鮑爾斯的場景則顯示另一種情況：一套理想可能被用於對抗另一套理想。她家壁爐上的小天使花瓶宣示著，黑人婦女同樣可能是好母親。然而，十九世紀晚期的阿拉巴馬白人傳統上仍抱持種族歧視的觀念。在鮑爾斯家對面的木蘭公墓裡，豎立著一座高聳的南北戰爭紀念碑，紀念的是許多為了保留奴隸制而在南方諸州激烈戰事中喪命的莫比爾男子。[11]

所以說，有些理想形象，有些理想化的觀念，比起其他的更為有用。詩人露西爾・克利夫頓（Lucille Clifton）和亞卓安・芮曲同樣在婦女解放運動興起的年代寫作，她透過詩作探索黑人母親韌性的充實歷史。克利夫頓的父親是鋼鐵工人，母親在成為家庭主婦前曾是洗衣婦，父母都是在「黑人大遷徙」（Great Migration）時期搬到美國北方。她在一九七六年出版的詩集《世代》（*Generations*）中，召喚一段與另一位卡洛琳有關的歷史，這位卡洛琳「一八二三年生於非洲」，一九一〇年逝於維吉尼亞州，辭世時是自由之身。卡洛琳・薩爾・唐諾（Caroline Sale Donald）是一位母親、助產士、接生婆。「你別擔心。」露西爾・克利夫頓的其中一句詩如此寫道，引用古老的安撫話語。縈繞不去的母職，以及克利夫頓自己一連串的理想化歷史，可以一路回溯到水牛城、紐約，到蓄養奴隸的美國南方種植園，再到十九世紀的達荷美王國（Dahomey）、現今的貝南（Benin）南部。她筆下的「母親」形象高高瘦瘦、膚色黝深，走起路來「挺直如同士兵」：這股堅毅不屈的黑人母親形象，其遺緒與人同在，發人深省。[12]

第十二章 中斷

把一天想成四個部分，友人麥芳薇（Myfanwy）某次和我通電話時如此建議。上午、下午、晚上、深夜。聽起來再熟悉不過，只不過並非如此：重點在於不同部分之間的差異大得瘋狂。寶寶可能前一刻心滿意足，下一刻悲慘淒苦。狀況好時，過得輕鬆歡快；狀況不好時，是斷斷續續的混亂渾沌。有時節奏緩急有致，有時遭到擾亂中斷。

大約三個月大時是啼哭的高峰期，醫師提醒。抱在懷裡時哭，抱著踱步時哭，聽唱歌時哭，抱著繞圈走路時哭，抱著踩踏地板吱呀作響時哭。我們學會為什麼抱M時總得讓他立得直直的：他不只會鬧腸絞痛；他還會胃食道逆流。這種狀況表示我們的寶寶經常痛苦不適，他會屈膝拱背，嘔出酸水。醫師肯定表示，將寶寶豎直抱應該能減少嘔吐，也可以減輕寶寶的不舒服。

你尖叫的樣子，彷彿企圖從自己的皮膚裡爬出來。你的嚎啕聲讓我停頓，將我撕裂；你煥發的容光和嚎啕聲停止時我如釋重負，同樣讓我停頓，將我撕裂。寶寶直抱。如履蛋殼。

到了外頭，我不由自主會注意躺平的嬰兒。嬰兒車有沒有裝安全帶？在公園裡就讓嬰兒躺在戶外用地毯上，當爸媽的眼睛不盯著寶寶，還自顧自閒聊？我有一股衝動——當然是錯的——想要抱起嬰兒。這個寶寶，我的寶寶，總是會被抱起來舉到肩頭高度，抱起來用嬰兒揹巾包住。對我來說，寶寶就應該是這樣子，寶寶需要的就是這樣。母親育兒就是這樣。

上午、下午、晚上、深夜。這是每天循環的律動節奏。日常是由停頓和中斷所構成。我想事情想到一半，說句話說到一半，處理事情處理到一半，然後被迫停住。

上午、下午、晚上、深夜。

每當文獻資料裡出現任何最接近母職相關的記述，中斷痕跡處處可見。在近身處搖盪。可以的話，盡可能輕緩地暫停。現今，隨筆作家麗莎・巴萊瑟（Lisa Baraitser）認為中斷是如此永無止境且具備形塑的力量，她提議將中斷當成母職的主要狀態。只要讓嬰孩與母親出現在她面前，她就會看見一幅中斷的場景。[1]

在十八世紀晚期和十九世紀的浩繁書信中，可以找到這樣一段中斷的歷史。寫到一半的書信，簡短的書信，內容貧乏的書信，待寫卻未寫的書信：十八世紀時，受過教育的婦女開始提筆寫信，身為母親的她們努力和通信對象保持聯繫，在信中往往會提及各種干擾中斷。珍・史契夏（Jane Scrimshire）寫信時被「家裡頭千百件雜務瑣事」打斷。她先前就警告過一位友人「等你成了母親兼管家，你就會變得跟其他某些人一樣疏於回信」——千百件瑣事讓時間變得零碎片斷。[2]

在類似的書信往返社交圈裡，因家有嬰孩甚至五歲以下幼兒而疏於回信的情況很快就變得司空見慣，媽媽們偶爾甚至會把照顧小孩當成無法按時寫信的藉口。一七八七年在新斯科細亞（Nova Scotia）的哈利法克斯，蕾貝嘉・歐曼（Rebecca Allmon）為了沒有像平常一樣固定寫信噓寒問暖向她的幾位姑姑致歉：「專心致志照顧剛出生的小寶貝」讓她分身乏術。[3]

貝希・拉姆斯登提筆開始寫的一封信後來由她的丈夫威廉（William）完成──「R太太聽到呼喊得到嬰兒房去，」他親筆補充說明，「要不然她絕不會信寫到一半就忽然停筆。」這種干擾中斷，是被當下召喚，是受到召喚只得拋下手邊差事。是被拉入立即，被拉入此時此際；過去留諸腦後，而未來擱置延遲。往後數年，貝希一直努力想要把握機會集中心神，或是專心做某件事：

「每次我真的拿起筆，總是會遇到某種干擾」；

「當我躺在搖籃邊」──家裡的嬰兒都已長大──「我就會有更多時間。」

然而：「我家的小傢伙纏著我要喝茶吃點心了，就此擱筆。」[4]

還有費城的安妮・李文斯頓（Anne Livingston）於一七八三年所寫：「孩子在呼喚，需要我過去幫忙。原本打算寫的信必須延到晚間再寫了。」或者愛倫・帕克（Ellen Parker）於十九世紀初期所寫：「〔伊麗莎白〕哭著要媽媽顧她，**因此**匆匆寫就此封沉悶無趣的短信，祈請見諒。」或者皮肯斯堡（Fort Pickens）的法蘭西絲・史密斯（Frances Smith）於一八四六年寫給擔任職業軍人的丈夫：「芬妮（Fanny）會在我懷裡不停干擾我寫信，所以我得停筆了。」或者印第安納州的露易莎．懷利．波伊森（Louisa Wylie Boisen）於一八七八年所寫：「我得一直追在寶寶後面，所以會用鉛筆」——信件不宜用鉛筆書寫——「因為比較方便」。或者波伊森的親戚於三年前在同一棟紅磚房屋裡寫下：「寶寶一直鬧，我不得不停筆。」[5]

能夠寫出一封信，或者提筆開始寫信，就表示這樣一位婦女能識字讀寫，表示她最有可能擁有稱得上屬於她自己的零碎時間。她家裡若不是有親友同住幫忙，就很可能請了僕傭。這些能夠寫信通訊的婦女，都屬於十八和十九世紀的僱主階級。她們在信中甚少提及搖籃邊發生的事，或是到樓上育嬰室時忙些什麼——顯然這些事務太過庸俗平凡、理所當然，不值得與通訊對象分享——但遭到干擾中斷的經驗卻指向母職的特徵之一。起初我只注意到這些信件寫作者省略未寫的，緘默不語的部分令好奇的我大為受挫。如今我注意到了，鵝毛筆斷續落下寫寫停停，座台裡墨水乾涸，不當使用鉛筆，任何手邊在做的事遭到擱置，或構想中的思緒念頭中止。

下午，晚上，深夜，上午。

有時候，當一名母親已忙得團團轉，還剛好碰上訪問者上門拜訪。一九七〇年代初期，幾位生頭胎的新手媽媽在寶寶數個月大時，接受倫敦大學貝德福德學院（Bedford College, University of London）一名研究員的訪問。來訪的學者很能感同身受——她本人支持女性主義，當過家庭主婦，也生養孩子——媽媽們於是敞開心房。[6]

珊蒂・萊特（Sandy Wright）曾任職祕書，如今：「我無時無刻不在想，我要去做這些和那些家事，想著自己來得及在她醒來之前做完嗎？……你知道因為要是她**真的**哭了，沒有其他人能過去顧她，你不管在做什麼都得停下來。」

或者曾是公務員的莉莉・米切爾（Lily Mitchell）說：「想做的事我連一半都做不完……大家都說你明明整天待在家，但我就是沒辦法**開始**做事——若是我真的很想專心做什麼事，我就是不會開始做。接著，等我發現自己本來是可以做好那件事的，我就會想我早該開始做才對。」

在媽媽們的描述中，具有一九七〇年代風格的干擾中斷，與家事和寶寶的午睡時間有所關聯。這些婦女都獨自在家，家事是女人的事，嬰孩一下放進小床裡，一下又得抱起來。莉莉・米切爾指出：「好幾年來都是這樣過日子。」

表白陳述的口氣平凡尋常，表示還有更多類似的言論——這種遭到干擾中斷的經驗非常普遍。這也暗示了莉莉所經歷永無止盡的倦怠疲乏之感——

啊。寶寶醒了。

晚上，深夜，上午，下午。

白天的疲憊感逐漸累積，我查找到的證據只是呼應我自己對事情的感受。在我的懶怠之中，稜角分明的特定性失落不存，歷史特殊性自我眼前消失無蹤。寶寶在隔壁房間睡睡醒醒，同時我讀到：

「為人母的你自然明白，當你開始寫一封信，然後一個孩子咳起嗽來、另一個孩子醒來喊著要喝水是什麼樣的情景。」[7]

這是阿拉巴馬州的茉麗．麥科文（Mollie MacEwan）於一八六〇年代晚期寫信給格拉斯哥的嫂嫂時所述。茉麗解釋，她在白天從不試圖寫信，因為分心的事「在那時候更多」。她再也負擔不起僱請「幫傭女孩」的費用。她的心願是能夠專注致志，這樣的期望只能延遲到平靜的晚間時光。

我匆忙讀下去，深恐遭到寶寶醒來的惡果。我心知肚明，在茉麗．麥科文所處的一八六〇年代，要重新提筆寫信，還是比起一世紀以前的書信寫作者省力許多：只要拿起鋼筆，不用自行調製墨水和刮削脆弱的鵝毛筆。

深夜，上午，下午，晚上。

深夜令我恐懼。

有些日子裡，對於他的存在帶來的喜樂、他俯趴在我身上與我親密無間帶來的心滿意足，我還是覺得毫無準備。

他正找到自己的雙手。彷彿認知向下蔓延到他的身體。先是露出微笑。接著雙手按進自己嘴巴，按進我的嘴巴。雙手滑開，拉扯我的嘴唇內側。

這天早上，我愈是執著於中斷這個概念，就有愈多念頭自腦海中溜走，無法落下成形。沒辦法輕易地概括而論。又或者，要將受到干擾「中斷」在歷史上予以具體指明，免不了要注意到與其相對或在其之外的概念。而那又是什麼？究竟是什麼受到干擾中斷？注意力、專注的心神？日常生活的節奏？其他熟悉的節奏韻律？

事實上，干擾中斷堪稱多數一般人生活經驗的尋常狀態。中斷是照護看顧所處的狀態。遭到干擾中斷，就那些對他人負有義務的人而言，是再尋常不過的經驗；時間不屬於自己。在父權社會的時空中，丈夫眼中的妻子。在近代初期，師傅眼中的學徒。奴隸主眼中的家奴。僱主眼中的家僕。醫師和病患眼中的護理師。老闆眼中的祕書。

我在上午最為警醒，而在四十分鐘或四十五分鐘小睡之間的空檔，寶寶也一樣。

我們能夠發現早期的日常生活節奏，發現人們所體驗到形塑其每日生活的方式嗎？對於在一九三〇年代的英格蘭研究超過千名「勞工階級太太」身體健康和生活情況的瑪潔麗．史普林．萊斯（Margery Spring Rice）來說，這個問題本身就值得以整章專門探究。萊斯認為，就她的資訊提供者而言，「太太」（wife）一詞是主婦和母親兩種角色的複合。一名婦女指出：「女人應該待在家」，過著「關在九平方英尺的廚房裡，每隔十四個月就生一胎」的生活，「那種想法已經過時了」。初婚平均年齡為二十四歲。[8]

在萊斯的研究對象中，多數人日常生活都是以早上六點半左右起床揭開序幕，只有丈夫是礦工、麵包師傅或夜班工作者的人例外，因為妻子必須早上四點就起床準備早餐。無論如何，睡在同一個房間裡的小嬰兒，絕不會讓媽媽在早上六點以後還享有安寧。她上午就在廚房忙碌張羅跟照顧孩子，等到上午過完，丈夫也下班回來吃「中餐」。為人妻、人母的她時常忙到連坐下來都沒空；萊斯指出：「她發現站著吃飯比較方便。如果她在餵寶寶喝奶，她在餵完之後會坐下來，這樣就能『多休息一下』。」接著進入下午，丈夫回去工作，她或許有機會自己梳洗打理一下、休息、出門或坐下來。也許每週或每月中有一天，她會帶著寶寶出門，去社福中心（Welfare Centre）或當地的遊樂園，或者拜訪住在隔壁街上的姊妹或朋友。但大多數時候沒有放鬆偷閒的機會，因為有衣物要縫要補要織，再加上買菜購物。丈夫下班回來後，就到了午茶時間。典型的一九三〇年代勞工階級母親就是這樣度過每天的上午和下午。

到了晚上，她在站了十二或十四個小時之後終於能坐下，也許「靜靜和老公閒聊」，或者聽無線電收音機，這是他們的「一種奢侈享受」。丈夫也許會唸報紙給她聽。她有很多女紅要做，所以自己不太讀報。她可能會跟丈夫一起吃一點晚餐，麵包抹奶油配熱可可；也可能不會；也可能吃一點炸魚。接著上床就寢，這時大約晚上十點半或十一點。瑪潔麗．史普林．萊斯指出，剛生第一胎或家裡只有幾個孩子的婦女通常比較常外出，家中經濟狀況也比較優渥。大部分情況下，這些婦女所體驗的生活節奏和干擾中斷，看起來與外在世界完全斷絕。她們遭受的干擾中斷，是由孤獨居家的狀態造就，具有孤獨居家的特點；由丈夫和孩子的需求造就，以及打斷。

或者可以看看英國社會研究組織「大眾觀察」（Mass Observation）所記述的一九五〇年代初中產家庭主婦的日常生活節奏。典型的報告如下：「早上七點半。起床，洗頭吹整。」她吃了早餐，幫寶寶洗好澡、餵飽、換好衣服、把自己也打點好，然後出門購物。「買了肉、蔬菜、水果、甜食。幫自己買了一雙絲襪，幫寶寶買了橡膠防漏尿褲。拿洗好的衣物回家。」十點到十一點，一小時就這樣過去。接著她幫寶寶脫掉外出服、換新的尿布，泡一杯自己要喝的茶，洗好吃早餐用的碗盤，鋪床疊被，中午時煮中餐，十二點四十五分時坐下來吃飯。她準備好寶寶要吃的食物餵他，下午一點將寶寶放進嬰兒床，再喝了一杯茶。她洗好一些寶寶的衣物。「放輕鬆——慢慢來不用急，今天是週六。」下午三點，她帶寶寶出門散步，她丈夫出門獨自去了別的地方。這是該報告中第一次提到丈夫。[9]

寶寶肯定在嬰兒車裡睡著了，因為她回到家之後：「四點半，寶寶醒了……從四點半到六點都忙著帶孩子。」她將寶寶又放回嬰兒床，自己出門去圖書館還書跟借書——應該是利用丈夫週末在家的時機——接著燙衣服、補衣服，準備晚餐，聽新聞廣播，讀報紙，晚上九點吃晚餐。晚上九點四十五分，她再次餵飽寶寶，幫他換尿布，再將寶寶放回嬰兒床。她收拾好後上床睡覺，就寢時間和一九三〇年代勞工階級的媽媽一樣，大約在十點半到十一點。

生活的節奏十分清楚，由煮飯、換尿布、收拾整理、哄寶寶睡覺等事情主導。也有被干擾中斷的時候，幾乎皆是順便記上一筆：「寶寶醒了。」時事評論家也注意到了這一點。瑪喬莉．洛伊德（Marjorie Lloyd）一九五五年在刊於《曼徹斯特晚報》（*Manchester Evening News*）上的文章裡主張，這樣的女性需要「不受干擾中斷的時間」，也就是工作的丈夫在固定時間下班後已經享有的那種閒暇。[10] 一名三十六歲的速記打字員表示：「男人認為下午五點半『擱下手中工具』時，這天的工作就結束了」，這種情況再尋常不過。但是當母親的總是會受到干擾中斷。她活在永無止盡的破碎時間裡。[11]

在生小孩之前，我的日常生活與工作上的節奏一致——教課，開會，趕在最後期限交出論文；平日，週末，學期間。K的消失與重現也重複這樣的一致性，但我目前正活在上午、下午、晚上、深夜的循環之中。沒有住在隔壁街的母親或姊妹；這是移居外國者所處的情況。但有一群新手爸媽，我是在多數的週二和週四上午在社區活動中心遇到他們的。瑪潔麗．史普林．萊斯可能會稱我們的聚會為「放鬆偷閒」，並且注意到我們的生活品質以及能夠外出的餘裕。活動中心的聊天話題是每三或四小時餵一次，或者寶寶餓了就隨時親餵這類事。有些人擔憂無法回到職場，美國法律只給予六週的育嬰假，有些人計畫待在家裡。語氣從相互安慰，忽而轉為純然震驚。聊到沒辦法好好吃完一餐、想完一件事、講完一句話，我們誇張地呼出一大口氣。週四下午之後，再熬到週二上午，其間無比漫長。每週四，我將船錨抛向前方，努力拉著我和寶寶一起進入下一週。

週五下午。K在路上，他騎腳踏車過來，隨時會到。我這天的日記寫著：「K跟我一起來，我才能剪頭髮。他帶M去散步，帶他看車子和天上飄過的雲朵，過了四十五分鐘，K才回來找我。」這篇日記最後一句話記錄了寶寶報到三個多月以來，我跟他分離最久的一次。

我帶著寶寶在路上散步，想到文獻資料無法貼切呈現母職之處——但它們卻提供了另一種紀錄，關於為人母者時常處於受到干擾中斷的狀態，顯然是與專心又遭打斷的節奏不同的另一種節奏。當代原住民族說的故事，則間接呈現了截然不同的探究結果。

「我們這一輩很多女性都一樣，」瑪莉亞．坎貝爾（Maria Campbell）指出，「從小就聽故事長大，聽很多不一樣的故事。」有神聖的故事，有家族歷史，也有謎語。但是——「我最喜歡的是關於女人的故事。」這位說故事者來自薩克其萬省的加百列渡口（Gabriel's Crossing），她如此描述二十世紀中葉梅蒂人（Métis）族群每週一的洗衣日。洗衣是團體活動：「也許會有八輛甚至十輛車的人，我們一起去大約半英里外的大水坑。」她們用巨大的鑄鐵鍋盛水，放在火堆上煮熱。孩童只穿內衣褲，在乾淨的水裡游泳。中午就將週日晚餐剩下的飯菜加熱來吃。孕婦不參與粗重的刷洗工作，她將待洗衣物交給其他人代勞，改為負責張羅午餐。在她周圍會有很多人。[12]

這類團體共同的習慣在煤氣洗衣機問世之後宣告終結。然而誠如坎貝爾所述，在先前數十年，梅蒂族婦女多半聚在一起打理家務，不會獨自勞動。對這些婦女來說，母職受到的干擾中斷，完全不像同一時代英格蘭核心家庭的主婦所體驗到的，有著孤獨居家、主宰九平方英尺空間等特質——以破碎、片斷為特徵的日常生活。無論是瑪潔麗．史普林．萊斯的研究對象於一九三〇年代隨口提及「女人應該待在家」是已過時的想法，或莉莉．米切爾於一九七〇年代覺得「好幾年來都是這樣過日子」——以上在在反映出母職在過去一直讓為人母者孤立隔絕，並與外界脫節，且長年來自然就是如此的觀念。事實上，由母親獨自在家承擔育兒責任的方式與眾不同，而且絕非必然，歷史上可以看到更多可能性，豐富多樣而且更加特定具體。[13]

貝德福德學院的研究員在為一九七九年的家庭主婦研究下結論時，也考慮到為人母可以有不同的情況。「經常被迫中斷手邊其他事情，」她如此總結，「可能令人感受到無比的挫折。」她認為這些情況讓一位母親獨力從事的工作，就如同任何工廠工人的工作一樣帶來疏離感——即使育兒工作伴隨著額外的愉快歡樂，例如小床裡的笑臉、嬰兒吃飽喝足之後發出的經典聲響，或是裹在幾乎每天都好像又變小的乾淨嬰兒服裡潔淨健康的肌膚。

在狀況好的日子，在我和寶寶和諧同步的那些日子，將干擾中斷和度日的步調分開來看似乎是種詭辯。干擾中斷順利轉為專心看顧寶寶，平靜而不帶一絲焦躁或不滿。節奏是他和我共同身處的模式；我把該做的都做好。狀況不好的日子，像是昨天，K在家裡待了一個週末之後回去上班，寶寶鬧起脾氣，就只是陷入混亂和中斷。順暢流動付之闕如。麗莎．巴萊瑟——那位當代理論家——並未選邊站。對她來說，母親遭受的干擾中斷既不具教化意味，也不是讓人克服用的，那只是細小斷續的地方，岔開分裂的時刻，它們回答了一個問題：當母親是什麼感覺？

深夜再臨。一九四〇年代，人類學家瑪格麗特．米德（Margaret Mead）在進行完最近一次田野調查後返回美國，撰文指出醫學界對於新生兒抱持過於嚴格的期待。他們應該要能睡整晚，她以尖刻辛辣的口吻形容他們「已然順服於這個世界強迫施加其身，怪異且不友善的生活節奏」。[14]可以確知的是，從古至今，母親的、嬰孩的和社會的節奏步調從未完全一致。也許母職遭受的干擾中斷就來自其間的扞格。

母職遭受的干擾中斷本身最為強烈之處（斷續不連貫、急促突兀感最為嚴重之處），或許就展現在為人母者承受著要專心執行其他任務的社會期望，以及大多數時間皆孤獨度日這樣的處境。

深夜來臨。狄爾麗．詹姆士（Deidre James）於一九七九年將母職受到的干擾中斷與祕書工作相互對比。「你從早上七點開始就忙得團團轉，晚上多半也隨時待命，而且是每天晚上，工作時卻非如此。你的老闆不會在深夜十一點鐘打電話來，叫你去取一封信。但是寶寶只要一哭，你卻不能說我已經下班了，算你倒楣。」[15]

第十三章　夜半三更

深夜的幽暗靜定容納得下我們三人。這片幽暗，這種靜定，曾如一張毯子裹覆著我們。睡眠令人感到單純而一致，甚至自然恆常。

我從前的身體期待八小時的熟睡，也許八個半小時。十八世紀作家詹姆斯・鮑斯威爾（James Boswell）在形容如此沉眠酣睡的狀態時，用了以下字眼：「絕對、意識全無、感覺全無」。我發現這些語詞有滋有味，很有分量，帶有清除以及復原的色彩。[1]

而今，身邊有一個嬰孩要顧：「你的睡眠，」詩人艾莉希亞・歐斯崔克（Alicia Ostriker）於二十世紀晚期寫道，「像一條髒兮兮的破布。」與鮑斯威爾同時代的英語人士會用其他詞語形容睡睡醒醒，這些字詞召喚了柔弱膽小的小動物輕淺睡眠的意象：「睡狗覺」（dog sleep）、「睡貓覺」（cat sleep）、「睡野兔覺」（hare sleep）。

夜裡，我們似乎退回到比較肉體的自身，心智思緒自行缺席。然而夜晚予人的感覺，與白日的感覺同樣特別。每天二十四小時裡有好幾個小時在床上，其中又有好幾個小時醒著，我猜夜半三更是為人母者最隱密不為人知的過去。難以測度，但或許對一名育兒的母親來說，那最為重要。

某個春季夜裡，我們的臥室在晚上九點半熄燈。四個月大的寶寶將身體轉向我，臉龐和我的前胸相距一英寸。我躺在那裡，一動也不動，像是去露營的第一個晚上，因為背部和身側還不適應凹凸不平的地面而渾身僵硬。稍有一點動靜，寶寶就會醒來。外頭路上的工廠燈光折射之下，臥室罩著一層最隱約的無色光輝——如此隱約，我連寶寶的五官，甚至他在床單上的身影輪廓頂端，都看不清楚。我聽見隔壁房間K用鍵盤的咔嗒聲，外面偶爾傳來救護車的警笛聲。如何得知過往的人母經歷過的夜晚時光？

我在黑暗中思索著，眼前景象消褪時，聲音給人的感覺變得不一樣。視覺不再敏銳；觸覺又因為靜止不動而受限；聽覺放大，並帶來擾亂。從前的人在夜間曾聽過種種聲響：蚊子、老鼠、打鼾聲、狗吠、牛叫、拖板車聲、宵禁鐘聲、教堂鐘聲、火警鈴聲、種植園鐘聲、出租馬車聲、垃圾車聲、工廠高壓蒸氣聲、送牛奶馬車聲、火車汽笛尖鳴、屋頂漏水聲、木板吱呀作響、守夜人喊叫聲、報童叫賣聲、隔壁鄰居說話聲、鳥叫聲、鬧鐘響。也許是所在地方的太陽西沉，不同季節的夜幕低垂，或者是蠟燭或街燈或電燈熄滅，他們在白天所見的景象逐漸隱沒。人對於周遭環境會有一種特別的體感：床的大小和表面；床帳帷幔；天花板、牆壁和接近地板的感覺；住所的大小；其他同寢伴侶的存在。他們在第一個孩子誕生前會有一些舊的睡眠習慣，對於夜晚應該帶來什麼有一些尋常的期待——然後，在加入一個嬰兒之後，**這個**寶寶怎麼睡、同睡的親近程度是同床或同室，他們的期待也會有所不同。

由於在大多數的社會中，皆會特別指定睡眠的空間，或許就從一張床鋪開始。在近代早期的英格蘭，農民睡在稻草墊上，墊子上只鋪一張床單，身上蓋的被子粗糙簡陋，可能是碎布條拼成的被子（dagswain）或髒汙結塊羊毛或廢料製成的粗布（hapharlot）。他們也可能睡在密閉床櫃（closed bed），裡頭空間寬敞，足以容納全家大小和僕人。來到乞沙比克（Chesapeake）的新移民常會在地上鋪一張墊子當床鋪。根據一名耶穌會（Jesuit）成員觀察，和他們同樣住在馬里蘭州長屋的阿岡昆人晚上睡在「鋪在離地半碼的低矮架子上的墊子」。十八世紀在維吉尼亞州種植園為奴的伊博族人（Igbo）會在高出地面三到四英尺的平台上，鋪上獸皮和一種稱為煮食蕉（plantain）的樹木鬆軟部分當成床鋪。同樣在十八世紀，一名法國旅人在雪南多亞河谷（Shenandoah valley）看到一座奴隸小屋裡的一張床，「是以粗削的木板搭出箱形框架，並用椿柱〔和〕一些小麥稈、玉米稈支撐，上面鋪一張很短的羊毛絨毛毯，毯子有好幾處燒出了破洞。」[2]

到了較近代，開始出現填塞羊毛的毛絨床墊（flock bed）；劈削原木製成、加上床頭和床腳板的床架子；椅床（settle bed）；站立床（standing bed）；睡在上面很難平躺的網狀繩索床；摺疊床；以四根帷柱取代與天花板相連之木頭柱或金屬柱的床。也有上方設有半邊天蓋的床（half-tester）；鐵製床架；成對單人床；「黑漆鐵架與黃銅飾球」床架；「白珐瑯」床架；以及日式床墊（futon）。還有子母床或抽拉床，主要的床架較高，下方則為較低矮靠近地板、附有腳輪可輕鬆收起的子床。[3]

床通常被視為理所當然，再尋常不過。有時候，床也會引發懷舊情緒，或者誘使人決心加以改造，並且獲得鉅細靡遺的評論。「記得那些所有人都睡得進去的大床嗎？」一名貴族成員如此回憶中世紀的密閉式農夫床（peasant bed）。[4]十九世紀下半葉，富裕人家的四帷柱床被寬大方正的維多利亞半邊天蓋床架取代，從前的封閉感也被新穎「衛生」的通風感受取代。床帳帷幔不再流行，改為追求空氣流通。成對單人床如今在我們眼中似乎過於刻板，但在一八九〇年代蔚為風行時，被視為對於維多利亞理想的刻意摒棄。從前妻子對丈夫百依百順、隨傳隨到的作法，在十九世紀結束、二十世紀開始時也開始顯得老派過時。新時代的美學中，兩張一模一樣的單人床代表丈夫與妻子互相感到滿意。

床是夜間使用的家具，使用者在黑暗中感覺得出它們就在自己身下，床有幾則故事要說。其中一則故事是關於物質方面的資源：財物，或者財力。十八世紀一名波蘭人拜訪喬治・華盛頓（George Washington）位在維農山莊（Mount Vernon）的種植園時，看到奴隸宿舍「床墊破爛不堪」，認為那代表奴隸受到剝削。[5]在十八世紀的歐洲，一張床的價格等同一名勞工全部身家財產的四分之一。一處可供居住的地方最重要的兩樣東西，就是床跟煙囪。任何一張真材實料的床，不論樣式，都是能夠展示和遺贈的重要財物：它們會被列入遺囑的物件清單裡，慎重其事地傳給某個受寵的子孫。

另一則故事講的則是大眾愈來愈注重隱私，對於舒適的期望也有所提升：比方說從睡得下全家大小再加僕人的密閉床櫃，或者富裕阿岡昆人長屋裡低矮平台式的床墊，演變到一張專門設計的單人床或雙人床。比如以前的臥房只是室內任何一塊床鋪周圍的區域，後來演變成屋內專門指定用作臥室的睡眠空間。（在英格蘭，獨立臥室是從十八世紀開始普及，稻草和茅草屋頂也在同一時期被屋瓦和石板瓦取代。）又如具實用性的子母床，子床白天可以收在主要床架下方，需要時再拉出來讓僕人或年紀較大的孩子睡，後來也在無預警之下沒落式微。寢具也從簡陋的粗羊毛布或碎布條被，或者直接鋪開使用的羊毛或帆布，演變成講究紗織數的平滑床單。現代的床具以專供單人或雙人使用的標準規格製造，是一件為消費者提供舒適享受的臥室家具。

媽媽的夜晚是什麼樣子？育嬰的夜晚又是什麼樣子？

一九三七年九月下旬，在肯塔基州凱尼（Caney）的山區。夜裡，家中只有薇娜．梅伊．史隆（Verna Mae Slone）和四個月大的寶寶，寶寶睡在一張鐵架床上。薇娜．梅伊的新婚丈夫威力（Willie）從週日到週五晚上都不在家。他平常吃住都在祖父家，白天跟著祖父當伐木工人賺取工資。薇娜・梅伊度過的夜晚漆黑無光，因為附近沒有鄰居，也沒有什麼正規的道路。她後來撰寫了一部口吻平實的回憶錄，其中記述她習慣「跟雞群一起」上床就寢，也就是在牠們回雞窩睡覺的時候就寢。6

薇娜・梅伊頭上的天花板算是相當高：與地板相距約十英尺。她們家所在之地從前曾有「一座原木房屋，有一間較大的房間和很粗大的煙囪」，加上一個用「鋸成的木料」增建出的房間。原木房屋後來遭到拆除，留下用木料板材搭建的房間。除了鐵架床，房間裡還有一張核桃木製成的嬰兒床，一張以裂開木板拼製、桌面平滑的桌子、她的縫紉機、威力的「講話機器」（電唱機）、一只母親給她的衣物箱，以及一口燒柴的爐子。牆壁上有放置碗盤的架子。她床鋪下方的地板通常很平滑：是將原木剖半後並排鋪成的「短柱」（puncheon）地板，剖開的那一面朝上並用寬刃斧頭削平。打掃這種地板時，是用掃帚加上將溪中岩石擊碎而成的沙粒磨刷。雞群住在地板下方，夜裡如果有臭鼬跑進來，牠們就會咯咯叫。沒有其他農場動物的聲音：家裡要賺更多錢才買得起一頭母牛。她二十二歲，威力的年紀比她稍大。

薇娜・梅伊很習慣與他人同睡一張床。她出生在鄉下一個貧困的浸信會（Baptist）家庭，家裡有十二個孩子，她排行老么，家裡所有孩子都照例跟父母親睡在一起。「從小就這樣長大」，就如另一名肯塔基州州民述及小時候跟媽媽一起睡的往事時所形容。「一旦真的離開家，你會非常想念從前。」在一九三〇年代凱尼這個地方，如果問一個長大一些的孩子幾歲，孩子可能會回答「年紀大到可以自己睡了。」同床共寢的慣例也適用於來到家中的訪客。從前有一首童謠，內容就是在講床上睡了三個人，這種情況多半發生在「有人來家裡借宿」的時候。

白天，薇娜．梅伊在外頭工作時，寶寶就待在嬰兒床裡，或躺在樹蔭下鋪著的被褥上。夜裡，她會跟寶寶一起睡，也親自哺餵寶寶。她並未留下關於這些夜晚的第一手紀錄，但回想起來卻覺得更為美好。在又生了四個兒子、歷經四十年之後，她描述道：「和孩子一起睡、餵孩子喝母奶的愉悅」是「神賜予母親們兩樣最大的祝福」。她回憶道：這些觸覺上的愉悅感造就「一種只有親自體驗才能理解的親密感」。關於夜半三更那股獨一無二親密感的回憶，情意真摯、規矩制式，且大膽叛逆。「我不管醫生怎麼說，我相信母嬰在一起是最好的。」

從回憶錄中的措詞可看出對於醫師建議稍有戒心，但並未強烈反對：無論在一九三七年或四十年後撰寫回憶錄的時候，同床共寢在肯塔基州鄉下、阿帕拉契山區的勞工家庭中仍很常見，即使與教育程度較高的家庭普遍趨勢背道而馳。一九三〇年代一名學校老師回憶自己因為並未和孩子一起睡，而遭一名愛批評的「鄉下婦人」斥責，對方認為媽媽不跟小嬰兒一起睡就是沒照顧好孩子。經濟大蕭條時期終於過去，之後的人也從原木小屋和木架屋搬進有中央暖氣的屋子，阿帕拉契山區的母親仍然保留母嬰同床的習慣。母嬰同床是一種社會習慣，一種價值觀，不只是迫於冬季嚴寒和木屋內僅有一個房間而採行的務實作法。

一九三七年，隨著季節入冬，天黑的時間漸早，薇娜．梅伊家在夜間開始使用階梯爐（step

stove）。這種爐子的後排兩個爐頭座比前排兩個高，因而得名。爐子的爐腳已經不見，也缺了好幾扇爐門。其中一個爐頭上缺了座子，改放一只鐵製大茶壺。威力在家時，晚上睡前會在替代用的木頭爐腳上澆水，避免爐腳著火燒起來。雨點灑落在木板鋪成的屋頂上。也許屋內會響起一句：「過去一點，你擠到我了」——肯塔基州人在別人睡得太近時會說的話。寶寶吸著母奶。早上就從薇娜・梅伊認為是「公雞互相挑戰的啼叫聲」開始。一隻公雞啼叫，要遠方農場另一隻公雞回應，接著一隻又一隻加入挑戰的行列。也許雞啼聲聽起來像是德國人所謂一夜「奶媽覺」（Ammenschlaf，即乳母或新手媽媽的短淺睡眠）之後，新的一天所帶來的挑戰。[7]

母嬰同床？所有育嬰的母親格外輕淺的睡眠？由於淺眠易醒，任何想法念頭都難以為繼。在社區活動中心，有人問說：還有啊，什麼是「跟小寶寶一樣酣睡」？語畢，哄堂大笑。有些父母親和嬰兒同床，有些讓寶寶睡在大床旁的嬰兒床裡，還有些讓寶寶睡在他們自己的房間。這個話題很容易引發爭議；只要談到嬰兒睡哪裡，就可以聽出大家很難保持風度。

家姊生第一胎後是母嬰同床——「親餵的話，前幾個月是最輕鬆的」——我也照做。M胃食道逆流的情況太嚴重，我們在這件事上可說別無選擇。凡是能讓他盡可能舒適，能為他提供穩定支撐的，都絕對合理可行。剛出生那十天，有時他是睡在嬰兒提籃裡。我知道，因為我還留著照片。但開始出現胃食道逆流的問題以後，我就睡在他身邊。對於只跟愛侶同床共枕過的人來說，這樣的親密程度令人震驚。我聽著細微的鼻息聲。隨著睡眠漸沉，呼氣也愈來愈慢。我們在同一個空間裡呼吸。我喜歡知道他就在身邊。如果外頭的橡樹倒下來壓垮房子，我們生死與共。我也憶起整整睡滿八小時的平凡樂趣，思念之情堅如橡實。

想要睡個飽的渴望，在歷史上並不稀奇。幾乎每一種語言都有指稱酣眠熟睡的詞語。但是睡足八小時的概念**的確**相當特異。歷史學家了解，連續睡滿八小時才算睡飽的常見觀念並非自然而然，也非從古至今皆然，而是專屬近代的觀念。在工業化時代之前，在發明照明裝置和電力之前，西歐和北美洲的男男女女對於睡眠的認知是睡眠分成兩部分，有時可稱為「第一階段睡眠」（first sleep）和「第二階段睡眠」（second sleep）。夜晚的第一部分始於日暮時分。「前半夜睡眠」（first night）或「晚上較早」（forenight）是指睡眠最深沉的時候。接著中間會有一段清醒的時間，往往稱為「守夜」（watch 或 watching）。然後是「後半夜睡眠」（second night），這段時間較為淺眠且多夢。[8]

這些睡眠習慣適合農業社會的生活步調，適合沒有燈光、冬季特別需要取暖的世界。很少出現關於這類話題的直接評論。我們之所以得知這些睡眠習慣，是因為具說服力的工業化之前生活模式論述之中，屢屢包含偶然述及的相關細節。所謂「分段式睡眠」（segmented sleep）或「兩階段睡眠」，先是「前半夜睡眠」，接著是「後半夜睡眠」。

最初回想時，這些漫漫長夜，以及常常在三更半夜清醒，看似與我目前的睡眠方式並無不同。分段式睡眠聽起來幾乎讓人感覺到歡樂。原來其他人也半夜不睡覺！在這樣的場景之中育嬰，就容易多了。醒醒睡睡，我這麼讀到，具有一種愉悅、不急不躁的特質。醒來時，人們禱告、閒聊、行房。他們起床，在屋裡忙一點家裡的事。睡眠遭到中斷，清醒則可與人互動社交。

或許這些較長、中斷次數較多、較為有社交性的夜晚，概括總結了前工業化社會裡為人母的睡眠習慣。但是更有可能的情況是，很難用分段式睡眠的簡潔模式來解釋為人母的深夜生活。這樣的可能性，幾乎沒有人研究過。我很想知道，前工業化社會裡眾母親的睡眠，是否同樣有如一條骯髒破布？

我找到的極少數偶然述及的細節，顯示出有一種中斷的模式，一種日常生活脈絡的撕裂，徹底擾亂兩階段的睡眠。媽媽們的睡眠模式似乎不是前半夜及後半夜睡眠。十七世紀反對嬰兒由奶媽哺乳的衛道人士認為這一點不言自明。他們怒氣沖沖指出，當媽媽的之所以將嬰兒「外包」，部分原因是「為求輕鬆安靜，因為她們沒辦法忍受睡眠遭到中斷，或是孩子哭哭啼啼、撒潑胡鬧。」輕鬆安靜，與噪音和安撫相對。嬰兒的哭聲劃破黑夜，召喚應得的注意。「撒潑胡鬧」聽起來激烈狂暴、執拗不休。9

另一段簡短述及的細節講到夜裡照顧嬰兒時「輾轉難眠」，還有「晚上較早時孩子忽然放聲大哭」。又如較為罕見的一首關於勞工階級婦女生活的詩，是一七三九年一位名為瑪麗・寇利耶

（Mary Collier）的洗衣婦所寫，目標是哀悼一位男性同行：工人詩人史蒂芬．達克（Stephen Duck）。誰的日子比較辛苦？勞工階級婦女的夜晚格外不同，由於「拗脾氣的孩子」「大哭大鬧」而「幾乎不曾闔眼」，她如此陳述。「我們幾乎連**作夢的時間**都沒有，」她闡述道，彷彿當媽媽的在晚上較早時幾乎沒睡，根本來不及進入後半夜睡眠。近代初期的成人可能採兩階段睡眠模式，至於嬰孩，從以前到現在咸認是多階段睡眠。當代科學家所用的術語十分文雅且有距離感：「多相式」（polyphasic）。寇利耶所寫的「拗脾氣」更加難纏、更為立即：她想傳達的是，小兒夜啼可能毫無理性，極難對付。[10]

也有一些例外的個案，令時隔數百年的我羨慕到渾身顫抖。寶寶「整晚都在睡覺，半夜起來喝奶不超過一次，有時還一覺到天亮」，娜席莎．惠特曼於一八三七年三月三十日寫道。有些人可能會這麼說，說自己跟小寶寶一樣酣睡。娜席莎．惠特曼在奧勒岡州過著拓荒者生活，需要耗費大量體力勞動，但是她**的確**不受干擾、夜夜好眠。[11]

在一些尚未邁入工業化的社會，前半夜和後半夜睡眠則因宗教信仰和風俗習慣而有所變化。我研究的例子是十七世紀麻薩諸塞州安多弗（Andover）清教徒家庭的女主人。對她們來說，神的呼召和孩子的哭叫加在一起，讓深夜時分變成罪、告解和赦罪的循環。她們相信睡眠最原初是有罪的，因為睡眠是人處於墮落卑下狀態的證據，而守夜警醒讓人有機會向神禱告。[12]

安多弗有一些夜晚的儀式，與清教信仰幾乎完全無關。近代初期的就寢習慣之一是鋪床抓跳蚤或臭蟲（bedbug），此外還有梳掉頭蝨，在壁爐旁加高擋住餘燼以策安全，套上睡裙或罩衫，以及吹熄燭火。嬰兒是以布巾條帶層層密實圍裹，隔著襁褓摸到的嬰兒身體十分硬直。層層裹住的深暗物體，像是家裡的《聖經》，扉頁上記錄了孩子的出生年月日和時間，或是柳條或木頭搖籃，很深的蓋子可以擋風，堅實的布墊裡填塞了稻草、羽毛或橡樹葉。如果是四個月大的孩子，晚上可能還是與女主人母嬰同床。

白日與黑夜同樣滿溢虔誠清教信仰的靈性。由殖民者建立的麻薩諸塞州村莊、城鎮，例如安多弗、伊普斯威治（Ipswich）和波士頓，為這些虔誠死忠的清教徒提供了能夠離開信仰不夠虔誠的英國社會的前景。他們的神聖特質之一，是隨時隨地覺知神的存在。他們的雄心壯志，是在入睡時專心致志想著虔誠敬神之事，確保醒來第一個念頭就是想著神。夜晚的節奏和需求是以禱告來標示。女主人在睡前會喃喃祈禱：「主啊，讓床重擊我們的心坎要害，讓我們謹記自己的墳墓已幾乎備妥。有誰能夠知道，我們之中的哪一雙眼睛闔上之後會不會再睜開？」夜半時分醒著禱告、冥想或反思自問，讓人的靈魂能夠與神更加接近。從黑夜到白晝的轉變，應以早醒早起為標誌，而非較不虔誠的那些人在後半夜熟睡不醒。

女主人如果是生第一胎，周圍的人會樂見她唱搖籃曲哄寶寶入睡。嬰兒會由女主人在家親自照顧，而非「外包」給奶媽，因為女主人遵從清教衛道人士的文章主張，或者聽過牧師講道，或者依循身邊女性時時警覺且充滿靈性的作法，也因為照顧嬰兒的過程頗為順利。安多弗的清教徒識得安妮．布萊史崔（Anne Bradstreet）的詩文，她的詩作《人生四階段》（*The Four Ages of Man*）以嬰孩為敘事者，描述夜晚的種種干擾：「我以任性號啕擾她安歇，／她仍坦露胸脯予我撫慰；／舞振疲乏臂膀哼唱**搖啊搖……**」母親的安歇遭到聲音干擾中斷；她疲乏地挪動手腳；她哼唱起歌來。恪守父權至上社會的牧師喜歡將永恆的喜樂比喻為嬰兒吸奶時的心滿意足，然而布萊史崔詩中的嬰兒並不容易撫慰。

嬰兒夜間的需求有可能干擾禱告，也可能提供禱告的最佳時機，可能讓母親一覺到天亮，也可能讓母親因早早醒來而放鬆戒備。當時的人相信，虔誠教徒的作息要規律，固定時間就寢和早起，為神服事時才能做得更好。感覺體弱無力或昏昏欲睡，可能代表信念不夠堅定或引發信念動搖。（在教堂裡打瞌睡尤其邪惡。）因此，夜間育兒的母親心頭都籠罩著神施予的懲罰和救贖。安妮．布萊史崔的詩中，充滿宗教信仰的要求和喜樂以及世俗家庭的要求和喜樂之間相互拉鋸的張力。無論夜半時分或白日時光，都標誌著這樣的張力，以及罪和救贖的循環。即使夜裡一片漆黑，安多弗因此依舊能保持虔誠警醒，與同時代其他只是遵守教規的地方迥然相異。

前半夜與後半夜撕扯分裂。或者睡前半夜，然後哭鬧禱告餵奶，哭鬧餵奶禱告……

每逢週二和週四，不休不眠鍛造出叛逆世俗的戰友情誼。我凌晨一點餵奶時也會想到你的，大家許諾應承，也許凌晨三點。很久以後我才知道，原來那些睡眠品質較好或能睡比較久的同道只是悶不吭聲。

及至十九世紀晚期，先是城市和城鎮慢慢擺脫前工業化社會分段式睡眠習慣，接著鄉村地區也跟進。改變的情況似乎是第一階段睡眠較晚開始和結束，第二階段睡眠時間縮短，中間清醒的時間也減短。最終，關於第一和二階段睡眠的印象和用語都逐漸遭人遺忘。不睡不寐的間隔改稱為失眠，帶著煩躁難安。分段式睡眠則由命名方式樂觀的壓縮睡眠循環「睡足八小時」取代。[13]

目前並不清楚究竟是哪些族群首開先河，是為何以及如何開始。十八世紀引領風騷的特權階級肯定起了領頭作用。在一七一〇年的倫敦，時尚雜誌《閒談者》（*The Tatler*）報導了在英格蘭逐漸消失和新興的風俗習慣。雜誌解說道，以前的夜晚比較漫長。當大自然讓世界陷入黑暗，人類也依循這個單純的暗示，將夜間時光用於安靜休息。晚上八點鐘響起的宵禁鐘聲，向大家示意吹熄蠟燭上床睡覺的時間到了。然而到了一七一〇年，時髦的都市人很晚睡，他們玩牌或大談政治，然後一睡就睡到早上。「整個大英帝國幾乎沒有一位高貴女士看過太陽升起。」《閒談者》雜誌如此指出。

城市路燈普及之後，讓市民晚上尋歡作樂更為安全方便且顯眼可見，更助長了晚睡熬夜的習慣。經濟生活的中心於十九世紀從農業轉移到工業。工廠陸續設立，生活型態轉變成工業社會，生產力、效率和消費的價值觀也隨之抬頭。勞動逐漸變成工時導向，而非任務導向。這些要求逐漸滲入日常作息時間的制式化。進入二十世紀，壓縮的睡眠時間正好適合由工作主宰、由效率驅動的社會。無論在倫敦、麻薩諸塞州或肯塔基州，電氣化讓熬夜變得便宜方便。

渴望睡足八小時的我，特別牢記這種需求寫入全身每個細胞裡的我，無疑是現代的生物。

在寶寶吐溢奶和睡眠不足的四個月中，我在某個時間點揣想著自己是不是發瘋了，然後開始記錄晚上起床的時間。日記裡簡短的記事如預約看診、K的工作行程之間，擠滿小小一欄又一欄密密麻麻的筆跡。

一欄又一欄，構成不睡不眠的證明。它們是我為何覺得自己有一點瘋的證據，為我提供冰冷的安慰。後來我回頭翻看日記，發現M直到十五個月大之前，都不曾睡著超過一個半小時或三小時——醫師說對於有胃食道逆流症狀的嬰兒來說並不少見。有些人哀悼往昔的自主。嚴重睡眠不足的我哀悼自己失去了休息時間，以及失去將這種感覺或任何念頭適切形諸文字的能力。

白天，我想不起很多名詞。看到紅燈，我照開不誤。鏡子裡的人臉色黯淡，我幾乎認不出自己的面容，彷彿五官都被持續的睡睡醒醒刷掃到軟綿綿地凋萎了。

舊金山的當代詩人布蘭妲·蕭納西（Brenda Shaughnessy）試圖企及一個念頭，並優雅地作詩以為記：「我正試圖解釋它。／我又跳針重複了，或我不是已經這麼做了？」[14]

我倉促寫下憂心孩子可能「畸型」的恐懼，呆呆地盯著紙頁，不確定錯的是情緒還是拼字。如果能像幻術師一樣，將文獻史料中千頭萬緒的不眠不睡記載都召喚出來，我猜想每一絲、每一縷都會是這樣，含混不清的詞語，逐漸消音的詞句，半是空洞、語焉不詳的句子。有些惡毒，有些默許。

我找到的一些較近代、細瑣的紀錄則顯得溫暖鮮活：奧莉芙・摩根（Olive Morgan）在一九一四年生於拉內利（Llanelli），是威爾斯錫礦礦工的女兒，她寫道：如果「寶寶整晚哭個不停，當媽的就整晚照顧寶寶」。她如此描述白天的時光：「我會坐在長靠椅上，寶寶就抱在懷裡，手裡的奶瓶有時候會掉到地板上。我累翻了。」[15]

或是一名一九三一年生於普雷斯頓（Preston）、當過祕書的母親如此記述：「剛生下來那幾個月他從不睡覺，難帶極了。我就像行屍走肉。」[16]

晚上9:03。11:30。1。1:45。3:30。5。日記裡如此註記。8:30。10:45。12。2:10。4:50。5:45。

所以歷史上曾有一段時期，嬰兒有時候，或通常，會打亂前半夜和後半夜睡眠。接著，他們有時候，或通常，打亂現代常見的八小時睡眠。「累翻了。」奧莉芙・摩根於一九一四年如是說。「就像行屍走肉。」二十世紀中葉的祕書媽媽這麼陳述。她們的用詞之激烈，顯示在一般人期望一覺到天亮的時代，睡眠時間支離破碎帶給人更加鮮明銳利的感受。也或許並非如此。繼瑪麗・寇利耶家的「拗脾氣」嬰孩或十七世紀的輾轉難眠之後的媽媽們，走過的又是什麼樣的路途？形容照顧嬰兒者睡眠短淺的德文詞語「奶媽覺」或許值得翻譯成全球各地的語言：這是一種持續存在的可能性，與變動的社會期望交織，須從個別情況的細節予以理解。8:55。11:15。1。3.05。

社會期望變動無常，而夜晚的個別情況各家不同，還有母嬰同床呢？或寶寶獨睡？

華盛頓特區，一八八〇年夏天，麻薩諸塞州清教徒的直系子孫。梅波・盧米斯・陶德（Mabel Loomis Todd）於一八八〇年夏天固定在日記裡記錄為臥室鬧鐘上發條的事、寶寶的體重（四個月大時重一百六十一磅，五個月大時重一百七十一磅），以及晚上的性生活。#21、#22、#23。數字表示從一月開始夫妻敦倫的次數。[17]

小寶寶米莉森（Millicent）是在一棟供膳宿的分租屋宅出生，梅波和金髮、蓄落腮鬍的丈夫承租其中數間房間。很多收入不穩定的中產階級家庭也住在類似的地方。寶寶出生後的六天，大衛（David）都睡在「樓下」。如今他們一家三口，加上梅波的雙親和祖母，以及梅波母親的貼身女僕茉莉・佩頓（Molly Peyton），一起搬進學院丘排屋（College Hill Terrace）一千四百一十三號。居住空間很侷促，但比住在分租屋宅好一點。「再也不住分租屋宅了，不要跟冷漠的外人住在同個屋簷下。」梅波語帶鄙視。她開心地記錄山丘下就有華盛頓特區的「城市燈光」，「接連閃爍亮起」直到看起來像是「一片明亮燈海」。電氣化線路也鋪設完成，梅波的夜晚肇始和結束，從此與她的日記本前頁列出的日出日落時間無關。在一個以時鐘為導向的世界裡，時間在玻璃鐘面映照中邁入標準化。紐約市中午十二點的時候，在華盛頓是上午十一點四十七分五十三秒。

大衛．陶德聲稱祖上有一位新英格蘭知名的清教牧師，梅波深以夫家祖輩遺緒為榮。他們宣稱繼承了美國傳統遺緒，而非反映當時社會共享的文化。她記錄自家生活的日記篇章充滿柔情蜜意，幾乎沒有任何一處呼應清教徒世界或是近代初期清教徒文化。梅波拒絕相信人天生邪惡，或上帝是「懲罰之神」（punishing God）。她喜歡讀狄更斯（Dickens）、愛默生（Emerson）和《哈潑雜誌》（*Harper's Magazine*）。與十七世紀的安多弗不同的是，這對夫婦的睡覺空間完全屬於私人，起初住在分租屋宅時是在房間門上加鎖來劃分空間。他們睡的床架專屬夫婦倆，是他們搬入新家時新添購的舒適黑胡桃木臥室家具的一部分。「床伴」（bedfellow）一詞此後不再是常用詞語，後來也不再具備「情人」之意，同床者的意思反而流傳更久。[18]

清教徒祖先假若有知，會令他感到訝異的不會是夫妻性事——詩人安妮．布萊史崔家有八個孩子，這樣的子女數在當時十分普遍——而會是陶德夫婦因為固定施行性交中斷法，因此家中只有米莉森一個女兒，還有梅波．陶德持續不懈留下的行房紀錄。「我到了四十四次」其中一筆如此記錄。晚上上床以後，規律的性事「喜悅燦爛」：「在房間裡愛的數分鐘十分歡欣」，「共度歡樂的一小時」。

母嬰同床不再流行，但母嬰同室蔚為風行。將寶寶「哄睡」之後，放在黑胡桃木床架旁的嬰兒床裡的墊子上，「一張給小人兒自己睡的床」，大衛如此形容。早睡的話大約是晚上八點半、九點就寢。日記中並無任何前半夜或後半夜睡眠的記述；註記的皆為時鐘顯示時間。

一八八〇年六月三日：「米莉森有時候一大早五點鐘就醒來，我就叫大衛把她從小床抱過來我身邊，我會躺在床上跟她玩一下，不過還是半睡半醒的……大約六點鐘，艾美利亞（Amelia）」——是一名黑人女傭——「來接孩子，幫她穿戴整齊，把孩子帶出去照顧，我就再睡一小時左右。」

一八八〇年的夏天悶熱潮溼，如同華盛頓特區多數時候的夏天。梅波以前會在最熱的幾個月跟母親和祖母一起北上去新英格蘭避暑。她們以前一起睡在同一間租賃的房間，而她的父親則搬進供單人入住的寄宿處。如今，唯一述及疲勞的句子與天氣熱有關。「熱了好多天，讓人筋疲力竭。」「晚上好疲憊。今天好熱——熱極了。」也許梅波．陶德的睡眠通常充足，要歸功於女兒值得稱讚的好帶個性，或者她自己的健壯體質。當然也歸功於早上六點就來帶孩子的女傭付出的勞力。米莉森剛出生後，梅波母女原本是由一位月嫂照顧，月嫂的工作由艾蜜利亞替補——日記中並未提到艾蜜利亞姓什麼。梅波購入使用的日記本裡已有廠商印刷好的「每週薪水」字樣，由此可知當時「每天工時一般以十小時計算」。

日記裡還可以找到進行睡眠訓練的線索。艾蜜利亞離職之後，祖母和母親試著教小寶寶自己上床就寢。有一天晚上，米莉森的表現「十全十美」，躺在床上醒著半小時之後，吸著大拇指「終於陷入熟睡」。更棒的是，「她連續睡了十二個小時——直到隔天早上六點才醒來。」梅波相信「我們在這方面會成功的，很快」。但是米莉森滿週歲時，全家人的習慣卻證明先前的樂觀正向只是假象：她並沒有獨自在嬰兒床裡入睡，還是跟大人「窩在一起」，或要大人搖晃哄睡。

在十九世紀中葉到二十世紀之間的某些時期，依據所住地方和個人身分不同，夜半時分的睡眠模式成了專家持續研究和提出建議的主題，他們認為母嬰分房才能保持良好睡眠品質。無論是在薇娜．梅伊．史隆生活的一九三〇年代肯塔基州常遭人忽視的醫師，為定居城市的移民提供諮商的社工人員，當地報刊雜誌店販售的婦女雜誌，或是無所不在的育兒指南，就寶寶獨睡主題提出的看法各有不同。母親和嬰兒（關注視線通常永遠是在母親與孩子身上）睡覺時應該適當分開，寶寶睡在隔壁房間的嬰兒床裡。「美國寶寶都自己睡；我的寶寶也一樣。」一九三九年芝加哥一名波蘭移民指出。在一八八〇年代的華盛頓特區，梅波．陶德與小女兒米莉森同睡時是讓寶寶睡在附近的嬰兒床裡，算是成功了一半。[19]

關於寶寶獨睡和寶寶應該做什麼的建議處方，有時會與既存習慣或比較合乎人性的可能作法相互衝突。在一九二〇年代，專家認為嬰幼兒應該一天幾乎二十四小時都獨自睡覺。其他時代的專家建議，則比較接近一套實際施行的常規作法。「晚上七點多一點，寶寶在她自己的床上睡覺，睡到隔天早上七點。」一九一八年寄自賓州鄉下的一封信中寫道。一九七〇年代，女性主義者亞卓安·芮曲夢想的人生消失無蹤，她揣想著自己這個新手媽媽的「無意識」到底發生了什麼事。她起床去哄小寶寶，哄完再獨自回去睡。在那十年間，讓寶寶獨睡是英國和北美洲各地的典型作法。[20]

在近代數十年，夜晚帶來的感官經驗與從前的方式背道而馳，而新移民則各自帶來不同的夜間習慣。二十世紀來到美國的日本移民對於同睡知之甚詳：在松本或京都，母親會躺下來陪著小寶寶到他們睡著，母嬰整晚都睡在同一張日式床墊上。一九八〇年代在卡地夫，來自孟加拉（Bangladesh）的第一代移民母親也和嬰兒同床，和威爾斯當地的母親不同。媽媽們不一定會遵循醫界專家的建議。對於全科醫師（GP）和小兒科醫師提出的建議，全國的新手媽媽的回應往往反其道而行。[21]

為人母者的睡眠是一條髒汙破布。也有一些例外，就是過去數百年來選擇將寶寶「外包」給奶媽的媽媽們：其中包括國王情婦、貴族夫人、種植園女主人，以及家境較好、不願冒著睡眠不足風險的職業婦女。還有一些例外，比如家裡有全日幫傭的主婦，或者更近代，可能是幫寶寶進行睡眠訓練大獲成功的媽媽們。曼哈頓的歐蒂絲·柏格寫下生產育兒的經歷並於一九四九年出版，她在書中抱怨寶寶六週大時還是沒辦法固定「睡過夜」。寶寶可能前一晚連續睡八小時，後一晚又每隔三小時就醒來一次。然而：「寶寶正在學習，當燈都熄滅，大人都在床上躺好保持絕對安靜，就表示**睡覺時間**到了。」[22]

還有更多夜晚的感受皆不見於文獻史料，我也無從取得作為研究素材：例如，關於近代早期的奶媽與另一位母親的孩子同睡；關於十八世紀與妻子如影隨形的「女丈夫」（female husband），她們的妻子則更加隱諱難以捉摸；關於那些在美國南北戰爭發生之前一聽到種植園鐘聲就起床的人；關於一位早上六點之前，就到僱主位於華盛頓特區學院丘排屋的家報到的艾蜜利亞。

8:20。10。11:45。2。5。5:40。然後我們就起床了。

第十四章　禁抑的乳汁

哺乳新手的生活全是屈辱和過度。乳汁太多，太多哺乳枕，總是沒辦法擺得剛剛好，太多苦痛。襯衫、哺乳巾和床單上留下圈狀乳漬，一圈又一圈相交重疊，像是稚氣的文氏圖。寶寶將母乳吞進肚子裡，有一部分很快又會被吐出來，因為胃食道逆流的關係。不會有回報的愛。

如今我跟寶寶都知道自己在做什麼了，多多少少。我們可以純然地沉浸於彼此，相互鍾愛。「坐著的我倆，彼此的佳偶。」如詩人鄧約翰（John Donne）在另一個時空描述另一種配對時所寫。[1]

苦痛逐漸退去，愛穩當茁壯，終於比較能聚焦在母乳的主題。哺育，親餵，餵母乳，哺乳，讓寶寶吸母乳，吮乳，排乳，手指餵食，用手餵食，餵母乳替代品（bringing up by hand），瓶餵。或者更口語的說法，給寶寶吸奶。這些形容抱在懷中哺餵的動詞，源自健康照護、農業或商業。這樣的動詞——這些動作牽涉的純粹勞動——比起相伴而來的感受更易於辨認。科學家針對現在的人進行實驗，提出臨床上關於激素的描述。他們指出，哺乳的母親，或者更廣泛來說照顧嬰孩的母親，體內會分泌催產素，或稱「愛的荷爾蒙」。懷抱**即**依附。但是討論任何個人都不能脫離原本的歷史情境，所以科學家關於催產素的陳述仍無法為過去歷史提供清楚的指引。

所以，懷抱哺餵可以是勞動：可以被體驗為一種工作，一種可以愈做愈得心應手的事，需要練習，將人掏空大半，造成消耗，與立即可得的資源或利益衝突等事務密不可分，有可能予以處理或交給其他人接手。

懷抱哺餵也可能牽涉感受和感覺，是觸覺的，是感官的，是牽絆束縛，甚至性感情欲，是對於此刻的我至為重要的存在面向，但是更難在過往歷史中尋得或是形諸文字。哺乳，正如亞卓安・芮曲於一九七六年指出，像一種性行為。如此真知洞見，去掉類比之後的版本比較不令人困窘：哺乳**是**一種愛戀關係。這種依附、愛戀，可能從規範制式到具顛覆性皆有之。維多利亞女性，妳**將會**從哺乳獲得至高歡愉。或者，套用較近代的作家瑪姬・尼爾森（Maggie Nelson）所說：沒有終點的愛欲（eros）。

鄧約翰的詩是我這天早上想到的。詩中描述一對愛侶之間的關係，兩人斜臥在河岸（而且是「滿脹似孕的」河岸）上靜默無話。說起來也很合理，從哺乳聯想到朦朧記憶中在學校教室裡曾學過的鄧約翰詩句。寶寶朝我專注凝望，露出忠心耿耿、毫不動搖的成熟表情，陷入沉穩深思。鄧約翰詩中描述「我們的視線纏結，目光／穿梭交織成雙股一線」。全詩流露的貞潔十分性感，令從前處於青春期的我心旌蕩漾，但是詩中這句實在太物質、太詭異。我想眨眼。然而與M緩慢悠長的眼神交換之中，我開始順服於詩人視線連結的巧喻。

這天，我那心懷不軌的情人掀動上唇嘴角，露出一抹壞笑，乳汁自下方溢漏。幫孩子餵奶如芮曲於一九七〇年代所寫，像是一種充滿情欲的行為，可以是「身體上感覺十分美妙、打從心底撫慰人心，充滿一股柔情蜜意的體驗」。或同樣可描述成：「充滿張力，身體感覺十分痛苦，充斥文化上的無能感和罪惡感。」懷抱和哺乳這兩種與餵奶相關、密不可分的行為，所牽涉的勞動和感覺又是如何？

我在書冊中遇見兩位生活在十八世紀中葉的瑪格麗特，當時我沿著庭園小徑邊來回踱步邊讀書，身上嬰兒揹巾裡的寶寶睡得正熟。如果這樣豎直著小睡，遠離車水馬龍的噪音，他就比較不容易吐奶。我們在橡樹葉隙篩濾的陽光下走來走去，沿著繫好的磨損洗衣繩走去走回。十五磅的重量落在我的兩邊肩胛骨和後腰上。

我慢慢將兩位瑪格麗特生活的時代視為第一個母乳政權的尾聲，這種作風始於十七世紀初之前，延續至她們所屬的十八世紀中葉的數十年。母乳政權的關鍵特徵——或者你也可以想成隱含的問題——是**誰的乳房**？答案：永遠是較近期曾分娩的母親的乳房，通常是嬰兒親生母親的乳房，但有時候是住在其他地方的奶媽的乳房，當奶媽的女人將母乳、照護和家屋分給另一個女人的孩子，並以此獲得酬勞。[2]

瑪格麗特・寇利耶（Margaret Collier）住在薩里（Surrey）的切特西（Chertsey）教區，這座大型集市城鎮位於倫敦的下游，空氣中時常充滿大麥發芽的味道。她在一七五六至一七五七年的冬天生下一個孩子。對於窮困的英格蘭家庭來說，孩子尚在襁褓時，家裡的經濟情況特別拮据。於是瑪格麗特・寇利耶接下奶媽的工作，於一七五七年一月開始也為另一名嬰孩授乳。另一個嬰孩名叫安・史塔福（Ann Stafford），是倫敦一間醫院收留的棄嬰。餵母乳時多餵一個小孩帶來的收入讓她得以保持經濟獨立，不至於被迫依賴教區發放給窮人的救濟金過活。如果將母乳分給兩名棄嬰（瑪格麗特於同年三月從醫院接收了第二個女嬰），就能達到更良好的收支平衡。醫院追蹤記錄這些嬰兒收留和安置的情形。就瑪格麗特・寇利耶而言，她一人受僱就能養活三名嬰兒，即養活一整戶。比率高得驚人。[3]

一七六一年於費城，另一位瑪格麗特哺餵女兒黛博拉（Deborah）。瑪格麗格・莫里斯（Margaret Morris）的雙親和丈夫都是貴格會商人，他們遊走大西洋兩岸做生意。她的父親從馬德拉群島（Madeira）寄了一封信，叨唸說幫黛博拉哺乳可能「損害」瑪格麗特的健康。他認為女兒應該將嬰孩外包給「貝蒂・舒特（Betty Shute）最年輕的女兒」或「其他身心健全的人」照顧，甚至「餵母乳替代品」。他在信中指示，應該在「它」——哺乳，或是嬰兒？——「影響過大」之前盡快停止。找奶媽來幫忙。[4]

對一名生於一六九八年的商人來說，指示要僱用奶媽其實相當平常。對於十七世紀有身分地位的婦女而言，僱用奶媽是完全典型的慣例，雖然之後趨向式微，但在貴族、仕紳、牧師、律師、奴隸主、商人和醫師家庭中仍行之有年。這些婦女必須主持家務、打理生意或生育更多孩子，她們也有資源能夠僱請幫手。經濟寬裕的人家傳統上認為哺乳會妨礙性事，讓「雄鵝月」期間無法行房的丈夫更加飢渴難耐。一般也認為哺乳的婦女比較不容易再次受孕。（從人口統計數據來看，後者事實上確實成立，即使不是所有個案都適用。）瑪格麗特照顧女兒黛博拉時並未依循其父的建議，直到後來生下雙胞胎兒子之後才僱用了奶媽。

十七、十八世紀的嬰孩，例如安．史塔福或黛博拉．莫理斯，吃母奶的時間可能是一年（典型的棄嬰），或十九個月（人口學計算的平均數），或到隔年夏天（十七世紀常見的哺乳建議），或長達一年（十八世紀有學養之人的觀點）。養大每一個孩子，都牽涉數百小時的勞動。工作成效主要依據嬰兒逐漸長大的身軀和健康情況來評測。喝奶和嬰兒被認為可以互相定義。嬰兒只要還「掛在媽媽胸口吸奶」，就還是「奶娃」或「吃奶的孩子」，依然是嬰兒。[5]

在第一個母乳政權期間，對於英國和北美洲殖民地的婦女來說，這份工作從做月子期間開始。為了讓乳汁流出，新手媽媽的乳房會先由一名接生婆或另一位幫忙坐月子的侍女吸吮。一名一六八二年的諷刺作家為文嘲諷婚姻生活的樂趣，描述一名坐月子的保姆失職，因為她容易嘔吐而「無法喝女主人的奶水」。必須另外找人「幫忙吸吮年輕婦人的乳房，每次酬勞十二便士；否則她的雙乳會結硬塊化膿」，因為阻塞「無法排空」。一般的侍女**確實**會吸吮女主人的乳頭以利乳汁排出。[6]

或許這些婦女也是透過與學習其他成人間親密姿勢相同的方式學習親餵——藉由觀察和耳濡目染，而非哺乳技巧說明。低調解開衣服前襟，將嬰兒放在胸口處，女性可能早就輕鬆學會這些動作，就如同早早就輕鬆學會十七世紀表達遠離塵俗潔身守貞、雙手在胸前交握的常見姿勢。誠然，親餵是很稀鬆平常的事，並未與外界隔絕，是與其他人同處一室時仍能進行的那種日常活動。在十七世紀的馬里蘭州，羅絲・艾許布魯克（Rose Ashbrooke）「讓孩子從左胸吃奶」時，一名來訪的男性鄰居坐在桌子旁評論道：「奶量很足。」我會在公共場所哺乳，但我絕不想被別的男人品頭論足。[7]

無論學習時輕鬆容易或千辛萬苦，哺乳都是件體力活。手寫食譜書和婦女之間的往來信件，都寫出了哺乳者無比辛勞，並且反覆提出解決乳房硬塊、發炎或沒有奶水的建議。小心著涼以免結硬塊，艾絲特・考克斯於一八〇〇年如此提醒她的女兒。坊間推薦的發奶食物：纖細的英格蘭植物匍匐風鈴草（rampion）根部斷裂時分泌的白色汁液；另外羽衣草（lady's mantle）也具有同樣功效。「大家都知道乳娘哺乳時會碰到多少問題，諸如乳量過豐，以及乳汁過於稀薄時噴溢橫流。」著作譯成多種語言的伯納迪諾・拉馬齊尼（Bernardino Ramazzini）如此評論。（「乳娘」在此包括幫自己孩子哺乳的母親和受僱哺餵其他孩子的婦女。）在拉馬齊尼的描述中，乳娘身體因哺乳而受到傷害，嬰孩則從中受惠。「隨著嬰兒逐漸長大，吸吮大量乳汁，」他指出，乳娘的身體則「流失營養的汁液……由於精疲力竭而日漸消瘦」。[8]

佩姬・莫理斯（Peggy Morris）*的父親於一七六一年因擔憂而責備說哺乳會造成身體損耗，多少是老生常談。現代的對等評論或許與熱量有關：我讀到親餵嬰兒消耗的能量，等於一天走七英里所消耗的能量。

瑪格麗格・寇利耶所採行的，或瑪格麗格・莫里斯被建議採行的居家哺乳法，於十八世紀最為盛行。十八世紀中葉在切特西教區，有數百名婦女像寇利耶一樣擔任奶媽，替當地或倫敦的嬰兒哺乳，或許可以稱為一種家庭工業。一種方式是透過口耳相傳，也許是透過富有鄰居或前僱主介紹。另一種方式是在倫敦報社刊登廣告，宣傳切特西能給予城市寶寶健康成長的鄉間環境。一名尋求奶媽工作的婦女刊登了如下的自薦廣告：「品德優良、母乳質佳的婦女願擔任孩子的奶媽；現居本國有益健康之地區。」這類廣告套用了同樣的陳腔濫調，是我們所能找到最接近像是寇利耶這樣擔任奶媽的婦女會說的話語。這是關於奶媽絕無僅有的詩句，唯一的文學作品。「健康婦女，乳汁質佳，居地空氣新鮮，願替孩子餵奶。」[9]

像寇利耶和切特西其他鄰居這樣受僱於倫敦扶幼院，就能節省刊登報紙廣告的費用，也能保證定期會有一些收入。切特西的婦女每個月魚貫走過城鎮的木橋，行經泰晤士河上駛入倫敦大都會的平底駁船，到城市領取替以每個嬰兒兩先令六便士計算的奶媽週薪。當時鄰近地區在農場工作的男人一週工作六天，一週的薪水約為九到十二先令。農場女工的週薪則為三到五先令，依季節而定，因此當奶媽收托兩名嬰兒的酬勞就抵得上損失的工資。

對於瑪格麗特・寇利耶來說，受托替安・史塔福這樣的棄嬰哺乳，就能幫寶寶穿上扶幼院第一年分配的制式全套嬰兒服：嬰兒帽、尿布和隔尿墊（pilche）、上衣和亞麻袖筒，以及鞋子和褲襪。加上一張冬季時可裹在最外層的毛毯。瑪格麗特觸碰時，可能會覺得這些衣物格外輕薄。她懷中的嬰孩看起來可能身體軟趴趴的有些奇怪。扶幼院醫師正努力呼籲大家停用當時嬰兒裝束中常見的硬挺束身綁帶（roller）和長布揹巾（swaddling band），他們認為會造成嬰兒體溫過高和熱痙攣。扶幼院也因此刻意不提供上述的衣著配件。

瑪格麗特也可能自行其是。使用長布揹巾有助於讓嬰兒保持安靜，嬰兒也會比較滿足。也許她會照著先前用揹巾包住自己孩子的方式，將名為安的嬰兒也緊緊包住，也許她會以同樣方法包住那一年三月新收托的棄嬰茉德・桑德斯（Maud Saunders）。扶幼院的訪查員前來城鎮訪視後，在報告中抱怨第一批接受訪查的奶媽會向其他奶媽通風報信將有人來訪查。要幫安還有茉德穿對衣物，奶媽們彼此互通消息，記得別讓自家的孩子借穿扶幼院發放的衣服。

除了十八世紀的切特西，英美兩國其他位於城市和大型城鎮周圍的地點，也發展出類似的家

＊譯註：即瑪格麗特・莫理斯；「佩姬」是瑪格麗特的暱稱，父親在信中提及瑪格麗特時稱她為「佩姬」。

庭工業。例如佩姬・莫理斯於一七六一年若想要採納父親的建議，而貝蒂・舒特的女兒又婉拒當她女兒的奶媽，她就可能在費城附近尋覓人選。或者如波士頓城外的濱海城鎮。倫敦外環區域有更多類似的地方：多爾金（Dorking）、埃普索姆（Epsom）、雷丁（Reading）、沃金漢（Wokingham）、霍恩契（Hornchurch），皆是通往首都的主要道路沿途較小的城鎮。母乳公共化其實相當普遍且歷時許久，而鄉間奶媽行業是唯一可見的例子。親餵是唯一一種讓嬰兒活下來的可靠方法。至於佩姬・莫理斯的父親毫不猶豫就提議餵食母乳替代品的方式，看得出有相當風險。

家境富裕的人如何挑選奶媽？以莫理斯家這樣的家庭為例，他們得到的建議是要找「健康、文靜、好脾氣、愛乾淨、細心謹慎」而且「乳汁優良又豐沛」的婦女——即佩姬父親於一七六一年所謂的「身心健全」。住得近也是加分條件，方便探望孩子。常見的擔憂是雙親與嬰孩相隔兩地，雙親因「疏離」而無法確保孩子受到妥善照顧。從文獻中得以一窺往復探望孩子的細節；一七五〇年代在朋提夫拉克（Pontefract），仕紳家庭的珍・史契夏將長子湯姆（Tom）送托，有兩次探訪紀錄。她之前還生了一個女兒，也送去由奶媽哺乳，女嬰在五個月大而非十五個月大時斷奶，即使如此，這位約克郡的婦人仍憂心忡忡，因為「有學養之人」主張嬰兒「應該至少喝半年母奶」。探訪時是奶媽帶著寶寶前來：珍並不想把女兒再送回奶媽家。[10]

哺乳的辛勞如是。過程中又伴隨著哪些情感？如此含辛茹苦的場景總是滿溢情感。但是哺乳涉及的感受難以回溯辨認。在每次辛苦哺乳，乳頭遭到大力掐抓，一個或更多個嬰兒壓在懷中沉甸甸的，衣著布料和冬毯感覺起來相對僵硬，瑪格麗特・寇利耶當下有什麼感覺？在她連續哺餵親生孩子和一月來的棄嬰，或是自己的孩子斷奶時，會有怎樣的矛盾心情？在提供舒適享受的同時，伴隨著怎樣的愉悅或煩擾或憤怒？奶媽的話語付之闕如，只能從事情結果或後續行為來猜想種種可能。在脆弱狀態下來到新家的棄嬰，比其他嬰孩更容易夭折。但是年紀較大的棄嬰可能會喊他們的奶媽「媽咪」，很多窮困人家最後甚至要求讓扶幼院來的孩子留下。

而家中不虞匱乏、不顧商人父親的責備仍幫孩子哺乳的佩姬・莫理斯，又有什麼樣的心情感受？即使是最富裕的階層，一般的情感牽繫——尤其各種不同情緒感覺——相關的證據仍難以掌握。從一六三六年的一座菁英階級人士墓碑銘文可知，「母乳非外借而來」，亦即由親生母親哺乳的孩子可能比較受寵，值得特別一提。在十七世紀的數份遺囑中則可得出類似的結論，由母親親自哺乳的孩子分得較多遺產。[11]

就我查得的史料中，並無證據確切指出，在十七世紀或十八世紀早期也有等同現今「哺乳像是愛戀關係」，或「哺乳**即是**愛戀關係」這類概念。無論是浪漫情欲的文學比喻，或是最接近激素的描述、在長吻時也同樣會分泌的物質「滿足靈藥」，都沒有人抱有任何期待。並不是說感覺——無論它們究竟是什麼——不存在，只是書寫下來並存留至今的跡證極其稀少，甚至闕如。[12]又或者，十七世紀確實有一個等同於此的例子，只不過是剛好倒反過來的隱喻。一六九二年，倫敦的安妮・巴瑟斯特（Anne Bathurst）是神祕宗教團體的成員，她在尋找一個隱喻來表達她與神的狂喜結合。她訴諸顯然大家都熟悉又十分強烈的比喻：泌乳。「神聖的字詞在我體內增長並充滿我，」某天晚上她開始寫下，「將我心活力帶入其中。」接著：「噢，封住的泉水，充滿撫慰的雙乳。我就如同禁抑胸中的乳汁，隨時準備澆注而出在祢之中膨脹，我的圓滿從祢流溢，如此完滿豐足，解放時方感歡愉。」禁抑的乳汁，封住的泉水，完滿獲得解放，歡愉釋放而出，滋養者與被滋養者合而為一。很難找到情感比這更加熾熱滾燙的描述了。亞卓安・芮曲詩中所形容的「像一種性行為」——而這是宗教版的芮曲。是去世俗化的瑪姬・尼爾森「沒有終點的愛欲」：以高潮告終的宗教情欲。[13]

「照顧孩子相當順利，」奧勒岡州鄉下的傳教士瑪麗・理察森・沃克（Mary Richardson Walker）於一八四〇年寫道，「照顧孩子這麼順利，令人十分歡喜……一整天下來試了好幾次都徒勞無功……現在覺得好多了。大多在餵寶寶，大多數時間餵母乳。」我們或許可以想像，一百或兩百年前的婦女對彼此高聲說出類似十九世紀婦女日記中所寫的簡短語句，交代著常見的建立和維持泌乳的生活節奏。[14]

從十八世紀中到十九世紀末，是所謂母乳的第二政權，關於懷抱和餵養的關注重點則在於**誰的乳房**。此時期的獨特改變是情感主義（sentimentalism）興起，於是出現一種流行文化中崇尚母職的新方式，一種以特殊且具體之方法將哺乳的辛勞與情感結合、再結合的方式。無論對於哺餵親生孩子或他人孩子的婦女，這次的改變都具有重大影響。

情感從以前開始一直都存在，但是發展出某種「主義」則不同。「主義」會主宰、描述、形塑、重新描述事物是如何，而且又應該如何如何。「主義」企圖將原本多樣的面貌壓塑成單一可辨認的形狀。以情感主義為例，它聚焦於情感：母親與孩子之間自然天生的親密親近。由親餵滋養的情感牽繫，應該是母職的基本特徵。只要有能力，就該為孩子哺乳，母親親自哺乳是必須的、神聖的、愉快的。

自十八世紀晚期開始，開始出現一股全新風潮，對於親餵帶來愉悅感受一事特別予以指示、加以道德化和對外發聲，並且開始體驗感受、回憶追溯和書寫——將哺乳「情感化」。許多句子情感洋溢、推崇哺餵母乳為美德：愉快履行哺乳義務會帶來「人心所能感受最甜美的樂趣」（語出威廉．巴肯〔William Buchan〕所著暢銷書《給新手媽媽的建議》〔*Advice to Mothers*〕）；親餵是「樂趣的豐沛來源，最柔情蜜意的那一種」（語出美國產婆瑪麗．華金斯〔Mary Watkins〕一八〇九年出版的《媽媽關懷手冊，或女士指南》〔*Maternal Solicitude, or, Lady's Manual*〕）。也有人的經歷小心戒慎：「令人愉悅但也痛苦的感覺」，辛辛那提（Cincinnati）的安．亞倫（Ann Allen）寫於一八五八年。或者在孩子一歲斷奶後趕上流行發聲宣告：我想念「胸脯上她飢渴的可愛小嘴」，德文郡公爵夫人（Duchess of Devonshire）於一七八四年一封信中寫道。[15]

「如此甜蜜的職司……餵哺我的親親寶貝，」阿肯色州一名律師妻子於一八五七年如此記錄，用詞受到情感主義的形塑和支配，「當我想起日後他將不再窩棲在我的胸懷中，和我一起安靜守夜，令我視線模糊的是愚蠢的眼淚嗎？」蕾貝卡・特納（Rebecca Turner）懷抱濃烈情感，全心投入母職，在為「小潔西」（Little Jesse）寫的日記裡將親餵描述成一項備受珍視的任務。甜蜜的情緒感動被一再感受、講述和感受，或者說是被一再講述、感受和講述，形成一種自然與文化、生理感受和講述回報不斷加強的循環。

對於富裕階級而言，親餵如今成為一種與情感相關的事，而非與身體健康或清教的神聖責任有關的事，而且可能讓濫情的論斷主義得以發展。「她的小寶寶好乖好可愛，」出身上流階級的南方人艾蓮娜・路易斯（Eleanor Lewis）在一八二七年寫給老友的信中評道，「但她是一名無助的母親，沒辦法幫寶寶餵奶，對於帶孩子幾乎一竅不通。」關鍵在於相互比較：「希望你秋天時能看到**我的**小寶貝，還有他**全心奉獻**的母親。」全心奉獻！原文以斜體字如此宣告。母親對孩子的情感是多麼精細講究！[17]

在這些變動的時期，讓孩子斷奶仍被視為對丈夫慷慨大度之舉，而起初丈夫則被鼓勵要享受凝望著幸福母嬰的喜樂景象，不過以現今眼光看來，那顯得多愁善感，甚至感覺些微詭異。「將小人兒抱在胸前餵奶」的妻子在過去是，或應該是「丈夫心目中全世界最優美迷人的事」。[18]

情感主義並不公平，一如任何不平等社會中的各種主義。為了迎合善感濫情且識字的觀眾，奶媽刊登求職廣告時，必須改變開頭的用詞：「**尋求居家奶媽職位**：二十一歲年輕婦女個性溫柔，提供開始泌乳三個月的優良母乳。」「**奶媽職位自薦**：年輕健康女性，乳汁質優，初出鄉間。」意即，奶媽不再將要哺餵的嬰兒帶回自己家裡照顧。奶媽如今尋找的是一個居家僕人的「職位」，讓僱主和嬰兒待在同一個屋簷下。求職者在廣告中強調的是個人及性格上的優點，而非自家環境乾淨衛生和位在鄉間的地點。我很健康，很溫柔。[19]

擔任奶媽不再是輔助性家庭勞動形式，而是成為暫時的居家服務形式，而奶媽也與自己的孩子分開。試著想像——因為我們只能想像——一位愛爾蘭出生的婦女瑪麗（Mary）於一八八〇年代在麻薩諸塞州伍斯特（Worcester）工作的辛勞和感受。她的僱主芬妮・渥克曼（Fanny Workman）有記錄日常生活的習慣，是能夠登山（更驚人的是還能攀爬冰河）並為雜誌撰文的維多利亞時期上流階級仕女。（**嬰兒期**是最愛的題材之一。）她博學多識，熟稔優越的白人上流階層「受過教育的」觀念想法，相信英裔美國「文明」優於其他不同膚色或出身背景的人的世界。[20]

愛爾蘭移民瑪麗自己也正在育嬰，表示當奶媽對她而言是可能的職業和收入來源。瑪麗住進渥克曼家，換穿全新的衣物，受惠於（渥克曼如此抱怨）廚子偷偷遞給她的茶飲、冰水和醃漬蔬菜。然而事實證明，與親生的孩子分離並住在僱主家的工作難以為繼。瑪麗的孩子生了病，孩子或許是由親戚或照護鏈再下一層的奶媽照顧，她在工作六週後希望辭職。渥克曼極度擔心自家孩子的健康，安排將瑪麗的孩子送往某處照料，但結果是該處所並不可靠，無法好好照料嬰孩。瑪麗在憂慮之下乳量驟減，此外還賠上工作：由於壓力過大而母乳枯竭，她離職了，也消失在我們回顧過去的視野之中。

奶媽受僱哺餵嬰兒有一部分是金錢交易。至於瑪麗與她的寶寶之間，或瑪麗與渥克曼的寶寶之間的情感交流，或是瑪麗對於僱主的感覺，我們則無從得知。可以確定的是，芬妮·渥克曼無視瑪麗的感覺，或許她認同上流階級醫師群的主張，認為這樣的女人不是真心疼愛孩子。他們自然而然也相信，情感是由特權階級所獨享。他們將那些愛爾蘭婦女、黑人婦女或外國人視為低等族群，甚至當他們不存在。

情感主義是主要將母職描述成與情感有關之事的一種方式，自十九世紀開始以多種不同形式呈現。其中一個例子是不同的母性依附（maternal attachment）理論。另一個例子是二十世紀慈愛勞工階級母親的理想化形象。其他例子還包括近年母親育兒回憶錄的情緒肌理，或是最初令我滿懷好奇的問題：當媽媽在過去是什麼感覺？

至於擔任奶媽一職的特定感覺，也隨著這種幾乎已完全失傳的有薪工作的消失湮沒不存，無從查考。目前已查不到一九三〇年代之後於英國或北美洲有人擔任奶媽的證據。沒有任何單一成因能夠解釋。奶媽工作走入歷史，或許是因為剛生產完的職業母親有更多更具吸引力的工廠職缺可以選擇；或許是因為僱主擺明不喜歡依賴這些短期幫傭；或許是因為有新的嬰兒食品問世；或許是因為一九二〇到一九三〇年代的醫學專家絲毫不熱衷推廣餵母乳的好處；也或許是因為自二十世紀初期一直到一九六〇和一九七〇年代，醫院母乳庫在某些地方蔚為風行。

在最後一批擔任奶媽的婦女中，有一群是在二十世紀初受僱於芝加哥莎拉莫里斯兒童醫院（Sarah Morris Children's Hospital）的工作者。醫院所在的五層樓磚造建築有一側翼特別供這群奶媽住宿，她們受僱九或十個月，期間專門為住院的嬰孩供應母乳。奶媽一職至此僅存柔弱餘息，由於母親和嬰孩皆「住院」，哺乳工作反而讓這群最後的奶媽與自己的孩子能夠待在一起。醫師注意到，餵奶的母親們泌乳中的乳房由於受到「自然的刺激」，因此乳量供應充足無虞。[21]

奶媽為孩子哺乳所形成的雙方親密依附關係，自此成為口耳相傳的家族故事，屬於遙遠過往或移民故鄉的微小個人歷史。漫長的一世代之前，美國歷史學家葛達．勒納（Gerda Lerner）回憶她家境富裕的越南母親很依賴「奶媽人脈」。移民美國西岸的詩人陳美玲（Marilyn Chin）生於一九五〇年代中葉，她在詩中描摹留在中國老家的奶媽。入籍美國的詩人在詩作中回憶奶媽的聲音，盡是諄諄教誨和殷切叮嚀。她在一首寫於一九八六年的詩中，向列祖列宗和奶媽道別。[22]

溢吐的母乳遍灑庭園小徑。我哺餵的，是擅長滴灑的傑克遜．波洛克（Jackson Pollock）。聽說溢吐出來的只是數大匙的量，但看起來像是一小池白色顏料。比五個月前在我腳下積成一灘的羊水還少，比我們放在地上餵鄰居貓咪的一碟牛奶更大一灘。

數大匙母乳蔓延四或五英尺遠——寶寶吐奶，我站著——通常是在同樣刺耳的連續聲響中灑落地面。M有時候會一臉驚訝。我往往會大哭，尤其是在下午稍晚的時候，他把奶吐光，胃比較空，這就表示晚上沒辦法睡很熟，睡一下就會醒來。

母乳看起來像什麼？這時我頓住了。這東西在母嬰之間傳送，往往無人留意，無人得見。它看起來像什麼，或被想像成什麼樣子，通常取決於其他的觀察感知。十七世紀的人認為，它是血液變成的乳汁。到了十八世紀，時人認為可以擠榨這種白色血液以供醫療用途。「女人乳汁」成為治療歇斯底里、昏厥、失明或眼耳問題的家庭藥方中常見的成分。一份一七一六年的眼藥水調配方式如下：取一匙女人乳汁，加入較多的玫瑰水、茴香汁、糖和「皓礬」（White Vitriol）。[23]

或者在十九世紀，等到醫學專家開始爭著介入母親僱主與居家哺乳幫傭之間的事務，可能會交由內科醫師來檢驗奶媽擠出的乳汁。在他指甲上的乳汁：色澤是泛黑、泛藍、呈灰色或偏紅？這滴乳汁嚐起來是酸的、味道強烈、很鹹或微鹹？十九世紀晚期許多家庭都是透過比頓夫人（Mrs Beeton）的家管指南，來了解關於為人母者身體健康的類似疑問。[24]

進入二十世紀後，「誰來餵奶？」的問題也會隨著母乳的第三政權登場轉變為：**親餵或瓶餵**？親餵母乳成為加工食品的標準，反之亦然。市面上出現愈來愈多玻璃瓶或塑膠瓶裝的五花八門「乳品」，容器上並以液量盎司或毫升單位黑線標記容量。及至二十一世紀，提倡親餵母乳的人士發明了能夠呈現母乳特殊性的新詞彙：母乳不是白色血液，而是白色黃金、液體黃金。

在我們家食品儲藏室裡頭，有一盒配方奶粉塞在幾盒燕麥片後面。這東西是剛開始哺乳時準備的，當時我不確定自己的乳量，也不確定孩子的狀況。安心和焦慮並存的容器。或許我沒辦法成功餵母乳。寶寶不會餓肚子，但是全家沒有一個人知道要怎麼在三更半夜餵他喝下第一瓶奶。五個月大的嬰兒一次需要喝多少配方奶粉？

親餵或瓶餵？母乳的第三政權來得如此突然，轉變如此顯著，發生在加工食品遇上巴斯德殺菌法、乾淨的自來水供給、冷鏈物流和家用冰桶或冰箱的時期。一九二〇年代新近形成的相關條件之下，讓加工食品幾乎不會對嬰孩構成任何實質危害。「親餵或瓶餵？」成了富有意義的問題，是懷抱嬰孩哺餵的普遍基準點。

從前確實偶爾會出現一些備案，由於泌乳不足、母嬰分離、母親產後去世或母乳資源被挪為他用，照顧者不得不以其他食物替代母乳。備案依據當地生態而有所不同。切羅基族的「傳統」（一九三〇年代的人類學家如此稱呼）是用玉米核替代母乳。居住在詹姆斯灣（James Bay）、使用阿岡昆語的部族的替代品是魚湯。若孩子的母親無法餵奶，就在一個動物膀胱上鑽幾個洞，在裡頭灌滿魚湯讓嬰孩吸吮。烹煮魚湯時，可以加入煮熟的魚卵。不過可以先讓孩子的母親將鵝油抹於胸脯搓揉，看看能否改善泌乳不順。一九四〇年代初期住在阿拉斯加的因紐皮雅克（Inupiaq）婦女莎娣・尼亞寇（Sadie Neakok）「擠不出奶水，那年秋天只能餵比利吃魚卵和魚湯。」[25]

凡是英格蘭人或英語使用者主宰的地區，則以「軟食」（pap）替代母乳。該詞源自用來指稱乳房、乳頭的字詞，從中世紀一直沿用到十九世紀。近代早期的知名醫師拉馬齊尼指出，「軟食」是用牛乳、蛋黃和糖調製而成。令人驚訝的是，製作這種嬰兒軟食的材料總是少不了牛乳和帶有甜味的東西。查考一八八一年由一位愛比．費雪夫人（Mrs Abby Fisher）所寫的食譜書，會發現一道「嬰兒軟食」的「南方種植園煮法」是在煮滾的牛奶裡加入糖和煮稠的麵粉糊，「隨時可以餵給孩子吃」。愛比．費雪可能曾在阿拉巴馬州莫比爾或周邊一帶當過奴隸。她後來重獲自由，在舊金山出版著作中的這份食譜究竟是認真且管用的烹煮說明，或是屬於特定時空的新奇事物，又或者是在一八八一年對於南北戰爭之前醜惡時代的諷刺？「我生了十一個孩子，將他們全都帶大，」費雪在食譜裡註明，「他們小時候就吃這些食物。」在受人奴役期間，這些母親通常會當奶媽幫忙哺餵其他孩子。[26]

廠商於一八六九年開始在美國推出嬰兒食品廣告，餵嬰兒吃商業化的食品開始成為慣例，而這類產品直到五十年後才普遍安全無虞。「不用再請奶媽！」廠商利比喜（Leibig's）在居家生活雜誌《爐灶與家園》（*Hearth and Home*）中承諾道。英國和北美洲市場很快就出現更多類似產品，以包含首字母大寫的品名宣稱與母奶相近以及產品已獲科學界認證。依居住生活的時空而定，婦女在貨架上選購的可能是愛蘭百利代乳粉（Allenbury's Food）、雅樂思牛奶葛粉餅乾（Arnott's Milk Arrowroot Biscuits）、卡恩里克嬰兒奶粉（Carnrick's Soluble Food）、牛欄牌升級版嬰兒奶粉（Cow and Gate Babymilk Plus）、菲彩兒易消化奶粉（Fairchild's Peptogenic Powder）、法樂食嬰兒米糊（Farex）、好立克（Horlicks）、賈斯特奶粉（Just's Food）、利比喜、國民奶粉（National Dried Milk）、雀巢煉乳（Nestlé's Condensed Milk）、雀巢乳製食品（Nestlé's Milk Food）、阿華田（Ovaltine）、扁豆大麥養生粉（Revalenta Arabica）或羅賓森穀粉（Robinson's Groats）。我最喜歡的品名是「乳粉－特調配方」（Lacto-Preparata），原文連字號的前後分別是哺乳的悠久歷史以及製備配方奶的嶄新需求，並依靠具權威地位的拉丁文添增光采。[27]

「配方奶粉」——所謂「詳列成分之陳述」，這個名稱似乎在類似產品最初進入市場時以合理的方式展現出其精髓。例如梅林奶粉（Mellin's Food）是根據化學家古斯塔夫．梅林（Gustav Mellin）的姓氏命名，成分為「可溶解之小麥、發芽大麥及碳酸氫鉀乾燥萃取物……經轉化為可溶解之碳水化合物、麥芽糖及糊精，蒸發濃縮為含有麥芽糖、糊精、蛋白質和鹽類之乾燥粉末。」這種奶粉須加入指定量的牛奶沖泡。很多配方奶粉成為家喻戶曉的產品。自從一九三〇年代起，我家架子上嘉寶（Gerber）紙盒上印的寶寶小臉就是消費者熟悉的景象。在過去的這次轉變，在遠離實驗室或商店的各個地方，有著怎樣特別的全新工作與感受組合？一般人親餵或瓶餵的經驗為何？

一九三〇年代，在美國的皮埃蒙特（Piedmont）區域一處租佃農場，一名十七歲的未婚農家女兒親自為寶寶哺乳，寶寶體重卻愈來愈輕。周圍的人建議她改成瓶餵。我不知道她有什麼感受，但是其中牽涉的辛勞付出極度複雜。根據一名訪客描述，可能是因為沒有乳牛、冰塊和買牛奶的錢，或是沒有受過沖泡嬰兒奶粉的訓練，覺得要改餵奶粉非常困難。「社福單位」發給她一罐奶粉，這是一週的量。但她一次準備太多，泡好的奶酸掉，寶寶因此生病。她希望阿姨家的乳牛能夠很快「恢復」，她就能派妹妹每天去兩英里外的阿姨家取牛奶。[28]

在澳洲墨爾本東南方的濱海城鎮旺沙吉（Wonthaggi），有一群貧困英國婦女於經濟大蕭條時期移民至此，她們或者和上一代一樣親餵母奶，又或者餵孩子吃嬰兒食品，例如牛奶葛粉餅乾，餵食前先浸在滾水裡泡軟再加入煉乳。煉乳很便宜，錫罐很別緻，當地醫學專家認為「所有人都喜歡」餅乾的口味和質地，但鎮上家境較優渥的媽媽們絕不會餵自家小寶寶吃煉乳和餅乾。[29]

在一九四〇年代的費城，兩百年前瑪格麗格·莫里斯曾在此親餵母奶，也曾將孩子「外包」請人照顧，兩百年後在同一座城市，有一位名為瑟爾瑪·柯恩（Selma Cohen）的猶太婦女用奶瓶餵奶。二十多歲的她出身俄國移民家庭，丈夫經營廢金屬生意。對她來說，無論怎麼努力抱著孩子哺餵，只是備受挫折。在「南費城」（South Philly）當一名同化的現代母親，表示行事要採用正確的方式，亦即遵循美國的書籍和醫師建議。但是她告訴訪談者，兒子是嗜吃加工嬰兒食品的「可怕食客」；她自述「沒辦法好好抱住孩子」，因為「必須兩手並用」拿奶瓶跟輔助用的湯匙。在焦慮和自覺無能不足之下，孩子的體重增加，她的體重卻減輕了。社區醫師提供的衛教指示單上，載明了沖泡奶粉和嬰兒麥片的配方。[30]

在二戰後英格蘭的密德蘭（Midlands），親餵母乳的作法逐漸式微。一九六〇年代兩名社會學家發現在諾丁罕，母親於孩子四個月大時餵奶粉的比例可能達六成，於孩子六個月大時餵奶粉的比例則可能達九成。奶粉瓶餵和其他加工食品同樣能達到「輕鬆省力」的目的。親自生養孩子的媽媽開始用奶粉泡奶瓶餵，這也表示要服用藥物「退奶」。乙烯雌酚（stilboestrol）和己雌酚（hexoestrol）由英國國民保健署給付，民眾可免費領取，用以「洗去」不再需要的母乳。奶瓶質輕且摔不破。大家要為個別嬰兒找出大小或形狀適合的奶瓶嘴，以及最理想的嬰兒食品組合。有些人把奶瓶架高放在枕頭上；美國在一九六〇年代已有餵奶架問世，但在英國還沒有。[31]

「有一個瓶子，你就能確定餵他們吃了什麼，」密德蘭一名部門經理的妻子如此告訴社會學家，並補充說，「至少等他們之後哭到睡著，你就知道他們吃不下了。」一位砌磚匠的太太很高興可以在天氣暖和時帶孩子去公園：「只要帶一片尿布跟奶瓶就行了。」在愛德華國王公園（King Edward Park）和其他類似場地，兒童遊戲場旁皆設有長椅。[32]

不過對於一九六〇年代的密德蘭居民來說，沖奶粉瓶餵未必如預期的輕鬆省力。一名單車包裝員的太太發現自己「拿著奶瓶時感覺自己像是長了兩條左手臂，似乎沒辦法靠得**很近**。」還有人擔心需要多久餵一次奶，因為泡一瓶奶費時費力，沒有人想要浪費丁點時間和精力。伴隨而來的感受也並不直截了當：早早就改餵奶粉的媽媽可能會覺得有罪惡感，覺得自己剝奪了雜誌所稱孩子「與生俱來的權利」。「怠惰」、「逃避卸責」、不盡職：以上全是一些女性對於其他人或自己的激動控訴。[33]

諾丁罕這些曾親餵母乳一段時間的婦女哺育孩子時往往樂在其中。長時間親餵母乳者屬於少數；親餵的比例可能在一九六〇年代降到最低點，之後才又回升至我們現今的比例。一名在蘇格蘭出生、嫁給波蘭鋼鐵工人的婦女的寶寶早產，她表示：「我想沒有什麼事比餵母奶更美好！」一名礦工的妻子認為：「你會喜歡她的小嘴在自己身上之類的感覺。」一名商店經理的妻子覺得親餵母乳讓「你們之間有點額外的什麼；你會覺得比較……可以說是相連合一……沒有什麼事比這更美好了——孩子就臥躺在那裡，而你覺得孩子跟自己無比親近。」一名書記員的妻子注意到，喝母奶的孩子和不是喝母奶的孩子之間的差異。但這種溫情牽繫並非適用於所有人；一名大學講師的妻子認為餵母奶「不過是另一份工作」，並未從中獲得什麼特別的樂趣。[34]

那些停止親餵或從一開始就不曾哺餵母奶的媽媽們則突顯了哺乳的挑戰：困在家裡哪裡都不能去；「衣服似乎從來沒有乾淨的一天，就好像——從早到晚都是溼的」；乳汁太水，太酸，太濃稠，太稀薄，奶量不足。英國國民保健署轄下醫院往往以粗暴專橫的方式指定親餵母乳，但同時也堅持要排定時程並嚴格遵守，表示成功餵母奶的前提是決心和（或）好運。[35]

最令人震驚的是，與較早的年代相比，餵母奶這整件事少不了尷尬困窘的感受。從前婦女能在男性鄰居面前隨意餵母奶的日子已經過去。受訪者指出會覺得「有點介意」或「對這種作法有點反感」；「小孩子……會問東問西」；他們「注意到的更多，想得更多，話也更多。」或許不是餵奶的媽媽覺得不自在，也不是擔心童言童語，而是當丈夫的有意見：一名機械操作員「覺得親餵母乳有點怪——他說很髒，**他**真的這麼說。」在公共場所親餵母奶已成為過往年代的遺跡。[36]

親餵母乳和瓶餵奶粉擇一，表示兩種餵奶方式會被相互比較和對照理解。要是可以避免，誰想碰到「奶陣」？這是希樂麗・傑克森（Hilary Jackson）的邏輯。她生活在一九七〇年代的倫敦，在孩子五週大時親餵母乳的媽媽約占六成，到了孩子五個月大時，餵母乳的媽媽僅占四成。「我跟朋友外出聚餐，漏得到處都是，你也知道真的會讓朋友們很焦慮。他們沿著馬路往前走，看到一個小朋友，然後就開始噴了，事情就是這樣。」這位外燴經理回憶在醫院瓶餵的往事。她問其他媽媽：「你們什麼時候才能拉開簾子？」病房在她眼中「就像牛舍，一頭頭母牛待在各自的小間」。[37]

也有人認為親餵母乳「很蠢」，因為「你看不到寶寶在吃什麼，不知道寶寶喝奶的情況到底好不好。」薇拉・艾巴特（Vera Abbatt）偏好量度得精確清楚：「如果用奶瓶餵奶，就能精確辨別孩子喝了什麼下肚。」這位一九七〇年代的食堂工作人員要在僅有兩間附家具房間的狹小宿舍裡幫孩子泡奶。[38]

在過往遺跡餘緒最豐富之處，所呈現的情緒感受也最為複雜。在希樂麗・傑克森與薇拉・艾巴特所生活的一九七〇年代倫敦，採行瓶餵可能讓母親五味雜陳，一下覺得方便滿意，一下覺得有罪惡感，一下又為了能確認餵奶量而安心。你可能會「比較快樂……因為……比較放鬆」。親餵的感受也可能在方便滿意、驕傲自豪、苦痛萬分以及沉浸享受之間轉換，不是「身體的」或「性的」享受，而是「很美好」。或者也可能有純粹的務實主義者：「我完全沒有任何感覺。」[39]

這天下午，帶著我們家常常溢吐奶的寶寶，吐出的奶是落在庭園小徑而非室內，寶寶發脾氣也不會有人指指點點，我很放心。陽光提醒我們要堅強歡快。沖掉吐在小徑上的乳汁，將臉轉向陽光，擦擦孩子的臉，再親他一下。這是我那天明確獨特之處。

抱著嬰兒哺餵這件事可能看似基本，是天底下最基礎的一種人類活動。但或許最基本的人類活動恰好也最為多變。

一九九八年，格拉斯哥詩人杰琪．凱伊（Jackie Kay）發表短篇小說〈大乳〉（Big Milk）。開篇數頁揉雜了情緒發洩、囈語，以及敘事者關於自己的情人和哺餵母乳的孩子的聯翩浮想。「我愛我的情人，我愛她的孩子」，但是……

最末數頁則揉雜了情緒發洩、囈語，以及敘事者關於生母和養母的冥思默想。敘事者的生母用湯匙餵她餵了兩週之後就離她而去。她的養母「餵我喝牛奶和蘇格蘭燕麥粥，晚上幫我拍鬆枕頭」。有七到八頁的篇幅是在敘述一晚之間發生的事，全是關於乳奶。擁抱是依附，另外，不過，很複雜就對了。[40]

凱伊於一九九八年發表的短篇小說標誌著延續和改變，融混了過去和二十世紀晚期的新奇現象。小說第一句呼應哺餵嬰孩和嬰兒期本身之間較早期的緊密關係。兩歲大的奶娃「除了在他的母親、我的情人心目中還是小寶寶，其實已經不算是嬰兒」。同時，在二十世紀晚期的蘇格蘭和其他地方皆可看到大方「出櫃」的女同志媽媽，消解曾被視為理所當然的母職、生育和異性戀繁衍後代之間的連帶關係。

敘事者的情人即使睡著仍勤勉哺乳：「寶寶仍然奮力吸吮……令人不敢置信……難怪情人被吸到枯竭。營養成分、維生素、命運，全都被寶寶帶走。她幫自己買了一瓶又一瓶維生素，卻沒有意識到這麼做毫無意義；寶寶吃定她了。寶寶搬進來將她占據，無論醒著或睡著，不分白天黑夜。我的情人是聖人，蒼白，精疲力竭。她被吸得油盡燈枯。從前富有光澤的秀髮，如今乾枯。

營養的汁液，枯竭耗盡，「有害的」照護，與時俱進。濫情、神聖的奉獻，呼應舊日往昔。照護看顧，或說寶寶大權「在握」，也許過了頭：「寶寶吃定她了」。一下提到補充營養的維生素，一下是秀髮曾閃著光澤的細節。杰琪．凱伊從女性主義角度嘲諷地批評嬰孩對母親的占有：「女人要到乳房又是自己的時候才重獲自由。關於此點，我很確定，比關於女人的投票權或選擇權還要確定。」凱伊尚有其他女性主義主張，雖未直陳，但不言自明。關於女性的身體，沒有什麼好尷尬或羞恥的。性是可以提及的。選擇權包括選擇「親餵或瓶餵」，也包括選擇生或不生。

透過敘事者的嫉妒和愛，透過感受的稜鏡，故事中呈現哺乳者的辛勞。「你比男人還差勁。」凱伊的情人指出，惱怒且堅決。她的「乳房是專屬寶寶的餵奶機器」，情人企圖使用的譬喻只有進入後工業化農業時代，或者等連鎖藥妝店博姿（Boots）或西爾斯百貨（Sears）開始販售電動吸乳器之後才成立。

在這部一九九八年的小說中，故事籠罩在不久前的過去以家庭史、母職世代之姿所投下的陰影。「皮膚顏色跟媽媽不一樣」解釋了敘事者關於自己嬰兒時期的一句隱諱描述，她想像自己是白皮膚母親生下的深色皮膚寶寶。凱伊本人的傳記述及生母為蘇格蘭人，生父是奈及利亞人，養父母則是左派人士，支持共產黨及廢除核武運動（Campaign for Nuclear Disarmament）。在一九五〇年代的格拉斯哥，既沒有扶幼院，也沒有奶媽。收養的嬰孩可以靠著喝商店販售、安全無虞的牛奶活下來，可以獲得疼愛。故事探問，這樣是否足夠。

讀過文獻中許許多多零碎片段，這麼多分屬第一、第二和第三母乳政權的細瑣零星軼事，我由衷感激能讀到如此幽默直接的細節：「我從未注意到情人的乳房一邊大一邊小，直到寶寶幫它們取了不同的名字……左側乳房很巨大。右側乳房小小的，與雄偉的雙胞胎相比之下略顯瑟縮。大乳。」或者是出門去市區「花兩小時二十分鐘吃大餐慶祝週年」的結果。情人的雙乳沉甸脹痛。「我們回到家，情人沿著樓梯一路噴灑，最後趴到浴室洗手台上。乳汁噴了又噴。乳汁實在太多，她甚至可以朝我噴射母乳。」不只是禁抑的乳汁：「巨砲乳汁。」

第十五章　不確定性，或思想實驗

問題在於，我並沒有讀那行小字。那個迷人的短句表明，該育嬰指南或任何育嬰手冊的內容，或許都無法應付總是在吐溢奶、多少有點不適但從未真的有生命危險的孩子。

我的生活時而得過且過，時而在庭園小徑上邊讀育兒書邊來回踱步。要這樣做，要那樣做，試試這個，試試那個，這些二十一世紀育兒指南採取的立場五花八門。任何適合你和小寶寶的事都可以做，多抱抱她。或者，寵溺孩子會讓孩子養成壞習慣；把小孩放下，別一直抱著。常發生的情況是，怎麼做都沒用。沒有媽媽想要挨罵。我聽過最寬厚大方的建議，是在社區活動中心遇到的人跟我說的：可以跟那邊那位深色頭髮的太太當朋友，她叫莎拉（Sarah），她家有兩個孩子，所以她很清楚你睡眠不足，也知道每個寶寶都不一樣。

當代育兒指南喜歡向讀者保證，處於不確定的狀態很常見，而且只是暫時的。或許有不確定感，覺得不知所措，與受到干擾和半夜頻頻醒來很類似，都是母職其中一個難以捉摸的面向，並與過去相互呼應。知道如何育兒或不知如何是好的歷史是什麼樣子?育兒指南又有著什麼樣的歷史？[1]

以下是一項微型思想實驗。走進一座龐大的文獻檔案館，館內收藏古往今來所有出版的書籍。請館員調出十七世紀以降於英國和北美洲出版的所有育兒指南和育嬰手冊，並依照出版年代所屬世紀以及作者姓氏字母排序。接著瀏覽。

在十七世紀的書架上，第一本會是理察·歐斯崔（Allestree, Richard）所著的《女士天職》（*The Ladies Calling*；一六七六年）。書冊以棕色小牛皮革裝幀，封面書角和書脊上有少許雕花，牛津印書商和裝幀業者的作工十分優雅。書冊有多處都令人感覺相當熟悉，書名頁上印著作者姓名，九十五頁皆編上頁碼。令人感覺比較陌生的，是古怪的字型樣式；s特別長，看起來像是斜體的f。「Sucking」（吸吮）看起來像是「*fucking*」。這本書裡特別留下了手寫字跡：「莎拉·巴里奇（Sarah Buckridge）藏書／一六八八年」。此外，或許年輕的巴里奇由衷喜愛這本書，或許年輕的她得意於自己的一手好字，在她的姓名上方可以看見以繁複花體字書寫的「SB」，她還用墨水以極小字將姓名多寫了一遍。[2]

十七世紀書架上的數本書冊盡皆輕薄，一手就能抱完整疊。館員不得不從寬認定自己的職權範圍：這幾本書中，沒有一本是所謂的育兒指南。歐斯崔的《女士天職》是指點婦女如何依循善良風俗、舉止規矩得體的行為指南，書中指出為人母親是為人妻子之後的其中一個階段。照顧嬰孩的問題很單純，重點在於注意身體健康：「嬰兒期最開始的階段，是關注照護其身體的時期。」另外還有其他寫給婦女的行為指南、提及如何治療嬰孩疾病的醫學論著，以及數本內容著重懷孕和生產的產婆指南。珍．夏普於一六七一年所著《產婆之書》（*The Midwives Book*）有四百多頁，其中有五頁產後相關的篇幅是「關於孩子」：大約四個月大時讓孩子的雙臂伸出襁褓；哭一下無妨，因為哭泣能打開並排出體內的氣，有益頭腦和肺部；常常大哭很危險——嬰孩會「因用力過度導致肚腹破裂」。

十八世紀出版的書冊占據多層書架。有一本由「知名內科醫師」（Eminent Physician）所撰的無名書冊，或許稱得上最早的正宗育兒指南。《育嬰婦女指南：養育嬰幼兒的正確方法》（*The Nurse's Guide: Or, the Right Method of Bringing up Young Children*；一七二九年）一書二十五個短章中有十六章是關於如何哺餵嬰兒，書名中的「育嬰婦女」（Nurse）可能是「孩子母親」或受其聘僱的「鄉下奶媽」。書中分闢專章討論長牙、睡眠和運動。從書架陳列情形可知，全由男醫師撰寫的指南類書籍數量於十八世紀下半葉大幅成長，極為可觀。有些指南作者於書名頁宣稱自己具有在扶幼院服務的相關經驗，意即相關知識並非在自家習得。這些作者與那些於一七五〇年代將女嬰安．史塔福和她的東西送到切特西給奶媽瑪格麗特．寇利耶餵養時忘記襁褓巾的醫事人員是同行。其他作者可能是男助產士、藥劑師或產科醫師。據大多數作者解釋，他們寫書的動機是企圖減低嬰兒死亡率。[3]

書架上最引人注目的，莫過於版本最多的書籍。這是現成的線索，表示該書大受歡迎。有十本英格蘭出版、四本北美洲出版的書冊書脊上皆標明同樣的作者和書名：麥可．安德伍（Michael Underwood）所著《論兒童所罹疾病》（*Treatise on the Diseases of Children*），書中以相當的篇幅討論一般嬰兒照護。該書於一七八四年初次出版，時值美國獨立獲得認可的十年間；最後一個版本則陳列在十九世紀書架上，出版年為一八四八年，歐陸於該年再次爆發革命。生在革命年代之間的「聰慧父母親」（安德伍的讚揚用語）最好查考本書的詳細目次：「什麼是胎便？」請翻到第十五頁。十八世紀晚期的讀者可以將目次頁當成某種索引。「胎便」滯留，「偶爾致病」，第十五頁。「解決的適當療方」，第十八頁。後面還有：「守夜」——熬夜不睡——「或睡眠不足」？「關於**動作**與**休息**」（運動）？[4]

在這些發號施令的醫學指南之中，間或夾雜幾本比較好讀、偏文藝取向的書籍。《淑女全書》（*Ladies Library*；一七一四年初版，共有八個版本）指出，人出生時是一張全白石板，教育是一切。書名頁下一頁上的雕版畫繪有一名衣著考究的婦女，她置身有著高挑天花板的家庭圖書室裡。畫中的她仔細閱讀一本堂皇鉅著，在她雙腳旁有數名長翅膀的小天使在玩耍，顯然不致令她分心。[5]

到目前為止，瀏覽的架上書冊皆以亞麻和棉花製作的紙張印製——書紙頁面堅實且略為不平坦。紙張大小頗為一致，通常為「八開」（octavo）：即將整大張的紙對摺三次，裁切後即成八張書頁。這些八開本在架上一字排開，相當平均。將書本拿在手上的手感也很類似。再看向十九世紀書冊區，書籍用紙於一八七〇年代改採木漿製紙。書的內頁很容易硬脆泛黃。字體比較規則，比較少出現不同的字型或隨機採首字母大寫的字詞。已經看不到很像拉長 *f* 的 s 字母。

十九世紀的相關書籍占滿了整面牆。在醫師作者撰寫的書籍之外，新出現多本有頭有臉、為人妻為人母的作者執筆的書籍，這類女性作者包括：柴爾德太太（Mrs Child）、威廉・帕克斯夫人（Mrs William Parkes）、席古尼夫人（Mrs L. H. Sigourney）和華倫夫人（Mrs Warren）。她們的語調富有情感、極具主婦架勢，充滿自信，對讀者掏心掏肺。莉迪亞・席古尼（Lydia Sigourney）的《寫給媽媽們的信》（*Letters to Mothers*）以閒話家常、甜美膩人的場景開頭：「你抱著孩子坐在家中，我也是。這是我有生以來最幸福的時刻，你呢？」《家務》（*Domestic Duties*）則由經驗老到的 B 夫人與經驗尚淺的 L 夫人之間一系列的設計對白構成，旨在讓新手媽媽很快進入狀況。B 夫人告訴 L 夫人，在嬰兒期必須施行身體和道德方面的教育。（育嬰婦女絕不能讓嬰孩獨自一人，因此應由女僕將煤炭、水和三餐送至育兒室。）「四個月大的孩子應該開始能夠撲進照顧者的臂彎裡；能夠對著吸引自己注意力的物體歡快喊叫；即使視力欠佳，也能試圖抓握還搆不到的東西。」十九世紀晚期有一小類書名諸如《嬰兒日誌》（*The Biography of a Baby*）的書籍，則是由自稱熱衷兒童研究運動（Child Study movement）的人士所撰寫。還有一小類由城市貧民窟的居民撰寫，印製成短小的袖珍本。新出現的還有整系列的專門雜誌：《媽媽的雜誌與女兒的友伴》（*The Mother's Magazine and Daughter's Friend*）、《家有良母》（*The Mother At Home*）以及《嬰兒期》（*Babyhood*）。[6]

瀏覽後可知，到了十九世紀晚期，充滿情感的建議被科學主義所取代。《孩童照護及哺餵手冊》（*Care and Feeding of Children*）是由醫師路德・艾梅特・霍特（L. Emmett Holt）執筆的要理問答大全。孩子幾歲時可以洗盆浴？洗盆浴應如何進行？水溫幾度……？筆調輕快精準。書末有數頁空白頁，供讀者用作「備忘錄」。第六版則極力宣傳該書為常用的「嬰孩照護者指南」，能幫助媽媽們了解健康寶寶的需求。（如果寶寶生病了，務必尋求醫師治療。）因此：洗浴、生殖器官、眼、口、皮膚、衣著、尿布、照護、透氣通風、體重、成長發展、齒列；有三十幾章在講哺餵嬰孩；接著是林林總總的主題，大多是關於嬰孩輕微不適但並不嚴重的各種疑難雜症，例如睡不好、緊張或是腹絞痛（colic）。嬰兒腹絞痛的症狀包括激烈啼哭、雙腳向上蜷起、「臉部肌肉收縮」，以及「疼痛徵象」。霍特指示，如果上述症狀持續，應朝腸內注射十滴松節油，並按摩腹部以祛風。[7]

最後，二十世紀出版品的書架上陳列著萎靡歪倒的大眾平裝版本。一本於戰間期出版的平裝書，價格看起來比十根香煙的售價高不了多少。家喻戶曉的作者包括特魯比・金恩、班傑明・斯波克（Benjamin Spock）、潘妮洛普・李契（Penelope Leach），以及其他沒那麼成功的作家。一九四八年的《育兒之方》（*Mothercraft Manual*）裡的圖表充斥小時鐘圖案、體重標記和鉅細靡遺的指示。我家寶寶六個月大，特魯比．金恩書中的圖表如此評量這個年紀的嬰孩：「每天睡十八小時」，體重十六點五磅，「可放在地板上，可用海綿沾涼水擦澡」，以及「開始出現自我意識，會玩手指、腳趾和玩具，可能開始長牙」。班傑明．斯波克的育兒書中，涵括了一些先前的育兒指南不曾述及的情況。他在一九四六年的初版中將「收養」視為「特殊狀況」，與雙親離異以及母親為職業婦女並列，年代最晚的一九九八年版本則新增了同志家長。8

我將這些掉書袋的建議選項一一講給莎拉聽，我喜歡深色頭髮的她冷靜從容，用我的歷史學家知識和她交換今時今日的育兒洞見。或許寶寶已經夠大了，我們可以相信他們晚上會睡很熟，不會一下就醒來，她如此提議。或許我們可以晚上偷溜出來，約在我們兩家的中間點見面，遛她家的狗遛個四、五十分鐘，稍微聊聊天，尋回一下我們的成人自我？

數百年來，有太多建議未獲採納。建議可能來自十七世紀屈指可數的輕薄書冊或現代的大眾平裝本書籍，可能以亞麻和棉製紙頁或木漿製紙張印製，可能由醫生或之後由主婦提供，書冊和評論的數量驚人無比。在依出版世紀陳列的書架前再盤桓久一點，就能進一步發現歷史模式。

無論哪個世紀，育嬰最為關注的重點就是哺乳、餵乳、離乳：皆與乳汁有關。其他常出現的主題包括睡眠和排瀉。所有寶寶的生活都不離吃喝拉撒。

其他主題則來來去去。不復存在的主題諸如：哺餵初乳的危險、洗冷水浴的優點，以及嬰兒出世就帶著原罪（到了一九三〇年代仍有些許討論）。新興的主題：作息安排（尤其是十九世紀晚期以降）、對抗細菌（在同一時期有許多細菌學方面的寶貴發現），以及幫寶寶拍嗝順氣（近代專家建議寶寶獨睡、讓嬰孩平躺且留他們獨自一人的明顯副作用）。讓嬰孩多呼吸新鮮空氣的優點倡議時盛時衰。

數百年來，醫學專業人士持續針對相關課題發聲。在不同時期，則有其他牽涉較細節部分的知識體系和學門次領域涉足育嬰指南的書寫，有些與醫學直接相關，有些則否。書架上的作者背景列出如下：助產術、哲學、顱相學、解剖學與生理學、心理學、兒科學、優生學、營養學、行為主義、精神分析、人類學、神經科學。顱相學發展的一百年間，以大腦不同部分與不同的心智力量有所關聯為前提來研究人類心智。兒科學於十九世紀中葉興起，是具獨特性的醫學分科，地位屹立不搖。優生學發展於十九世紀晚期至二十世紀初期，研究如何繁衍優良後代和所謂「高等」人類，後來遭批評為懷有種族歧視的偽科學而沒落。行為主義觀察寶寶對於周遭環境的反應並據以詮釋嬰兒心理。精神分析提出了新的嬰孩發展模型，以及精神官能症、口腔滿足等概念。

上述學門分別提出不同的問題，並嘗試給予不同的回答。十八世紀哲學：如果心智是一片空白石板，那應該如何教養嬰孩？十九世紀優生學：生產嬰孩的血統具備哪些傾向，要如何保護白人主人的種族？二十世紀人類學：喀拉哈里沙漠（Kalahari desert）的庫恩族（!Kung）或亞馬遜地區葉夸那族（Yequana）的育嬰方法有何不同，與西方的育嬰模式相比又有什麼異同？無論是所屬學門或待探討的課題，往往隱藏在字裡行間。出現在文本中天真無邪的，唯有答案，唯有教人「該怎麼做」的指示。

在時間的灘岸上，關於嬰孩的譬喻推湧拍擊如浪。英國於十八世紀晚期稱霸海洋，嬰兒的背脊在當時會讓人聯想到「船的龍骨」。正如同龍骨是船隻的穩固基礎，將寶寶放下時也應該讓他背部貼地仰躺。同時，多愁善感的十九世紀主婦將寶寶想像成宛如柔嫩新芽，會像「膽怯的卷鬚」一般傳送感覺和想法。愛迪生於一八七〇年代發明電話之後，大眾對於嬰孩的神經系統又有了新的想像：新裝設的電話系統。優生學從演化論的角度提出，嬰孩可能跟猴子相像，坐著的時候「兩隻小腳相對」，而嬰孩的個體發展可視為模擬達爾文演化論中猿猴演化成人類的歷程。行為主義學派則主張，嬰孩比較像狗，跟家中寵物一樣可以訓練。[9]

撇除偶爾發聲的十七世紀產婆以及十九世紀主婦，主流印象是我們現今所謂的「男性說教」（mansplaining）。一六九五年，亨利・紐康（Henry Newcome）自認為在處理媽媽們「墮落、不人道的懶怠問題」。常見的十八世紀醫學指南經過「特別修訂」，以符合假定較為不足的「女性的理解能力」。在《少女期與母職期》（*Maidenhood and Motherhood*；一八八八年）中，約翰・魏斯特（John D. West）以兩頁半的篇幅詳細解釋如何在微溫的水中幫嬰兒洗澡，語氣倒是友善一些。他逐一列舉有些權威說法建議使用肥皂，有些建議不用：我的建議是採行中庸之道。一九七〇年代，英國醫學會（British Medical Association）出版品諄諄教誨，對於自己和寶寶的健康檢查「千萬別操心過頭」，還有「所有女人都熱愛逛街選購嬰兒車」。真的？[10]

如果將十九世紀主婦的聲音也涵括進來，會出現授權他人育兒且頻下指導棋的情況，同樣令人印象深刻。主婦指示奶媽、月嫂、貼身女僕或保姆，嬰兒開始學說話以後，不要讓他和更低階的僕傭對話。這些代理母職的人物直到十九世紀晚期才消失，此後只剩下母親和嬰孩雙人組。

最後一種模式，也是當代育兒指南中似乎最常出現的，是在黑臉和白臉、嚴厲和寵溺之間的擺盪。鐘擺的一端是：「大部分孩童的個性若非被寵壞，至少也因為成天被抱著輕搖、備受呵護疼愛而有所損害」（一六九三年）。或者，給孩子的親情疼愛再少也不為過（二十世紀初整個行為主義學派的論調），把寶寶放下來，隨他去。鐘擺的另一端，則是莉迪亞．席古尼於一八四八年著作一開始坐著懷抱小孩的場景，或班傑明．斯波克於一九四六年提出育兒應親切和善的溫馨建議。[11]

某天下午，一位推著手推車的婦人朝我瞥了一眼，防衛性地將我身上讓孩子保持身體挺直的嬰兒揹巾解讀為支持「依附教養」。「如果孩子不坐推車，我逛街連想試穿衣服都沒辦法。」

思想實驗並非單純突發奇想或幻想。若是在英國和北美洲，可以前往倫敦的大英圖書館（British Library），加上華盛頓特區的美國國會圖書館（Library of Congress），再加上渥太華

（Ottawa）的加拿大國家圖書館（Library of Canada），多少就是真實生活中會有的經歷。

進入美國國會圖書館，對比眼前一架又一架的官方政治、外交及戰爭紀錄，先前的思想實驗可能令人感覺格外私人且渺小。但其實不是這樣：育兒指南聲稱牽涉到利害關係時，往往刻意誇大規模，明顯達到帝國或國家等級。十八世紀中葉爆發七年戰爭（Seven Years' War），大英帝國與法國兵戎相見，扶幼院醫師即考量國家動員步兵的需求，力圖降低嬰兒死亡率。或是麗蒂亞・柴爾德（Lydia Child）首開先例在所著《母親之書》（*The Mother's Book*）題獻給「美國的母親們，我們共和國的安全和繁榮無比仰賴她們的智慧和謹慎。」在美國成為共和國之後，未來發展取決於全國公民，就陸續有育兒指南將母職視為國家基石。到了二十世紀中葉，班傑明・斯波克許諾將會迎來更祥和的未來。受到適切教養的孩子，「長大之後將會樂於助人，加強人與人之間的關係，並且創造更安全的世界」。[12]

或者可以稍微縮小思想實驗的規模：前往費城圖書館公司（Library Company of Philadelphia），查找由歷史學家查爾斯・羅森堡（Charles Rosenberg）蒐集並捐贈的兩百多本育兒手冊。檔案管理人員詹姆斯・葛林（James Green）可能會告訴你，他母親如何在讀過班傑明・斯波克的《嬰幼兒養育常識手冊》（*The Common Sense Book of Baby and Child Care*）後，瞬間改變種種育兒觀念。他的哥哥則是在斯波克時代之前、養兒從嚴的一九四四年出生。詹姆斯的嬰孩時期大為不同。（「相信自己，」圖書館內收藏的一九四六年版本斯波克育兒書如此寫道，

「享受有小寶寶的時光。」）[13]*

或者如我某天所嘗試，搭乘位置隱密的電梯來到金賽研究所的「性、性別與繁殖」檔案庫。檔案庫位在偏僻的三樓一隅，因為不是所有人都正面看待與性有關的研究。置身金賽研究所，一個米色走廊上懸掛著情欲主題藝術作品的地方，來此研究嬰兒照護相關建議可能讓人感覺有點拘謹古板。婆婆媽媽。傳統守舊。異性戀本位。婦女正在進步，如金賽研究所圖書館收藏的瑪麗·梅蘭迪（Mary Melendy）於一九〇三年出版之《少女－妻子－母親的完美婦道》（*Perfect Womanhood for Maidens-Wives-Mothers*）所堅持，但是：「我們絕不可忽略她人生中最神聖崇高的任務——婦職和母職。」而另一派評論，例如由進步派女性主義作家夏洛特·吉爾曼（Charlotte Perkins Gilman）撰寫的《關於孩童》（*Concerning Children*；一九〇〇年），則以活躍姿態抗衡傳統習俗和主流社會對不同性別的期望。金賽研究所收藏的二十世紀晚期女同志材料以地下出版品為主，認為「製造嬰兒」意味的不只是改換繁衍方法，還有重新打造家庭。吉莉安·漢斯寇（Gillian Hanscombe）於一九八一年出版的《撼動搖籃》（*Rocking the Cradle*）的副標是「家庭生活的挑戰」（A Challenge in Family Living）。[14]

當然，通常不能帶著嬰兒進入檔案庫，但是現在有愈來愈多古籍皆已數位化，在家打開筆電即可閱讀，或者可以閱覽書籍掃描檔。你也可以洽詢檔案管理人員，聽他聊聊他母親的故事。

每次我拿起一本當代的育兒指南，讀著讀著都不禁悲從中來或火冒三丈。閱讀指南在M正在做的事前面一律加上「應該」或「必須」，只會火上澆油，而且還告訴我們即使其他地方表現還可以，但還是有沒做好的地方。於是我眼裡不再有孩子，也不再有我們。

他小睡為什麼從不超過四十五分鐘？餵奶的時候讓他直立，之後讓他半睡半醒滑進嬰兒揹巾裡，這樣是不是做錯了？閱讀以前的育嬰指南時，得知有一派認為最優秀的嬰兒從不小睡，我感受到一股荒謬、放肆的歡快。他們更喜歡外界刺激。歡快感稍縱即逝——M跟我一樣疲倦暴躁，真是要命，他需要更多睡眠——但是我也喜歡對其他流派和其他所有不確定性和浮誇風險比中指加食指。喝奶（sucking），小睡，*fuck you*。

我從先前人生承繼而來的叛逆女性主義幫助有限。特定的女性主義版本認為社會性別（gender）與生物性別（sex）是由社會建構，關於女性特質的宣言只是宣言，而社會性別與性向（sexuality）與種族和階級相互交集，這個版本有助於我批判育兒指南中的意識形態。左派，右派，左派，右派，進步派，保守派。但是批判無法讓人自外於疲憊或不確定性的影響。在此時此地一片混沌之中，令我錯愕的是，我最想知道的只是接下來該怎麼辦。

歷史告訴我們，女性主義者曾參與多場戰役——爭取投票權，或兩性平權，或生育權，或普

---

*譯註：斯波克的育兒書經過多次改版，第九版的二〇一八年中譯本書名為《全方位育兒教養聖經》。

世的兒童福利，或者不同群體的人權。有勝，有敗，也找到新的盟友。一九七〇年代最具決定性的一場勝利，是推翻文化中對於性別和欲望的規範，並將女性特質與母性區隔開來。女人從此不再需要為了成為「真正的」女人而成為母親。同時，即使母職（motherhood）是壓迫窒人的制度，還是可以重拾為母育兒（mothering）的經驗。謝天謝地。但是女性主義者傾向不要告訴別人該做什麼。可以擔任導師，可以提出模型，但不至於對母職制度開出處方。

我走進公園時，嬰兒揹巾裡的M睡著了，我朝安靜的冷杉樹區走去，避開割草機的機械軋磨聲。在疲憊的我眼中，樹木的剪影邊緣搖晃擺盪。檔案庫之旅是一次思想實驗，因為我其實不怎麼相信，我其實不認為書籍的歷史與我們如何知道該做什麼、或如何消弭不確定性的歷史之間會有太多關聯。

首先要問的是，在書籍的大眾市場於二十世紀晚期興起之前，是什麼人在看這些育兒書。想想一六八八年的英國，莎拉．巴里奇在這年小心翼翼將她的名字寫在手邊那本《女士天職》中，同一年發生了光榮革命（Glorious Revolution）——英王詹姆斯二世（James II）遭推翻，政權和平轉移至新王威廉三世（William III）手中。當時識字的婦女比例不到四分之一。即使能讀書，大多數婦女也買不起皮面精裝書。大多數婦女不認為自己是「女士」，認為自己屬於勞工階級。比起識字的具人母身分的僱主，有更多不識字的代理母親——更多的奶媽和家庭僕傭。同時在大西洋的另一邊，主宰北美大陸的原住民各族主要靠著口耳相傳以及面對面親授來製造和傳遞知識。在入侵的白人殖民者當中，或許有人關注過女士的天職，但大多數從未看過書店。其中的奴隸主則想方設法不讓奴隸識字，甚至冠冕堂皇制定相關法律。

兩百年後，十九世紀的濫情指南被以科學為根據的手冊取代，此時美國仍有五分之一人口不識字：一成的白人，以及近八成的其他人種是文盲。（這是他們調查時計算的方式：白人，或者「黑人和其他」）。即使進入二十世紀，大眾普遍識字，還是沒什麼人閱讀育兒指南。一九一六年，卡林太太（Mrs Carlin）在密爾沃基（Milwaukee）一場寶寶比賽中獲勝，她表示：「我只是照自己的意思帶孩子，我沒有……看什麼書。」她拒絕了指導建議書籍的世界。「孩子都是我自己照顧，我想我沒有搞砸。」即使到了一九五六和一九六八年，班傑明．斯波克修訂暢銷育兒書著作時，蘭開郡的勞工階級婦女表示自己極少讀斯波克或任何其他作者寫的育兒指南。[15]

在我腦中的論證卸除了一部分的疲倦感——另一個問題是，育兒指南通常不以描述性文字呈現大眾的所知所行，而是帶著過分強烈的改革主義。書中呈現大家應該要知道這些事，應該做這些事，而非大家在做哪些事，還有呈現新手媽媽也應該知道要做哪些事。十七世紀的產婆珍．夏普是早期的罕見例外。關於嬰兒照護的內容僅有少少五頁，最末以相當防禦性的姿態坦承，她只是將她的讀者已經知道的事記錄下來：「對於早已知曉的人來說，有些部分可能看似贅言。」但是「她們可能知道一些事，但對於別的事情一竅不通：也許有什麼事是某個人已經知道，但另一個人卻不知道；或者有什麼事是她不知道，但另一個人可能知道。」育兒指南的正字標記就是各執一詞和新穎主張，男性說教型著作尤其如此。革新是育兒指南的第一條守則。麥可．安德伍於一七八四年的《論兒童所罹疾病》中寫道：「支持親餵以外之餵奶方式（dry-nursing）的論點通常無效」，或「嬰兒第一套服裝相關謬誤」，或想投機取巧的照顧者「使用鴉片類藥物應戒慎小心」。在一九四九年出版的一本精神分析育兒指南中，有一章標題為「兒童不具性欲的迷思」。[16]

最後，還有一個問題，大多數育兒指南對於不可能存在的理想嬰孩或母親都輕描淡寫，好似一切理所當然。「應該」如何如何，很容易就變成「是」或「會」如何如何。十九世紀多愁善感的母親面對嬰孩的需求，自然是犧牲自我、懷有無限耐心，頂多會說培育幼嫩「卷鬚」可能非要多多禱告不可。二十世紀初特魯比．金恩育兒書中的「金恩寶寶」不會過胖，是「人世間最幸福的小傢伙」，而且乖順聽話得令人心驚。他一個月大時一天睡二十一小時，六個月大時一天睡十八小時。某一本金恩所著育兒指南中的寶寶彷彿在用腹語誦唸一九四四年的作息時間表：「我早上六點起床。媽媽幫我換尿布跟餵我；然後我回去床上繼續睡。」晚上九點半或十點時（罕見的曖昧含糊）：「媽媽又餵我一次，是在一個暗暗的房間裡，這樣我才不會太清醒。大家晚安！到早上之前你們都不會再聽到我的聲音。」[17]可憐的小傢伙。

所以基本的問題某方面來說仍未有答案：知道當媽媽該怎麼做的歷史是什麼樣子，感受或解決不確定感的歷史是什麼樣子？這是我極少研究未能有成的時刻中的其中一刻。思想實驗依然只是思想實驗，因為沒能想出所以然來，就連我腦中的論證都停止了。

在森林中，青蛙求偶的陣陣鳴叫無比宏亮，幾乎能反覆重聽。蛙鳴聲一下在外頭，在青綠草澤上方盤旋迴盪，一下在耳膜裡蹦彈跳躍，彷彿將貝殼拿到耳邊靠得太近。M嚇得怔住，身體繃直貼緊我。他伸出一隻手臂，徒勞地指向聲音，沒找到看得見的聲章來源。如果太快轉頭，蛙鳴聲會跳彈得很用力，就像含糊不清的言語忽然變得清晰。假如不休不眠是一種聲音，我想就會是這個樣子。

某天下午，因緣際會之下，我在一本一九四二年的育兒指南裡巧遇讀者之聲。該書是安德森·阿爾德利克（Anderson Aldrich）和瑪麗·阿爾德利克（Mary Aldrich）合著的《寶寶是人類》（*Babies Are Human Beings*），在育兒書光譜上屬於毛茸溫暖的那一端。曾有一位讀者拿出鉛筆，在大學圖書館版本第六十頁某段文字旁標註：「我的天吶，千真萬確。」此人接著繼續閱讀並加上更多標註。不久之後，又出現另一則鉛筆加上的旁註：「這實在妙翻了。」之後又有一則，撰寫者心裡顯然想著某位還在長大的孩子：「我想到蘇珊（Susan）的食欲。」[18]

大學圖書館於一九四二年將《寶寶是人類》納為藏書時，美國的大學女生穿著裙長及膝的短袖連身裙，校園裡滿是準備上戰場的陸軍和海軍新兵。也許這本書一入庫，就有讀者立刻將書借走並匆匆寫下評註。以「妙翻了」形容欣喜興奮的用法始於一九四〇年代，「我的天吶」聽起來無疑相當老派。

第六十頁，「我的天吶，千真萬確。」讓這位拿鉛筆的讀者驚嘆事實的確如此的，是阿爾德利克夫婦認為一位母親，一位書中所謂「中庸、年輕」且受過大學教育的母親，在懷孕後可能聽到「矛盾紛紜的各種看法」。我將看法的多種不同來源分類如下：「醫師謹慎且有科學證據的指示；祖母和外祖母都說過的話；保姆講述她照顧其他嬰孩的經歷；親友到病房床邊探望她時傳達的建議；還有最重要的，或許是她自身成長過程中的模糊記憶。」

作者夫婦認為，諸如此類全都在新手媽媽心裡形成「一團焦慮不確定的迷霧」。讀者如此驚嘆：沒錯！

我盯著那一頁。湊巧的發現令人吃驚，與其說是因為一名母親的不確定感獲得確認，不如說是因為自行確定了育兒資訊的來源五花八門。

個人本身的童年經歷；有見識的女性長輩、醫學專業人士、親友和同儕；回憶、指示、經歷故事、勸告建議：讀者對於這份一九四二年清單的興趣暗示了，「知道」的歷史涵括更多的面對面交流，而且可能有更多不同類別。在我身處的現今，此類「知道該怎麼做」的狀態包含了例如擁有像莎拉一樣適合當朋友的對象。

更棒的是，這份清單暗示育兒指南只是「知道」的歷史中的一小部分，畢竟如果接觸育兒書的方式不同，如果閱讀育兒書的人把它當成一套提案或嘗試，書中很多看法是沒有用或過時的，育兒書其實無法代表一般人實際具備的知識。有些人確實會看手冊指南。確實，如果說到了二十世紀晚期，大多數嬰兒照顧者很可能都會看書，這樣算是很保險的說法。但是育兒指南總是會和其他多個製造知識的類別交會、競爭，其他類別大多是依據個人親身經歷產出知識，其中也包括因為個別嬰孩帶來的限制和異常狀況所獲得的知識。

我尋思著，為母育兒是具體有形的，是感官的，是物質的，而且是第一手親身經歷。生養寶寶絕對不是單純的思想實驗。

第十六章　診間裡的異想

有時候莎拉不在，或者太晚了不方便打電話找朋友，我就會讀當代的回憶錄和散文，傾聽二十一世紀幾位知道該怎麼做並付諸實踐者的聲音。倫敦的麗莎・巴萊瑟、劍橋的瑞秋・卡斯克（Rachel Cusk）、都柏林的安瑞特、華盛頓特區的洛妮・歐尼爾・帕克（Lonnae O'Neal Parker）。紐約的蕾秋・祖克（Rachel Zucker）以及洛杉磯的瑪姬・尼爾森和莎拉・曼古索（Sarah Manguso），她們同樣透過遺聞軼事思考。某位評論家所謂「異性戀白人女士母職」（我就算是，我想）加上一些有移民背景的作者，似乎占了多數。但不只如此。（書堆還會繼續增高：芝加哥作家尤拉・畢斯〔Eula Biss〕、馬里蘭州散文家莉亞・普佩拉〔Lia Purpura〕；溫尼伯的跨性別男性崔佛・麥唐納〔Trevor MacDonald〕、布魯克林的莉芙卡・葛茜〔Rivka Galchen〕）。我沉浸其中，閱讀當代育兒書時感受到的「應該」或「必須」消失無蹤。我又能將注意力放在M身上。[1]

腦海中再次浮現從前某位回憶錄作家，她和在《寶寶是人類》一書寫下旁註的讀者是同時代的人：紅髮的歐蒂絲・柏格出身曼哈頓上流階級，她在一九四九年以化名出版的《日記》

（*Diary*）中關於在醫院生產的記述極為私密、非比尋常。日記內容一直延續到孩子的嬰兒期，歐蒂絲從醫院單人房回到自家在格林威治村的五房公寓，讀物從葛蘭利・狄克－里德的生產指南變成斯波克醫師的育兒書。值得溫習。

一九四〇年代的另一種極端，是阿拉巴馬州黑人產婆歐妮・李・羅根（Onnie Lee Logan）直白鮮活的往事記述。像她這樣的聲音在相關文獻中格外特殊。但她在一九八九年口述生平，由一位人脈廣闊的哈佛大學畢業生訪談記錄並協助出版，書名是《婆媽之智》（*Motherwit*）。（「我知道你有三分之二都聽不懂。」歐妮・李在講到民權運動之前的莫比爾市，改編渲染自己的人生故事時，如此告訴年紀較輕的白人訪談者凱瑟琳・克拉克〔Katherine Clark〕。）「婆媽之智」結合關於嬰兒以及生產的「常識」，以及對於像她這樣的虔誠基督教徒來說「上天賜予的智慧」。[2]

所以說，是有一種方法可以建構「知道該怎麼做」的歷史。參考阿爾德利克的「知道該怎麼做」的資訊來源清單，也許是回憶、老祖母、醫師和護理師或親友，然後以一九四〇年代的歐蒂絲和歐妮・李為中心向外發散。接著，找尋在書頁以外、更為豐富的與嬰兒有關知識和行為的歷史，進入更廣大、最常產生專業技術知識（know-how）的生活世界（living world）。

「自身成長過程中的模糊記憶」？我自己的童年回憶是凌晨兩點用奶瓶喝奶，母親是家庭主婦，而父親是推銷員。用「模糊記憶」來形容，大概八九不離十。回憶中有一段靜止的時間，填補其中的是夏季薄毯的一襲白色，傍晚時分窗簾透出光線的靜物景象，父母親之間激烈的言語交鋒，家人之間的溫馨情感。我確知自己備受疼愛。但我不確定到何處為止是自己的回憶，從何處開始又是父母在餐桌上講述的我嬰幼兒期和童年的故事。

如今回想起來最令我驚愕的，是嬰孩完全缺席。我們家和親戚來往並不熱絡。嬰兒只會出現在別的地方，離我們又高又遠：也許在對面人行道上的嬰兒車裡，或遠景中的圖書館或戶外遊戲區裡。家裡沒有任何殘存的專業育嬰技能知識，只有妹妹在嬰兒車上踢著我的座位的遙遠殘響。

像歐蒂絲・柏格這樣的一九四〇年代女人自身成長過程中的回憶？根據阿爾德利克的《寶寶是人類》一書，受過大學教育的民眾對於自己嬰兒時期和童年的印象依稀是「嬰兒獲得母親照顧、疼愛，或是抱著搖哄是錯的」。他們這一代在嬰兒時期受到嚴格規律的教養，哄抱安撫縮減至最低限度——「可說是『不經人手碰觸』，像我們買的節慶拉炮一樣用玻璃紙裹得好好的」。這是第一次世界大戰期間及其後十年間育嬰方式的特色，在育兒書中十分常見。被裹起來的寶寶獨自留在嬰兒床裡，不與任何人接觸，沒有絲毫不滿，這是特魯比・金恩那個時代閱讀育兒書的中產及上流階級嬰兒的特色，或者說是滑稽諷刺的呈現。「必須幫孩子養成規律作息，這一點再怎麼強調也不為過。」一名母親如此表示。[3]

或許歐蒂絲・柏格還記得自己在一九二〇年代優渥安適的嬰兒期和童年時光，只不過在她於紐約的公寓書寫往事時，這些印象並未明確浮現。但確實有一位女性長輩讓她意識到，二十世紀初對嬰兒作息的安排其實十分嚴格。這位長輩回憶道，她家老大很容易就適應安排好的作息，但是老二滿周歲之前幾乎天天因為肚子餓而哭叫。歐蒂絲揣想，或許這解釋了她的表兄弟如今為什麼這麼躁動不安，不願受到拘束。歐蒂絲小時候是個「男人婆」。家裡沒有嬰兒讓她照顧，她在家也不玩洋娃娃。在她自己生下小寶寶之前，她對嬰兒顯然一無所知，而能填補知識真空的，是描繪筋疲力竭的家長抱著尖聲哭喊的嬰兒來回踱步的古怪雜誌照片或漫畫。

那麼，歐妮・李・羅根的一九四〇年代世界以及她的回憶，相比之下又如何？在聯合國和大企業進駐之後，紐約（對富裕階級而言）儼然繁榮的世界首都，但阿拉巴馬州經歷較長時間的蓄奴和種族隔離，而經濟大蕭條造成的影響猶存，情況更是雪上加霜。像歐妮・李這樣的黑人女僕，進入白人僱主家時只能走後門或側門。歐妮・李在馬倫戈郡（Marengo County）甜水鎮（Sweet Water）度過童年，她在這裡學習幫忙採集藥草植物。如果嬰兒開始長牙，可以用松節油和「肥豬肉」滴落油脂調製的藥膏抹在寶寶的牙齦上。豬草（bitterweed）是一種開黃色小花的植物，用於治療嬰幼兒夏季熱的效果很好。這些療方據稱最初「源自印第安人」，經由像歐妮・李的母親這樣的產婆保留下來並傳給後代。[4]

在這幾十年間，窮困的黑人家庭與白人上流階級家庭相較，通常子女眾多。歐妮・李在十六個兄弟姊妹中排行第十四，所以她小時候可能不用帶很多弟弟妹妹。但大家族中還有很多親戚家裡會有小寶寶，世代和家戶之間的界線也模糊不清。老一輩家教甚嚴。童年時期就是該循規蹈矩，還有練習幫忙家務。瑪格麗特．查爾斯．史密斯也是阿拉巴馬人，住在往北一點的尤托（Eutaw），她回憶道：「我從小就被教導任何事情都要盡可能學一點，因為你不知道什麼時候有可能得去做其中的某些事。」她向當地喬克托族（Choctaws）學了一些祖傳療方。

如果從歐蒂絲．柏格和歐蒂絲．柏格的特定回憶再向外發散呢？長大成人之後，腦海中會浮現哪些與教養有關的回憶？在回憶錄或訪談中偶然憶起的幾則趣聞軼事，顯現的是似乎有其重要性的記憶，也許是童年的特定狀況，或是對嬰兒的熟悉。這類軼事是記憶的記憶，是零碎片段的零碎片段。

「媽媽將我揹在背上。我原本在嬰兒背板上一直動來動去，她從背板上把我抱起來。我記得在媽媽背上的感覺。」一名溫尼巴哥（Winnebago）婦女生於一八八四年，她最早的記憶裡有湍急的水流，和一個女人揹著空空的嬰兒背板。山狼女（Mountain Wolf Woman）的義姪女是威斯康辛大學（University of Wisconsin）的人類學家，她告訴她自己和母親、姊姊當時正要離開城鎮回家。她們一起橫越湍急的溪流。她姊姊走在前面，抱著空的嬰兒背板，還稍微提高裙襬方便涉水。早期記憶大多模糊不清，但可能有一個印象格外清晰精準。山狼女的母親認為女兒是因為害怕，才記得列維斯溪（Levis Creek）和空空的嬰兒背板。研究人類學的義姪女認為她會記得，是能夠憶起年僅兩歲時的事件，在溫尼巴哥人眼中乃卓絕智慧的象徵。至於山狼女長大以後使用嬰兒背板的方式如何受到這段記憶形塑，我們無從得知。[5]

「我在一群小小孩之中長大，我自己還是小孩時就幫忙照顧他們」，白人殖民者瑪莉亞・布朗（Maria Brown）講到一八二〇至一八三〇年代在俄亥俄州度過的童年時如此回憶道。她們住在艾姆斯維爾（Amesville）殖民聚落，她的母親習慣在感覺母奶快要「出來」時，匆匆離開教堂趕回家餵奶。她們家的房子裡其中三個房間，還住著帶了小小孩的親戚。瑪莉亞的父親於三十三歲時早逝，母親因此再婚，她八歲時有了第一個同母異父的妹妹：「妹妹全都由我照顧，我就照著以前看到媽媽帶孩子的方法……媽媽說她只負責餵奶就好。」先用眼睛看，接下來就是動手做。然而帶孩子的經驗對於瑪莉亞個人母職的幫助極為有限，她在一八四六年生下兒子：「我幾乎毫無準備。」在她的兒子出生之後，更重要的或許是家庭的期許。當時已經比較大的繼妹開始幫忙她帶孩子——在十九世紀的拓荒家族中十分常見。[6]

在某些時期和地方形成一種習慣，即家庭中會由某個女兒負責照顧其他手足，於是照顧嬰孩也成了教養中的一環。維多利亞時期家境優渥的大家庭，通常會指派長女擔任代理母親的角色。瑪格麗特・麥伊溫（Margaret Mcewan）在雙親前往克萊德（Clyde）海岸度假時，負責待在家照顧五名弟妹。她的父親寄了一封信回家，教她要過得開心，控制脾氣，早上準時起床當弟妹的好榜樣。[7]

二十世紀勞工家庭的女兒們，無論什麼族裔背景，都記得少時曾照顧弟弟妹妹：安妮・梅格納・鄧斯特（Anne Megna Dunst）生於一九〇五年，長大後成為劇作家，身為西西里裔美國家庭裡的長女，她曾照顧過年幼弟妹。「抱著你妹妹，等我把工作忙完。」她母親說。安妮記得自己六歲時獲贈一雙鈕扣踝靴，還用平紋細布幫剛出生的弟弟縫了一頂嬰兒帽。她和最小的妹妹同睡一張床。有幾個弟妹很得安妮喜愛，有的則否。「大家當然都會跟小寶寶玩，」蘭開郡普雷斯頓一位英格蘭店主菲利浦太太（Mrs Phillips）回憶道，「你不會去玩洋娃娃，會跟真的小嬰兒玩。家裡有很多小小孩，你會很高興有一個可以讓你照顧一下。」她的父母有十一個孩子。在她年少時生活的蘭開郡，性別角色涇渭分明。女孩擔任各自母親的學徒，而男孩多半被派出門幫忙照料田地，或跑腿買東西。訪談者追問她如何看待這樣的角色：「所以你真的是姊代母職？」回答是：「我就像個小老太婆。」[8]

照顧嬰孩有時候感覺像小孩子扮家家酒，有時候是辛苦的育嬰工作。在蓄奴制施行的數百年間，奴隸女孩通常很早就有照顧黑人或白人嬰兒的經驗。一八一八年在北卡羅萊納州一座種植園，伊麗莎白．凱克利（Elizabeth Keckley）四歲時就照顧過主人家的新生兒：黑人小孩伊麗莎白照顧同名的白人嬰孩。她的工作是推動搖籃，驅趕會停在嬰兒臉上的蒼蠅。回憶中夾帶暴力：讓嬰兒滾到地上的話就會遭到惡狠鞭打。[9]

曾為奴隸者於一九三〇年代接受白人訪談者訪問，吐露記憶中照顧嬰孩的點滴，一則則軼事經過重述和美化：瑪麗．史密斯（Mary Smith）在七歲時碰上奴隸制告終，她開始在家照顧弟妹。她知道用一塊肥肉可以讓嬰兒保持安靜；她的母親從前習慣「在下田工作之前在我的連身裙上別上一塊肥背肉，小寶寶一哭，我就抱他起來讓他吸肥肉」。曾為奴隸的女人如席薇亞・魏斯朋（Sylvia Witherspoon）能夠準確判斷嬰兒的體重和揹在身上的感覺：她的母親會「把家裡最小的孩子綁在她背上，玩耍時也不會不方便。」南北戰爭之前，在大型種植園的奴隸宿舍裡，白天滿是照顧黑人小嬰兒的黑人小孩。

有些人很珍惜童年時周圍很多小嬰兒的回憶。一九七〇年代，凱西・卡德（Cathy Cade）回味快樂的童年時光，並以此織就長大成人後的女同志身分認同：「從前我全身上下每個幫忙帶弟弟妹妹、喜歡跟他們相處的部分又活過來了。母職讓我的『T傾向』（butch）大為滿足，或者其實是主宰的『婆傾向』（femme）？」*阿爾德利克夫婦於一九四二年在著作中將童年記憶列入育兒知識來源，無疑反映了他們在心裡層面上對於個人成長過程如何形塑自我的看法：記憶是通往心靈的鬧道；心靈形塑我們體驗和行事的方式。不過關於教養的記憶也可能成為見習經驗、扮家家酒或創傷經驗。記憶可能承載不同的指控和後果。我自己關於嬰兒期和小寶寶的記憶感覺淺淡遙遠、很不真實，就連跟姊姊講電話時都不曾聊起。[10]

「祖母和外祖母都說過的話」？在阿爾德利克夫婦的書中，將耆老長輩的知識描述成親戚給

*譯註：「butch/femme」類似「T／婆」之分，分別指稱氣質打扮偏向中性陽剛或陰柔的女同志。

予核心家庭的建議。祖母和外祖母分別提供她們的建議。將這句話置於更廣大的脈絡下，便能在世代之間建立起強而有力的連繫。祖母級的產婆、「老人家」、「老一輩」，這些年長的婦女一直以來皆是保存傳統技能知識的資料庫。

在我週而復始的育嬰生活中，寶寶的祖母們大多不在場。M有三位祖母：一位在遠地照顧我體弱的父親，一位是K的繼母，她自己並未生小孩，還有一位是K的母親，她從數百英里遠的地方開車過來探訪，講了些帶孩子的趣聞軼事，但很小心避免指點媳婦該怎麼做。「他真的很難受，對吧？」這股同理心激起甚至改變了我和她之間的親密感。她明智地發問，而非指教。「他的腸胃好點了嗎？」

歐蒂絲．柏格有一些親戚住在紐約郊區，而她的父母家與她家相隔僅數個街區。歐蒂絲對照顧嬰兒幾乎一竅不通，她在日記裡寫說覺得不知所措。她覺得在曼哈頓的公寓裡照顧小寶寶是面臨「重大危機」，身邊卻沒有什麼人可以請教。她需要的是「過來人或熟人的建議」。歐蒂絲形容「母親」是「家中權威以及人情世故大全」，但她母親在《日記》裡的形象比較偏向不同世代的對比人物，而非分享珍貴經驗的角色。她身為新一代的媽媽，認為時代已經不同，拒絕嚴格安排寶寶作息，對於自己母親什麼都聽醫生的大為惱火。「要是有一天我發現自己把心思都放在維持規律的育嬰作息，而不是放在寶寶身上，我就知道自己失敗了。」日記中如此記述。歐蒂絲採行精神分析育嬰法——寶寶討厭洗澡也許是因為出生時的潮溼造成他的心理創傷？——但是她的母親「不信心理學」。[11]

小寶寶的內祖母偶爾會提出意見，同樣未獲採納。歐蒂絲採行需求性餵食、以孩子為主的育嬰法，表示她必須投注極大心力解讀和觀察孩子的需求，但是祖母認為嬰兒發出聲音並不是在溝通。

這些世代之間無法連結的狀況，可能會因為其他家庭中的關係張力，也就是額外的幽微文化變遷而加劇。歐蒂絲的母親最初成為人母時，母職角色是女性理想中的形象，以母愛、犧牲奉獻和科學建議為基礎的全方位身分。她的婚姻不幸，但她並未離婚，認為責任義務比主動自發更為重要，她的作法讓女兒歐蒂絲無法原諒。在不同文化混融的一九四〇年代，興起一股前所未有的「反母」情緒。菲利浦・懷利（Philip Wylie）所著之《惡人世代》（*A Generation of Vipers*）一上市即大為暢銷，書中新造「唯母主義」（momism）一詞來指稱母親威權專制、嘮叨說教的明顯問題。許多年輕白人婦女覺得，書中對於維多利亞時期女性濫情拘謹作風的尖酸嘲諷大快人心。有些女性主義者疾呼懷利大張旗鼓宣揚厭女。也有些人分析是不平等的境遇迫使母親尋求不當的權力，她們的生活侷限在家裡，太過狹隘。

歐蒂絲即是在這個變動中的時代，將母親呈現為「家中權威以及人情世故大全」又加以反轉。在大學教育普及的一九四〇年代，老祖母的意見偏向凡事都應如何如何的權威作法，很容易被視為老派過時甚至專橫獨斷。歐蒂絲的母親似乎心知肚明。日記中寫著：「母親認命地說：

『好吧，我可以告訴你怎麼安排餵奶時間，給你幾件小小的連身毛線衣，但是我知道這些現在都落伍了，現在的小寶寶絕對不會穿毛線衣。』」

一九四〇年代美國南方的黑人母親學習母職，主要是看自己的媽媽怎麼帶孩子然後照著做。雪麗．艾略特（Shirley Elliott）於一九四三年在北卡羅萊納州生下第一個孩子，她接受訪談時表示：「噢，我也不知道怎麼學會的，但是你知道的，就用看的，就是看〔媽媽〕怎麼餵孩子啊，怎麼換尿布啊，你知道的。就用看的。因為你也知道，當媽媽的……她們不會，她們沒空教你怎麼做。」露絲．庫柏（Ruth Cooper）如此描述：「孩子從小到大該怎麼生活，我的母親都安排好固定模式，我就是這樣學會怎麼照顧孩子……她會告訴你什麼該做、什麼不該做……以前家裡有其他小孩的時候，大多是我在照顧。」相較於歐蒂絲．柏格所處世界的世代對比，上述展現的是親族關係和延續。觀察和行動會覆寫並延伸與教養有關的記憶。[12]

在美國南方黑人的世界，除了跟在自家媽媽身邊耳濡目染，還有歐妮．李這樣的祖母級產婆的「婆媽之智」作為補充。這些在社群中備受尊敬的婦女，對於嬰兒和生產皆瞭若指掌。歐妮．李學習助產術的對象包括她早逝的母親，以及曾當過奴隸的祖母。與她同時代的阿拉巴馬人瑪格麗特．史密斯（Margaret Smith）的助產知識技能則習自生於非洲、將她帶大的祖母：「我的祖母被人帶到這個國家販賣為奴，我知道的一切都是她教我的。她會知道這些，是因為她被帶到這個國家時，講話對答的方式都已經是老大不小的女孩了。」歐妮．李和瑪格麗特展現的知識技能中，混合了正規醫學、當地原住民療方和非洲療法。如要緩解嬰兒長牙時的不適，療方可能是將一種藥草（tread sash）或裝著上下倒放的鼴鼠腳的小袋子繫掛在寶寶脖子上。治療塞奶問題的方法則是「取一把梳子由上往下將乳房梳順。用髮梳通乳就跟疏通乳牛乳房一樣有效。」熟悉的農村經驗形塑了產婆與哺乳媽媽彼此之間的理解：髮梳可以疏通「堵塞處，第一次幫孩子餵奶時就像幫小牛餵奶一樣抱著她，感覺乳汁從乳頭流出來。」[13]

到了一九四〇年代，在政府規定的受訓和執照考核之下，類似的民間助產知識技能多少經過重新形塑，已有醫學守則可供依循。歐妮・李後來受訪時告訴畢業自哈佛大學的訪談者，她在原本的療法中融入正規醫學，形容為「從她的腦袋向外發展」。她說明自己如何即興發揮，成功勸阻當爸媽的不再和小嬰兒同睡。進行睡眠訓練必須讓嬰兒睡在自己的床鋪上，就算沒有床，「也得找一個櫃子抽屜放顆枕頭充數」。歐妮・李多半會準備小枕頭和床墊，讓寶寶睡在硬紙板箱盒裡，或者把兩張藤編直背椅放在一起，用床單在周圍繫綁固定，再放一顆枕頭當床墊。在尤托的瑪格麗特・史密斯也受過醫學訓練，但她比較常反其道而行。她知道有藤編坐墊的直背椅很適合讓產婦倚靠，她接受過嬰兒應該睡在「周圍鋪墊棉花的硬紙板箱盒之中」的明確指示，但她說：「我通常讓寶寶和母親睡在同一張床。」也許歐妮・李比較守規矩，也許她是受到身為年輕白人女性的訪談者保護，與瑪格麗特・史密斯合作進行訪談和記錄內容的是一位在牙買加出生的黑人學者。

老一輩提出建議時，新一代的父母親會如何去聽他們的話和解讀他們的行為，主要取決於脈絡。有些社會假定年輕一輩會承續傳統，也有些社會預期會有進步或代溝，或對於育兒抱持懷疑態度。有一句近代早期的諺語說一盎司的「婆媽之智」值一磅的教士講道，認為婆婆媽媽的常識比教會講道更有價值。但是「mothersome」一詞在一八四〇年代的意思是跟當媽媽的一樣焦慮，而動詞「to mother」可能意味著「以過度慈愛的方式照顧」。拒斥母親苦口婆心勸告的方式不勝枚舉。[14]

「我不知道除了用眼睛看、用耳朵聽以外，」牧羊人海倫・克雷希（Helen Claschee）表示：「還可以用什麼方式學習，看久、聽久就知道什麼該做，什麼不該做。」納瓦霍族（Navajo Nation）的海倫於一八八〇年代出生。在她年輕時生活的世界，男女一起牧羊、鋤地、採收作物和接生小羊。男人還要種植作物，女人還要煮飯、織布和哺餵嬰孩。談到母職，海倫回憶道：「老一輩叮嚀的就只有『當個好媽媽。好好持家。好好思考。』」納瓦霍族是從母居（matrilocal）的社會，母親和孩子都與「母系祖母」（masani）關係密切，典故諺語皆以母為尊。世代之間長久以來互助互惠，而各家的祖母往往會幫忙帶孩子。但是海倫的祖母「大牙縫女」（Big Gap Woman）很會打罵孩子，是學習母職的負面例子，因此她避免與祖母接觸。[15]

一九五〇年代，在勞工階級為主的倫敦東區貝斯諾格林（Bethnal Green），祖母的意見極具權威性。瓊安・威金斯（Joan Wilkins）住在娘家附近的會幕建築群（Tabernacle Buildings）。她說寶寶要是有什麼狀況：「我通常會去找我媽，跟她聊一聊。」她們母女早上常常一起買菜，她也許還會回娘家喝午茶或吃晚餐。但是母女親密無間、分享生活大小事的情況有所改變。隨著新成立的小家庭遷出倫敦東區（East End），搬入新的住宅區如格林萊（Greenleigh），年輕媽媽們開始想念自己的母親。[16]

或許因為新手爸媽旅居或遷居外地，祖母無法跟小家庭在一起，她們的知識依舊可以跨越距離，透過信件傳遞。美國的法蘭西絲．塔托（Frances Tuttle）於一九〇三年前往中國傳教，她擔心自己生下第一胎後「可能會不知道『該拿孩子怎麼辦』」。應不應該「讓寶寶在熱天穿法蘭絨」，她在信中向母親請教。進入二十世紀許久之後，美國中產階級婦女如法蘭西絲，仍常將生產和育兒視為世代之間最強而有力的牽繫。要縫幾套嬰兒服比較好？有些當祖母的說話可能相當直白。一九〇一至一九〇二年在紐約市，三十六歲的安妮．溫瑟．亞倫（Annie Winsor Allen）收到母親來信，信中建議她的丈夫與她和小寶寶分房睡。「我幾乎希望自己不曾知悉你們如此卑下的生活細節，」她的母親如此寫道，認為各有各的房間才符合中產階級的期望，「這種事我從未聽聞……除非是住在多家分租的房屋。」她的評論中也提及新鮮空氣，以及育嬰房內應維持適當的冷熱溫度。[17]

祖母或民間產婆的獨特見識包含實作經歷和天賦，類似引水人、木匠或政客經久培養出的巧智。我想到珍・夏普於一六七一年所著《產婆之書》中關於孩子的少少幾頁。夏普記錄了近代早期注重風俗習慣與傳承延續的世界中，女性所具備的專門知識技能，以及日常的作法慣例。不要讓孩子醒著「超過他能醒著的時間」，她寫道：「而要想辦法讓他睡著，例如放在搖籃裡輕搖，唱搖籃曲給他聽。」此外，「要常常將他抱在懷裡，帶著他跳舞」。不要讓孩子「一次吸太多，而要分好幾次」以幫助消化。哺乳時左右兩邊輪流餵。這是現今我們所能企及最接近於十七世紀英格蘭代代相傳的育兒資訊，年長女性的知識傳承如此連綿不絕，以致於幾乎沒有寫成白紙黑字的需求。[18]

進入二十世紀後，民間產婆仍持續教導育嬰相關的知識技能。（凡是有現代醫學和相關規定傳入的時期和地方，她們被稱為「傳統」產婆。）蘭開郡的媽媽們稱這些穿白圍裙的訪客為「打雜婦人」（handywoman）或「太太」（missus），她們比較喜歡民間產婆，因為產婆比具有醫學執照的助產士更親切，也沒有那麼一板一眼。十九、二十世紀之交於紐約下東區（Lower East Side），猶太和義大利移民族群的產婆給予建議時，則援引所屬族群的悠久傳統。蕾蒂希亞・塞爾佩（Letitia Serpe）是來自濱臨亞得里亞海的港口城市巴里（Bari）的移民，她回憶產婆用包巾將她的第一個孩子裹住，說如此「孩子的雙腿才會生得又長又直」，還教她等寶寶有需求時再餵奶。[19]

二十世紀初期數個世代以來，祖母輩和打雜婦人將較古老的知識形式與醫學公衛觀念相互結合，融合現代殺菌消毒法與「婆媽之智」。一八九〇年代持續擴張的倫敦城郊克里克伍德（Cricklewood）地區有不少年輕夫婦入住，產婆雷頓太太（Mrs Layton）的作法就結合了當地醫師的醫學觀念。同一時期，移民至美國的「第一代日本移民」（Issei）婦女，則向於日本接受訓練、結合傳統和現代新醫學專業的助產士尋求建議。助產士的協助「理所當然」（atarimae），而且格外寶貴，因為年輕女性移民的娘家媽媽和婆婆通常都還留在日本。下村德（Toku Shimomura，音譯）和別府皐（Sawa Beppu，音譯）皆是西雅圖頗富名望的產婆，會示範幫嬰兒洗澡的正確方式，或是推薦新手媽媽使用來舒抗菌清潔劑。尤其在移民社群中，產婆可能是**唯一**的長輩意見來源。[20]

新墨西哥州的聖米格爾郡（San Miguel County）遍布丘陵、平原及紅鏽色山脈，從一九二〇年代到一九七〇年代，此地數千名說西班牙語的美國婦女皆以潔希塔・艾拉貢（Jesusita Aragon）為師。潔希塔的知識技能承繼自祖母和老一輩的西班牙產婆，她也在當地城鎮修習過助產課程。媽媽吃豆子，喝母奶的孩子身上會有草味。用大手帕包住寶寶能夠撐托頸部，除非寶寶「動來動去、不想被包住」。紅河鎮（Red River）一名婦女藉由喝啤酒和「讓寶寶在胸前吸吮」多日，得以幫非親生的嬰兒哺乳。寶寶若體弱多病，喝洋甘菊茶很有益。要常剪指甲並保持清潔。[21]

「祖母和外祖母都說過的話」總括了世代之間相傳的一切，不只是祖母、某位女性長輩或年長鄰居的知識技能，也包括傳統產婆和民俗療法施行者的「巧智」。這種傳承共享的知識往往通俗務實，無疑是以經驗實證為依據，實作示範多於口說。我好想念我媽。是我選擇生活在與她相隔千里之地。不能怪她離我這麼遠，但我心底確實介意。

「醫師謹慎且有科學證據的指示……保姆講述她照顧其他嬰孩的經歷」？在阿爾德利克夫婦一九四二年出版的育兒書中所描繪的世界，醫院內設有「餵奶時間固定」的育嬰室，而且一般會預期產婦需帶著新生兒首次回診檢查：在這樣的世界，遵循包括育兒指南在內的醫學專業完全是例行公事。然而，醫學知識其實是新近才開始普及大眾。以美國為例，即使是在十九、二十世紀之交的數十年間，在生下健康寶寶的識字婦女依循科學育兒指南並諮詢醫師的風氣盛行許久之後，全美可能還有半數婦女並未接受專業的醫學建議或照護。其中也包括歐妮·李·羅根在阿拉巴馬州的族人。地方上很晚才開始出現醫師、護理師、診所和宣傳小冊，有時受到民眾歡迎，有時則否。

我得帶寶寶去家醫科診所作「健康檢查」，這種作法始自二十世紀初一九一〇至一九二〇年代。法蘭克林醫師（Dr Franklin）直爽坦率、冷靜務實。她安慰我：有些家長確實覺得在孩子出生後第七到十二個月這段時間加倍辛苦，每個寶寶不同，有些爸爸媽媽睡眠不足反而更嚴重。體重、身高、耳朵、喉嚨、肚子。胃食道逆流的藥就繼續吃；他愈長愈大了，我們調整一下劑量。繼續親餵母奶。她對待我的方式彷彿我很聰慧，在診間時我也這麼覺得。是一種鏡像效應嗎？我揣想，就像我們跟小寶寶像照鏡子般互相模仿？我朝他吐舌頭，他也朝著我吐舌頭。他露出笑容，我露出笑容。

在歐蒂絲・柏格生活的紐約，醫學專業以多種形式呈現。醫院員工教她如何沖泡配方奶粉，提供新生兒身高、體重、奶粉配方和作息紀錄讓她帶回家。一名醫師表示某件事「太複雜了，很難解釋」，歐蒂絲覺得這反映了「許多男人對待女人高高在上的態度」。一名護理師前來家訪時，「態度像社工一樣」令人反感。另一方面，有一位「好心的女醫生」很熱心幫忙，支持她改成在寶寶想喝奶時再瓶餵——歐蒂絲不固定混用兩種方式，稱之為「需求型定時餵奶」（demand schedule）。同時，她的丈夫大聲朗讀斯波克寫的育兒書（一九四六年初版，採用打破嚴以育兒傳統的友善風格），引來「開心歡呼」。歐蒂絲發覺整個育兒機制比她預期的更加重大，最後她開始實行她認為的理性觀察，努力與「書裡寫的」內容對話。「現代女性，」她指出，「並不如許多專家似乎認為的那樣迷惘。」[22]

諸如此類揀選醫師專業意見的作法，在中產菁英階級中已有相當長的歷史。一百年之前，在一八四〇年代，社會改革家伊麗莎白・凱迪・斯坦頓（Elizabeth Cady Stanton）盡可能「讀遍所有」育兒主題書籍。她發現「有一道強光照亮黑暗：是蘇格蘭顱相學家安德魯・康布（Andrew Combe）關於『嬰兒期』的著作。」隨著科學主義於十九世紀晚期興起，這種挑揀選擇有可能變成母親們的迫切義務：一名母親寫信給《嬰兒期》雜誌，認為「持續研讀這類文獻」是「母親的專職」。大部分的建議與法蘭克林醫師給我的意見大相逕庭，是以無比權威的語氣傳達，更暗示當媽媽的自作主張並不安全。歐蒂絲的女性長輩講述嬰兒作息和不停哭鬧的往事時，曾反問她：「假如醫生告訴你要這樣做，你不照著做難道不會擔心嗎？」但不是所有媽媽都完全服從醫師指示。一九三〇年代，瑪莉安．馬克斯（Marion Marks）出身「社經地位良好」的非裔美國家庭，她的先生是教師，她根據醫師建議安排了幫寶寶餵奶的作息。但是她從來不在每天凌晨兩點的餵奶時間叫醒寶寶：「我絕不會為了餵奶叫醒寶寶，對我來說，在寶寶不餓時為了餵奶叫醒他，實在很蠢。我看不出這麼做有什麼道理。」她的醫生也同意：「那樣非常好……你應該教其他媽媽也這麼做。」[23]

斯波克的育兒指南風格獨特，讀者認為該書面面俱到，而且不像其他育兒書權威專斷。一九四六年的版本以此句開場：「你知道的其實比你以為的還多。」牛津一位母親具有大學學歷，於一九四八年生下頭胎，她指出：「斯波克醫師出現了，他的說法合情合理。」一九五〇年代晚期另一位母親則宣稱：「斯波克醫師算得上當時育兒知識的唯一管道。」還有一位母親的心得格外直接地呼應歐蒂絲．柏格的經驗：先前幾代「是用老派方式養大的，孩子哭就隨他去哭，你知道嬰兒車就在院子裡，孩子得學著長大。」但是她採取不同的作法：斯波克醫師「教養孩子的觀念走在最前端」。密蘇里州倫納德伍德堡（Fort Leonard Wood）一名軍人太太認為斯波克「太棒了，尤其是在新手媽媽住得離老家很遠，沒辦法一有狀況就向娘家母親求援的時候。」[24]

瀏覽育兒指南之際，我記起十九世紀晚期到二十世紀的媽媽手冊，這些手冊輕薄短小，目標讀者是城市和鄉村中的貧困母親，標題可能是「育嬰須知」或「加拿大母嬰手冊」，讓人聯想到診所、社工和公衛人員。這些手冊的目標讀者是如何尋求醫學專業意見的？

美國兒童局於全盛期發行的《育嬰須知》約有一千兩百萬名讀者，這些平凡婦女讀者寄了數百封信給政府機關的專業人員尋求建議。「山裡人家的孩子隨便養隨便大，他們說我家孩子是『照書養』的」，維吉尼亞州一位姓名縮寫為H. S.的太太於一九一七年冬天如此寫道：孩子有腹瀉問題，請給予建議。「我在固定時間餵奶，」她進一步以呼應《育嬰須知》處方用字的字句說明，而且「每天帶她出門散步」。（答：或許是餵食過量。）一九二四年，新墨西哥州一位N. F.太太寫信詢問，怎樣才能讓三個月大的寶寶不去吸自己的手指頭。「我把她的雙手固定住，但只要一鬆開，她就開始吸手指頭，而且又應該讓她可以活動手臂。我讓她戴無指手套，但她連手套也照吸不誤。」（答覆：在孩子手臂上放木條，或在孩子衣袖和床之間固定塑膠條，讓她可以活動手臂但手指不會碰到嘴巴。）紐澤西州一位C. S.太太發現即使手邊有《育嬰須知》，她還是搞不懂自家的寶寶；不知道奶粉配方是否正確？（聽從醫師建議，忽略其他「用意固然良善，但無疑不具任何科學價值」的意見。）[25]

而在歐妮．李．羅根生活的阿拉巴馬州黑人社群，可能並無公衛人員和醫師，或者即使有但無人重視。在一九三〇到一九四〇年代，政府停發補助之前，曾有一間婦幼診所（Maternal and

Infant Clinic），但該地是三K黨的地盤。她推測窮困的黑人會傾向找產婆，因為診所是由白人經營，他們害怕白人醫生。日後憶起這段往事時，她認為這種情況與奴隸曾被當成人體實驗對象的歷史有關。歐妮．李推估阿拉巴馬州大多數民眾並未前往診所，阿拉巴馬州婦幼衛生局（Alabama Bureau of Maternal and Child Health）可能也會認同她的看法。一九四四年的統計數據顯示，全州婦女曾前往州立診所就診的比例為百分之十二。尤托的瑪格麗特．史密斯根據自己生產的經驗，一本正經地指出婦女「不太遵從醫生的指示，因為根本沒有醫生。」馬倫戈郡一名民權運動人士一語道破阿拉巴馬州於一九五五年的情況：「黑人只准做低賤的工作，當家庭幫傭或一般勞工……我們整個阿拉巴馬州很可能只有不到五名黑人醫生。」[26]

在其他社群，醫學專業比不上早期口耳相傳的知識形式。一九五〇年代於倫敦的貝斯諾格林，某位班頓太太（Mrs Banton）比較自家母親和「社福單位」所傳授的知識：「我比較相信我媽說的……她生了八個孩子，我們全都平安長大。帶孩子多少是看個人經驗，不是嗎？如果你住得離娘家很近，其實不太需要那些育兒建議。」她補充道：「我在醫院的時候，他們教我怎麼幫寶寶洗澡——你應該在膝頭上鋪條毛巾，讓他躺在上面。但是我一回到家，我媽就說：『不用這麼麻煩，把孩子放進水裡就可以洗了。』」[27]

M不想躺在任何人的膝頭上。如今他可以獨自坐起身來，直挺挺坐著的樣子十分滑稽，他斜眼瞄了一下旁邊，咧嘴而笑。

「朋友……的建議」？在社區活動中心，一位褐色捲髮緊緊紮起的婦女正在述說她的困境。她家老大上幼兒園，需要有大人帶著走到公車站牌等車，而這時剛好是還是小嬰兒的老二準備小睡的時間。她能讓寶寶待在嬰兒床裡，自己暫時離開十分鐘嗎？一位爸爸問說能不能請鄰居幫忙帶她家老大去等公車。我們大多是新手爸媽，沒辦法提供什麼建議。莎拉還沒到場。我認識許久的朋友都在工作，日常作息和我完全不同，即使我的育嬰假即將結束，這樣的對比仍然令我自覺羞慚。

M只要一哭，無論他在屋裡哪一處或在庭院多深處，我都聽得到，我自忖。如果是在街上，我就聽不到了。但即使到他七個月大，只要門口有什麼動靜或有人敲門，他就會醒來，所以我還沒什麼機會實地測試。

對於生活在阿拉巴馬州的歐妮・李・羅根來說，區分朋友的角色或者婆婆媽媽、七大姑八大姨、街坊鄰居的角色幾乎毫無意義。在她的家族和社群構成的世界中，並沒有由同世代的同輩另外形成的獨立朋友圈。在她漫長職涯中曾聽取她建議的眾多婦女之中，可能以一九七〇年代和一九八〇年代早期黑人、白人皆有的客戶群最為熟悉特殊的「朋友的建議」。在這幾十年間，拜民權運動的果實所賜，貧困的黑人社群終於也享有基層診所的醫療服務，也有反主流文化的年輕白人婦女受惠於歐妮・李的產婆知識。這些「白人女孩」不信任醫師和護理師強制專斷的專業指示，透過愛穿喇叭褲、氣味相投的「嬉皮型」朋友同儕介紹找到歐妮．李。（醫生並不喜歡這種競爭，歐妮．李記述道：「開始有一大堆白人女孩來找我，她們都很優秀，人很好，那些醫生就是從那時候開始抱怨的。」）[28]

在世代之隔以及世代變遷最為明顯時，就形成「朋友」這個特定類別，指稱分享知識與經驗的同輩。（「世代」的概念發展於十九世紀初期，是指生活在同一時期的人，將較年輕的一群與較年長的一群區隔開來。）許多生長在一九四〇年代的人皆有朋友這樣的同儕，不過嚴格說來不包括歐蒂絲．柏格。她從小就是男人婆，長大以後也獨來獨往，自稱是「孤狼」。她有幾位大學時代的室友，會參加家庭派對，也會前往郊區拜訪一位家有雙胞胎的同儕，都是與同世代其他人有所連結的標記，不過她似乎不是會向閨中密友請益的類型。

「重要的是，成員應能自由抒發一己辛勞，應能彼此同理共感，並且在情況艱鉅時從彼此的經驗獲益」，一八四〇年由哈維．紐康執筆的《母親協會手冊》（*Newcomb's Manual for Maternal Associations*）如此寫道。透過「朋友建議」獲得育兒知識的歷史中最顯眼可見的部分，無疑是媽媽們組成的團體。於一八一〇年代到南北戰爭之間成立的美國福音派「母親協會」成員只是其中一例。這些團體相互交流從孩子嬰兒時期就開始施行的「管教訓練」之道，很多團體也創建圖書館，混用不同種類的育兒知識。在他們的討論中，孩童的心智被想像成如水一般，很容易就能操控改變。在猶提卡（Utica），由團體成員擬定的章程明確指出同一世代有如手足般的感覺，與母親、祖母、姑姑、阿姨等女性長輩截然不同。每位母親應該「在情況顯示似乎有其必要時，分享自身經驗供她的成員姊妹參考」。團體偏好將成員視為情同姊妹，而成員之間藉由自我揭露和同情共感來建立連結。[29]

在十九世紀的英國城市，通常在對教區有強烈責任感的中產及上層階級夫人女士支持之下，婦女會相互結識，形成人數不少的團體。一八九〇年代倫敦基爾本（Kilburn）的婦女社團一般成員數達到三百人，人數多到讓社團主持者有些擔心，他們個人的期望是宣揚基督教徒母親角色以及神聖家庭生活等維多利亞時期價值觀。倫敦各個婦女團體聚會時，比較常見的人數是六十到七十人，社經地位較低的成員會有不少機會交談。成員在冬天的出席率會特別高，因為教堂大廳和學校教室等聚會地點會有暖烘烘的壁爐。聚會通常在白天舉行，此時成員們的丈夫都還在工作，時間約兩或三小時，通常在開始和結束各有一次禱告。較大型的聚會活動會設置臨時育兒室（crèche）。年輕媽媽可能會領到廉價書冊或有益身心書籍的摘錄本，或是隨便什麼用小塊打折布樣縫綴的女紅，然後被帶到一邊去。我們不知道她們是否讀了這些書冊，也無從得知她們的談話內容是在聊縫紉或懷中的寶寶。偶爾有一些後來留下的評論暗示，一些「可敬的」婦女因為受不了那些「閒言碎語和乞討索要」而退出社團。[30]

家父是出身這種社群的子弟，提到有益身心的書籍，他可能會尖刻批評一番。在身體比較健康的時候，他喜歡回憶以前跟著他信奉社會主義的母親參加「有益身心」聚會的情景，他們吃三明治、喝裝在馬克杯中的熱茶，大廳裡擠滿街坊鄰居，他母親聽著所有要行善做好事的言論，憋笑憋到肩膀一聳一聳地顫動。

「我們成立了一個社團，在裡頭大家都是朋友。」費城的瑪莉安．馬克斯於一九三〇年代如此回憶，她協助成立了中上階層黑人母親的社團。這些女性年齡相近，來自醫生、牙醫、喪葬業者、教師或企業主家庭，分散在城市的各個角落，因為有了社團才齊聚一堂。她們的「娃娃團」（Tot Club）「讓孩子能聚在一起」。在威斯康辛州的加菲爾德（Garfield），當地婦女在該郡公衛護理師（county nurse）鼓勵之下創立了「寶貝棒棒俱樂部」（Better Babies Club）。[31]

一九五〇年代，一群志氣相投的婦女合作創辦了天主教媽媽社團，即後來的「母乳會」（La Leche League）。哺乳是寶寶有需要就餵，而非到了固定時間再餵；育兒是特別的志業；稱職的母親能夠培養孩子的信任感和安全感。二十年後合著《我們的身體，我們自己》的女性主義作者群對於母乳會出版品《親餵母乳的女性藝術》（*Womanly Art of Breastfeeding*）中的知識給予肯定，前提是要能忍受其中關於女人的角色就是生養兒女云云令人厭惡的內容。和她們同樣支持婦女解放運動的媽媽們組成共學共玩團（playgroup）和住宅合作社（living cooperative），試驗不同形式的母職，堅決反對走上那一點都不美好的回頭路。在一九七〇年代中葉的倫敦，泰莉．史雷特（Terry Slater）回想與母親相處的童年回憶，想到母親給予的是她不想聽的意見，而非她更想要的、不假思索的溫暖親情；她是在住宅合作社裡才學到如何育兒。

同儕之間形成的育兒觀沒有特定取向，對於嚴格管教或是疼愛寵溺的立場並不一定。這樣的育兒觀念有可能激起一股世代專屬時刻的特殊感覺，將以往不斷承續的傳統作法、閒話八卦、同情共感和最新發展，一切都改為以格外年輕青春的調性進行。[32]

一個人可能透過數種迥異的模式來了解如何為母育兒，可能是透過回憶、穿白袍的專家、產婆、長輩或朋友同儕。在任何人的人生中，或任一時刻，這些對象可能在場，可能缺席。他們的意見可能獲得採納，可能遭到忽視或拒絕，也可能調整適應不同環境。他們可能會被超越，例如「傳統」助產術中蘊涵的巧智，可能會體制化，走入診所看診間、母親社團或社區活動中心，也可能經由新的媒體重新流通。一九四〇年代捧著斯波克育兒書翻找索引的同一批牛津讀者，也可能聽過唐諾．溫尼考特透過英國國家廣播電台以含混不清的聲音宣傳他的招牌概念「夠好的母親」（good enough mothering），之後再和女房東閒話家常，或是出門參加婦女協會（Women's Institute）的聚會。

針對自身所處的二十世紀中葉，阿爾德利克夫婦特別指出這一點：知識的來源是很多元的，必須從中挑選。在一九四六年之後讀到他們的著作、在書頁空白處匆匆寫下評語的媽媽可能在讀到某段時深感贊同：就是這樣！對於兩位作者以及對於這位母親來說，這樣會造成「困惑不解」：某個問題、某種困境。從整體來看的論點會比較中性：對嬰孩的了解永遠是折衷融會的。

要了解如何為人母親養兒育女，必定牽涉到在或有意、或無意之中，將觀察、知識技能和實作加以融會貫通。這樣的融會貫通，以及這件事實浮現出來，乃因為世代變遷，或兩派專家意見或革新主張之爭，才浮上檯面——也只有在此時最為顯見。

就我所知，從前並沒有所謂簡單的傳統或純粹的形式。十七世紀英格蘭的珍・夏普指出，並不是所有當媽媽的都採用同樣的作法——有些事情可能有人知道，有人不知道。二十世紀初期的納瓦霍族推崇老祖母的知識，而海倫・克雷希發現她的親戚不是很好的例子。當知識老派過時，或者需要修正或以專業知識取代，很方便取巧的作法是稱說這種知識「很傳統」。傳統是個好用的標籤，要找代罪羔羊時可以用，要推崇讚賞時也可以用。但無論在任何時期和地方，當媽媽的都不是順理成章知道該怎麼帶孩子，也絕不會沒有任何不確定性。

社區活動中心裡，家裡老大上幼兒園、老二還是嬰兒的媽媽要怎麼送老大去等校車的困境還是無解。我保持溫順安靜，不去主導，對話已經慢慢轉成別的話題，中間穿插幫孩子換尿布和寶寶的哭聲。捲髮婦女是西爾斯醫師（Dr Sears）親密育兒法書籍的忠實擁護者，但書籍在這種情況下幫不上忙。好友莎拉來了。

第十七章　托育接送

托嬰時來回接送。將寶寶托給別人照顧，暫時離開一天，一夜，一季。接回寶寶。聽到隔壁房間照顧嬰孩的聲音，也許被人聽到。也許沒聽到嬰孩的聲音，哭聲、喊叫、笑聲，完全沒聽到。知道家戶之中，直系親屬裡，是哪個人在保護嬰孩免受不祥陰風吹襲。

我第一次將孩子托給別人看顧一個鐘頭，那時孩子在揹巾裡半醒半睡。柔軟的紫色布巾跨繞郭莉（Gaury）的肩背。有個皺褶，我調整了一下。「如果他醒來時鬧脾氣，你知道我們在哪裡！」這次實驗預示未來有望固定請保姆：我有機會做一部分工作，賺錢付帳單，享受兩人世界，感覺「回到正軌」。

郭莉是要搬離鎮上一年的朋友介紹給我們的。她是大學生，需要打工賺錢，家裡有哥哥姊姊，喜歡小寶寶，對我來說還是半個陌生人，我卻一下就要讓她參與我最私密的生活。一九六〇年的《紐約時報》形容保姆會讓住在郊區的夫妻能夠在週六晚上出門看場電影或打保齡球，「保姆」一詞在當時蔚為風行，沿用至今已有三十年歷史。二戰之後，現代青少女從一九四〇年代初期沿街站壁的「勝利女孩」(Victory Girl)演變成一九五〇年代趕時髦的「短襪妹」(bobby-soxer),居家托兒服務逐漸式微,家長托嬰(或托兒)之後再接回孩子的情況也有了特定版本。[1]

托嬰來回接送牽涉親屬和非親屬,時間可長可短,是為母育兒的不同稱呼。繼第一次托兒,以及如今再次托兒並在安靜下來的書桌前寫書時,我注意到其間的情感交流,以及育兒的三角關係。紫色嬰兒揹巾上沾染了我、郭莉和寶寶三個人的氣味。

一八四六年春天,許多年輕女性前往西部碰運氣,艾玫琳.史波丁(Emeline Spaulding)也是其中之一。她有一雙藍眼眸,儀態端莊,原本在麻薩諸塞州洛厄爾(Lowell)當女工,她的新婚丈夫打算去伊利諾州的大草原務農。比艾玫琳小七歲的妹妹露西(Lucy)也加入他們的行列,露西很喜歡寫信給老家的家人。馬車裡十分擁擠,露西很羨慕還是小嬰兒的外甥。穿越亞利加尼山脈(Allegheny mountains)途中,嬰兒幾乎整路都在啼哭,是全家唯一能對擁擠不堪的馬車廂表達自己很不舒適的成員。[2]

在洛厄爾的工廠工作那段日子,姊妹倆夏季時早晨五點就上工,冬季時則天一亮就上工,早上七點和中午各有半小時休息時間。有一段時間,她們坐在朝西可看到日落的窗前共用一台紡織機。機器嗡嗡鳴響,是新穎的十九世紀工業生活節奏。到了伊利諾州,兩個女人在外牆刷白料的木造小屋裡共用一間廚房,一起照顧小寶寶喬治(George),一起欣賞小麥田、牛隻和因平坦如鏡而得名的「明鏡大草原」(Looking Glass Prairie)。她們生活中面對的,從露西戲稱「半活生物」的工廠機器換成活生生的嬰兒。屋內有一張搖椅，她們會把孩子放在搖椅上哄睡，還有一張可供六人坐、沾有汙漬的大木桌，爐灶旁有一張碎呢地墊，屋子角落有一座放水桶的架子。屋裡大致上就是這樣，另外還有壁爐，和一張掛在未塗抹灰泥的牆壁上的拼布窗簾。

十九世紀初期的主流大眾仍抱持情感主義觀點，認為優渥家庭中應有一位盡職的母親，即使如此，露西扮演的仍是順理成章的妹妹兼家務幫手角色。而就如一八三一年《母親之書》（*Mother's Book*）作者所坦承，「中產」和較貧困的家庭無法全心全力照顧嬰兒：「打理其他事務會分散注意力，必須將重任委以……同胞姊妹。」露西早就知道該如何扮演妹妹兼家務幫手的角色。她在大約十三、十四歲時，在洛厄爾的工廠工作數個月後，曾被送回空氣中充滿鹹味的濱海城市貝弗利（Beverly），因為另一個已婚姊姊家裡有兩個孩子需要人手幫忙照顧。露西跟艾玫琳一樣愛看書：她曾一邊讀狄更斯的《老古玩店》（*The Old Curiosity Shop*），一邊「讓寶寶在腳邊玩耍，或讓寶寶躺在懷裡，就在還未整修完成的房間裡，周圍堆滿裝家當的大箱子跟麻布袋，充滿陌異的辛香氣味」。她在伊利諾州找工作，想到鄉下的中小學當老師；前往西部拓荒的白人婦女通常擔任傳教士、教師或家庭主婦。

兩年後，露西在前後兩份教師工作之間，一度又回去幫艾玫琳帶孩子：喬治已經夭折，下一個出生的洛娣（Lottie）比較愛找阿姨，不愛找媽媽。艾玫琳全家已經搬到拓荒城鎮伍德本（Woodburn），她的丈夫放棄務農，成為牧師，全家從簡陋的小屋搬進木屋。在艾玫琳號召之下，前往磚造小教堂做禮拜的婦女教友組成伍德本會眾縫紉社（Woodburn Congregational Sewing Society）。這些年輕女子在移居伊利諾州之前會讀卡洛琳．柯克蘭（Caroline Kirkland）所寫關於西部拓荒生活的作品，柯克蘭文筆機智、觀察敏銳，書中指出在西部的每個女人不僅必須身兼裁縫師，還得身兼護理師、廚子、婢女、服務生和老師多職。艾玟琳再度懷孕。

艾玟琳所寫的信件中或許曾述及她和稚齡兒女以及妹妹之間的關係，但都未存留至今。露西在寫給母親和其他姊妹的信件中吐露最多的，是她總結關於婚姻生活「家庭幸福美滿」的看法。「我還滿喜歡照顧小嬰兒」，她在一八五〇年寫道，但是碰到洗衣、烘焙、釀酒和縫補衣物，她的耐性就會「不告而別」。信中補充：「我真的不知道該怎麼消受你們的殷勤關切。」

露西．拉寇姆（Lucy Larcom）一生未婚。她後來成為知名詩人，在一八九四年出版的《人生、書信與日記》（*Life, Letters and Diary*）中可以讀到她寫給家人的書信。（男性編輯偏重露西的虔誠宗教信仰和文學上的斐然成就，對於她的工廠工作經歷和扮演妹妹這個角色則匆匆帶過。）提到艾玟琳，露西偏向認為「姊妹感情從無一絲嫌隙」。

類似上述家族成員共居一戶，由女性照顧者輪流帶小孩的情景，其實相當多樣。有時是手足之間互相幫忙帶孩子，有時則由不同世代的女性長輩支援。一九五〇年代初期，在利物浦當地愛爾蘭天主教徒聚居的貧民區，常見的模式是妻子帶著丈夫回娘家同住；育有嬰兒的夫婦很少自行租屋。社區也有不少非婚生的寶寶，孩子的年輕媽媽則繼續住在家裡。一個社會心理學的小型研究團隊為了探究環境壓力與人格發展關係，在利物浦進行了田野調查，而上述一切皆是從報告的字裡行間讀到。在外人眼中，利物浦這些街道上充斥不法行為，隨處有人破壞公物，但是當地大多數家庭至少有兩代人皆在此地，幾乎沒有人想要搬離。[3]

我真希望能偷聽到家戶中的對話，或許是在談餐桌上通常會擺出來的麵包、果醬和瑪琪琳，或許是在講塑膠桌布需要擦一擦，也或許討論最近一次清掃煙囪是什麼時候。真希望能蒐集到有助維持大家庭運作的種種默契和潛規則：早上最早起床的人負責在廚房爐灶生火，確保爐子上隨時有一壺溫熱的茶。我揣想小寶寶是在幾歲時第一次吃果醬塔、水煮麵團或肉沾醬汁。大多數人家在午晚茶時間都會準備一道熱騰騰的主食；小寶寶是在誰的懷裡開始吃得「有滋有味」呢？

在廚房兼起居室中，女嬰愛拉（Ella）嗚咽著舉高雙手討抱，U太太（心理學家如此記錄）將女兒抱了起來。有時U太太會一手抱寶寶，另一手拿著抹布在家裡四處揩抹。即使兩個月前掃過煙囪，室內還是會有風吹進來的煙灰。她們居住的排屋初建時屋況良好，屋內也維持得很乾淨，但是到了一九五〇年代多半溼氣很重且年久失修。屋外的街道上，孩童在空襲炸出的縫隙裡玩耍，將二戰時炸彈爆炸留下的坑洞當成臨時遊樂場。室內角落放著一台四輪嬰兒車，愛拉白天和晚上都睡在嬰兒車裡。家裡哪一位女性推動嬰兒車哄她入睡？或者她們只是任由她啼哭？在大家族共住的家戶中，年紀較長的婦女會被稱為「母親」（mother）——孩子們曾聽見這樣的稱呼——而孩子的生母則稱為「媽媽」（mum）以茲區別。也許我們應稱此種情況為「延伸母職」（extended mothering）。

在另一戶人家，尤妮絲（Eunice）未婚生下的女兒喬依絲（Joyce）每天可以洗一次澡。尤妮絲的母親每週至少幫家裡的小小孩洗三次澡，有時候四次。她們必須在廚房爐灶上將水煮沸，接著在爐火前幫孩子洗澡。將一塊洗澡用肥皂丟到白色搪瓷浴盆裡，母親指示道，就能在水裡攪打出很多肥皂泡泡，跟在水裡放肥皂絲片的效果一樣。較大的浴盆是錫製的。另一家的年輕婦女表示：「我媽媽煮飯給我和我的孩子們吃。她七十八歲了，廚藝還是很好。全家的衣服都由我來洗。」進行田調的社會心理學家發現，基於大家庭的生活習慣和共同分攤照顧工作，嬰孩很早就斷奶，這一點在我意料之中。他們時常觀察到的習慣之一，是在嬰兒車或床邊用奶瓶餵奶的，可以是「媽媽」，也可以是「母親」。

在這樣的家戶之中，就育嬰而言，大家庭成員之間的關係比他們與鄰居或朋友之間的關係更為重要。尤妮絲和鄰居很可能沒有熟識到會互相拜訪，不過她確實曾將寶寶穿不下的衣服送給一名丈夫離家一去不回的婦女。育嬰的責任有變通的彈性，而且融入了其他對於人生、家庭、愛等等的期望。住在另一棟排屋的茉麗（Molly）年方二十，未婚生子，雖然要照顧小寶寶，但她還是有機會出門去舞廳，她說自己瘋狂熱愛跳舞。

心理學家認為該貧民區的生活模式可說是「從母居」，甚至由母親主導，「如果這樣的標籤被認為有其功用」。他們田野調查報告中的大多訪問內容是由較年長的母親們提供，而非較年輕的已婚或未婚新手媽媽，較年長媽媽們的孩子都已長大成人或上學去了。我猜測年輕媽媽與她們的母親之間的關係，存在著感激、依賴、共謀、怨恨、畏懼分離和堅強毅力。我懷疑這樣的連結並非直截了當，但是無論情緒肌理為何，相關證據暗示雙方關係鮮少破裂。

這種「媽媽－母親」關係歷經脾氣不佳、為錢爭執、未婚生子等考驗，她們還得面對一週最後幾天瀕臨破產的難關。心理學家在報告中指出，雙方關係只有在年輕媽媽開始賣淫或與不同族裔的人通婚時才會破裂。不幸的是，這些研究者對於非裔或西印度裔的當地家庭不感興趣，所以我無從追蹤這些遭原生家庭拋棄的年輕女性帶著混血子女在一九五〇年代利物浦社會的生活。

郭莉在自己家裡講的是墨西哥西班牙文，她們稱保姆為「niñera」。英文和墨西哥西班牙文兩種語言中都有「保姆」一詞。如果在一九八八年來到薩克其萬省北部的平原，會發現克里族的語言中並沒有能直接指稱保姆的詞語。幾位克里族婦女於當年受訪，被問及兩次大戰之間的生活時，其中一位形容自己的祖母是「就我所知唯一一位『babysitter』，大家都是這麼稱呼的。」當時她在和另一位克里族婦女談話，所以英文中的「babysitter」──「大家都是這麼稱呼的」──源自鄰近加拿大白人的字彙和期望。二十世紀時在許多原住民部族的大家族裡，祖母幫忙帶孩子的作法行之有年，甚至主要是由祖母來照顧孩子。有時候，排行最長或較後面的孩子會由祖母收養，這樣的習慣在一九五〇年代的利物浦也不算罕見。[4]

亞伯達省的艾瑪．敏德（Emma Minde）在霍伯瑪（Hobbema）居住不滿兩年，她的第一個孩子和M年齡相若。當時是一九二八年，天空中開始出現水上飛機的蹤影，偶爾仍有人會划樺樹皮造的獨木舟，樹皮船體脆弱易損，因此划船者僅能赤腳上船。艾瑪是前往克里族原住民保留地的天主教傳教團的一員，新婚的她與丈夫、公婆同住。她記得最清楚的，就是經由媒妁之言嫁入一個陌生家庭的無聲壓力：「有時候過得很辛苦，因為我不習慣他們教我的事，我什麼都沒說，我試著聽他們的話，我努力想討好那些如今成為親戚的人。」家庭中的年輕女性成員被期待要適應團體生活，一切聽從家庭中年紀較長的成員。克里族的觀念注重克己自律，且沉默是金。

親餵母乳稀鬆平常，是專屬孩子生母的任務。在另一名平原克里族婦女葛蕾西雅．貝爾（Glecia Bear）的回憶中，嬰孩「餵奶時被抱在懷裡，你親親孩子，抱著孩子，再解開包巾」將孩子從鋪襯苔蘚的襁褓袋（moss bag）裡抱出來。（對於二十世紀晚期的年輕女性將嬰孩丟給婆婆或自己的媽媽照顧，讓孩子喝牛奶或配方奶粉，她深表不以為然。）母奶媽媽有時候會幫其他嬰孩哺乳，例如有親人生下雙胞胎但沒辦法餵飽兩個孩子。一九二八年，串珠襁褓袋裡的苔蘚可能是艾瑪．敏德跟著婆婆瑪麗－安．敏德（Mary-Ann Minde）去採集的，她也可能跟婆婆一起出門撿拾柴火，或將麵粉袋縫製成貼身衣物。瑪麗－安．敏德也許會將充當尿布的苔蘚抖落，在寶寶雙腿間換上新的苔蘚——壓扁的泛紅苔蘚吸水性極佳。這麼做的也可能是艾瑪丈夫的姑媽珍．

敏德（Jane Minde），她在艾瑪育兒時期也常常幫忙照顧孩子。

一九二八年的某個時候，克里族的「傳統」苔蘚尿布被布製尿布取代。艾瑪．敏德記得冬季時，有些克里族婦女會在室內手洗尿布，然後「到外頭將尿布甩到半空中讓尿布結凍」。困難之處在於要避免著涼；洗滌尿布是會流汗的體力活。夏季時到沼澤裡洗全家的衣物最為輕鬆，溼衣服抛到柳樹叢上很快就晾乾了。「家裡有小孩，就會有很多衣物要洗。」艾瑪大笑，但是大熱天走進沼澤裡就像在玩；「我以前都會想說，『我在野餐。』」你們洗衣服時會帶食物去嗎？她的訪談者發問。「有時候會，要在外面待很久的時候。」

在艾瑪的回憶中，瑪麗－安．敏德和珍．敏德對她來說都只是「敏德太太」。在克里語中，她們是「nisikos」，這個字詞可指稱「姑母、舅母；婆婆或岳母；公公或岳父兄弟的妻子」。兩位敏德太太中的一位可能被期待在寶寶斷奶時期與寶寶同睡：備妥熱湯，也許是從水牛皮刮下的肉屑煮成的湯汁，在小寶寶泰瑞莎（Theresa）醒來找媽媽想吃奶時餵食。又或者，和寶寶同睡的人可能是艾瑪其中一位小姑，例如十一歲的賈斯婷（Justine）。

回憶與兩位敏德太太同住的生活時，艾瑪將自己描述成羞怯甚至沉默寡言的女人，但她講述往事的語氣其實更為風趣自信。艾瑪．敏德後來生養了三個女兒，之後又成為「nisikos」養育了一名孫女，承續克里族不同世代合力育兒的「延伸母職」習慣。

假如艾瑪．敏德於一九八八年接受訪談時我也在場，我可能會問克里族祖先或霍伯瑪附近原住民保留地當時發生的故事。許多原住民部族的母職經驗會受到類似的悠久傳統所形塑。或者，假如能展開對話，我可能會提到十七世紀邁阿密族和蒙塔格奈族（Montagnais）多配偶制家庭的延伸母職習慣，兩族皆是生活在類似的嚴苛北地氣候的先民。

十七世紀這兩族的情況雷同，新婚妻子通常會搬去與丈夫的家庭同住，公婆家與她們原生家庭往往相距十分遙遠，或許她們在旅程中同樣沉默不安。偶爾有些歐洲觀察者通常會認同，原住民家庭的多配偶制可能帶來婚姻和睦，也可能引起紛爭。其中一人指出，原住民男人往往會娶姊妹為妻，他們假定共事一夫的如果是姊妹，比較能和諧相處。另外一人指出很多男人的兩個妻子生活中「相處得十分融洽，即使彼此之間沒有親屬關係」。一位法國教士不贊同多妻制，他在彙編的蒙塔格奈語字典中翻譯了這句話：「我絕不會嫁給已有妻子的男人。」

艾瑪．敏德是在二十世紀初期混合克里族和天主教家庭的教養中長大，她有可能很不熟悉十七世紀的多配偶制，而且覺得過時。克里族的領導者過去也曾實行多配偶制。但對話方向有可能轉移，轉向共同育兒，這是多配偶制造成的結果之一，或甚至形成對女性的鼓勵。哄抱、餵養、照顧孩子的工作是由家裡的成年婦女共同分攤。生活在如此寒冷嚴峻的氣候，將很多孩子拉拔長大是家戶得以壯大的重要條件。十七世紀邁阿密族以同一個字詞指稱「母親」和「姨母」，與二十世紀的克里族不同，將不同詞語融合以指稱類似對象的情況很值得注意。

第一次讀到「非生母母職」（othermothering）一詞時，我得大聲唸出來，才能確認發音的抑揚頓挫，在「非生母」和「母職」之間要停頓夠久，才知道這個詞語的意義，但又不能停頓太久，否則詞語前後半會無法連結。字詞在空蕩的屋子裡發出聲響。

這個字詞並非來自過去，而是源於二十世紀末，由知名黑人女性主義者派翠夏・希爾・柯林斯（Patricia Hill Collins）所創，她將「母親」和「他者」（others）打散形成一個動詞。她想要捕捉已發展成熟的照顧非親生孩子的母職，將榮耀歸於這種未被主流認可的育兒習慣並加以分析。[5]

於是我再次想起阿拉巴馬的歐妮・李・羅根。一九三〇年代，這位未來的產婆幫忙照顧丈夫前一段婚姻的女兒所生的嬰兒，一直照顧到孩子五歲大。（關於嬰兒的生母和她們之間的關係，我一無所知。我只知道以下事實：她從孩子出生開始照顧到孩子五歲。）歐妮・李承擔非生母母職照顧嬰孩，除了基於嬰孩與她的丈夫有血緣關係，或許也是疼愛孩子的衝動使然，更深層的緣由可再回溯至她的西非裔背景，以及黑人在為人奴隸及獲得解放之後的生存策略。

想像一下比她早了兩百年、十九世紀初期的十八歲奴隸薇妮・傑克森（Winney Jackson）。她在維吉尼亞州其中一座最大的種植園艾利山（Mount Airy）擔任女主人安妮・歐格・泰洛（Anne Ogle Tayloe）的女僕，園內種植小麥和玉米，有將近四百名奴隸。種植園男主人約翰・泰洛（John Tayloe）是奴隸主第四代，也是衝勁十足的企業家，想要參選國會議員。薇妮的丈夫哈利（Harry）二十歲，是他們家的馬車夫。6

女主人去哪裡，薇妮．傑克森就跟去哪裡，哈利也一起跟著。即將入冬，他們跟著女主人先去安納波利斯（Annapolis），再前往華盛頓特區，薇妮的第一個孩子（後來又有第二、第三個）只能留在種植園。原本在艾利山，可供黑人活動的生活空間有廚房、鐵匠鋪、木匠鋪、奴隸小屋、主屋走廊和田間小徑，前往城市後換成了擁擠城市地段裡連棟透天住宅的後樓梯，她在屋內聽候主人以鈴聲召喚。

我們從店鋪帳簿、工作紀錄和奴隸清單揭露的內容中得知一些關於薇妮的事，但其中皆未提及薇妮不在時，是由誰照顧她的稚齡孩子。晚上或許是由她的姊妹菲莉絲（Phillis）照顧孩子，她是紡紗工。白天或許是種植園其中一位成年女奴隸照顧，該名女奴隸在約翰．泰洛三世於一七九二年賣掉大批奴隸時留了下來，當時兩姊妹還是孩子。

每年四月中旬到十月中旬，薇妮住在艾利山。每年十月中旬到四月中旬，她住在城市裡。在泰洛家擔任僕傭的六、七名奴隸，每年在相距上百英里的種植園和城市之間兩度搬遷。他們的往返移動是數百名農奴來回遷徙的縮影，這些農奴的宿舍在拉帕罕諾克河（Rappahannock River）沿岸三十英里連綿分布的八座農場之間不斷遷移。家庭或分隔兩地，或遭拆散，或分崩離析，也有時得以相聚團圓。

由於為人母者被迫移居他地或長時間工作，母親的存在之於嬰兒，可能比小屋牆壁突出支撐架子的一根木棍，或泥磚地板中央儲物坑上面覆蓋的木板，更脆弱不堪。因此有了菲莉絲阿姨；因此得要是「阿姨」。

奴隸稱呼那些照顧非親生子女的成年女性為「阿姨」（aunt）：北卡羅萊納州費耶特維爾（Fayetteville）一座種植園有一位凱蒂阿姨（Aunt Katy）；馬里蘭州有一位康芙阿姨（Aunt Comfort）和另一位凱蒂阿姨；喬治亞州有一位曼蒂阿姨（Aunt Mandy）；肯塔基州有一位凱瑟琳阿姨（Aunt Catherine）。在著名十九世紀奴隸敘事《我的枷鎖與我的自由》（*My Bondage and My Freedom*）中，作者弗雷德里克·道格拉斯（Frederick Douglass）描繪一位凱蒂阿姨在種植園廚房裡將麵包切成厚片給一群孩子吃，有時會偏心獨厚自己的孩子。道格拉斯的母親出言訓斥凱蒂阿姨，說即使有孩子惹她生氣也應妥善照顧他們，他覺得這個場景「既有教育意義又很有趣」。[7]

「非生母母職」的英文在紙頁上顯得長而蜿蜒，這個冗長動詞描述的活動一直延續到現在。一開始是西非社會的婦女在農事之外也共同分擔養育孩子的責任，大家庭群體比各個核心家庭單位更為重要。十七到十九世紀之間，淪為奴隸的非洲裔後代為了增加生存機會，會擔起母職照顧不具親屬關係的孩子。在他們的社群中，由具有或不具親屬關係的「阿姨」來照顧孩子成為常態，這樣的作法一直延續到奴隸獲得解放之後。「非生母母職」這個詞語是在二十世紀初新造的，但詞語所指涉的行為持續發生，一直延續到二十世紀末。

派翠夏·希爾·柯林斯於一九九〇年在辛辛那提觀察發現，自己的非裔美國社群出現非生母母職的現象。她指出中產階級的白人母親預設為人母就要扛起幾乎全部的育兒責任，將育兒視為一種職業。與此相對的，她提出黑人家庭幫傭莎拉·布魯克斯（Sara Brooks）如何談論鄰居幫忙照顧孩子的事：「她幫我顧薇薇安（Vivian），沒跟我拿一毛錢……我想是因為我們都很窮，我想他們是感同身受為他們幫忙的對象著想。」反覆將孩子送托接回，讓承擔非生母母職的「其他媽媽」（othermother）對家境同樣貧困的「親媽媽」發揮同理心。[8]

郭莉將M抱到身上帶他出門時，我通常會走到屋內深處的角落。少了色彩鮮明的塑膠嬰童用品和棉質衣物，木頭書桌和椅子顯得灰褐黯淡。每週一十點到十二點，然後每週三同樣時間，這是一間「自己的房間」。

維吉尼亞·吳爾芙（Virginia Woolf）很在意書是如何寫成。一九二〇年代晚期她在劍橋講課，講到身兼母職的作家能寫的文類——是小說和非虛構散文，而非戲劇或詩——因為前者要求的專注程度較低。我想自己的專注力甚至不到那種程度：只求能寫點遺聞軼事。[9]

吳爾芙能文善寫，文筆流暢綿長，不只是因為她膝下無子，也因為她家有僕人。我因此對於她的洞見感到有點彆扭。家父在中風之前曾告訴我，家族裡一位女性長輩曾當過蕾貝卡·威斯特（Rebecca West）的女僕，威斯特是以吳爾芙為首的布魯姆斯伯里文人圈（Bloomsbury circle）中的一員。那位女性長輩是從事粗活的雜役女傭（char）。他想讓我知道的是，威斯特家皆是文人雅士，而且特立獨行——她和同為作家的赫伯特·威爾斯（H. G. Wells）育有一子，兩人並未結婚。家父和很多出身勞工階級與居家打掃工作為伍的人一樣，對階級制度深惡痛絕，但有親戚能攀上一點關係，他卻有一絲引以為傲。[10]

劍橋的講課內容中或許無跡可尋，不過從吳爾芙留下的大量日記中，可以窺知她和僕人之間的爭執，以及對僕人的情誼、怒氣和積怨。發號施令和聽從命令可能讓人變得殘酷陌異，或者惱怒尋釁，懷抱敵意又需要幫助，忠心耿耿，冷淡漠然。主僕關係的經驗至少會呈現出這麼多種樣貌，而在其他二十世紀初的家戶中，托嬰的交代無疑也會伴隨如此多樣的經驗；十七世紀或十八世紀僱主與僱員之間的互動，無疑也會有多樣化的呈現，斷斷續續的私密互動和交辦委托又更不容易加以辨明。

家庭僕侍工作的語彙如同布料語彙，獲得命名的都貼身又耐操勞。數百年以來對於代理母職者的稱呼包括：奶媽、育嬰女傭（nurse-girl、nursemaid）、托育幫手（mother's help），以及比較常見的老媽子（maid-of-all-work）、家僕、雜役女傭、洗碗女傭（skivvy）。再上一級的居家服務——銀器而非衣物——則多了掌事女僕（upper nurse）、家庭護士（lady nurse）、幼兒的女家教（nursery governess）和保姆。一方喊道：奶媽！保姆！另一方應答：太太、夫人（ma'am或縮寫為mum），或者暗暗說聲「小氣鬼」（piker：一九二〇年代美國用語，意指吝嗇的僱主）。

在吳爾芙所處的二十世紀初期，居家育嬰的原型角色不是時髦的「保姆」，而是育嬰女僕

（nurserymaid）或家中女僕。例如下布洛頓（Lower Broughton）有一位艾莉絲・費雪（Alice Fisher），她是家中么女，兄弟姊妹眾多，父親是來自倫敦的細木工，母親來自威爾斯。艾莉絲・費雪在一個「蘇格蘭人」家庭裡幫傭——男主人是一位教區牧師，女主人個子高大、深色皮膚，艾莉絲極少在家裡看到她。每週的工資是半克朗，而艾莉絲的工作是「什麼都做」，似乎表示要幫所有孩子保持清潔、餵飯、推嬰兒車帶孩子去公園、幫孩子洗澡哄睡。艾莉絲年老時接受訪談，當時大多數英格蘭婦女已經不再以居家幫傭為業。[11]

「我不記得她曾在孩子晚上稍微哭鬧時起床查看，」她指出，「但要是隔天早上我說孩子晚上哭鬧了一下，她就會說可是她什麼都沒聽到。他們不想聽到孩子的聲音——我每週領半克朗，啥都得做。」

週三下午和週日上教堂之後的時間放假，是母親接回平常托育的孩子的主要時刻。艾莉絲記得，孩子會走路以後可能會「搖搖擺擺跟在我身後」。孩子的母親「說道——你看，這樣對媽媽來說可不是什麼好的廣告宣傳——對媽媽來說不好你知道嗎。我以前會讓他們吃一點——你知道的——」（家裡的食物相當難吃。）「我會跟孩子說吃快點，等下媽媽要來了。」她都怎麼叫你？「我不想告訴你孩子哭的時候她是怎麼叫我……我會回嘴講不好聽的字眼。」至於其他時候，就叫艾莉絲。

同樣是二十世紀最初數十年，在大西洋另一端，紐約、波士頓和芝加哥接受瑪莎・海古德・

霍爾（Martha Haygood Hall）訪談的育嬰女傭則描述了不同的母親托兒後接回孩子的場景。大多數育嬰女傭皆年輕未婚，很多是剛從德國、瑞典、愛爾蘭或英格蘭來到美國的移民。流動率很高，每兩個月或五個月就會換人，工作達一年的是特例。霍爾在訪談中讓這些育嬰女傭卸下心防；她也曾當過育嬰女傭，後來去唸社會學，她熟知她們會在公園碰面，和其他傭人聚餐，晚間要隨時待命，還會自己用燙髮鉗燙出鉛筆般纖細的波浪捲。[12]

「我們相處愉快」，「我想要有好的感受」，「她看我不順眼」，「她還算喜歡我，我想她真的算是滿不錯的女主人，是你去哪裡都會想遇到的那種」，育嬰女傭如此描述與孩子母親之間的關係。凱希（Kathie）告訴瑪莎，一位女主人為了襪子沒洗大發雷霆，她因為「推搡」而受傷。「孩子的媽媽不會問我照顧孩子的建議，不知怎麼的我們不會同時在家，我照顧孩子時她都在外頭，或者剛好反過來。所以自然沒辦法跟她聊孩子的事，不過我常覺得要是可以聊聊就好了。等到她試著想幫忙時，卻只是在幫倒忙。」

在德國出生的莉莎（Lisa）為一位F太太工作，這位太太比一般的媽媽更常不在家。F太太很嫉妒，「因為寶寶很愛我，他會用一種特別的方式表達他喜歡我，在我把他抱起來時會用小腳輕踢我身上一個小小的刺青。他媽媽有一次進來育嬰室之後說：『有時候我很羨慕你跟寶寶感情那麼好，他對我都沒有什麼特別的「待遇」。』我想告訴她，那是因為她太常不在家了。」

「我和孩子的父母親不怎麼處得來，」安娜（Anna）表示，「但是寶寶愛我，我也愛他，我講什麼他都很聽話。」

為了準確呈現這些代理母職者或是從前她在情感上遭遇的困境，瑪莎．霍爾借用了二十年前的詩句，是由維吉尼亞．吳爾芙也認識的英國詩人魯伯特．布魯克（Rupert Brooke）寫的。她們是「在霧中惶惶不知所終」，「哭喊暗影，拚命抓攫，無從分辨／究竟愛或不愛，或者，愛的是誰。」布魯克寫詩時想到的不只是育嬰女傭和嬰孩，而是成年人愛情中的背叛不忠、愛恨交織或恩斷情絕。這些關係令人困惑，脆弱不定，缺頭少尾。

二十世紀初期之前，母親將嬰孩托給僕傭又接回的情感歷程，如今幾乎已不可考。身兼妻子和母親的育嬰指南作者寫在書中的，主要是如何達到主僕之間不發生爭執的守則。書中會述及特定情境和情緒，通常是在代理母職者失職、育兒幫手並未善盡職守的時候。法蘭西絲．帕克斯（Frances Parkes）於一八二五年出版的著作中提到，一位女主人半夜聽到嬰孩哭聲，哭了特別久很不尋常，到育嬰室才發現保姆醉倒在地。[13]

或者同為育兒書作者的伊萊莎．華倫（Eliza Warren）則在一八六五年的著作中提到，她出門將先前忘了的記事便箋交給洗衣婦，卻在一處勞工階級家庭的院子裡發現自己的兒子和嬰兒車。寒風凜冽刺骨，一頭瘦豬可憐地翻弄嬰孩襁褓想找食物，屋裡連鎖托兒的場景十分驚人。照顧嬰孩的女傭海絲特（Hester）前去探望她的祖母，她的祖母以幫忙勞工階級婦女帶孩子為業。作者刻意描繪足以嚇壞菁英階級讀者的場景：女傭看似無知實則奸巧，女主人華倫太太氣到喘不過氣來，而嬰孩臉色發白、渾身抖顫。

偶爾會有極難得的機會，從另一方、以僕人的視角窺看整件事。十八世紀末至十九世紀初，未滿十七歲的瑪麗·安·艾許佛（Mary Ann Ashford）受僱於倫敦的加拉威咖啡屋（Garraway's Coffee House）服務生領班的妻子，薇妮·傑克森也是在同一時期在艾利山種植園和華盛頓特區服侍女主人安妮·泰洛。或許就跟在前任僱主家一樣，寶寶特別「黏」瑪麗。女主人要求瑪麗「照顧孩子，還要包辦家裡所有粗活」。瑪麗在四十年後撰寫《人生自敘》（*Life*），書中幾乎不曾述及實際上主僕之間托兒交接的情景，較常談到的是女主人如何阻攔她學習可能找到更好工作的技能：「凡是任何需要技巧或知識的事，她不僅不讓我做，自己做的時候還將我支開，要我帶小男孩去別的地方。」育兒、帶孩子、照顧孩子，在可販售的專門知識技能中似乎算是低階。[14]

我已經知道，二十一世紀的演化人類學家認為所有照顧者都會對照顧對象產生依附。生下孩子未必會對孩子自動生出關愛之情，不過體內濃度飆升的激素可能會令人被母愛沖昏頭；重點在於懷抱依偎。在二十一世紀許多圈子裡，健康的依附關係是育嬰的重大支點。親密感之於育兒照護，就如同選擇之於生育：是夢寐以求的預設狀態，亟待保護。

將寶寶送托又接回，來回往復，無疑需要某種彼此之間的慈愛巧智，需要暗下決心表現從容的展演。郭莉玩這個遊戲的技巧高超，K比較有可能是表現第二好的高手。我們之間由哺乳和請假構成的不對稱，明顯引發怨恨。我們在寶寶頭上互瞪並低聲口角，或者在情況比較好的時候，挑挑眉毛，歪頭輕點一下認可事情順利。公平是如此難以捉摸，它不顧我們想要為寶寶或我們自己做到一切井井有條的努力。

「希望K得到他應得的肯定。」一名比我年長的男同事在我提及寫書一事時表示。他轉身離去，留下這句評語突突顫動，拖長尾音。

關於為人父和育兒的歷史，我們仍然相對無知：從古至今的父親當然都懷有對嬰孩的關愛，但是對嬰孩的照顧呢？[15]

「關愛」孩子的例子俯拾即是。例如十九世紀中產階級父親就被鼓勵要多陪陪可愛的子女。一八六〇年在美國，拓荒地區的律師暨商人約翰·衛斯理·諾斯（John Wesley North）與妻兒和妹妹同住，他長時間不在家，但妻子安·諾斯（Ann North）在信中描述他們八個月大的女兒：「只要爸爸一進門，她就開始跳來跳去伸長手想抱他；她又笑又叫，大喊著想打招呼：『巴！巴！』」

「照顧」孩子的例子呢？我目前僅知有一幅描繪父親抱著嬰孩的十七世紀圖像，是故必須將眼光投向一六六一年的阿姆斯特丹。畫中所繪場景明顯是夜間，冬季時分。火光照耀之下，可以看到木頭地板、一張有柳編椅座的椅子椅腳、壁爐上方邊角、男人的及地睡袍，和嬰孩垂懸在半空的左臂。籠罩在模糊暗影中的房間沉穩扎實——牆上有壁面飾板，室內有一張四柱床，鑲鉛條的玻璃窗，低矮搖籃裡的被毯掀了開來。畫中的父親朝壁爐走去，或許是在踱步，或許是想走近就著火光看看有沒有什麼不對勁。抱孩子的姿勢很笨拙。嬰孩身軀並不嬌小，他確實將寶寶夾抱到左側，不過離他自己遠遠的。

我無法判斷，姿勢笨拙的問題是出在父親或是畫家身上。也或許，他將孩子抱離自己遠遠的，是為了仔細端詳。男人望著嬰孩臉孔，目光沉著熱切。也許父親帶孩子很有一套，或者母親太過疲憊、沒被吵醒，或是身體不適無力照顧孩子；她睡得很沉，一動也不動，被單不見凌亂折痕。

我能推測到最好的情況，是許多地區皆有一小群男性會照顧嬰孩，但他們被拼綴於隱密斷裂的歷史縫隙之中：他們也許會出現在十九世紀經濟狀況較不佳的中產階級小家庭裡，由於僕侍和女性親屬等人力不足，當爸爸的也被期待要付出心力「照顧」孩子。男性也可能因為家庭確有需求，不得不負責育嬰：例如鄉下僅有父母與兒女同住的農家，在母親身體不適或要再次生產的時候。或者是個別男性異於常人、特立獨行：一九二八年曾任記者專門爆料揭弊的林肯・史戴芬斯（Lincoln Steffens）第一次當爸爸，當時他六十三歲，唇上的山羊鬍已灰白，他和自矜自重、在外追求功成名就的年輕男性分享，育嬰時「搖籃邊的細瑣雜事」帶來了無窮樂趣。

從二十世紀中葉英國的報紙可發現男性「照顧」孩子的最早鐵證，報上有許多關於「顧家好男人」（family man）的討論：以顧家自豪的父親在週日早上推著嬰兒車，他的另一半、慈愛的母親，則繼續張羅午餐。此情此景在當時實屬新奇。同樣身為人父的雷・羅福德（**Ray Rochford**）出身索爾福德（**Salford**）勞工階級，對此極為不屑。「無法想像」一個男人推著嬰兒車；「你會成為大家的笑柄」。輕蔑話語餘音不絕：「你這娘娘腔」（一九三〇年代愛丁堡）；「怕老婆」（一九五〇年代諾丁罕）。但是另有一個男人記得自己推嬰兒車帶女兒在村裡閒逛，還帶女兒去當地酒吧。「對呀，他會幫孩子換尿布，我是說在以前那個年代真的就很不得了，因為當爸爸的通常對帶孩子興趣缺缺。」一名蘇格蘭婦女於一九四〇年代如此形容她的丈夫。那一代的男人受益於工時縮短，比他們的父親輩有更多的時間參與育兒。一九四九年一月四日，熱門廣播節目《女性時空》（*Woman's Hour*）的聽眾聽到主持人瓊安・葛利菲茲（Joan Griffiths）為一段討論作結：「所以所有當爸爸的都應該學會如何妥善地幫寶寶穿好尿布，不會把別針別到寶寶身上，還有學會很多實用的事情，例如如何用正確的方法將寶寶抱起來。」光是閱讀逐字稿無法得知最後一句話的語氣，我需要聽錄音才能確認。

及至二十世紀，慢慢看得到更多男人參與育兒，雖然還是被刻畫成幫忙照顧孩子，但確實比較有存在感了。產檢診所開始出現給人父看的小冊子，標題是類似「孩子也是你的」（**It's Your Baby Too**）等語句。在一項關於爸爸們參與（「幫忙」）照顧嬰兒的調查中，受訪的英格蘭埃文（**Avon**）的媽媽們給予肯定回覆的比例，於一九五〇年代約為三分之一，到一九九〇年代增加至超過四分之三。她們列出丈夫最喜歡的差事是幫寶寶洗澡。

回想一六六一年的阿姆斯特丹，或許夜晚自有其特殊性，睡著的人們在夜裡緊靠彼此，讓男性照顧嬰孩的動機是想睡久一點。（或者對於家有不小的小嬰兒、渴望晚上能睡得安穩一點的母親來說，似乎有可能如此盼望。）一八三〇年代晚期，出生於麻薩諸塞州的阿拉巴馬州律師林肯．克拉克（Lincoln Clark）在家裡嬰孩睡不著時，也陪著熬夜不睡。魏斯特太太（Mrs West）於一九二一年生於亞伯丁郡（Aberdeenshire），雙親皆在農場幫傭，她在一九八八年對於好丈夫「會幫忙做家事」表示贊同，但也聲明：「在我們那個年代絕不可能。父親也許晚上會幫忙推個搖籃，但僅止於此。」

也許，夜晚有其特殊性只是我一廂情願的想法。艾莉絲．費雪在節儉的蘇格蘭教區牧師和他深髮色的妻子家裡當女僕，她後來與一名郵差結婚，只生了一個孩子。夜裡，她會把還醒著的女嬰從嬰兒床抱到大床上，「把孩子放在兩人中間，她就會睡著」。據艾莉絲描述夜裡稍晚時：「不，起來的不是他。孩子原本在旁邊的小床——她會大哭大鬧沒完沒了。」

所以我所推想最好的情況，即許多地區皆有一小群男性會照顧孩子，可能言過其實。我所研究的往日社會對於男性和女性行為的期望往往僵化且相互矛盾，而這些社會通常很依賴這些期望。照顧年紀較大的孩子偶爾算是父親的責任，但是負責抱嬰兒的永遠是媽媽、姊姊、姑姑、阿姨、祖母、女奴和女僕。無論西非社群、美洲原住民部落或英格蘭的城鎮村落，從十七世紀起皆是如此，在種種細節中鮮明可見。

這一年，我揣想著課程大綱裡使用的代名詞。我頓了一下，第一次加上字詞將我所屬的性別與其他一切區分開來：她／她的。學校裡的LGBT多元性別中心準備重新命名為「LGBTQ＋多元性別中心」。我們在大學網站上刊登的徵求保姆啟事刻意保持性別中立，有十四位女性應徵，但沒有任何男性。

K也是歷史學家。新事物層出不窮飛快溜走的當下，我幾乎抽不出空問他過去和現在對於為父育兒的感覺。在我們輪流托兒，或是消失一陣子之後又回到遊戲區的時候，他是「新手」爸爸，是擔起母職的父親，或是某個激進或卑微、具有更狂野性別的人？

是誰抱著寶寶的問題，讓生育者或母親不再占據許多場景的純然中心位置。有時候她被輕推到一側，有時候她幾乎完全遭到抹煞。家庭的「核心」在緩衝之中，或遭推來搡去，或爆炸四射，轉變成其他家庭和家戶形式的大亂鬥。階級看起來近在咫尺，要不那就是受到託付任務的幫手——手足排行，家族長輩，社經階級地位，種族特權，勞雇關係。

生下孩子不一定表示自動開始哺乳育嬰：有代理母親，有收養孩子，有奶媽乳娘，有居家僕傭，有社群共同育兒。另一方面，至少直到二十世紀中葉，「照顧」孩子仍舊是女性限定。還可能有更保守的生物性別與社會性別的歷史嗎？

十九世紀晚期開始，餵奶也可改用瓶餵，但這一點還是無法讓男人全面投入育兒。配方奶粉問世之後，兩性育嬰平權並無進展，直到一百年後才有所轉變，顯示社會對於女性和男性的期望，比電鍍科技更加硬性固著、無可撼動。直接將女性特質與母性劃分開來，呈現出女性不同於母親，會比將母職從婦女身上劃分開來還簡單。

話雖如此。今日，附近的醫院頒布了跨性別男性於該院生產的相關規定。一位來自溫尼伯的跨性別男性能夠擔任母乳會顧問。在二十一世紀的此時此地，我站著等待郭莉和寶寶回來，界線正在鬆動，能夠生育和哺乳的不再只有被稱為女性的那群人。在二十世紀晚期顧家爸爸們和婦女解放的革新運動史上，又疊加了新的跨性別歷史。生物性別和社會性別的定義依然模糊不明，尚在未定之天。

每週兩次，我回到深褐色書桌前，為了工作回復常軌預作準備。匆匆寫下草稿、記筆記的同時，我隨時都在等候寶寶跟郭莉回來的聲音，期待聽到她以帶一點緊張的悅耳嗓音對他敘說發生了什麼事，告訴他回到家，回來找媽媽了。**我們到家囉。你看門把在那裡。等我一下哦。**我注意到自己想要他們回來，我想要拉伸自己投入研究的欲望遭到擊穿和截斷，回學校教書的準備工作從未完整。

第十八章　紙花

對於大多時期、大多地方的多數人而言，在生命中成為人母的時候，都正在工作。即使是一九五〇年代家境富裕的家庭主婦，她除了忙於照顧第一個孩子（接著生老二，然後生老三）和郊區房子，還得打掃家裡、煮飯、買菜購物和保持家庭收支平衡，這是屬於她的養家模式。世界上僅有少數人過著養尊處優的悠閒生活。只有在相對微乎其微的情況下，有母親可以全心全力照顧一名嬰兒。

全力育嬰必須耐得住不斷重複，保持堅強和單純。多數人在成為母親的那一刻，到人生中擔起母職的時間點，在這段期間全都在工作。改變的只是工作形式和發生地點——當媽媽的是怎麼樣、又在何處進行母職活動——她們如何蠟燭多頭燒、榨乾精力硬撐並享受其中樂趣。

「家庭主婦型」媽媽和「職業婦女型」媽媽之間的緊繃關係屢有所聞，而為其加油添柴的是一股特異的當代罪惡感。這股罪惡感不可能是從習俗慣例點滴流傳而來：不會來自美洲原住民世代、農場婦女、曾遭奴役的族群或新移民，也不會來自僱主階級以下的階級。我在揣想，這股罪惡感源自維多利亞時期對於母性的濫情幻想，認為母親除了專心為人母之外，其餘一切都依賴家僕；源自忽略家戶中其他家人存在的母嬰依附理論；以及源自歷史上極少數經濟蓬勃發展，而單薪就能養活全家人似乎成為常態的時期。

對我來說，這股罪惡感顯得相對陌生。需要花一點時間，聽到時才不會覺得涉及個人或家庭，不會覺得是這個人或那個人獨獨會有的感覺。我在倫敦的祖母為了賺錢補貼家用，會帶著驢牌磨石（donkey stone）和水到街上挨家挨戶幫人刷淨階梯。家母自述她以前工作是「為了家庭」，很小心強調不是為了追求職涯發展，而是讓家裡能多一份收入。雖然不是女權運動支持者，但她講到和家父一起創立公司，很多男人看待她「只是」祕書時仍憤憤不平，她講述的往事中穿插著對於男人好鬥個性的輕蔑。我找不到任何她**不在**工作的參考線索，關於家母究竟在何時、何地，又是如何兼顧工作和養育稚齡幼兒，我依舊弄不清楚。

常光顧社區活動中心的女性一旦開始回到職場，面對任何人都無力控制的一整套可怕經濟結構——從很短的產假、錯亂失衡的上下班時間、經濟衰退，到僱主對於員工身為全家經濟支柱理應獲得家庭全力支持的期望——她在鬱鬱寡歡之下，罪惡感開始湧現。六週產假，然後回到每週工時超過四十小時的工作崗位。或者既罪惡又感恩地請兩或三個月的育嬰假。我請假的時光倏忽而逝，一個學期再加上暑假幾乎有九個月——就美國的標準來看極為大方，就英國的標準算是還可以。我將懷中長大了一點的小寶寶再抱緊一些。

為了紓解暴躁脾氣，我專注於對歷史的好奇探索。埋首於從前關於母職的訓誨，我要尋找的不是過往懷抱罪惡感的母親的歷史，也不是十九世紀工業化所致的現代勞動法規或改革運動的故事。我只是完全專注、沉浸於一個人是如何勉力做到邊育嬰邊打點其餘一切，先前的法規和政策論辯超出我的短淺視野。

我要尋找的，是在人生中成為母親後兼顧母職和工作的歷史。我以祖母「認命不抱怨」的母性作為想像的依托，她住在東倫敦其中一棟皮博迪公寓（Peabody Buildings），我從未見過她本人，很難不生出一些浪漫想像。關於祖母伊迪絲·諾特（Edith Knott），我確知的是她很早就輟學，因為父母需要她去工作賺錢；而只要不需用到拉丁文或希臘文，她能在五分鐘內完成《泰晤士報》（*Times*）上的填字遊戲；深色頭髮，急性子，愛喝健力士黑啤酒（Guinness）；反對法西斯主義者奧斯沃德·莫斯利（Oswald Mosley）；對兒子的愛真摯強烈又風格獨具。

我不知道祖母假如知道我做什麼維生，會不會認為我做的算是「工作」，不過我喜歡將自己的好運想成是繼承自祖母：她喜歡的《泰晤士報》填字遊戲，父親對文字和言語辯論的熱愛，以及讚許堅持己見的女兒們。或許祖母會跟父親一樣，對於中產階級生活和只會教書寫文章、肩不能挑手不能提的讀書人嗤之以鼻。

以某種方式兼顧為母育兒和工作，大多時候就只是勉強撐著，得過且過，絕不羅曼蒂克，絕不善感濫情。

那一刻終於到來，我的生活步調跌撞蹣跚，慢慢遠離寶寶的生活步調。忽然之間，由九月的某一天到隔天，我又開始「工作」了。第一天清早，我在半昏暗中半睡半醒幫他餵奶，天色尚暗，周圍被床頭時鐘數字的紅色光芒照亮些許。他全身重量落在我身上，呼著氣，慢慢打起了瞌睡。他的頭靠在我肩上，滑到我的頸背。早上六點二十分，他用單腳跪姿的螃蟹爬（crab-crawl）爬到門框旁，尋找角落和階梯。

九個月大。數週以來，他在兩次小睡之間的清醒時間拉長到兩個半小時，讓我們的生活步調開始比較接近正常成人的生活。意即：這段時間長到讓人得以臨時起意，決定接下來可以做某件事，而不是邊餵奶邊隨時待命，準備去把某件事做完。這段時間讓人有足夠的空檔，可以在週末出外辦事加上來場野餐。接下來我會開始上課教書，而K不會；下班時我會匆匆趕回家，而他會在家裡。他從工作場所下班回家的日常生活形狀，與我帶著年紀更小的寶寶的生活步調和習慣形成鮮明對比。

這天，我兩手都空出來，選了一雙要綁鞋帶的鞋子來穿。落在人行道上的步伐減輕了十八磅，彷彿馬路裝了彈簧，而我是還未進入青春期的體操選手。我通常讓M坐抵在我的左髖上方，身體左右兩側重新回復對稱，剛開始反而有偏斜的感覺。我揮揮手，猶豫，堅持。他揮揮手，肥嫩，天真。他和K在對話，一個比手勢示意要另一個去看看別間房間：我轉過身。

辦公桌上等待我的馬尼拉紙資料夾裡，有一整份要再利用的授課講稿。是講述從古至今人類歷史的概論課程，我記得課程中會特別講到經濟史。最初的模式是家戶經濟（household economy），「家」和「工作」都在同一個地方。接著發展出大眾市場，家戶經濟中又增添了「家庭手工」（homework），在家製作可於大眾市場販賣的商品。之後出現了工業，各地興建起工廠，家戶分成「家」和「工作」兩個部分：專門的工作場所和相關法規於是誕生。家戶經濟，然後是家庭手工，接著是專門的工作場所。每一段過往都有相互重疊的部分，各有其「工作」的獨特情境，當然也各有「為母育兒」的獨特情境。

要討論為母育兒和工作的歷史，主要議題在於兩者發生在同一地點，或者分別發生在「家裡」和「工作場所」。也在於嬰兒身在何處，以及其他工作的去向。「媽媽們的育兒相關工作」，一群改革派人士寫道，他們對於二十世紀初蒙大拿州農婦的生活深感震驚敬畏。[1]「軍事行動」，好友麥芳薇如此稱呼：小錫兵在最前線，尋找掩蔽，分配物資，計畫進攻，費力爬上小山丘，注意到從前行得通的方法，起身重來一遍。

在十七世紀英格蘭的小型鄉下社群，例如東南方的奧迪厄姆（Odiham）、奇希爾（Chishill）或納辛（Nazeing），幫嬰兒餵食、洗澡和裹覆襁褓的工作，與煮飯備菜、顧爐火、紡紗、燒水、釀酒蒸餾或濾篩藥湯相互結合。紡紗可以在戶外進行，將紡車拉到門口或街巷上就能利用日光。街道在上午時主要是女人的空間，下田的男人到了午餐時間才會回來。有時會有流動商販來賣布和煙草，或者隔壁農夫過來賣肉。以金錢買賣，或是以物易物。2

這是其中一種為母育兒時期的家戶經濟模式，主要的工作是在家戶之內和周邊進行。大部分的工作通常固定由女性或男性分別負責。育兒和工作「搭配共置」（collocated），一個淡然抽象、無血無肉的動詞，卻用來描述如此相貼緊鄰的即興表現。兩者是在同一個地方進行。

無論在奧迪厄姆的屋子裡或是在奇希爾的住家門檻旁工作，都無法完成養家活口所需的所有工作。其他的養家手段都涉及帶著寶寶進進出出：舉凡晒稻草、放牧牛群、把丈夫從酒友群中帶回家、在溝渠裡洗抹布、拜訪執行官（bailiff）、照料穀倉裡的牛群或整窩蜜蜂、採蕪菁、巡包心菜圃，又或者幫忙即將臨盆的鄰居。帶嬰兒出門得一直抱著，雙腳踩在沒鋪過的泥土路上要先套上手縫皮靴。像我家孩子現在這樣長比較大、已經在蹣跚學步的健康寶寶，肯定會努力掙脫想要下來走路，探索溼泥巴或葉子或道路邊緣。

在十七世紀的英格蘭村莊，村民習慣一小段時間就把嬰孩放在一邊不去看顧，人少或窮困的人家最常如此，因為家裡沒有哥哥姊姊或僕人可以幫忙看著小寶寶。小寶寶的媽媽也許是去森林抓野豬，去磨坊磨一些麵粉，去提水沖洗紗線，或是幫丈夫送餐食。在嬰兒還很小，很容易就能限制行動的時候，比較容易暫時撇下嬰兒不在一旁守著。

在這些村莊裡，若是碰到冷天，前往打理藥草園圃時最好不要帶著嬰兒一起。嬰兒還很小的時候，通常是先餵奶，然後裹在襁褓裡放到床上。最寒冷的日子裡，會讓小嬰兒睡在壁爐附近，並且盡可能保持用火安全——有時是用灰蓋住燃燒物，或在爐火和寶寶中間放置溼木頭。看顧孩子時可能即興發揮，例如將一張椅子倒放，把寶寶用長布揹巾綁縛在椅腳上形成某種布架，將寶寶連同椅子放在壁爐附近。有時可以在旁邊的穩固物體上固定一個獸角餵食器，比較大的嬰兒就能自己進食。

在溫暖的收穫季節，可以將嬰孩放在樹蔭下。天氣比較好的時候，納辛的農夫和工匠的妻子會在村子中央廣場一起從事女紅。薩弗克（Suffolk）的婦女會將石塊和紡紗桿拿在手上，一邊走動，一邊紡紗，邊走邊紡。每週有一天，當地市集會販售其他食物和生活物資。農場的男工和女工需要工作賺取薪資或抵付工資用的實物，也會向當地的餐飲店鋪購買麵包和啤酒。對他們來說，很難兼顧生計和育嬰：薪資低到連一個孩子都養不起，很多人最後都仰賴公家發放的微薄救濟金度日。

二十世紀初在內布拉斯加州或蒙大拿州的農家，可能也有某些方面類似這種家戶經濟模式。但是內布拉斯加州農家的生活，比十七世紀納辛常民的生活更加與世隔絕。內布拉斯加州的農婦在帶孩子的同時，也會忙於擠牛奶和攪製奶油，照料雞群和菜圃，以及採集蔓越莓和歐洲越橘的漿果（whortleberry）。室外的工作還包括種菜、除草、耕作、堆乾草和採收，有些農家還要照料大批家禽家畜。搭馬車進城可以買到的品項，比起在現代初期的英格蘭走路到廣場或市集能買到的更少。婦女和嬰孩無處可去，從撞球場、酒館、郵局到鐵匠鋪都是男性的空間。[3]

同時代在蒙大拿州或科羅拉多州的農家生活同樣與世隔絕，此地農婦持家所需包辦的物流運輸，主要取決於自家到泉水的距離，以及通常是否由丈夫扛著整組桶子去挑水。餵食家禽家畜有時是婦女的責任，有時是丈夫或所僱人手的工作。炙熱的夏天是一大考驗。全家最涼爽的地方是儲藏根莖類蔬菜的地窖，白天時可以讓嬰孩暫時待在裡頭。根據當事人的第一手紀錄，兼顧所有工作的訣竅是早上永遠第一個起床——為人母者睡眠的特殊性又增添了意想不到的新變化。

濱海地方的家戶經濟並非依循冷熱寒暑運作，而是依循海風和潮汐。一戰之前在蘇格蘭的戈斯彼（Golspie），像貝蒂．薩瑟蘭（Betty Sutherland）這樣的漁婦會將搖籃放在起居室的深色石板地上，伸出一腳去推動。石板地極為冰冷，不像屋內其他房間的木頭地板，但要在這間起居室裡就著壁爐的爐火煮飯，進門時油布雨衣和靴子沿路滴下的海水也是落在這裡的地板上。屋子的前門通常不會鎖上。屋外的道路沿著海灘蜿蜒迤邐，但是貝蒂只要橫越道路就能來到自家菜圃和北海邊。漁村裡的年長親戚會幫忙看著孩子，讓她一大清早能夠把丈夫揹到小船上，讓丈夫不碰到水保持身上乾燥；其他工作還包括將腐爛的海藻塞在馬鈴薯根部當成肥料、採集鳥蛤和貽貝、幫丈夫在釣魚線上掛魚餌、處理要煙燻的魚肉，以及蒐集冷杉毬果當成柴薪。[4]

貝蒂每天早上將漁獲賣給戈斯彼當地的高爾夫球飯店和小農。她扛在背上的魚籃裝得很滿，壓得她彎腰駝背。魚籃的繫繩緊勒她的上臂，留下鮮明的印痕。她可以用魚交換蛋或燕麥，換得之後可能是用裝奶油的木桶盛裝，或者將漁獲拿去賣錢，背上的魚籃慢慢減輕。夏天走在戈斯彼的道路上時，貝蒂會穿上有橡膠底的帆布鞋，很類似運動鞋。冬天她會穿長裙並換穿較厚重的鞋子。

育有稚齡幼兒的夫婦通常無法完成家中所有勞務，所以會付錢請別家的寡婦、男孩或女孩每週一到週六來幫忙收餌和準備釣線。

貝蒂・薩瑟蘭在戈斯彼鎮上購買茶葉、奶油、糖和麵粉，購物時可以帶著寶寶進店裡，將嬰兒車留在店門外。家中需要的其他食材、蔬菜大多是自家勞務所得：手釣的黑線鱈、比目魚和大菱鮃；網捕的鱈魚；長相醜陋、沒人要買但是味道可口的鯰魚；鹽醃鯡魚；菜圃中種的馬鈴薯、蕪菁和甘藍菜；飼養的雞群所生的蛋。貝蒂會在連接煙囪擋板的鏈子上固定掛勾，再將淺平底鍋懸掛在爐火上方製作燕麥餅乾。即使在溼氣很重的濱海地區，將餅乾放在錫盒裡也能保鮮數天，至少她兒子和媳婦是這樣告訴一位來訪的人類學家的。

回到工作場所，舊有技能一下子又各就各位。走廊上不斷重播大人之間的寒暄問候。搞定事情的捷徑驀地顯得熟悉。一方面覺得自己資格能力俱全，一方面又感到時間壓縮，體力不如從前。我奮力將疲憊逐出腦袋，趕進肚子，努力到真的有可能實現。為母育兒與當代工作場所之間的兩難，據我所讀到，是媽媽們獲得性別中立的平等待遇以及被認為具有特殊技能之間的緊繃關係。或者她們也會有需求。下午接近傍晚時，從學校趕回家會錯過所有精采活動，諸如公開演講、讀書會和寫作小組。

大眾市場和工業化風潮於十九世紀興起之後，「工作場所」不再只單純指涉不同的工作環境，而是更為正式地指稱一種新的地點，也就是公司企業如工廠或辦公室所僱員工賺取薪水的經營場地。但是對於開始肩負育兒責任的人來說，在十九世紀大眾市場興起之初比較明確受影響的，是「家庭手工」。不是指學校的家庭作業，而是在自己家裡製作可供在大眾市場販售之商品的家庭手工。家庭手工與工廠工作或辦公室工作形成對比，也與家事形成對比。做家庭手工賺的外快可以增添家戶收入，賺得的現金可用於購買其他地方製造的商品。

在二十世紀初的紐約，住在廉價公寓的義大利裔移民最常做的家庭手工是摺紙花。人造花因此在當地有了「義大利生意」（the Italian trade）之類別稱。一九一三年前後的訪查顯示，一位帶著幼兒的年輕義大利裔婦女每週從事家庭手工的工資為八到十二美金，相當優渥，與她丈夫在酒館守門的收入相同。她婚前曾在工廠店鋪裡工作，熟悉紙花的生意，手工速度快且技藝純熟。她的婆婆能就近幫忙做家事和顧孩子，讓她能專心工作不受干擾。廠商發包給她的紙花是在國外製造，再由她在家中分成單枝或捆成花束。「一天有時可以賺一塊半，有時可以賺到三美金。」她計算道。工作將一天拉得很長。「家庭手工的工作不能用天去計算，一天有時候要當成兩天用，因為大家常常工作到大半夜。」[5]

就住在廉價公寓的義大利裔移民家而言，比較典型的情況是媽媽帶著一名幼兒投入家庭手工賺取的錢，大約會占家戶總收入的四分之一。打開工廠送來的白色箱子，將內容物倒在桌上。她可以坐在桌子旁邊工作邊餵奶。寶寶比較大之後就不用人一直抱著，如此她兩手都能空出來。或者等到將寶寶放回木條搖籃裡，從事家庭手工的媽媽就能站起身來。處理好一籮（即一百四十四朵）紙花，需要的細部技巧包括剝分花瓣，然後分開花莖，將每枝花莖末端在廚房桌上紙板的漿糊裡蘸一下。接下來是最講究技巧的細節：將花瓣插在花莖上。一朵香菫花有三片花瓣，一片是天鵝絨材質，兩片是絲質，完成一籮筐可以賺六美分。賺得的錢先付房租，再買食物、衣服和保險。成品裝回白色箱子裡用細繩繫住送回工廠，工廠通常在附近，步行即可抵達。想要找到更穩定或薪酬更高的工作，可能要跟工頭打好關係，避開語言不通的地方，或改為跟其他發包廠商接件。你得精通人情世故。

街坊鄰居交談都講義大利語。年紀較大的孩子會幫發包廠商跑腿，把新來的箱子送往接手工案的各家。在紐約這些廉價公寓中，其他家庭手工也很常見。剝堅果殼。安裝靴子的鞋眼扣。捲煙草。包裝糖果。縫玩偶的衣服。在連身裙腰部繡花莖圖案。在襯衫上縫珠子。鉤織臥室拖鞋的花邊。在床單上縫栽簇絨。縫領帶。加襯別針的包裝底卡。組裝吊襪帶。男士大衣最後加工。手鉤蕾絲。吊牌穿繩。製作人造珠寶、嬰兒軟帽、羽毛裝飾和義大利麵條。還有許多不同種類的家庭手工，各自集中在不同城市或地區。十九世紀新英格蘭主要製作棕櫚葉編織帽和蕾絲；美國東南部編製藤條椅和織作床單；愛荷華州製作鈕扣；加州各個中國城縫製手帕；倫敦東區製作雪茄和麻布袋；里茲則以毛料裁縫為主。二十世紀的家庭手工業則有佛蒙特州的針織代工，紐約州中部的電子次元件組裝，以及曼徹斯特的雨衣裁縫業。

家庭手工改變了更為古老的家庭經濟。一位移民至紐約的義大利裔母親小時候可能是在西西里島農家長大：她熟悉的家戶經濟模式是到湖邊、河畔或公共噴泉旁挑水或洗衣服，以及在炎熱的夏季煮飯、縫補衣物和紡紗織布。第一次學習在室外揮動鐮刀割草時，她可能會在左手套上「肉桂棒」（cannedda）保護手指。而在她居住的紐約，或者對於佛蒙特州或曼徹斯特的家庭手工業者來說，有薪和無薪工作如今混在一起於同一處進行，工作日配合外界以及家戶之內施加的經濟步調可能拉長或縮短。

於一九七〇年代向紐約成衣業接件的華裔家庭手工業者李太太（Mrs Lee），某方面來說算是廉價公寓義大利裔婦女家庭手工的傳人。講廣東話的李太太回憶一九八九年時，丈夫開餐館賺的錢只夠付一半房租。李太太得在家工作，因為身邊沒人能幫忙帶孩子。正如一九一三年的情況，一九七〇年代家庭手工的酬勞遠低於其他工作的薪資。家庭手工就如廣東話說「豬頭骨」，有營養但幾乎沒有肉，與華人成衣業行話中稱為「豉油雞」的輕鬆差事相比之下，工錢微薄許多。[6]

李太太接受一位東南亞裔學者和社運人士訪談時談到家中財務細節：請保姆很花錢；要是扣

掉請保姆的費用，一整天賺的錢就只剩十美金。她表示在家帶孩子時，如果寶寶醒著，「我只能做些不需用到縫紉機的工作，像是處理轉角和修整收尾。但是等寶寶睡著，就換我忙了。我會督促自己全速運作。我會一口氣做完家裡所有雜事，以及完成縫紉工作中對寶寶有危險的部分。」縫紉機即使是午餐時也不停機（中午可能吃披薩、泡麵或任何能簡單果腹的東西）。最令人挫折的是必須趕時間將代工品送回成衣店的時候：孩子可能會在小床裡啼哭，但媽媽沒時間哄她。

「縫紉工作中對寶寶有危險的部分」？即使時鐘滴答滴答來到四點五十分、四點五十二分，我仍迫不及待想讀完訪談紀錄。讀到李太太的孩子在小床裡啼哭，讓我雙乳腫脹發疼，超過該擠乳的時間了。我也因為能夠同理而皺眉難受，意識到自己比較幸福。對於肩負母職者來說，面對工作賺錢和持家育兒兩難的利害關係，情況最為複雜多變，兩者可能以最物質且現實的方式相互對立。

李太太掛心的，也許是前陣子女兒在地板上爬行時發生的一次意外，孩子差一點把手指伸進縫紉機的皮帶輪裡。物流後勤、持家育兒、臨機應變：「從那時開始，要是非得在她醒著的時候車縫，我就會用一架包著防撞墊的鐵屏風把自己跟機器圍起來」以免孩子靠太近發生危險。軍事行動，小錫兵站上前線。

這學期的授課內容，要在第十週討論關於大眾市場和工廠興起的宏大歷史敘事。那時會是十一月，寶寶十一個月大。

該堂課的講題是「市場經濟的興起」，以新英格蘭製鞋史上的變遷為例。我的講課筆記裡說明，在十七、十八世紀，村莊的製鞋匠會在廚房或棚舍裡製作陽春的客製鞋靴。接著有了交通運輸相關建設，延伸馬路、興建運河以及鋪設鐵路，有史以來第一次形成了大眾市場。商人開始居中買賣，廠商會將手縫鞋面的工作發包給家庭手工業者，再由專門的鞋匠在店鋪裡釘上厚皮革鞋底和鞋跟構成大底。這種鞋子的市場比村莊裡製鞋匠的鞋子還要大：例如沒有皮革內裡的工作用「布羅根鞋」（brogans）就是專為美國南部或西印度群島（West Indies）的男女奴隸製作。最後，製鞋變成在工廠由機器大量產製，工廠裡較高的幾層樓以裁縫工序為主，地下室則擺滿沉重的蒸氣動力機械。工廠煙囪比新英格蘭的教堂尖塔還要高。由家戶組成自給自足社群的舊世界被沿河林立工廠的新世界取而代之；以物易物和當地市集式微，取而代之的是領取薪資和大量製造的商品。

如果從我的嶄新視角，亦即從人生中為母育兒之時工作的歷史，來看新英格蘭地區的製鞋發展，會是如何？我重新翻開記錄美國東海岸製鞋業的標準之作：歷史學家瑪麗・布勒維（Mary Blewett）於一九八八年出版的《男人、女人與工作》（*Men, Women, and Work*）。[7]起初，製鞋是由男性匠師掌握的技藝，當地其他家戶與鞋匠以物易物，用奶油、乳酪、蜂蠟、動物脂肪或蘋果酒等交換鞋子，或以承諾幫忙梳理亞麻或羊毛、剝玉米苞葉或採收洋蔥等勞務來交換。以物易物和勞動往往需要由女性在家戶裡工作操勞，也就是育嬰的媽媽們做的例行工作。

再者，迎合大眾市場需求的「家庭手工」由婦女——尤其是帶孩子的婦女——承接。羅伯特・吉爾曼（Robert Gilman）於一七九七年旅行時途經林恩（Lynn），他指出這個新英格蘭小鎮「甚至為南方各州供應出口用的女鞋，婦女也投入工作的行列。」到了十九世紀初，新英格蘭人新創「鞋面縫製處理」（shoebinding）一詞來特指婦女所負責用錐子在皮革鞋面鑽洞、縫合鞋子背面、正面或側面接縫處、放入內裡，以及鞋面邊緣滾邊的工作，有時還包括加裝手工鞋眼扣或花樣。鞋面縫製處理工作需要兩手並用，再加上一種稱為「鞋夾」（shoe clamp）的新工具。在廚房裡從事家庭手工的婦女不像以前的村裡鞋匠跨坐於工作台，而是將鞋子用鞋夾固定之後夾在雙膝之間，空出兩手分持錐子和針。一八三六年，索芙洛妮・吉福德（Sophronia Guilford）獲得準丈夫查爾斯・費雪（Charles Fisher）贈送的一組新鞋夾。如果要邊做家庭手工邊照顧孩子，工作進度可能很緩慢。與索芙洛妮同時代的漢娜・麥金泰（Hannah McIntire）家裡有兩名幼兒，她需要十一個月才能完成四批、約兩百四十雙鞋子的鞋面縫製工作。

及至十九世紀中葉，全面工業化促使男性的工作場所與女性的家庭場域分隔開來。女人的正當體面工作被重新建構為持家和為母育兒，不再是賺取薪資。工廠大量使用蒸氣動力機械，家庭手工的機會減少，而育兒婦女大多遭到製造業排除在外。如今只要在一棟建築物內就能製造出鞋子，工作多由單身無子女的年輕女性完成，她們離開自己的家，每天到工廠縫十小時的鞋。其中一些人創立了美國第一個代表婦女發聲的全國性工會：聖克里斯平女兒會（Daughters of St Crispin）。製鞋廠商努力研發出全新風格的鞋靴：例如用進口嗶嘰呢（serge cloth）製成的女用鈕扣踝靴（此布料的成本低於皮革），或之後出現的新奇商品如以製手套用黑色小山羊皮製成、附有玫瑰花形裝飾和帶扣的槌球鞋（croquet shoe），以及飾有粉色小山羊皮的鈕扣式健走鞋。皮革匠的妻子瑪麗·楊恩（Mary Young）於一八六〇年生了孩子，像她這樣開始為母育兒的新英格蘭婦女能找的工作，就只剩經營包食宿的工廠工人宿舍，或是接受機會變少、酬勞也愈來愈微薄的家庭手工。

以上是新英格蘭地區迄一八八〇年代的製鞋發展史。在最後一段歷史中，那些帶著嬰兒的新手媽媽究竟遭遇如何，已難以查考。她們並未出現在瑪麗·布勒維關於罷工抗議和爭取改善勞動條件的記述中，也未成為訪查工廠的改革派人士所關注的特定對象。少數已婚婦女確實進入製鞋廠工作，例如在一八七〇年代經濟大蕭條就有已婚、有家庭的女工，她們住進宿舍時通常不會帶孩子，表示即使她們育有子女，孩子的年齡也都比較大，且在其他地方有人代為照顧。

對於沒有想著孩子的時候，我記得最清楚的，就是接下來自己忽然又想起他的剎那。

這時候他正在小睡，希望如此，他將手臂甩到頭上，臉轉向棉質毯被上的藍、紅、綠佩斯利渦旋花紋。這時候他正搖搖擺擺踩過公園地上的落葉，準備挑戰小山坡，他爸爸向前彎腰分別抓住他的兩手，父子倆看起來像是伸出好多手腳的一堆三角形。在人生中為母育兒的時候，在與家分開的工作場所有一份工作？在移位而非共置的場景中養家育兒、運籌帷幄、分配資源、臨機應變？在移位的場景中，心中須進行相當程度預先或正式的規畫，以及熟稔掌握特定的工作場所文化。身為提供勞動力的一員已被貼上標籤，是維持必要生計，是賺零用錢的方法，或是近年才開始流行的所謂職涯或志業。我於是對自己陳述：我在這裡，如此我才能在這裡再待兩年，再待五年。

工作場所大行其道，正式的托育服務也應運而生：日間托兒所、托兒所、幼兒園、課後安親班。一位關注托兒需求的慈善家暨托育機構創辦人形容成立這類機構的初衷，是「為了不得不離家出外工作的職業婦女謀福利」。其中一間最早創立的機構是一八七三年成立於倫敦肯薩新鎮（**Kensal New Town**）的日間托嬰中心，當地人稱之為「哭啼屋」（the Screech）。倡議改革工廠環境的人士看到營養不良的嬰孩之後大為驚駭，擔心造成許多嬰兒夭亡，他們認為這類機構能解決問題。之後，地方政府和私人公司也開始提供托育服務。[8]

一八八〇年代有一項關於倫敦商業化機械洗衣店媽媽級員工的研究，顯示有一半的人將尚在襁褓的孩子托給親戚照顧，三分之一的人請鄰居當保姆，將孩子送去日間托兒所的人比例較低，約占百分之十四。對於請鄰居或托兒機構照顧孩子的相對優點，中產階級改革人士與職業媽媽的看法並不相同。受托帶小孩的鄰居知道，她們需要維持好口碑。在勞工階級社區裡，幫忙顧小孩顧到「臭名遠播」是很糟糕的事。「也許有人會一次照顧兩、三個孩子，」二十世紀初一名職業媽媽回憶道，「必須是很可靠的人。」常常會有受訪者講到諸如「噢，不是在說她」之類的話語，這時聽者就心知肚明準備聽到小道消息了。打啞謎的語言精采極了。

一九四六年，洛杉磯好萊塢。二戰剛爆發的一、兩年，愛國心高漲的胡妮塔・拉夫勒斯（Juanita Loveless）在一間飛機工廠工作。她是單身媽媽，孩子的父親是那種吹噓要躲避戰時動員的苦勞然後離鄉出走的輕浮男子。孩子誕生之後，胡妮塔陸續在一家餐廳和一家希臘牛排館當服務生：「以前我要上班時，就把女兒放在嬰兒籃裡帶出門，工作時就把她留在辦公室裡。」日子很辛苦，所以有一陣子她住在「在我工作時能幫忙照顧嬰兒的中途之家……兩、三位媽媽帶著嬰兒同住的情況非常常見。」或者如她於一九八〇年代向訪談者所說明：「有些寡居的女士會將自家的房間出租給帶孩子的媽媽，她們會僱用非白人女性當幫傭。當時有太多嬰孩需要照顧，幾乎變成一門生意或專業。大家湊在一起、租一棟房子、合請一名管家。有好幾年我都這樣做，我們就是這樣撐過來的。」她加入了餐飲服務生工會（Waiter and Waitresses Union）。[9]

胡妮塔於一九八〇年代回顧一九四六年時，也觀察了她所處的一九八〇年代洛杉磯。她想念從前工會強大的時候，不太確定她所屬的「斯波克育兒書世代」在育兒教養上做的選擇是否正確。她支持「婦運」（women's lib），不過是有條件支持，並表示「要是你打算買房子、買家具和衣服，還要養不只一個小孩，幾乎得賺到等同兩個家庭的收入才能活下來」。

一九五六年，倫敦布里克斯頓（Brixton）。席爾瑪．L（Thelma L.，研究者並未揭露全名）來自牙買加，是中產階級循道宗信徒（Methodist），隨著一波加勒比海移民潮前往英國工作。席爾瑪在倫敦市中心一家成衣公司找到動力機械技師的工作，另外也私底下在家幫人裁製女裝賺外快。白天她會將寶寶葛洛莉亞（Gloria）送到住家附近的倫敦郡議會（London County Council）公立日間托兒所，另一位移民說是「送走」（given out）。她和其他很多加勒比海同鄉會發現，英國的天氣很惱人。有些人覺得英國人冷漠無知。「你不知道他們是怎麼看待你的，」另一名住在布里克斯頓的移民表示，「不像在美國，對有色人種就是有差別待遇，反正就是那樣。」大多數移民希望獲得更好的受教機會，改善自身經濟條件，但要面臨安排托兒的全新挑戰。牙買加由非生母擔負母職的慣例與倫敦的生活迥然相異：加勒比海人有親戚組成的「大家族」，相對於在倫敦卻如一名布里克斯頓居民所形容：「沒有祖母或姑姑、阿姨，舉目無親」。[10]

一九六〇年代在北蘭開郡（Lancashire），生活水準於十年內逐步提升。在上一代的勞動階級家庭中，通常是祖母收一點錢幫忙帶孫子，讓當媽媽的能夠專心工作，老人家也能賺一點零用錢。之後社會期望逐漸轉而認為嬰孩是媽媽一個人的責任。普雷斯頓的彼得克雷格郵購公司（Peter Craig's）為家有小小孩的媽媽級員工安排較短的特別晚班時間。有些媽媽去找酒吧打掃清潔的零工。布瑞爾太太（Mrs Burrell）在某間學校擔任兼職祕書，她生第一胎之後推著嬰兒車去學校工作：「事情很順利，如果孩子哭鬧起來，他們習慣就讓我先帶她回家。我的上下班時間很彈性，可以自行安排，所以我習慣趁她睡著時把自己應做的大部分工作做完。」寶寶長大一點之後，依舊需要臨機應變：「接著她開始會爬，開始學走路，當時的校長在他的辦公室中間用圍欄圈出一大塊遊戲區；我們就讓她待在裡頭玩。」[11]

布瑞爾太太的故事快轉到寶寶「到處跑的階段」，也是我算出自己在來年夏天會進入的階段。「有一天她跑出來弄響放學的鈴聲，當時還不到放學時間。我就想說，好，該讓她去幼兒園了。於是我就把她送去幼兒園，然後回去上班，趁她在那裡時做完工作。」對於像布瑞爾太太這樣有一份兼職工作的婦女來說，兩難之處在於一九六〇年代相對繁榮發達，社會文化比較難接受要如此左支右絀才能維持生計。

常見的近代經濟變遷歷程顯現出世界逐漸脫離先前的時代。大公司的全球化推動了去工業化。女性就業率逐漸升高，包括更多家中有嬰兒的媽媽投入職場，這已經成為當代經濟的鮮明特色。美國近年一項評估結果發現，育有未滿一歲孩子的婦女之中有超過半數在工作。（這類評估並未計入育兒的跨性別者或家庭主夫，統計數據也未提供任何關於非生母母職或代理母職的資訊。）隨著社會的整體生活水準提升，也有愈來愈多女性從事受薪的正式工作，然而不平等的情形也愈趨嚴重。[12]

關於最近數十年所發生的事，或許我們可以在討論中再加上沿襲已久的習俗慣例，以及「工作」比較完整的定義。從承襲自家庭背景、種族或階級的個別環境條件，性別和其他身分認同所自然積累的特權或壞處（對女人來說主要是壞處），以及根深蒂固、一再出現的工作與為母育兒是移位進行或共置的兩難處境，在在皆會讓任何考慮邊工作邊育兒的人感受到過往漫長歷史的影響。也許經濟學家能夠研究出，如何將母職既視為工作也視為母愛親情？也許在現今的資本主義晚期，有可能讓眾多母職勞動者被看見，並認可她們的寶貴價值？

我無意中聽到一些關於工作的對話片段，那樣的工作呼應了十七世紀的納辛或十九世紀晚期廉價公寓林立的紐約，細部也要經過重新校準。亞雯（Arwen）的兩人農場採行的農家經濟模式經過調整，角色分工不再依照社會對於男人或女人通常該做什麼的期望，而是依照偏好和技能。這位和我在同一時間復職上班的學校老師在考慮辭掉工作，或許孩子也不用送托，就自己在家創業了。她盤算著能省去間接成本，什麼都可以上網販售，這是全新形態的「家庭手工」。

九個月大，十個月，十一個月。我再次致電各家托兒所詢問候補名單，希望找到一家收托的年齡限制跟K的育嬰假結束時間剛好配合得上。「工作場所附設托兒所」一詞首見於一九七〇年代，與女性主義運動同時——學校附設托兒所已經額滿。車程十分鐘的距離內，有幾位日間托育的在宅保姆，有教會或其他宗教團體經營的非營利日間托嬰中心，還有私立的托嬰中心，BDLC、PDO、CCC，它們的名稱縮寫在我如今已不再造訪的社區活動中心裡流傳。不過我比較擔心立即的物資補給問題：辦公室門上的黃色便利貼宣告裡頭的人要忙上十分鐘，吸乳器也在門後嗡嗡運轉。寶寶還是會吐溢奶，他會不會總算能接受奶瓶。K習慣帶寶寶來找我，讓我在兩堂課之間的空檔餵奶，這個習慣還要維持多久。以前晚上還有力氣備課跟寫研究計畫申請經費，要怎麼找回這股精力。

每個來到工作場所的早上，我踩在七樓走廊上的每一步都安靜平穩。我全神貫注。三小時後，寶寶會踩著皮革磨損的柔軟嬰兒鞋走進來，他的咯咯笑聲愈來愈急躁。含乳的動作飛快，幾乎是惡狠狠的。

第十九章　橡木汰洗盆

時間向前快轉兩年，地點移到大西洋對岸。寶寶長大了，用現代專有名詞來說是「學步兒」（toddler），開始講短句，同時我又能正常睡覺，腦中的句子也開始變長了。都好了，他說。沒有喜歡。我們到了。雖然已離乳，在我眼中，他望向我時的眼神依舊熾烈。他嬰兒時期指甲沒剪，曾劃傷自己，原本在眼睛下方的疤痕如今在臉頰上了。

嬰兒期早期像是緩慢的時間翹曲，期間一切都混亂不定。實在發生了太多事，常常是一股腦全都擠在一起。寶寶的胃食道逆流症狀如今已是久遠往事，當時真的令人崩潰。母職如今開始讓人覺得熟悉，時間標記上忽然冒出的其他事件，與寶寶的成長和工作上的需求交互穿插，例如搬回英格蘭進行一年期的研究，還有希望再生一個孩子。「那是人生的其中一段暫停時期，」珍．拉薩爾（Jane Lazarre）於一九七六年的《母親結》（*The Mother Knot*）中寫道，「人生中外在的一切都必須停滯，如此一來，在你體內扎根的所有嶄新之物才能有一段時間平靜生長，不被更多新出現的要求所干擾。」[1]

母職的歷史也在我內心落定，令我時而敬畏，時而定心，時而受到驅策。那些顯然因不同時空和個體而異的諸多動詞：受孕，流產，懷胎，生產，坐月子；然後帶著各種不同的特色：聽到啼哭聲，抱在懷裡，看見，嗅聞，受到干擾，睡眠，不休不眠，餵哺，不知所措，試圖了解，送托又接回，養家育兒……

還有，使用各種用品。再次懷孕讓我在腦海中回到北美自家的閣樓，展開一趟心靈之旅。我們一家三口在大概一個月前，在這座英格蘭城鎮裡一棟小小的排屋落腳，開始適應全新的生活作息，預約掛號一位醫生的門診，拿出裝箱的休假研究期間筆記，打探附近街道上有沒有跟兒子同年齡的孩子。但是之前的婦嬰用品還留在大西洋對岸，已裝在箱內束之高閣，嬰兒提籃則擱在閣樓階梯頂端——也可以說嬰兒用品都已是積塵古物。又要重來一遍：現在需要什麼東西？既然工具在我們使用它們時也形塑了我們，用品又揭露了為母育兒在歷史上的哪些樣貌？

無論什麼地方，只要有人為母育兒，該處必定有一些東西和用品。現今滿坑滿谷的大量物品，就如同我們家裡和我們身上幾乎其他所有東西，都是大眾消費興起的產物。最近一百年來，嬰童成衣服飾產業向大眾暗示要讓嬰孩穿特定的顏色。（第一本產業貿易刊物於一九一八年出版，其中建議男孩穿粉紅色。明確區分女孩穿粉紅色而男孩穿藍色的風潮，是到二十世紀中葉才奠定的。）現今最為昂貴的消費商品，是替代代理母親的育兒人力。十九世紀到二十世紀初期，享有豐富資源的家庭並不需要安撫搖椅（baby swing），有育嬰女傭負責哄抱、安撫跟陪玩。[2]

我偏好將嬰兒用品當成育兒用的工具。它們可能很巧妙好用，也可能設計不良，難以使用。這些物品必定會表現和形塑著關係，也許是照顧者和工具之間的關係、照顧者和嬰兒的關係，或是母職和其他類型活動或欲望的關係。在一九七〇年代的倫敦，市場研究人員寶琳・狄傑利（Pauline Diggery）原本想用嬰兒揹帶（papoose）卻打退堂鼓，因為她想要再次「覺得自己像個女人」。舊時工具中帶來最多啟示的物品，來自幾無史料文獻留下的時期，來自與母職有關文獻最為稀缺的地方，這些存留至今的物品能夠告訴後人的訊息也最多。[3]

大件育兒用品由於不易損壞或遺失，而且比較顯眼，有時會輾轉成為博物館藏品或成為畫中題材。例如位於華盛頓特區、史密森尼學會旗下的國立自然史博物館（Smithsonian National Museum of Natural History），以及我上班搭的公車路線最末站附近的皮特・里弗斯博物館（Pitt Rivers Museum），就收藏了美洲原住民所用的、可保護嬰兒頭部和手腳的嬰兒背板。[4]

一八三〇年代的達科塔族（Dakota）婦女很習慣自製和使用刀鞘、煙斗囊袋等各種各樣的盛裝用品。一八三五年，一名婦女用附有飾物的紅、米黃、黑三色嬰兒背板揹著嬰孩。女嬰的小臉朝外，兩腳擱在固定於扁平木頭底板底部的木塊上。她全身裹在一張生皮革裡並用兩條寬鹿皮帶繫住，整條鹿皮帶上皆是豪豬刺拼成的圖紋。最粗大的刺取自豪豬背上，在用來裝飾前會先用牙齒咬住壓平再經過染色處理。下方底板裝飾著操控雲雨天氣的雷鳥「瓦欽颺」（Wakinyan）的圖案。板子頂部呈碗形，垂掛著用來逗嬰兒開心的羽毛、貝殼和毬果。這件用品就如同一般工具，很堅實甚至沉重，無疑是達科塔族媽媽們最重要的一種育兒用品。嬰兒背板將美學創意和性靈福祉凝縮在簡單的揹兒動作之中。

達科塔族沿著密西西比河和明尼蘇達河沿岸聚居，夏季有定居的村落，冬季則分散成較小的群體，他們時常遷移，依靠野外可取得的食物維生，也常常交戰。母親忙於砍柴時，可以將嬰兒背板吊掛在樹皮小屋橫梁上或粗樹枝上，也可以用另一件類似用品將兩個孩子分別掛在小馬的左右兩側。野心勃勃的旅行家暨收藏家喬治．卡特林（George Catlin）於一八三五年向不知名的原住民婦女買下這塊嬰兒背板，他記述了該名婦女如何當著他的面從背上取下背板。同時期的賽特．伊士曼（Seth Eastman）畫了一幅油畫，畫中呈現的是夏日場景：一名女子在處理獸皮的淺色內層，附近有幾名女伴，相距幾步之處一塊半豎立的嬰兒背板上有一名睡著的小嬰兒；畫家是美國陸軍上尉，曾與一名達科塔族女子結婚。女子的頭髮披散著，兩手使勁操作鞣製工具，她的目光逡巡，漫不經心瞥向嬰兒頭臉。

二十世紀初居住在蘇必略湖（Lake Superior）周圍的歐及布威族，會用一個動詞專門描述搖動嬰兒背板。成年人用嬰兒背板揹起嬰兒走動時，繞過胸膛（或前額）的皮帶會將背板固定在大人背上。他們所用的嬰兒背板為紅、藍兩色，同樣十分堅固，長度大約為二十四英寸，一端裝了有弧度的木塊當孩子的腳踏，另一端頂部則有與底板呈垂直的箍環。箍環很適合在冬天時固定毛毯，或夏天時固定遮陽用的薄布，也很適合用來固定皮革揹帶。若想哄孩子睡覺，可以坐在地上並將嬰兒背板放在腳趾前方，再左右擺盪雙腳，這樣就能搖動嬰兒背板。從嬰兒背板方正直挺的形狀，以及大費周章固定嬰孩四肢和背部的方法，皆可看出歐及布威族希望孩子長大能夠抬頭挺胸且精力充沛。[5]

嬰兒背板的使用形塑了母職，它不只是揹孩子或約束孩子行動的用具，而是藝術品，是護身符，是助眠工具，也是形塑人格的器具。嬰兒背板最後一種可能的用途，無疑也是最平凡庸俗的用途，要屬納瓦霍人族語中稱呼嬰兒背板的詞語最為貼切，該詞語字面意思即為「寶寶尿片」。在亞利桑納州沙漠的居民普遍改用布製或免洗尿布之前，老一輩的納瓦霍族婦女會蒐集一種薔薇科灌木（cliffrose）的柔嫩樹皮，供帶孩子的媽媽用來包住嬰兒屁股和腿間。這種生長在沙漠裡的薔薇科灌木與嬰兒背板的關係無比密切，也可能是嬰兒背板與這種實用的植物關係密切，以致後來兩者有了相同的名稱。[6]

我蒐集的第一項物品是一條橡皮圈——我忘了這個小訣竅，直到有迫切需求時才想起。橡皮圈在鉚釘和鈕扣孔之間扭絞成8字形，偷偷繫住孕婦腰上的縮水牛仔褲。根據白金漢（Buckingham）和艾塞克斯當地慈善機構的說法，在一七九七年至少要為一名嬰孩備齊下列物品：三張床單、兩張毯子、一張「皮墊子」（應是為了承接分娩時的排出物）、兩件居家長外衣（bed-gown）、兩頂睡帽、三件連身睡衣、三頂嬰兒帽、三件嬰童上衣、一條棉質襁褓巾、一條法蘭絨襁褓巾、和「數量足夠的小物」——也許是指更多可充當尿布的碎布。產婦坐月子期間可能也需要肉汁和酒湯。慈善機構準備的物品中，坐月子的婦女可以留下一頂嬰兒帽、一件上衣和一些法蘭絨衣物給嬰孩使用；剩下的東西則在清洗之後交由其他人繼續使用。一百年之後在倫敦，產婆前來幫忙接生時，體面人家的婦女會預留一組乾淨床單及被單、乾淨的枕頭套和一些雜七雜八的小東西，例如嬰兒肚圍和棉織法蘭絨製成的墊背保暖織物。到了下一個世代，類似的清單中又加入了一批橡膠防漏尿褲。[7]

在這些一七九七年的「小物」和百年後雜七雜八的小東西之中，或許也有一些安撫用品？留有過往使用痕跡的育兒用品之中，最小型的通常是逗樂或安撫嬰兒用的東西，例如從昔得蘭群島（Shetland）外海的一六六四年船難遺跡打撈出的青銅手搖鈴，手搖鈴附有數個小鈴鐺，頂端有懸掛用的配件。（該艘船為荷蘭東印度公司船隻「肯內默蘭號」〔Kennemerland〕，由此可知玩具長久以來即是貿易商品。）在當時菁英階級肖像畫中可以看到更昂貴高級的手搖鈴，是以珊瑚或銀製成。十七世紀的歐洲人相信，珊瑚能夠辟邪，而其平滑堅硬的表面則有益於磨牙固齒。[8]

但有更多育兒用品如今已然失傳，例如功能類似安撫奶嘴的「吸吮袋」（sucking bag）或「糖袋」（sugar rag）。在老舊上衣的一小塊破布裡裝填麵包、牛奶和糖包住，就能「讓孩子獲得滋養和平靜」（歐洲十八世紀晚期的窮人家媽媽們如此指出）。或者「把糖加上一點麵包或硬餅乾碎屑……用一小塊亞麻布包住綁緊」「讓孩子睡覺或醒來時含在嘴裡」（十九世紀初的美國）。當代的英國稱奶嘴為「dummy」，在美國則稱為「安撫奶嘴」（pacifier），還有其他小東西功能相同但名稱各異，包括「安撫玩具」（comforter）、「小巧奶瓶嘴」（dinky feeder 或 dormel）和「橡皮奶頭」（titty）。我還記得M有一個造型短胖的紅色塑膠固齒玩具，但是對他來說似乎總是過大，結果他超愛啃我的衣角或是柔軟的玩具。[9]

當然，多數物品最後都完全消失不存。一八四〇到一九五〇年間，曾有數十個黑人孩子在路易斯安那州奧克利種植園（Oakley Plantation）出生，考古學家在該地找到果醬罐、玩偶頭部、煙斗、油燈和牙刷的碎片，卻沒有發現任何指出曾有育嬰用品的特定線索。也可能有例外，即遺落在小屋傾斜地板縫隙裡一枚穿洞的英國「不列顛女神」（Britannia）一便士硬幣，可能是在一八五五年送給席薇亞．弗里曼（Silvia Freeman）的誕生紀念幣。美國南方鄉村的黑人會將硬幣穿洞後戴在身上辟邪，有人會將硬幣塞在鞋頭頂部，也有人會幫長牙的嬰孩在胸前佩掛硬幣。[10]

大型育兒工具以搖籃和嬰兒床為主，但是這類物品在西方就有，很少成為旅行家或人類學家的藏品，也不是值得納入博物館收藏的育兒用品。將它們和原住民的嬰兒背板並置，就會發現鮮明的對比，它們似乎強烈呈現母職以靜態居家為主的形象。西方的搖籃會搖動，嬰兒床則是固定不動的，但都不像原住民婦女所用的嬰兒背板是為了方便帶著嬰孩四處移動，或在戶外分擔勞務時約束嬰孩行動而設計。在美國的家裡有一座條板圍欄式的木頭嬰兒床，它一直待在角落裡從未動過。[11]

在賽特・伊士曼畫下達科塔族鞣革女子的前後五年間，諾森伯蘭（Northumberland）的水彩畫家約翰・亨利・莫爾（John Henry Mole）以畫筆捕捉了十九世紀一名英格蘭鄉村婦女育嬰的場景。畫中的婦女坐在室內的爐火旁，頭髮梳得很整齊，雙膝穩穩分開，正為懷中的嬰孩哺乳。不久前空出來的搖籃朝著觀者的方向歪倒：設有遮罩的木製新奇裝置很有分量，裡頭放了好幾條毯子，固定於兩條半圓形搖動桿件上。搖籃其中一端的頂部突立著一對木頭球形柄或尖頂飾物，已被使用者搓摩得十分平滑。這種基本造型的搖籃自十七世紀即相當普遍，可以用木頭刻製，或用柳條或沾了黏膠的樹枝編製。婦女將目光輕輕投向另一個在她膝旁祈禱的孩子。陽光照亮了一只泛白的籃子、女人的頭髮和孩子身上飄動的白衣。畫家的眼光帶著讚許且充滿情感。[12]

美洲原住民的嬰兒背板通常是由女性親屬手工製作和裝飾，但像前述的木頭搖籃通常是由男性細木工或木匠或孩子的父親打造，是迥然相異的性別分工之下的產品。

使用木頭搖籃和使用嬰兒背板一樣，首要之務是將嬰孩捆縛固定住。母親育兒要做的，就是將嬰兒的身體塑造成形。其中一種方法是讓嬰兒躺在大腿上，將兩腿拉直，然後用長布揹巾將嬰兒的腿腳和軀幹密實纏裹，一直繞纏到嬰兒腋下。接著用第二條長布揹巾從嬰兒的指尖一直纏裹至肩膀，第三條是「頸撐布片」（stay cloth），用來固定額頭和雙肩。最後纏裹成一個宛如整條麵包或縮頭烏龜的堅實包裹。接下來就能將這個「麵包寶寶」穿線固定：英美很多搖籃雖然和諾森伯蘭水彩畫家所描繪的不同，不過頂部都有孔洞或栓釘。如果沒辦法將寶寶固定在搖籃裡，也可以藉由將床單和被單邊角都塞到床墊下方壓住來固定。

搖籃末端突出的尖頂飾物在要推動搖籃時很實用，或許要繞毛線球或晾長布揹巾時也很方便。甚至有專司推動搖籃的僕傭：比較富裕的家庭會僱用一名「搖籃傭人」（rocker）專門逗哄、安撫嬰孩。在一些地方，媽媽們推動搖籃是為了讓嬰孩在固定時間入睡。一七三二年，牧師太太蘇珊娜．衛斯理（Susanna Wesley）記述自己在嬰兒們還醒著時就放進搖籃，然後搖動搖籃哄他們睡覺，「接著就一直推搖籃，到了要叫醒他們時才停下來。」過程單純描述如下：「這麼做是為了幫他們培養規律的睡眠時間，先是早上睡三小時，然後下午睡三小時；之後再睡兩小時，直到他們都不需要為止。」[13]

約翰．亨利．莫爾的水彩畫中縈繞著一股愉快懷舊的氣氛：一八五二年時，英格蘭鄉村在工業化的衝擊之下面臨快速變動，但是畫中照顧孩子的婦女似乎反映了昔日隱約顯得較為單純的時代。然而，如果是這樣，通常與搖籃場景有關的長布揹巾在畫中卻付之闕如，這一點極為重要。十八世紀中葉，醫師和中產階級父母開始反對使用襁褓巾，認為束縛嬰兒手腳的作法有誤而且殘忍；莫爾水彩畫中躺在母親大腿上的寶寶肥壯開心，身上的衣物寬鬆。擁有廣大讀者群的十九世紀評論家比頓夫人也口徑一致，抱怨「印第安婆婆媽媽」和「我們的老祖母」的習慣不佳。她將美洲原住民（或玻里尼西亞人，或因紐特人）將嬰孩綁縛在板子上的習慣稱為幫孩子穿「背板裝」（backboard dressing），視為與近代注重自由和多活動筋骨的概念相互對立。她也宣稱一百年前英格蘭婦女將孩子「裹成木乃伊」的不健康習俗更為糟糕。比頓夫人在輕蔑批判中羅列一長串名稱中有嚴肅連字號的長布揹巾，全是已經過時的舊時代工具：頦撐（chin-stay）、背撐（back-stay）、全撐布片（body-stay）和前額布片（forehead-cloth），此外還有束身綁帶、繃帶、腰肚束帶（girth）和繩線。[14]

如今，襁褓巾育兒法走入歷史，搖籃也消失了。從前很多移民和勞工階級社區會保留搖籃，但是對於十九世紀中產階級消費者來說，平坦的床以及嬰兒床才是唯一選擇。為母育兒表示允許嬰孩自由、獨立地活動，兩難之處可能會是如何引導或任憑孩子摸索出白天睡覺的時間，以及如何確保孩子安全無虞。

十九世紀晚期開始出現周邊加高的嬰兒床，加高側邊能防止開始會亂動亂爬的孩子跌下床。一八八一年《居家》（*At Home*）雜誌收錄的一張插圖中，戴著純白軟帽的寶寶在側邊升降式嬰兒床（drop-sided crib）裡玩耍。愛可美公司（Acme Company）向大眾保證他們在一九〇一年製造的嬰兒床側邊很高，且經過車旋加工的護欄間隙很小，絕不會發生任何意外。有些嬰兒床側邊是以鉸鏈連接，就很方便將孩子抱進抱出，這種巧妙工法終究被現代的滑動式側邊取代。

記得孩子大約一歲半的時候，我曾有無數時刻在嬰兒床旁邊拍哄他入睡，在黑暗中閉著雙眼彎腰探身時，某根肋骨笨拙地壓抵著嬰兒床頂端細細的橫桿。若不是嬰兒床設計有瑕疵，就是我自己的身體設計不良。一九八六年，詩人安妮．溫特絲（Anne Winters）於夜裡向窗外探出頭想尋找沉靜且令人安心的比喻，對於一名十九世紀達科塔鞣革婦女或同時代坐在搖籃旁的英格蘭婦女來說可能並無意義，我卻深感共鳴。她在自己半懸在搖籃上方時，留意到也體會到她和寶寶之間的漆黑空間。寶寶也像是行星，一個行星愛著另一個行星。[15]

所以我一直都不太喜歡我們家的嬰兒床；沒有它，我也不怎麼在意。事實上，新家的隔壁鄰居提議借我們一個附有可分離木頭座架的嬰兒提籃，如果再加上搖動桿件，換上厚一點的床墊，再除去消費品安全標準規範，就有點像是古代的柳條嬰兒籃。當我開始設想未來，所有細節都變得無比重要，一切又要重新開始。我一部分的信心和很多情緒感受，都跟著留在閣樓裡的育兒用品一起安歇，雖然這次懷老二沒那麼緊張了。這個新提籃放得進大床跟牆壁之間嗎？要是老二也有腸絞痛的毛病，可以將提籃以某個角度整個立起來嗎？至於推搖籃的工作，在床腳擺一張椅子就能外包。也有可能會像上次一樣，寶寶最後大多時間都跟我們一起睡。

很多好用的物品如我的橡皮圈，本來並非專供母親育兒之用，是使用者在回想育兒的談話中不經意提起的。「全新細小蠟燭的短小末端可以當成珊瑚固齒器的替代品」（一六五三年的倫敦）。在手指上沾一點蜂蜜黏根羽毛可以逗孩子玩，或者「從院子裡摘下的一籃罌粟花」可以讓寶寶「昏昏欲睡」，讓主婦有時間做完家事（記錄於十九世紀初的俄亥俄州，沒有其他說明）。在二十世紀中葉的愛爾蘭鄉村，一個玻璃健力士黑啤酒瓶可能很適合當成專門用來餵寶寶的用具——「我們在鄉下，奶瓶可能會掉到爐火裡，是明火，瓶子是塑膠的，家裡可能不會有很多個可用，」妮娜・布萊迪解釋道，「而且孩子在哭，得想辦法餵他才行。」[16]

瑪莉・席多（Mary Siddall）出身礦工家庭，在一九二〇年代先後生下幾個孩子，她向研究者提到她會將「小人兒們」放在汰洗盆裡——這種很高的平底盆皿可以穩穩立在地上，可在盆中浸泡、抹肥皂和滌淨衣物。她會在工作時將孩子放在汰洗盆裡，這樣能幫助孩子學走路：「我習慣把他放在靠近門口的地方，可以看到家附近來往的人車。他會在盆子裡玩好幾個小時，也可以在盆子裡練習走路，因為你也知道，在盆子裡不太能彎腰。我會丟一、兩個小玩具，還有他的小麵包烤模和一張紙給他。」有些汰洗盆是鍍鋅材質，也有些為木製。瑪莉・席多的汰洗盆是橡木製的。她的育兒軼事讓我想起十七世紀英格蘭和其殖民地使用的木頭站立支架，這種支架可以幫忙寶寶練習站直，或者更好的是將一截樹幹挖空、內側和頂端磨平，是就地取材而成的相同用品。這幾種物品的差異在於主要的用意不同。十七世紀使用的站立支架，其發明動機在於當時的英國人對於嬰孩爬行有著道德方面的憂慮，他們擔心人類的新成員跟動物一樣四肢著地爬行，日後會退化為獸。[17]

還有一些物品是就地取材臨時湊合出的嬰兒睡鋪：有提把的「老舊衣物籃」（英國北部上流階級婦女愛倫・帕克於一八一七年從塞爾比〔Selby〕前往科恩〔Colne〕拜訪幾位女性長輩，不希望只是關在房間裡照顧嬰孩。）「家庭衣物籃」（一九〇六年前後的一棟波士頓廉價公寓）。「節慶拉炮紙盒」（不過容易翻倒），或是貨物棧板（一九〇三年的一座喬治王朝時期農莊）。香蕉箱——冬季時於毯被縫隙塞入牛皮紙加強保暖（二十世紀初的蘭開郡）。舊抽屜搭配麵粉袋縫成的枕頭套（二十世紀初的南倫敦〔South London〕）。一九三〇年代由美國南部佃農自製的「籠舍式附防蠅罩嬰兒床」。沒有嬰兒背板時，就在馬鞍鞍頭上掛一塊硬挺皮革替代（蒙大拿州格羅文特人〔Gros Ventres〕於一九四〇年代回想「昔日時光」時述及）。[18]

有些物品讓傳統與即興創新共存。即使家鄉成了原住民保留地，載貨用的小馬也在二十世紀晚期由皮卡車取而代之，納瓦霍族此時仍繼續使用嬰兒背板。一九七〇年代新近成立的納瓦霍族小家庭中，許多忙得焦頭爛額的媽媽發現，只要將奶瓶繫綁或靠在背板的箍環上，寶寶就能自己喝奶。[19]

由於孩子是高需求寶寶又會吐溢奶，我於是成為二十一世紀某個時期關注如何溫柔「自然」育兒的典型媽媽，例如使用紫色刷毛嬰兒揹巾以和緩力道將寶寶揹在身上——而不是比如說用包巾將他纏裹住，再放進搖籃或嬰兒背板，或讓他穿著寬鬆衣物獨自待在嬰兒床裡。那條刷毛揹巾既是設計精良的工具，也是中產階級消費商品，而至少依據廠商行銷部門的說法，也是在向不同的「傳統」文化中相信寶寶常有人抱著就不會很愛哭的習俗致敬。（人類學家瑪格麗特．米德可能會嗤之以鼻。確實在一些非西方文化中有類似習俗；但在其他文化中並非如此。她在一九七二年記述了巴布亞紐幾內亞〔Papua New Guinea〕的蒙杜古馬〔Mundugumor〕族人厭惡小孩到主動積極的程度：他們會將嬰孩放進掛在牆上的粗製籃筐裡，聽到嬰孩啼哭就刮擦籃筐表面製造出刺耳聲響。）[20]

第一次育嬰、暈頭轉向的好幾個月裡，為了讓M身體保持豎直，還有帶他去庭園散步，刷毛揹巾是我覺得絕對必要之物。事後回想，我並未懷疑自己對揹巾的迫求需求，但是我也注意到新落腳的城鎮比較不流行嬰兒揹巾，折疊式嬰兒車才是王道。

生第二胎那天早上，我跟一位新認識的朋友經過足球場館外的跳蚤市場。我們家和她們家的幼兒跟著K在公園裡騎滑步車，她家的是雙胞胎。我跟凱特翻揀著幾近全新的嬰幼兒服裝：新生兒，一到三個月大，三到六個月大。

老天，每件都好小。棉質衣物暗示著不同階段的期望：柔弱無助的初生兒穿的連帽連身兔裝，寶寶會爬以後穿的護膝爬行褲。我努力回想寶寶滿月時、三個月大時會發生什麼事，但徒勞無功。這下子又來了。有一位擺攤的婦人一邊認真搖著膝上的孫兒，一邊自顧自對著擺臭臉的十幾歲女孩大談睡眠訓練的好處。同情共感的思緒交纏，宮縮讓我轉移了注意力，閒聊的機會稍縱即逝。要離開時看到一個好兆頭：一隻亮綠色的龍布偶，附有縫在上面的鏡子，還有用魔鬼氈黏上的小花，和我們家裡那隻一模一樣。

第二十章　院裡跑寶寶、懷中抱寶寶

他們是一群「孀居兒」（dowager baby）。休假研究期間租的屋子是一棟小小的維多利亞式排屋，這種兩層樓的排屋最初蓋成「樓上兩房、樓下兩房」（two-up, two-down）格局，後來再加上現代衛浴、廚房和中產階級貸款。在維多利亞時期的這種房屋裡，家中第二個孩子來報到之後，老大就稱為「孀居兒」。

孀居兒？孀居寡婦（dowager widow）指的是在丈夫死後獨活，並繼承亡夫頭銜或財產的婦女。她是遭遇失去和受益的高貴人物。孀居兒則是不再能和母親同床，不再是最幼小、最吸引母親全心關注的對象。維多利亞時期是大家庭中兒女成群的時代，對於大聲說出這個詞語的維多利亞勞工來說，它無疑既是承諾，也是警告。家有「孀居兒」，表示家裡有一個新來的寶寶，而年紀較大的孩子不得不（或者有機會）更為獨立。

再次消失一陣子準備去生孩子之前，我從凱特家的寵物活動門最後一次看到我們家地位遭取代的「孀居兒」。M剛從公園回來，帶著一點凱旋返家的興奮從活動門探頭窺看。嘿，媽媽！我自己一路騎回來！我為他心疼，心疼我們之間的親密無間，而陣陣宮縮如波濤洶湧襲來，心疼的感覺載浮載沉。就在昨天，我注意到他用中西部口音從一數到十，再用牛津腔從十數到二十，每個T都發音，咬字精準。他現在也屬於這裡了，而我即將讓他的世界天翻地覆。

這次是在一棟維多利亞式排屋中生產，圍在身旁的則是助產士組成的接生團隊，與生老大的時候截然不同。我倚著屋子這側的庭院磚牆向外探身，兩腳站定，將臉轉向太陽。幾名單車騎士經過。子宮又在收縮，才剛開始。運氣好的話，也許這次又不用施打無痛分娩。陪產員珂蒂（Kedi）跟莫莉和家母一樣都是褐髮，她及時抵達，開車載我們到山丘上的產科大樓：「就跟你說吧，這次會比較快！」她個子很高，比我還高，身材足以將一個人抱在懷中，而且展現出我想只有十七世紀資深產婆才有的那種沉著堅強。但是我不會需要被人抱在懷中：水龍頭已經打開，正在朝生產池（birthing pool）注水。我不太確定自己是怎麼爬進去的。但是我知道新生兒身上可能會有白白的一層，是尚未脫落的胎脂。我知道在十幾或二十幾下迅速順暢的用力之後，就可以用自己的雙手接住他。他會被舉高露出水面，來到我跟前。我甚至還沒有準備好迎來生產的第二次終結，你就來了。絕對不是「又來了」，而是全新的一次到來，有著全新的面孔。

寶寶誕生數天後的某一天，屋裡的人全都醒著，孀居兒爬到我懷裡，邊唱邊搖：我跟你，我

跟你，我跟你。我們一下子成了四口之家，舊有的三名成員還有些小小吃驚，嬰兒提籃成了核心，同盟關係有所改變。

M在言語的入門通道中遊逛，他編的故事就跟他的忠實陳述一樣，充分表現他的擔憂。可能性造就真實。數天過後，孀居兒在幼兒園門口告訴我，另一個小孩家裡有五個小嬰兒。他瞪大雙眼以表強調。走回家的路上，他牽著我的手，我不用彎下腰了。至少我原本以為我不用，但是用揹巾揹著新生兒的情況下還是得彎腰。我們呈傾斜狀態，歪斜著前進。

「一打二」（double shuffle），美國中產階級婦女伊麗莎白．卡博於一八六一年如此指稱。*文獻史料中，偶爾會發現同時照顧老大和剛出生的老二的線索。在記下年紀較大孩子的成長里程碑，例如孩子斷奶、開始學走路、學講話、會理論或有記憶的同時，也會留下初生嬰兒不同成長階段的紀錄。我追索這些過去的樣貌，想得知從前的人如何談論家有年幼孩子時再生一寶的情況。[1]

過去留下的文字紀錄中，可以找到一系列的詞語以及關於當時想法的線索，指出從前曾有各種各樣形容「一打二」以及「大寶」的詞語。北美大平原有一種稱為阿夕尼波因語

*譯註：double shuffle原本可能是指一種木鞋舞及其招牌舞步。

（Assiniboine）的原住民語言，該語言的繼承者會使用一個詞語來指稱由於母親再次懷孕而過早斷奶的嬰兒，或是（延續前述定義）有弟弟或妹妹與自己出生時間相差不到一年的嬰兒。這是阿夕尼波因語中指稱「孀居兒」的用語，是他們描述手足年齡接近以及新生兒到來所造成影響的獨特版本。[2]

直到十九世紀晚期，英語使用者可能會稱一個剛斷奶的孩子為「離乳寶寶」（weanling），這個詞語往往也和學走路有關。一八六九年大受歡迎的小說《羅娜．杜恩》（Lorna Doone）是時空背景設在古代的傳奇故事，作者在小說中想像一個角色好像離乳寶寶，搖搖擺擺走入艾克斯穆（Exmoor）的一座農舍。我也發現，離乳和走路在其他不同文化中也關係緊密。十九世紀初阿拉斯加錫特卡（Sitka）特林吉特族（Tlingit）的觀察者指出：「母親會一直餵奶餵到孩子開始走路。」（克里爾．赫列尼科夫〔Kyrill Khlebnikov〕，於一八一七－一八三二年間擔任俄美公司〔Russian American Company〕經理），或「孩子一直到會走路才不再喝母奶」（海軍艦長費德里克．呂特克〔Frederick Lutke〕）。[3]

一九三〇年代，在美國南方的白人佃農家庭中排行倒數第二的孩子既不是孀居兒，也不是離乳寶寶，而是「膝蓋高寶寶」（knee-baby）。這個詞語傳達了寶寶站著已經到大人的膝蓋高度，也更獨立自主一點——已不再是襁褓中的嬰孩，不再躺著或坐著，而是能站在大人身旁的孩子。欠缺中間的模糊地帶。在成員很多的大家庭，期望中的模式是「膝蓋高寶寶」能夠和家裡其他人一起疼愛新生兒。一名訪客則指出，「膝蓋高寶寶」有時會將新生兒當成自己的特殊所有物，因為比起家裡其他人，自己與母親以及新生兒的關係更為密切。母親產後坐月子時，「膝蓋高寶寶」會拉一張椅子到嬰兒旁邊坐著。孩子「要在一旁站崗守護，所以覺得嬰兒是屬於他的」，該名訪客如此記錄。[4]

或者在一九四六年的喬治亞州鄉下可以看到另一種用語上的轉換：一名黑人產婆形容「她的」其中一位媽媽帶著「『懷中抱寶寶』（lap baby）和『院裡跑寶寶』（yard baby）」。那位媽媽是露・德拉・嘉蘭德（Lou Della Garland），或名露蒂（Ludy），她原本住在偏僻的毒湖（Poison Lake），由於丈夫哈洛（Hal）從軍參戰，她一個人照顧不來兩個寶寶，於是搬回鎮上。謝天謝地，嘉蘭德在棉花採收季結束後就離開了。「懷中抱寶寶」、「院裡跑寶寶」和露・德拉的故事是由產婆口述，由一名公衛護理師記錄下來。哈洛的年長伯父和露・德拉及孩子們同住，幫忙砍柴、照顧牛群和牽騾子去耕地。露・德拉會收到政府直接分發的部分軍人薪資，她也持續支付家裡的開銷。「她自己、兩個寶寶和糊塗約翰（Foolish John；指老伯父）都有吃有穿，但是政府發的錢她一點都不會浪費。而且她把房子打掃得很乾淨，庭院也維護得很好。」[5]

我暫停片刻，讓詞語在想像中變得鮮活。據產婆描述，一九四六年某個炎熱的下午，「院裡跑寶寶」在「整潔美麗的庭院裡挖土玩耍，身上穿著露・德拉用院子圍籬旁那棵苦楝樹的葉子編成的圍裙」。苦楝樹的深綠色葉子有鋸齒狀花邊，帶有一股麝香味，葉柄強韌很適合穿線。「懷中抱寶寶」站在「置於樹蔭下的大棉花籃筐裡」。露．德拉三不五時會將「懷中抱寶寶」從籃筐裡抱出來，「哄寶寶休息，並且陪兩個寶寶玩一會兒」。

孀居兒，膝蓋高寶寶，院裡跑寶寶，懷中抱寶寶。由這些詞語可知，從阿夕尼波因語使用者、維多利亞時代勞工階級、特林吉特族到我自己所屬的文化，手足競爭在許多文化裡都屬意料之中，但也有些文化並非如此。儘管去跟我家的「孀居兒」這麼說。他在我要坐到椅子上餵奶時搶先衝過去占位子，或是在我抱著剛出生的老二坐著時，扭擺著想靠在我身上。「孀居兒」試圖在小寶寶身上貼滿貼紙；他輕拍寶寶的頭，希望獲得某種來自同儕的回應；晚上他聽到寶寶哭聲時會抗議，之後又想親他幾下安撫他別哭。V。他溫柔地喊著新生兒，我知道我們選對名字了。

新生兒呢？他的個性穩定而且開朗知足，這是我最初的印象。老大十分敏感，情緒變化大，需要我全心呵護。新來的孩子是個我還不太熟悉的小生物，他召喚出我還不認識的母職角色。我曾如履薄冰，這一次，不再那麼戰戰兢兢。

在生老二之前有一陣子，我在史料中尋覓的不是用語詞彙，而是「一打二」或「一打多」的場景，是同時照顧雙寶甚至三寶、四寶的場景。

一八二〇年代初期，莎莉．威廉斯（Sally Williams）生活在北卡羅萊納州費耶特維爾一帶。她帶著兩個孩子跟她一起去種植園的稻田裡工作，母子三人一起走很長的一段路，穿過圍籬，行經牧草地旁和懸鈴木樹下。有時候她把老大以撒（Isaac）牢牢揹在背上，將老二放在連身裙前襟裡綁縛住。也有的時候，她會將正面裙襬捲起來固定住，讓寶寶躺在裡面休息。莎莉不想把兩個寶寶留在她在奴隸宿舍區住的小屋裡，也不想讓他們待在田間圍柵或田埂旁邊，可能會有蛇爬過來。十七歲的她個子高䠷，體態看得出已經在田裡工作五年之久。她的丈夫亞伯蘭（Abram）是隔壁種植園的奴隸，她的奴隸母親在其他地方當侍女，而她的父親則被賣到遠地。午餐吃的是麵包、肉和米飯，只能靠這些食物供應她哺乳和下田工作所需的營養。[6]

一八四九年十二月，美國東岸。奧葛絲塔・納普（Augusta Knapp）的丈夫吉甸（Gideon）趁著加州淘金熱想碰碰運氣。「今天一整天我都獨自一人，」她在日記中簡短寫道，「但我還不能說自己很孤單。我跟孩子們在一起，讀了很多書。真不該說自己獨自一人，我明明有兩個這麼可愛的孩子。」她補充：「我很害怕，每次他們很吵很煩，我就常常失去耐性——孩子就是會這樣。」還有其他許多類似的十九世紀日記和書信，裡頭皆述及一個、兩個或好多孩子吵鬧讓人不堪其擾的場景。[7]

一八九九年二月十八日，喬治亞州溫家坊（Wynn's Mill）。穆蘭亞・勒古恩（Magnolia Le Guin）與丈夫都是白人，一起經營很小的農場，她拾起一本小記事本：「我打算在本子裡寫下讓我喜悅開心的事物以茲留念。」他們有兩個孩子，大的三歲，小的剛滿一歲。老大艾斯邱（Askew）體重十磅：「名列『最好養』寶寶——很愛睡覺，安靜，會自己玩。常把他托給莉兒

（Lil）或珍．米勒（Jane Miller）」，即便他才三個月大，穆蘭亞記述道。珍．米勒也稱為「珍阿姨」（Aunt Jane），是一位黑人洗衣婦兼家庭「幫手」，「阿姨」的稱呼無疑承襲了當地的「非生母母職」習俗。老二弗雷（Fred）滿月時就長到十磅重。他七個月大時長第一顆牙，還沒辦法自己坐起來。在最開始的日記內容中，他可以扶椅子站起來，有八顆牙，會說：拜託、媽媽、爸爸和貓咪。穆蘭亞記錄道，弗雷比較黏人，不像哥哥。艾斯邱很早就會說話，咬字格外清楚；弗雷一開始學說話時「有一點慢，拖得長長的，像是某種樂音」。這本日記保存在一堆五花八門、稀奇古怪的窄長分類帳簿和農場記帳本之中，逐頁開展的內容呈現小寶寶如何磨娘難纏：穆蘭亞「在兩個孩子會走路之前完全沒有自己的時間」。8

一九〇二年，多塞特（Dorset）。在占地廣大的金士頓雷西莊園（Kingston Lacy），原本照顧薇歐拉．班克斯（Viola Bankes）的保姆換成照顧小寶寶拉爾夫（Ralph），拉爾夫是班克斯家的長子，出生時全家以烤全牛、營火和煙火慶祝。姊姊薇歐拉從原本有保姆專門照護忽然降級，改由一名育嬰女僕照顧。貴族家庭中代理母職者的「一打二」，牢牢受制於社會對於性別和地位的期望，就如同漿得硬挺的孩童衣物或僕傭宿舍裡的黃銅喚人鈴一樣僵固。9

二十世紀中葉的倫敦，薇歐蕾特．哈里斯住在勞工階級聚居的蘭貝斯。「我生了蕾娜（Lena）以後，」她回憶道，「就得把另一個可憐的小寶貝放在床上跟我一起，孩子也還不到一歲，你也知道，哭個不停。照顧另一個孩子……比照顧剛出生的小嬰兒花更多時間。」在她所屬的社群中，兄弟姊妹年齡相差極小曾是常態，這種情況逐漸減少。10

一九六〇年代，諾丁罕的勞工階級家庭普遍流行幫寶寶安排作息，很多媽媽對於老二就採比較彈性的方式。一位家具木工的妻子表示：「我帶珍（Jane）的時候很重視作息，一切依循表定時間。如果她睡著了，我會把她叫醒。但是生了保羅（Paul）之後，我就改變主意；從一開始我就比較放鬆，我想是因為有帶老大的經驗，不會擔心東擔心西的。」到了第二胎就不再那麼擔心，我感同身受。隨著個別婦女逐漸累積生養兒女的經驗，對於寶寶作息安排的態度也有著類似的轉變：搬到澳洲的煤礦城鎮旺沙吉的英國移民社群裡，同樣可以看到媽媽們從帶老大時嚴格安排作息，到了帶老二時彈性調整作法的趨勢。11

一九八〇年代中葉，倫敦。琴・拉德福是二十世紀極少數撰寫領養孩子之事並公諸於世的母親之一，她也寫下領養第二個嬰孩的經歷。她的女兒生於一九八〇年，「生母來自英格蘭，生父來自加勒比海」，她吵著要一個弟弟或妹妹。琴原本覺得希望不大：她和伴侶年紀大了，又都是白人，跨種族領養政策已經轉向，黑人養父母比較有機會成功領養到孩子。但是一通電話之後，一名三個月大的男嬰來到家裡，一切從此不同：「這是另一個機會，另一個奇蹟，我們覺得自己被上天選中了。」這一次，琴家面臨更大的挑戰。男嬰非常黏養母，他哭個不停，琴的女兒提議把男孩送回去——她原本想要的是一個寶寶來陪她玩，不是跟她搶奪父母親疼愛和注意力的難纏對手。12

在一九八〇年代晚期的肯塔基州東部，二到四歲孩童之中有超過半數仍和媽媽睡同一間臥室，有些孩童因為弟弟或妹妹出生才回自己房間單獨睡。其他讓孩子自己睡的理由包括：「時候到了」、「床上太擠了」，或「跟孩子同房沒辦法好好睡，我們都要工作，需要充足睡眠」。父母親對於孩子搬進自己房間的感受則有很大的差異：「我很擔心，每晚要去查看好幾次」；「我很害怕會失火或發生什麼可怕的事」；「我很想兒子」；「很好」；「鬆了一口氣」；以及「一有機會我就讓兒子溜回來跟我睡」。[13]

K晚上通常會去陪M。再次經歷育嬰的疲憊，我感到如釋重負。我想念他們父子，但我的雙耳和身體最密切關注配合的還是寶寶的動靜。

我們家的「孀居兒」滿三歲時，已經達到十七世紀英國人所謂的「人生第二階段」。近代早期對於生命週期不同階段的描繪，第一階段是襁褓中的嬰孩，第二階段則是玩棒子擊球或騎竹馬的捲髮小男孩，至少在給男孩和菁英階級看的圖像中是如此呈現。嬰兒期。進入童年之後，開始具備種種能力。[14]

十七世紀英國和新英格蘭殖民地的媽媽們，可能會請年紀很小的孩子幫忙很簡單的工作。湯瑪斯．薛帕（Thomas Shepard）生於一六〇四年前後，長大後前往麻薩諸塞州開拓殖民地，他三歲時就被派去放鵝。其他時期和地方也有類似的想法，認為年幼孩童具有一定的能力：例如二戰之前在漁村戈斯彼，村民可能會叫三歲孩童去撿拾煙燻黑線鱈要用的冷杉毬果，到雞舍裡撿雞蛋，或到海灘撿玉黍螺（winkle）準備在下次開船運往比林斯蓋特（Billingsgate）販售。漁婦的年幼孩子可能會自己準備燕麥粥當早餐，製備方法非常簡單：把熱水倒在燕麥片上，也許加一點奶油或鹽。[15]

阿岡昆人認為幼童沒有能力做錯事，不會去懲罰孩子，十七世紀耶穌會傳教士保羅・勒熱納（Paul le Jeune）對此大感驚駭。從他的評語，我們得以窺知近代早期歐洲人以及美洲原住民對於幼小孩童的期望。[16]

十九世紀的奴隸母親通常讓孩子在兩歲到四歲之間斷奶，這個習慣沿襲西非的斷奶習俗。（以蛋白質含量低的粗玉米粉取代母乳的作法則與西非的習俗無關。）種植園主人不贊成很晚斷奶的作法，很少「允許」奴隸讓孩子滿周歲之後繼續喝母奶。然而，孩子通常是到滿兩、三歲甚至四歲的好幾年後，才會被迫與奴隸母親分開。（據悉，比較可能的年齡是九歲到十二歲之間。）這項史實令我沉思良久：一八五〇年代，阿拉巴馬州等美國南方數州立法禁止賣出未滿五歲的孩童，以回應北方日漸興盛的反奴隸運動，這是崇尚奴隸制的諸多法條之中對待奴隸較寬厚的條文。所以奴隸的孩子通常會到大一點才與母親分開，但並非通則。[17]

具備能力的判斷標準，往往比確切的年齡數字還重要。二十世紀初期的歐及布威族通常不是以幾歲來計算孩子的年齡。學步兒（對我來說是術語，此詞語最早出現在十九世紀初）可能會被描述成「開始有記憶」或是「在有意識之前」的年紀。根據一位西方人類學家的說法，歐及布威族認為孩子開始有理智的年紀差不多是四或五歲。[18]

當孩子開始聽故事、學說話，會特別注意到故事獨特的時空背景。大多數時候，我會唸睡前故事給M聽，例如老虎來喝下午茶，或是貓咪莫可（Mog）嚇得晚上來偷東西的竊賊失手——這是我小時候常聽的另一則故事，故事裡同樣有茶壺和一起喝茶的場景，站在一起的有竊賊、親切的警察和莫可的家人。K對故事裡的英國特色感到迷惑。透過故事，孩童開始吸收文化，習得字詞和背景脈絡並納為己用。

十八世紀最末十年，紐澤西州的奴隸母親將兒子彼得・惠勒（Peter Wheeler）放在膝頭上輕搖，講述他的非裔曾祖父鎖鏈加身被運來美國的故事。歷代的卡道巴人（Catawba）都會告誡小孩提防野人（Wild People），他們會觸碰晾在外面的衣物，或趁夜偷偷抱走搖籃裡的嬰孩。[19]

即使是年齡很小的孩子，也能精準描述他們所感受和見證的世界。維多利亞時代一名孩童提出與死亡有關的問題：神帶好人上天堂，是用繩子把他們拉上去嗎?可憐十七、十八和十九世紀那些代理母職的保姆僕傭，她們最討厭被孩子使喚。一九二〇年代芝加哥和紐約的育兒女僕會聽到諸如此類的話語：「付錢給你就是要你來逗我開心。」「你最好過來唸這本書給我聽。」「你以為你是誰，你只是個傭人，我不用聽你的話。」或是「你又不是我的誰」，根據女僕的解讀，意即：「你沒資格管我。」照顧嬰兒固然辛苦，至少他們不會口出不遜。[20]

我注意到，嬰孩也會受到由育兒女傭照顧的兄姊的影響。「寶寶有時候會學繆莉爾（Muriel）的把戲，」育兒女傭琴（Jean）指出，「有時候會叫我『She』——就是發出唏吁的氣音說『Sh——She』如何如何。」

我坐在大馬路旁的咖啡館裡，揹巾裡的V依偎在我胸口，我的鼻中充滿他的氣味。我側過頭偷喝了一口溫熱的咖啡。（別在寶寶的正上方喝熱飲。）這個孩子想睡覺時會誇張地打超大的呵欠，幾週過後，疲累時會不停眨眼。他平靜地將頭轉向我懷裡，將世界阻絕在外，我辨認出那股衝動。那一刻，我們開始找到彼此。

第二十一章　導航定向

人生過得如何不是照著我自己的意思，而是照著人生的意思，常去咖啡館報到的一位銀行行員形容自己照顧嬰孩的數個月時語帶挖苦。她家嬰兒不太睡覺，一丁點動靜就醒過來。她不是在抱怨。她說話時是用那種我家小時候會教的正面樂觀語氣，母職哲學家莎拉・魯迪克（Sara Ruddick）稱之為「堅毅開朗」（resilient cheerfulness）。我們在自己從過去繼承而來的時代中導航定向，也以我們各自的方式幫助來到我們人生中的寶寶導航定向。[1]

「親子咖啡館」（Baby Café）——這個詞語由國民保健署首創——結合了寶寶健檢診所、哺乳中心和交誼廳等功能。我跟V在這裡遇到的，大多是新手媽媽。由於二十一世紀英國的育嬰假比美國的更長，這裡的寶寶歲數都比我以前跟老大在社區活動中心裡遇見的再大一點。親子咖啡館裡的親子來自四面八方：一名巴基斯坦移民的女兒，她在當地修車廠找到第一份工作；某一所大學的研究生；在超市工作的鄰居；一名律師，住所就在維多利亞排屋和一九三〇年代半獨立式房屋（semi）周圍逐漸邁向縉紳化的地狹人稠區域。我有時候來幫V量體重，有時候是自己想來，有時候是來扮演其他人的莎拉。室內另一頭，有人在分發請願書。

在嬰兒期的數個月導航定向，多半是在想辦法把日子過下去，照著人生的意思去生活——對我來說，這幾個月很短，每天都過得很慢，但是一眨眼就過完了。照顧嬰兒很辛苦。抱嬰兒大多要用到雙手。照顧嬰幼兒的媽媽們尤其騰不出手來，不太可能同時扭轉政治局勢、發起革命、推動改革或是進行文藝創作。也許她們之後會來從事這些活動，帶著全新的洞見、精力或技能，或懷抱不同以往的優先考量。十九世紀力倡婦女參政運動的蘇珊．安東尼（Susan B. Anthony）十分活躍，她自己並無子女，曾訓斥已婚的婦運伙伴應擱下養兒育女的日常家務，為運動付出更多心力才對。亞卓安．芮曲於一九六〇年代孩子稚齡時寫下日記，內容有憤怒、也有溫柔，但她直到一九七六年才出版《女人所生》（*Of Woman Born*），這部長篇論著問世後引發軒然大波。[2]

請願書發到了我跟銀行行員這裡。政府削減經費，本郡多間親子咖啡館岌岌可危。我們一起來連署好嗎，手寫板後頭的女人問。有時候，在時代中導航定向不只是因循守舊。有時候，在時代中以及孩子嬰兒期導航定向，也包括試圖改變現在——去捍衛或保護，去推進或創造。我想到掛在博物館牆上那幅藝術家珍妮．薩維爾的巨幅炭筆人物畫，她以炭筆取代油彩，再現過去的同時也重新詮釋了母職。她描述育嬰的感覺就像「在飛」。而在我面前，拿著手寫板的女人懷裡的寶寶弓起背，伸手朝V的臉一抓，恰恰抓了個空。

過去總是存在於現在，而現在持續進展。那些育兒的媽媽們又是如何在時代中積極導航定向？

在時代中積極導航定向的作法中最著名的，或許是高調組織群體運動，以顯眼刻意的方式重新想像和打造當下的世界。

一九一七年，在猶太人聚居的東紐約（East New York），克拉拉．夏維森（Clara Shavelson）育有一子一女，兒子三歲，女兒尚在襁褓中。三十歲的她是活潑健談、愛唱歌、凡事據理力爭的人，喜歡成為大眾的目光焦點。年少時她曾經籌畫並號召女襯衫廠工作坊的女工發起改革，也因此被列入黑名單。她後來遷居布魯克林的布朗斯維爾（Brownsville），在一家領帶店打工，她的丈夫約瑟．夏維森（Joseph Shavelson）是工會成員，而她繼續為爭取婦女參政權而努力。夏維森的夫家是在俄國一九〇五年革命之後移民美國的猶太家庭，很積極投入社會運動。布朗斯維爾是頗有歷史的猶太人聚居區，也是各種政治運動的發源地。[3]

在同時代的人眼中，克拉拉．夏維森是行動派、點子王。她帶著年幼的孩子參與聚會，策畫抗議活動阻止房東調漲租金，即使街坊鄰里中少不了敢言人士，她依舊贏得「街頭演說家」（soapboxer）的名號。在一九一七年的紐約，房租高低是生存大事，由於一戰期間建設停滯造成房屋供應嚴重短缺，付不出房租的家庭找到其他租屋落腳的機會微乎其微。同時，在通貨膨脹影響之下，很多美國勞工的生活品質逐漸降低。反對漲租逼遷的人士在布朗斯維爾遊街示威，身上掛著以英語和意第緒語書寫的抗議標語旗幟。

克拉拉的主要目標是號召主婦結盟：她認為家庭主婦組成的團體主要關注消費和居住議題，地位之重要，就如同工會組織之於勞工困境議題。曾從旁觀察的蘇菲．葛森（Sophie Gerson）回憶道：「那時沒有麥克風，上台講話得具備強大的肺活量，但是吸引大家注意力的，是她說話時的那股熱情和信念。」葛森補充：「她的座右銘很簡單……她說，說真話，大家就會聽。」

夏維森在兒女年幼時參與的活動，為後來一九三〇年代的主婦聯盟運動打下基礎，該運動的宗旨是創立有力的勞工婦女團體，讓身為勞工的媽媽們也能發聲。如一名社運人士所闡明，將當時的母職意識型態加以推展放大，她們的所處位置可能「在家中，但家不再像從前一樣是與外界隔絕的完整單位。為了維護自家的最大利益，現在的女性必須了解為一個家提供支托的政治和經濟基礎——然後有所行動。」這位社運人士與克拉拉同樣認為公共生活和私人生活之間並無界線，而關心自家子女和關心別家子女之間也沒有界線。一九三〇年代美國主婦運動如今雖已鮮為人知，但當時從紐約到西雅圖，從維吉尼亞州里奇蒙（Richmond）到洛杉磯，全美各地數百座小城鎮和農村一起發聲，要為所有媽媽和孩子爭取更好的生活品質。

克拉拉．夏維森勇於發聲和吸引大眾目光，一口氣宣傳了母職和所倡議的運動。另一種截然不同的帶著嬰兒在時代中導航定向的作法，是沉默抵抗，或漠然拒絕。

美國印第安事務局（US Office of Indian Affairs）從一八九六年開始將「公衛家政女教員」（field matron）送往科羅拉多州西南部，旨在「教化提振」南尤特（Southern Ute）保留地的原住民，為他們派遣的教員人數在一九一〇年代是最多的。依照教化原住民的邏輯，文化涵化（acculturation）必然包括改變原住民族的育嬰方式。尤特人應該以核心家庭為單位住在房屋裡，育兒工作應該由比較年輕、「進步」的婦女負責，她們具備家政和衛生保健知識，熟悉各種消費商品。女教員約瑟芬·貝爾特（Josephine Belt）於一九一七年所展示的物品，可說概括呈現了這樣的行動方針。展品包括手工縫製的嬰童衣物、嬰幼兒食品、附防蠅罩的嬰兒床以及遊戲圍欄，此外還有如何幫嬰兒洗澡和餵他們喝開水的示範教學。另外還有一些「嬰兒不宜」的物品也被展示出來，例如安撫奶嘴和「廉價糖果」；貝爾特在講課時將嬰兒背板列為不宜使用的物品。[4]

有些尤特人看了展示，也去聽女教員講課。他們會參加家政比賽，也會製作有珠飾的嬰兒衣物在展覽活動中參展陳列。然而，推敲印第安事務局紀錄字裡行間的意思，會發現屢有一些「印第安婆婆媽媽（squaw）反彈」的怨言，以及教化推廣進展不利，尤特族婦女仍舊以大家族中平等分攤工作的方式育兒，包括族人共同照顧孩子，經營農場，照料牲畜，野外採食，以及繼續揹著被認為不宜使用的嬰兒背板。很多尤特人無意搬進有窗簾和嬰兒床的永久住所，他們繼續住在梯皮帳篷。他們確實開始採行一些實用的衛生保健措施，也樂意善用節省人力的機器，尤其參加印第安事務局舉辦的比賽就有機會贏得縫紉機、洗衣機等獎品。

從公衛家政女教員和主管單位的觀點來看，尤特人的反應說好聽一點是「選擇性借用」（selective borrowing），說難聽一點就是「主動抵制」（active resistance）。及至一九二〇年，政府不再派遣女教員，教化原住民的計畫也以失敗告終。

於現今當下主動導航定向的最後一種形式，是以非法方式發揮創意，而對滿懷好奇的歷史學家來說，這類活動留下的證據也最少。

西雅圖，時間快轉至一九八〇年。梅迪・尼柯雷（Maidi Nickele）在自己能夠懷孕之後不久，就開始幫忙其他想要生養孩子的女同志。兒子喬登（Jordan）出生時，她已開始藉由深入基層和口碑宣傳，著手擴張協助女同志懷孕的都市網絡。她先前是打聽到一位在當地婦女健康中心工作的女士，這位女士幫助一名女同志以自行注射的方式受精。之後梅迪邀請男同志捐精，再將精液送去給想懷孕的女同志。後來，她在西雅圖女同志資源中心（Seattle Lesbian Resource Center）開設「製造寶寶」（Make a Baby）課程，傳授如何自行滴精受孕和養育孩子。5

一九八〇年，社會大眾對於女同志和未婚女性懷有偏見，認為她們不適合成為母親。有些醫師認為協助女同志受精或是生育非婚生子女，會涉及所謂醫學倫理問題。梅迪估算從一九八〇年開始，六年來共有約二十個寶寶在她協助之下順利誕生。由於當地還有許多女同志伴侶也生了寶寶，她推想也有其他人在暗中協助女同志懷孕。藉由這些地下網絡，男同志和女同志相互連結合作，依據的共識是生育自由對兩個群體的人權都非常重要。梅迪發現男同志與異性戀男人不同，他們是理想的捐精者，因為他們不覺得女同志當媽媽有什麼好反對的。她記得自己曾詢問一些男同志，他們對於「幫忙創立家庭，即使自己不是成員之一」的反應是很興奮開心。

過去總是存在於現在，而現在持續進展。有時候母職的原始素材被放大，不再侷限於母職本身，而是延伸漫溢到我們名之為政治，或社會運動，或歷史變革，或守護傳統的領域。

在親子咖啡館，銀行行員準備離開，她朝我和V微微一笑。我空出一隻手，在請願書上簽名，閱讀說明接下來該做什麼的小字。比起帶著年紀大一點、讀得懂標語也感受得到大人擔憂的孩子，用揹巾將嬰兒揹在身前參加示威活動還是比較容易。

我蒐羅的文獻史料中，沒有任何懷抱和照顧嬰孩的宣言。或許我不適合當宣言起草人。我提心吊膽，深怕會出現以母親的權威和經驗為基礎的政治，深怕母性主義（maternalism）會像保守時代的女性主義。但我想的也可能是錯的。將名詞換成動詞，將「母親」的身分換成「為人母親」的行動，前景看起來就大為不同。晚期資本主義社會中，不同政治理念的育兒者——收養人、雙親、受僱代理親職者；女性、男性、女同志、男同志、跨性別者及其他人——共同為捍衛「育兒」發聲。在我們足下，二十一世紀的世界持續變動。

夜的盡頭

新生兒已經沒那麼新，最近他可以「睡過夜」了。神奇的三個字或許不是指像大人一樣睡滿八小時，但我確實覺得如釋重負，頭腦出乎意料地清楚，準備來移山倒海。我在群鳥鳴囀中起床，不久之後就會聽到V大力起身坐直發出哼聲。早上六點半，晨光熹微。臥室窗外，橡樹的葉子伸展擦拂玻璃。我走到嬰兒床旁，他一手指著哺乳椅，另一手指著成堆乾淨尿布，對於新的一天到來和自己充分掌握日常作息十分得意。

小小的日常儀式完成之後，我讓寶寶下來站到地面，他快步衝向走廊。噓……別吵醒哥哥。晨光從走廊的窗戶湧入，寶寶的身影成了一抹堅定的黑色剪影，光暈籠罩頭頂的細短毛髮。剎那間，他是「凡孩俗子」（everychild）：小小的，身無標記，處於文化和歷史之外。

但是，當然並非如此。天底下沒有凡孩俗子，也沒有「凡俗母親」（everymother）——只有描述為母育兒的諸多動詞，只能試圖去捕捉掌握，每個動詞各有一段獨特的歷史。得知懷抱和照顧嬰兒各有其歷史，為母育兒者的睡眠情形也有其歷史；得知為母育兒是多元的，在不同時代、地方和情況下各有不同，我為這些動詞感到開心。這陣子以來我感受到：發現這些歷史的意義之重大，其中的重要性並不遜於了解美國國會辯論或英國議會立法。

遺忘過去、遺忘歷史，會讓牽繫我們彼此的織料留下孔洞。經由強迫重複才顯得自然而然的事物，很容易獲致虛假的地位。訴諸放諸四海皆準的通則，或訴諸老一輩都這樣做但其實有問題的方法，這些作法都尚待糾正。我們很容易以今論古，以為現今如何，就表示以前是如何，也應該一直如此。忘記過去、遺失過去，不會比較健康：記住過去、記住歷史，看待事物的格局便更加宏大，更開放無界限。

剎那間，流入室內的光線勾勒出寶寶的身形輪廓，沿著木頭地板朝我的方向投下拉長的身影。然後寶寶轉頭確定我也跟在他後面，皺皺鼻子，要我跟他一起開始我們的早晨。

致謝

本書的出版靠的是許多人幫忙「助產接生」。羅曼・柯茲納里奇（Roman Krznaric）和凱特・拉沃斯（Kate Raworth）鼓勵為我更廣大的讀者群寫書。蕾貝嘉・卡特（Rebecca Carter）是我的詹克洛暨奈斯比文學經紀公司（Janklow and Nesbit）在倫敦的經紀人，謝謝她從一個點子中看到發展潛力，在形諸筆墨之前扮演編輯，並將我帶到她在紐約的傑出同事愛瑪・佩瑞（Emma Parry）羽翼之下。在我動筆之後，感謝亞玟・唐納修（Arwen Donahue）、珍妮佛・弗萊斯納（Jennifer Fleissner）、亞歷珊德拉・薛帕（Alexandra Shepard）和芭芭拉・泰勒（Barbara Taylor）不吝閱讀章節草稿，給予書籍形式和內容上的建議。寫書過程中有她們陪伴，對我來說意義非凡。如果沒有芭芭拉・泰勒打頭陣，我絕對不敢嘗試以第一人稱寫作。

在查找研讀資料的過程中，各地的檔案管理人員和圖書館員或親自出馬、或遠距線上，給予我莫大幫助，感謝所有機構場館：印第安納大學檔案館；金賽研究所圖書館；費城圖書館公司；黎利善本圖書館（Lilly Rare Books Library）；牛津大學維爾・哈姆沃思圖書館（Vere Harmsworth

Library）；印第安納大學威爾斯圖書館（Wells Library）；懷利故居博物館（Wylie House Museum）；以及耶魯大學圖書館（Yale University Library）。我也很感謝多所機構給予的獎助和經費支持，謝謝「人文藝術新疆界計畫」（New Frontiers for the Arts and Humanities）、印第安納大學人文藝術創作研究中心（College Arts and Humanities Institute）、牛津大學羅瑟米爾美國研究院，以及牛津生命書寫中心（Centre for Life Writing）。

感謝多位學者和作家不吝提供資料或卓絕洞見，或閱讀部分篇章後惠賜指教：茱蒂絲・亞倫（Judith Allen）、愛德華・巴提斯特（Edward Baptist）、諾瑪・克拉克（Norma Clarke）、尼克・庫拉瑟（Nick Cullather）、法拉梅茲・達伯瓦拉（Faramerz Dabhoiwala）、康斯坦丁・狄爾斯（Konstantin Dierks）、朵彼・狄茲（Toby Ditz）、雷斯莉・鄧洛普（Leslie Dunlap）、瑪麗・菲索（Mary Fissell）、溫蒂・甘柏（Wendy Gamber）、大衛・亨金（David Henkin）、瑪莎・霍茲（Martha Hodes）、萊拉・柯里格（Lara Kriegel）、葛瑞塔・拉夫勒（Greta LaFleur）、傑恩・馬尼昂（Jen Manion）、賽席莉・馬斯頓（Cecily Marston）、艾麗塔・查拉巴帝・麥爾斯（Amrita Chakrabarti Myers）、賽斯・羅克曼（Seth Rockman）、艾朗・薩克斯（Aaron Sachs）、希娜・沙樂西（Sina Salessi）、羅素・修托（Russell Shorto）、蘇珊・舒里波・史密斯（Susan Sleeper Smith）、克莉絲汀娜・史奈德（Christina Snyder）、米卡・史戴克（Micah Stack）、大衛・泰倫（David Thelen）、梅莉・魏斯納・漢克斯（Merry Weissner Hanks）以及吳愛倫（Ellen Wu）；音

譯）。感謝印第安納大學十八世紀研究中心（Center for Eighteenth Century Studies）、拉斐爾・塞繆爾史學中心（Raphael Samuel History Centre）、約翰霍普金斯大學及耶魯大學的聽眾，謝謝他們提出質疑，讓我得以擴展想法。

由衷感謝友情相挺的各位：艾美・狄拉德（Amy Dillard）、傑西・愛森柏格（Jesse Eisenberg）、莎拉・赫維茲（Sarah Hurwitz）、艾蜜莉・瓊斯（Emily Jones）、茱蒂・克萊恩（Judy Klein）、麥芳薇・洛伊德（Myfanwy Lloyd）、伊蓮・莫納漢（Elaine Monaghan）、海倫娜・納弗・克林巴赫（Helene Neveu Kringelbach）、安娜・史陶特（Anna Strout）以及凱倫・伍迪（Karen Woody）。

感謝莎莉・亞歷山大（Sally Alexander）、妮姬・布朗（Nikki Brown）、瑪麗・狄爾（Marie Deer）、蘇珊・古巴爾（Susan Gubar）、南西・舒枚克（Nancy Shoemaker）、史提夫・史托（Steve Stowe）和裘迪・范登堡・戴夫斯（Jodi Vandenberg Daves）閱讀本書初稿，並不吝發揮各自專長挑錯並惠賜寶貴建議。如我所料，他們是目光最為敏銳的讀者。謝謝倫敦企鵝出版集團（Penguin）的凡妮莎・巴特菲爾德（Venetia Butterfield）不僅相信本書主題有其重要性，更抱以熱切期望。謝謝紐約法勒、施特勞斯和吉魯出版社（Farrar, Straus and Giroux）的莎拉・克萊登（Sarah Crichton）施展神奇無比的編修大法。

在寫書的同時間帶孩子，先是帶一個，之後又變成帶兩個，除了智識上的激盪指教，我也大力仰賴其他照顧者和親朋好友的育兒支援。謝謝裘吉安・卡特隆納（Georg'ann Catelona）、史黛西・戴克（Stacey Decker）、莫莉・曼朵塔（Molly Mendota），以及布魯明頓區域孕產婦關懷中心（Bloomington Area Birth Services）的其他人員，這間稀有特別的機構令我無比思念。謝謝郭莉・亞法洛（Gaury Alfaro），儘管寶寶會溢吐奶，而新手媽媽大小事都需要幫忙，她依然不離不棄。感謝和平幼兒園（Gan Shalom）以及聖母與聖若望幼兒園（SS Mary and John）為我們家的孩子提供溫暖關懷。謝謝艾蜜莉・派克（Emily Pike）多年來示範「親如家人」的關係不只是愛護我的兩個孩子，還有將我也當成親人一般愛護。

我的兩個孩子讓我開始探索和關切本書中的場合和議題。事實證明，激發靈感和阻撓創作基本上是同一件事。在我寫書的過程中，他們各自想像出自己的版本並且想好了書名：《雙子故事》（*A Tale of Two Boys*）以及《寶寶救兵》（*Babies to the Rescue*）。

在孩子出生之前，我的伴侶提議讓孩子從母姓。這項提議顯示他決心做到親職兩性平權，也顯示他對於愛的熱切守護。因為有他慷慨無私的付出，我才得以寫成本書，也得以享受人生中其他許許多多的美好。謹懷著真情摯愛，將本書獻給我的伴侶和兩個孩子。本書並非根據他們的經驗，而是單純依據我個人的經驗寫成。

淺談寫作方法

動詞導向、以遺聞軼事為基礎且用第一人稱隨筆形式寫成的一段為人母親的歷史，可能看似是嶄新的提案。有時候，在輪流為了育兒母職或研究工作不休不眠之中，我似乎完全是從無到有召喚出了方法和形式。同時身為新手媽媽和歷史學者，我憑感覺摸索出一己之道。比起與同行學者的對話，我在醫院候診室和公車站牌旁與他人的對話更為頻繁。「母職孕育期」（matrescence）這個指稱「成為母親的過程」的學術名詞，我是在報章雜誌上第一次讀到。然而，後來我梳理出方法並且賦予形式。對於此類記述可置於何種脈絡之下，歷史學界自有其系譜，另有其他傳承的系譜會有助於為這類志業賦予意義。於是夾在現今的問題——為母育兒者的睡眠歷史為何？瓊安．瓦拉赫．史考特（Joan Wallach Scott）認為我們應避免探究將大眾所謂「女人」區隔開來的大多數課題，如此令人不安的主張是正確的嗎？——以及可用來源之間，我的取徑於焉如同方法般逐漸成形。

為何選擇軼事掌故？我在本書中採用蒐羅軼事掌故的方法，來由有三。第一，是為了指出確有地位重要性但並非接續不斷的系譜淵源，在十七世紀興起了一種歷史書寫傳統，即透過軼事掌故探索私人生活和內心世界。這樣的傳統，與對於大人物偉業壯舉的典型關照形成對比。如一位十七世紀評論家所指出，歷史學家探討的通常是「男人於公領域」的活動。他們盡責描述男人「在戰場上，或在城市陷入混亂時」的樣貌。但是新史學家企圖「用盡一切方法打開他們的衣櫃」，察知「對話中」的他們，並「見證他們的內在生活，以及……最私密的時刻」。以前大多數歷史學家說的是政治敘事，現今也有學者述說私人談話和內在經驗的軼事。該評論家甚至幫這些想打開衣櫃的研究者取了一個冗長拗口的名號：軼事輯錄家（anecdotegrapher）。i

我採用軼事掌故的第二個由來，是過去不同時期、不同地方留下的母職痕跡零碎片斷的特質。存留至今關於生育和育嬰的史料文獻無比破碎零散，以至於研究二十世紀之前北美洲和英國歷史的學者皆反覆註明此點。新英格蘭清教徒在其他方面留下大量紀錄，但露絲．布洛赫（Ruth Bloch）指出：「對於育兒實務，我們近乎一無所知。」艾曼達．維克里（Amanda Vickery）對於十八世紀英格蘭北部菁英階級的情況也有同感，她表示相關證據極其零碎，我們能夠得知的非常有限。安東尼．弗萊契（Anthony Fletcher）將眼光放得更遠，注意到十七世紀初到一戰之間的英國上層階級和專業階級「留下的母職相關紀錄零落稀少」。不難想見箇中挫折。關於育兒，我們「所知少得驚人」，琳達．歐亞（Linda Oja）如此寫道，相關史料中的「空白處和不確定性十分惱人」。但正如許多歷史學家在探索考察其他題材的路途中所發掘的，**確實**存在零星碎片和吉光片羽：也許是信中的題外話，遊記中描述的場景，奴隸敘事或種植園交易紀錄的細節，法庭紀錄中偶然留下的資訊，抑或到了近代，也許是人類學家到原住民保留地進行田野調查的短篇報告，或者是口述歷史或社會學調查中的簡短證詞。軼事掌故，是一種重塑類似碎片和零散證據的方式，一種將缺席轉為在場、將順帶述及之事轉為主要故事的方式。[ii]

我採用軼事掌故之法的第三個原由，是一套二十一世紀的母性理論，精神分析學者麗莎．巴瑞澤對這套理論的闡釋最為精準。「母職恰好具備軼事的特質，」巴瑞澤如此解釋，因為「孩子持續對敘事發動攻擊」。年幼的孩子會持續侵入母親的話語，母親的個人敘事「千瘡百孔，因為在思考、省思、睡眠、移動或完成事務過程中都持續受到干擾」。拒絕敘事於是成為一個有用的起點，巴瑞澤更轉而將軼事當成詮釋基礎。她將受到干擾的狀態視為母職的關鍵狀況。[iii]

我則認為，軼事具備一種製造知識的寶貴狀態：由現在的母性所製造，可從過往零星片斷的史料中尋得，在歷史書寫中有一套堅韌的傳承譜系。確實，在這些來源之間存在著張力。例如，當代育兒多半具有的中斷感，既非普世共通，也非跨歷史分期（transhistorical），但自有一段獨特歷史。母親育兒屢屢遭受的干擾中斷，也並非母職史料皆偏向軼事的唯一解釋，甚或主要理由。但是觀察這三項來由，有助於闡明關鍵點。讓我們想像軼事既非乏善可陳，也非不完整，而是恰好符合所需。在由細節構築之棚架的緩慢累積之中，歷史詮釋得以存在。將軼事並置、對比、思索和串連，就有機會藉由比較和歷時層疊累積，得出完整的歷史詮釋。

為何採用動詞導向以及第一人稱形式？原因之一當然是動詞與軼事之間的特別關係。軼事通常呈現開展的場景，呈現一個人或一群人採取某種行動：做事、存在、感覺、思考。動詞總是關於我們如何使用時間，或在時間中如何自處：釣鱈魚、耕田、雕刻湯匙、繕打報告、發生性行為，看顧嬰孩。有些描述為母育兒的動詞很常見，個人的感受體驗則各異（就懷孕而言如胎動和生產，或就嬰孩而言如餵哺養育）。其他動詞則較為特殊（就較大的家戶而言如托嬰，或者餵哺嬰孩的其他可能方式如瓶餵）。

動詞會改變，抑或其指稱的活動和附帶意義有所變動。跟隨動詞，我們便得以在看待母職時「邁向多元且具體」——套用伊芙．可索夫斯基．賽菊寇極為貼切的用語。或者換個方式來強調，透過動詞來思考有助於多元化，而且讓那些在其他方式思考之下容易被誤認為純粹自然或生物性的、必要或尋常的事物，因而顯得特定具體。[iv]

過去四十年來許多學者開始探究婦女史、性別史和性史，但探究的課題大多受到兩項疑慮所形塑，透過動詞思考來邁向多元且具體，也是對這兩項疑慮的回應。第一項疑慮，是由例如琳達．波拉克（Linda Pollock）等學者所提出令人不安的假設，認為哺育和保護嬰孩的事務是跨歷史分期的。她指出這些事務不值得列入考量，因為每一世紀都會重複出現同樣的事務。[v]

第二項疑慮，則是由瓊安．史考特於一九八七年發出的強力呼召。她以鏗鏘有力的論述指出，婦女史學者不應該只研究女性，以免始終停留在「次部門」之中，無法「指出女性與『大寫』的歷史本身或『大寫』的歷史的重新書寫之間的關係」，而且容易錯誤肯認「女性屬於一個完全分開的場域……突顯了不同性別之間現存差異與不平等的界線，甚至賦予這樣的界線合法地位」。為什麼要自我隔絕於歷史學家的大筆籌碼之外？為什麼要強調女人與男人不同之處？性別差異概念的最核心是極為身體性的特質，對女性來說帶有譴責意味，而在這個核心，懷孕和育嬰看起來可能正如被指控的一般有罪。藉由以動詞思考來邁向多元且具體，我向酷兒研究學者如賽菊寇借來信心，相信過往身體性的作法習慣同樣具有形形色色的樣貌，而且值得我們重新捕捉下來。要精確回到就性和女性而言最高度「規範化」的一切，酷兒歷史提供了工具。我也向現今公開自身經驗的酷兒家長借來信心，相信這樣的體現保留了驚人的可塑性。[vi]

書寫母職同時身體力行的我發現第一人稱寫作能夠和動詞導向的方法互補：並非必須絕對，但也非任意為之。藉由這麼做，我走進一扇由數十位女性主義史學家在致謝、前言和導論中打開後一直拉著的門。在我書架上，起頭是一部關於倫敦「棄民」母職制度的記述，句句扣人心弦，而執筆的史學家七歲的孩子因腦癌病逝。一部關於美國婦女生產的歷史，激起學者自身的家庭史「火花」：臨盆時搭計程車驚魂計。[vii] 在此類書中，通常是為框架材料採第一人稱的寫法開了門，但到了正文分析卻又關上門，仍以保持距離的客觀語氣呈現。在史學研究這一行，形形色色的女性初入門時，都藉由主張客觀性來占有一席之地，這是熟悉的慣例，是必不可少的立場。但研究歷史書寫學的學者也提醒我們，客觀性一直不是歷史書寫唯一許諾要達到的，而對於男性主導世代的歷史學家的書寫方式很適當或客觀這樣的假設，女性主義者提出的挑戰也極具說服力。

我想看看，如果從一本書開始到最後都將門打開，可能會發生什麼事。在我懷胎生產、照顧老大，接著家中又添了老二的同時進行研究，讓我想要將多半分開的性史與母職史以及孕產與育嬰史重新連結。在身為人母、分身育兒的情況下寫作，讓我得以對一些我可能覺得無趣或疏忽的課題保持興趣，例如溼布，或是睡眠。在得悉從前不同世界中為母育兒之道的過程裡，我忽而受到撫慰，忽而感到不被認同。我因此深刻體認，從前的人對於自己所做之事的認知，可能如何受到對於過去的理解形塑。另外我也有了新的領悟，原來我也從自身家族承襲了白人勞動階級和下層中產階級的品味和盲點。我於是很感恩一九七〇年代婦女解放運動，運動主張將「矛盾情感」視為母職的必要條件，主要是為關於母職經驗那種直接且長久延續的書寫設下前提，一掃維多利亞時期風格善感濫情造就的晦暗不明。當代隨筆作家關於育嬰的書寫，諸如瑪姬．尼爾森、莎拉．曼古索、蕾秋．祖克和崔佛．麥唐納的作品，讓我能更敏銳察知自己在觀看過去時所置身的現在，以及性向、身為白人、社會性別或氣質的獨特面向，這一點絲毫不令我驚訝。最特別的是，我切身意識到，母職是一種工作，一種愛的勞務，一種總是在其他活動當下進行的活動。

愈到後來，我很想留下一個不同的歷史學家形象；對比流行文化中愛穿粗花呢服裝的老學究，或是有如英雄般吹掉殘破脆弱手稿上灰塵的歷史學家兼偵探形象——他們完全看不出還得養家育兒。治史，一如為母，是一種體現勞務的形式。

註釋

引文內容於必要時改採現代拼法及標點符號。註釋的主要目的為指出正文中引用字句的出處，以及列舉探討重要課題且極具參考價值的二手文獻。第一次引用某筆文獻資料時，會於該章註明資料完整出處。本書引用的《牛津英語大辭典》（*Oxford English Dictionary*）版本為《線上牛津英語大辭典》（www.oed.com）。

序言

i Anthony Fletcher, *Growing Up in England: The Experience of Childhood 1600–1914* (New Haven, 2008), 引文出自頁95。

ii Ann Oakley, *From Here to Maternity: Becoming a Mother* (Harmondsworth, 1979), 42–3 (Hartley), 44–5 (Brady).

iii M. Inez Hilger, *Chippewa Child Life and Its Cultural Background* (Washington, DC, 1951), 5; [Charlotte Teller Hirsch], *The Diary of an Expectant Mother* (London, 1917), 74.

iv Oakley, *From Here to Maternity*, 51–2; Sharon Olds, *The Sign of Saturn Poems*, 1980–1987 (London, 1991), 8–9.

v 此語出自 Eve Kosofsky Sedgwick, *Tendencies* (Durham, 1993), 25。

vi Jenny Saville, *Study for Pentimenti III (sinopia)* (2011).

第一章

1 儘管本書的詮釋、形式和關注重點自成一格，仍以探討英國和北美十七世紀以後婦女史、性別史和母親角色歷史最重要的學術著作為本。以下著作尤其令我受惠良多：Jodi VandenbergDaves, *Modern Motherhood: An American History* (New Brunswick, 2014); Katy Simpson Smith, *We Have Raised All of You: Motherhood in the South, 1750–1835* (Baton Rouge, 2013); Angela Davis, *Modern Motherhood: Women and Family in England, c. 1945–2000* (Manchester, 2012); Rebecca Jo Plant, *Mom: The Transformation of Motherhood in Modern America*

(Chicago, 2010); Jacqueline Jones, *Labor of Love, Labor of Sorrow: Black Women, Work, and the Family, from Slavery to the Present* (New York, 2010); V. Lynn Kennedy, *Born Southern: Childbirth, Motherhood, and Social Networks in the Old South* (Baltimore, 2010); Marie Jenkins Schwartz, *Birthing a Slave: Motherhood and Medicine in the Ante- bellum South* (Cambridge, MA, 2006); Stephanie Camp, *Closer to Freedom: Enslaved Women and Everyday Resistance in the Plantation South* (Chapel Hill, 2004); Mary E. Fissell, *Vernacular Bodies: The Politics of Reproduction in Early Modern England* (Oxford, 2004); Laura Gowing, *Common Bodies: Women, Touch and Power in Seventeenth-Century England* (London, 2003); Theda Perdue, *Cherokee Women: Gender and Cultural Change, 1700–1835* (Lincoln, 1998); Amanda Vickery, *The Gentleman's Daughter: Women's Lives in Georgian England* (New Haven, 1998); Elizabeth Roberts, *Women and Families: An Oral History, 1940–1970* (Oxford, 1995); Evelyn Nakano Glenn et al (eds.), *Mothering: Ideology, Experience, and Agency* (New York, 1994); Eileen Boris, *Home to Work: Motherhood and the Politics of Industrial Homework in the United States* (New York, 1994); Barbara Duden, *Disembodying Women: Perspectives on Pregnancy and the Unborn* (1991, Cambridge, MA, trans. 1993); Ellen Ross, *Love and Toil: Motherhood in Outcast London, 1870–1918* (London, 1993); Valerie Fildes (ed.), *Women as Mothers in Pre-Industrial England: Essays in Memory of Dorothy McLaren* (Abingdon, 1990); Sally G. McMillen, *Motherhood in the Old South: Pregnancy, Childbirth, and Infant Rearing* (Baton Rouge, 1990); Sylvia D. Hoffert, *Private Matters: American Attitudes to Childbearing and Infant Nurture in the Urban North, 1800–1860* (Urbana, 1989); Elizabeth Roberts, *A Woman's Place: An Oral History of Working-Class Women, 1890–1940* (Oxford, 1984); Laurel Thatcher Ulrich, *Good Wives: Image and Reality in the Lives of Women in Northern New England, 1650–1750* (New York, 1982)。關於特定主題的其他諸多參考資料，另於註釋中明列。

我也從探討母性的各家理論獲得諸多思考上的啟發，特別是Lisa Baraitser, *Maternal Encounters: The Ethics of Interruption* (Hove, 2009)及Patricia Hill Collins, *Black Feminist Thought* (1990, repr. New York, 2000)；亦受惠於酷兒學者如Maggie Nelson, *The Argonauts* (New York, 2015) 及 Valerie Traub, *Thinking Sex with the Early Moderns* (Philadelphia, 2016)；以及當代的回憶錄作家和散文家，相關文獻分別列於第八章註6和第十六章註1。後者擴展延伸婦女解放運動中的人母回憶錄（本書中將此類回憶錄視為史料檔案）書寫傳統，此傳統則可溯及Jane Lazarre, *The Mother Knot* (Boston, 1976), Adrienne Rich, *Of Woman Born: Motherhood as Experience and Institution* (New York, 1976) 以及 Alice

Walker, *In Search of Our Mothers' Gardens: Womanist Prose* (San Diego, 1983)所收錄文章。

關於本書對歷史詮釋所採用動詞導向、以遺聞軼事為基礎且以第一人稱書寫之取徑，請參見第263-8頁〈淺談寫作方法〉中的討論。

2 關於此段與下段中十七、十八世紀生育率討論，見C. Dallett Hemphill, *Siblings: Brothers and Sisters in American History* (New York, 2011), 21; Susan E. Klepp, *Revolutionary Conceptions: Women, Fertility and the Family Limitation in America, 1760– 1820* (Chapel Hill, 2009), 41–54; Pamela Sharpe, *Population and Society in an East Devon Parish: Reproducing Colyton, 1540–1840* (Exeter, 2002)。

3 關於本章節中家戶子女數整體變遷的討論，可特別參閱Klepp, *Revolutionary Conceptions*; Herbert S. Klein, *A Population History of the United States* (Cambridge, MA, 2004); Karen Oppenheim Mason, 'Gender and Family Systems in the Fertility Transition', *Population and Development Review* 27 (2001), 160–76; John R. Gillis, Louise A. Tilly and David Levine (eds.), *The European Experience of Declining Fertility, 1850–1970: The Quiet Revolution* (Cambridge, MA, 1992) 。

4 Klepp, *Revolutionary Conceptions*, 87 (霍普金斯), 116 (費雪).

5 Ibid., 207 (艾德里), 88 (伯溫).

6 Robert S. Lynd and Helen Marrel Lynd, *Middletown:A Study in American Culture* (1929), 131 (蒙夕); Miriam Glucksmann, *Women Assemble: Women Workers and the New Industries in Inter-War Britain* (London, 1990), 160–75, 231, 234, 248 (朵莉絲・韓斯洛〔化名〕); *Mass Observation*, 'Women's Reasons for Having Small Families' (1945), 4 (倫敦街頭).

7 Kim Anderson, *Life Stages and Native Women: Memory, Teachings, and Story Medicine* (Winnipeg, 2011), 41 (克里族); M. Inez Hilger, *Chippewa Child Life and Its Cultural Background* (Washington, DC, 1951), 4.

8 Rebecca Walker, *Baby Love: Choosing Motherhood After a Lifetime of Ambivalence* (New York, 2007); Chitra Ramaswamy, *Expecting: The Inner Life of Pregnancy* (Glasgow, 2016), 7, 或參Rebecca Solnit, *The Mother of All Questions* (Chicago, 2017); Sheila Heti, *Motherhood: A Novel* (New York, 2018). 關於「選擇」是一種在現代廣為人知的概念，見Daniel T. Rodgers, *Age of Fracture* (Cambridge, MA, 2011), 10–11。

9 關於此段與下段：Hugh Cunningham, *Children and Childhood in Western Society since 1500* (2nd edn, Harlow, 2005), 95, 173。

10 Carol Karlsen and Laurie Crumpacker (eds.), *Journal of Esther Edwards Burr 1754–1757* (Newhaven, 1984), 191; Narcissa Whitman to Stephen Prentiss, 8 May

1845, *Mrs Whitman's Letters* (Salem, 1893), 167.

第二章

1 Frank D. Prager (ed.), *The Autobiography of John Fitch* (Philadelphia, 1976), 37.

2 Philip Larkin, 'Annus Mirabilis', *Collected Poems* (London, 1988), 167.

3 關於此段與接下來六段，見Simon Szretzer and Kate Fisher, *Sex Before the Sexual Revolution: Intimate Life in England 1918–1963* (Cambridge, 2010). 引述中的受訪者名字是由研究人員所取，引文出處見頁203, 76, 281, 276, 321, 338, 276（菲莉絲）；304–6（朵琳）；310（朵拉）；150, 192（潘妮）；322（艾蓮娜）；304（坐倒）；1（伸出兩臂）；310（洗個澡）。

4 學者研究結果證實，後人對於維多利亞時期的普遍刻板印象並非空穴來風。見Stephen Kern, 'When Did the Victorian Period End? Relativity, Sexuality, Narrative,' *Journal of Victorian Culture* 11 (2006), 327–8，亦見Peter Gay, *The Bourgeois Experience: Victoria to Freud.* Volume 1: The Education of the Senses (New York, 1984)。Samuel Johnson, A Dictionary of the English Language (2 vols, London, 1755).

5 關於近代早期英格蘭的研究取徑與例證，主要參考Valerie Traub, *Thinking Sex with the Early Moderns* (Philadelphia, 2016)，特別是第七章、頁180–82以及頁371–2 n. 50（戲劇）、頁371–2 n. 50（用詞冗長的交際花）、頁377 n. 130（字典）；Sarah Toulalan, *Imagining Sex: Pornography and Bodies in Seventeenth-Century England* (New York, 2007), esp. 62–91；概觀討論見Faramerz Dabhoiwala, *The Origins of Sex: A History of the First Sexual Revolution* (London, 2012)。

6 關於看戲觀眾，見Andrew Gurr, *Playgoing in Shakespeare's London* (Cambridge, 1987)。

7 菲利普・拉金朗讀詩作〈奇蹟之年〉（Annus Mirabilis）影片連結：https://www.youtube.com/watch?v=5Ll3XXPOW_k；Hera Cook, *The Long Sexual Revolution: English Women, Sex, and Contraception 1800–1975* (Oxford, 2005)。

8 Claire Langhamer, 'Afterword', in Alana Harris and Timothy Willem Jones (eds.), *Love and Romance in Britain, 1918–1970* (Basingstoke, 2015), 249 (詞彙); April Gallwey, 'Love Beyond the Frame: Stories of Maternal Love Outside Marriage in the 1950s and 1960s', in Harris and Jones (eds.), *Love and Romance*, 100–23, 105–6 (華克); Kathleen Kiernan, Hilary Land and Jane E. Lewis (eds.), *Lone Motherhood in Twentieth-Century Britain: From Footnote to Front Page* (Oxford, 1998).

9 Cissie Fairchilds, *Women in Early Modern Europe, 1500–1700* (Harlow, 2007), 142

(艾塞克斯); Ann Kussmaul, *Servants in Husbandry in Early Modern England* (Cambridge, 1981), 44 (「必須跟我做」); Adrian Wilson, *Ritual and Conflict: The Social Relations of Childbirth in Early Modern England* (London, 2013), 11 (帕克); Tim Meldrum, *Domestic Service and Gender 1660–1750: Life and Work in the London Household* (Harlow, 2000), 100–110.

10 Philip D. Morgan, 'Interracial Sex in the Chesapeake and the British Atlantic World, c. 1700–1820', in Jan Ellen Lewis and Peter Onuf (eds.), *Sally Hemings and Thomas Jefferson: History, Memory and Civic Culture* (Charlottesville, 1999), 52–86; George P. Rawick, *The American Slave: A Composite Biography* (1941, repr. Westport, 1972), iii, 194–5, quoted in John D'Emilio and Estelle B. Freedman, *Intimate Matters: A History of Sexuality in America* (New York, 1988), 101 (「剝玉米粒」).

11 Harriet Jacobs, *Incidents in the Life of a Slave Girl, Written by Herself* (1861, repr. with an introduction by Jennifer Fleischner), (Boston, 2010), 52–61, 80，引文出自頁52（「財產」）、78（「過程驚險」）。

12 *Philosophical Transactions of the Royal Historical Society* 89 (1799), 162; Ellen Lewin, *Lesbian Mothers: Accounts of Gender in American Culture* (Ithaca, 1993), 48–9.

13 Traub, *Thinking Sex*, 371 n. 45 (描述男性和女性達到性高潮的詞語); Thomas Laqueur, 'Orgasm, Generation and the Politics of Reproductive Biology', in Catherine Gallagher and Thomas Laqueur (eds.), *The Making of the Modern Body: Sexuality and Society in the Nineteenth Century* (Berkeley, 1987), 110; Ann Rosalind Jones, 'Heterosexuality: A Beast with Many Backs', in Bette Talvacchia (ed.), *A Cultural History of Sexuality in the Renaissance* (Oxford, 2011), 35–6 (內外反轉); Emily Martin, *The Woman in the Body: A Cultural Analysis of Reproduction* (1987), 27 (「女人的性器官和男人相同」).

14 [Jacob Ruff], *The expert midwife, or, An excellent and most necessary treatise of the generation and birth of man* (London, 1637), 63.

15 James Marion Sims, *Clinical Notes on Uterine Surgery* (London, 1866), 369, quoted in Angus McLaren, *Reproductive Rituals: The Perception of Fertility in England from the Sixteenth to the Nineteenth Century* (London, 1984), 27; Margaret Jarman Hagood, *Mothers of the South: Portraiture of the White Tenant Farm Woman* (1939, repr. New York, 1972), 118.

16 Jennifer Evans, *Aphrodisiacs, Fertility and Medicine in Early Modern England* (Woodbridge, 2014); Frances Harris, *Transformations of Love: The Friendship of*

John Evelyn and Margaret Godolphin (Oxford, 2003), 256; McLaren, *Reproductive Rituals*, 45 (行房頻率).

17 Lewin, *Lesbian Mothers* (Ithaca, 1993), 51–2 (「想成為母親」、「一直很愛孩子」); Mary O'Donnell et al, 'Alternative Fertilization', *Lesbian Health Matters!* (Santa Cruz, 1979), 49–63; Laura Mamo, *Queering Reproduction: Achieving Pregnancy in the Age of Technoscience* (Durham, 2007).

18 Francis Rosnin, 'Heterosexuality', trans. Joanna Oseman, Gert Hekma (ed.), *A Cultural History of Sexuality in the Modern Age* (London, 2014), 27– 47; Rebecca L. Davis, 'Inventing the Normal Heterosexual in the TwentiethCentury United States' (unpublished paper). 在此感謝戴維斯教授（Prof. Davis）不吝於論文刊登前與我分享文章初稿。

19 Traub, *Thinking Sex*, 181–2.

20 關於邁阿密族，見James Madison, *Hoosiers: A New History of Indiana* (Bloomington, 2014), 11；更廣泛的討論可參見Mark Rifkin, *When Did Indians Become Straight?: Kinship, the History of Sexuality, and Native Sovereignty* (New York, 2011)。關於同性結合（same-sex union），見Emily Skidmore, *True Sex: The Lives of Trans Men at the Turn of the Twentieth Century* (New York, 2017), esp. 19–20, 37–42; Jennifer Manion, 'The Queer History of Passing as a Man in Early Pennsylvania', *Pennsylvania Legacies* 16 (2016), 6–11, quotation at 9; and also Rachel Hope Cleves, *Charity and Sylvia: A Same-Sex Marriage in Early America* (New York, 2014)。

21 Carroll SmithRosenberg, 'The Female World of Love and Ritual: Relations between Women in NineteenthCentury America', *Signs* 1 (1975), 1–29, quotations at 4–5.

22 Leslie Reagan, *Dangerous Pregnancies: Mothers, Disabilities and Abortion in Modern America* (Berkeley, 2010), 15 (寇里); Mary Chamberlain, *Growing up in Lambeth* (London, 1989), 89 (巴克斯特); Hagood, *Mothers of the South*, 123–4 (「煙草」); Jacques Guillemeau, *Child-birth Or, the Happy Deliverie of Women* (1612), quoted in Mary E. Fissell, *Vernacular Bodies: The Politics of Reproduction in Early Modern England* (Oxford, 2004), 152 (「歡愉」).

第三章

1 Linda L. Layne, 'Why the Home Pregnancy Test Isn't the Feminist Technology It's Cracked Up to Be and How To Make It Better', in Linda L. Layne, Sharra L. Vostral and Kate Boyer (eds.), *Feminist Technology* (Chicago, 2010), 90; Sarah A. Leavitt, ' "A Private Little Revolution": The Home Pregnancy Test in American Culture',

Bulletin of the History of Medicine 80 (2006), 317–45.

2 Laura Gowing, *Common Bodies: Women, Touch and Power in Seventeenth-Century England* (New Haven, 2003), 112.

3 關於不確定性，可參見如Barbara Duden, *Disembodying Women: Perspectives on Pregnancy and the Unborn* (1991, Cambridge, MA, trans. 1993), 160–62; Patricia Crawford, 'The Construction and Experience of Maternity in SeventeenthCentury England', in Valerie Fildes (ed.), *Women as Mothers in Pre- Industrial England: Essays in Memory of Dorothy McLaren* (London, 1990), 17; Sally G. McMillen, *Motherhood in the Old South: Pregnancy, Childbirth, and Infant Rearing* (Baton Rouge, 1990), 28; Jane Sharp, *The Midwives Book, Or the Whole Art of Midwifry Discovered*, ed. Elaine Hobby (Oxford, 1999), 81–2; Nicholas Culpeper, *Directory for Midwives* (2nd edn, 1650), quoted in Mary E. Fissell, *Vernacular Bodies: The Politics of Reproduction in Early Modern England* (Oxford, 2004), 152 (「鞋子」)。

4 Linda A. Pollock, 'Embarking on a Rough Passage: The Experience of Pregnancy in EarlyModern Society', in Fildes (ed.), *Women as Mothers*, 43.

5 關於此段與接下來兩段，見Sharp, *Midwives Book*, 81–4; Duden, *Disembodying Women*, 62–6。

6 Angus McLaren, *Reproductive Rituals: The Perception of Fertility in England from the Sixteenth to the Nineteenth Century* (London, 1984), 46. 另有其他關於波以耳的資料取自衛爾康機構醫學史圖書館（Wellcome Library）目錄。Sharp, *Midwives Book*, 83 (精蟲、紅點); Stephen Wilson, *Magical Universe: Everyday Ritual and Magic in Pre-Modern Europe* (London, 2004), 119 (「發芽」).

7 Fissell, *Vernacular Bodies*, 33.

8 Layne, 'Why the Home Pregnancy Test Isn't the Feminist Technology It's Cracked Up To Be', 89–90.

9 Sandra Steingraber, *Having Faith: An Ecologist's Journey to Motherhood* (Cambridge, MA, 2001), 19.

10 McMillen, *Motherhood in the Old South*, 29 (湯瑪士); Edward Maunde Thompson (ed.), *Correspondence of the Family of Hatton* (2 vols, London, 1878), i, 54 (Lyttelton, 1667); Amanda Vickery, *The Gentleman's Daughter: Women's Lives in Georgian England* (New Haven, 1998), 99.

11 Kim Anderson, *Life Stages and Native Women: Memory, Teachings, and Story Medicine* (Winnipeg, 2011), 43; Ellen Ross, *Love and Toil: Motherhood in Outcast London, 1870–1918* (New York, 1983), 104, 106.

第四章

1 Sandra Steingraber, *Having Faith: An Ecologist's Journey to Motherhood* (Cambridge, MA, 2001), 14–17.

2 Barbara Duden, *Disembodying Women: Perspectives on Pregnancy and the Unborn* (1991, Cambridge, MA, trans. 1993), 75–6.

3 Elaine Forman Crane (ed.), *The Diary of Elizabeth Drinker: The Life Cycle of An Eighteenth-Century Woman* (3 vols, Boston, 1994), i, 99, 6 Feb. 1763; Sarah Blank Dine, 'Diaries and Doctors: Philadelphia Medical Practice, 1760–1810', *Pennsylvania History* (2001), 413, 434, 418–19.

4 Sylvia Plath, 'Parliament Hill Fields', *Collected Poems* (London, 2002)，普拉絲朗讀詩作〈國會山原野〉（Parliament Hill Fields）錄音檔連結：https://www.youtube.com/watch?v=snEkUrme-28。

5 Kathryn S. March, 'Childbirth with Fear', in Susan E. Chase and Mary F. Rogers (eds.), *Mothers and Children: Feminist Analyses and Personal Narratives* (New Brunswick, 2001), 171 (一九九〇年代尼泊爾); Linda L. Layne, *Motherhood Lost: A Feminist Account of Pregnancy Loss in America* (New York, 2003), 247–8 (一九八〇年代約旦).

6 Crane, *Diary of Elizabeth Drinker*, i, 109, 19 Sept. 1763 (霍威) and 3 Dec. 1763 (詹姆斯).

7 Laura Gowing, *Common Bodies: Women, Touch and Power in Seventeenth-Century England* (New Haven, 2003), 121.

8 Duden, *Disembodying Women*, 62–6; Barbara Duden, *The Woman Beneath the Skin: A Doctor's Patients in Eighteenth-Century Germany* (1987, Cambridge, MA trans. 1991), 162–70.

9 Angus McLaren, *Reproductive Rituals: The Perception of Fertility in England from the Sixteenth to the Nineteenth Century* (London, 1984), 39; Lyndal Roper, *Witch Craze: Terror and Fantasy in Baroque Germany* (New Haven, 2004), ch. 6, esp. 135.

10 Gowing, *Common Bodies*, 114 (「生了十個」); Elaine Tyler May, *Barren in the Promised Land: Childless Americans and the Pursuit of Happiness* (New York, 1995), 21–3; Laurel Thatcher Ulrich, *Good Wives: Image and Reality in the Lives of Women in Northern New England, 1650–1750* (New York, 1982); Susan E. Klepp, 'Revolutionary Bodies: Women and the Fertility Transition in the MidAtlantic Region, 1769–1820', *Journal of American History* 85 (1998), 920; Crane, *Diary of Elizabeth Drinker*, i, xi (管家).

11 *Pennsylvania Packet*, 11 May 1787, 10 July 1787; *Pennsylvania Evening Herald*, 27 Oct. 1787.

12 May, *Barren in the Promised Land*, 127–36, 140 (泰勒); Paul Alexander, *Rough Magic: A Biography of Sylvia Plath* (New York, 1991), 256; *OED*; May, *Barren in the Promised Land*, 11.

第五章

1 Gladys Hindmarch, *A Birth Account* (Vancouver, 1976), reprinted in Laura Chester (ed.), *Cradle and All: Women Writers on Pregnancy and Birth* (Boston, 1989), 63.

2 Linda A. Pollock, 'Embarking on a Rough Passage: The Experience of Pregnancy in EarlyModern Society', in Valerie Fildes (ed.), *Women as Mothers in Pre-Industrial England* (London, 1990), 46.

3 Constance Classen, *Worlds of Sense: Exploring the Senses in History and Across Cultures* (London, 1993), 2.

4 Robert Latham and William Matthews (eds.), *The Diary of Samuel Pepys* (11 vols, Berkeley, 1 970–1983), iv, 1, 1 Jan. 1663 (「完了」).

5 See Barbara Duden, *Disembodying Women: Perspectives on Pregnancy and the Unborn* (1991, Cambridge, MA, trans. 1993), esp. 79–82; and Karen Newman, *Fetal Positions: Individualism, Science, Visuality* (Stanford, 1996).

6 相關細節見Liza Picard, *Restoration London* (New York, 1998), 8 (招牌), 13 (煙霾)。

7 關於此幅繪於一六六二年的肖像畫，見Catharine MacLeod and Julia Marciari Alexander (eds.), *Painted Ladies: Women at the Court of Charles II* (London, 2001), 118–22; *Diary of Samuel Pepys*, iii, 230, 20 Oct. 1662 (「弄一幅一樣的」).

8 *Diary of Samuel Pepys*, iii, 87, 21 May 1662 (「看一看」).

9 可參見如Anna McGrail and Daphne Metland, *Expecting: Everything You Need to Know About Pregnancy, Labour and Birth* (London, 2004), 104。

10 MacLeod and Alexander (eds.), *Painted Ladies*, 124–5 (聖母與聖子); Horace Walpole, *Aedes Walpolianae: or, A Description of the Collection of Pictures at Houghton-H all in Norfolk . . .* (London, 1747), xvi (法國修道院); *Diary of Samuel Pepys*, iii, 87, 21 May 1662 (「磅秤」).

11 William A. Pettigrew, *Freedom's Debt: The Royal African Company and the Politics of the Atlantic Slave Trade, 1672–1752* (Chapel Hill, 2013)；關於卡索曼的「黑小子」，見*Diary of Samuel Pepys*, viii, 33, 27 Jan. 1667。

12 接下來數段所述南卡羅萊納種植園生活之重建，主要依據Charles W. Joyner, *Down by the Riverside: A South Carolina Slave Community* (1984, repr. Urbana, 2009); Marli F. Weiner, *Mistresses and Slaves: Plantation Women in South Carolina, 1830–1880* (Chicago, 1998); Jacqueline Jones, *Labor of Love, Labor of Sorrow: Black Women, Work, and the Family, from Slavery to the Present* (New York, 2009), ch. 1; Emily West, *Chains of Love: Slave Couples in Antebellum South Carolina* (Urbana, 2004); and Cheryll Ann Cody, 'Cycles of Work and of Childbearing: Seasonality in Women's Lives on Lowcountry Plantations', in David Barry Gaspar and Darlene Gaspar Hine (eds.), *More Than Chattel: Black Women and Slavery in the Americas* (Bloomington, 1996), 61–78。關於種植園中所用鋤頭，見Chris Evans, 'The Plantation Hoe: The Rise and Fall of an Atlantic Commodity, 1650–1850', *William and Mary Quarterly* 69 (2012), 71–100。

13 關於南卡羅萊納的手編籃筐，見John Michael Vlach, *The Afro-American Tradition in Decorative Arts* (Cleveland, 1977), 4–5。

14 Marie Jenkins Schwartz, *Birthing a Slave: Motherhood and Medicine in the Antebellum South* (Cambridge, MA, 2006), 19–20 (道格拉斯).

15 George P. Rawick, *The American Slave: A Composite Autobiography* (1941, repr. Westport, 1972) ii, 2, 114 (吉普森); Richard H. Steckel, 'Women, Work, and Health under Plantation Slavery in the United States', in Gaspar and Hine (eds.), *More Than Chattel*, 51–5 (獲得「特權」的時間點); L. E. Simpson and M. Weir, *The Weaver's Craft* (8th edn, Leicester, 1957), 43–4 (手梳羊毛).

16 Jones, *Labor of Love, Labor of Sorrow*, 13.

17 V. Lynn Kennedy, *Born Southern: Childbirth, Motherhood, and Social Networks in the Old South* (Baltimore, 2010), 46 (羅奇); Sally G. McMillen, *Motherhood in the Old South: Pregnancy, Childbirth and Infant Rearing* (Baton Rouge, 1990), 52 (奧斯頓的姊妹).

18 Kennedy, *Born Southern*, 55（「很好的待遇」）；亨利．麥米蘭（Henry McMillan）於一八六三年接受「美國獲解放者調查委員會」（American Freedmen's Inquiry Commission）詢問內容，轉引自John W. Blassingame, *Slave Testimony: Two Centuries of Letters, Speeches, Interviews, and Autobiographies* (Baton Rouge, 1977), 380（「減少」工作量）。

19 Stephanie M. H. Camp, *Closer to Freedom: Enslaved Women and Everyday Resistance in the Plantation South* (Chapel Hill, 2004), 121.

20 關於此句俗語，見Mark M. Smith, *Sensing the Past: Seeing, Hearing, Smelling, Tasting, and Touching in History* (Berkeley, 2007), 93。

第六章

1 Sarah Jinner, 'A Prognostication', in *An Almanack and Prognostication for the Year of Our Lord 1659* (London, 1659), n.p.

2 Carol F. Karlsen and Laurie Crumpacker (eds.), *The Journal of Esther Edwards Burr, 1754–1757* (New Haven, 1984), 287 (「有血有肉、鮮活如生」); Nanci Langford, 'Childbirth on the Canadian Prairies, 1880–1930', in Catherine A. Cavanaugh and Randi R. Warne (eds.), *Telling Tales: Essays in Western Women's History* (Vancouver, 2000), 149 (「鬥禽」); Phillis Cunnington and Catherine Lucas, *Costumes for Births, Marriages and Deaths* (New York, 1972), 15 (「大得驚人」，引用莎拉・邱吉爾〔Sarah Churchill〕); Verna Mae Slone, *How We Talked and Common Folks* (1978, repr. Lexington, 2009), 161 (「落在地上」); Linda Pollock, *Forgotten Children: Parent-Child Relations from 1500 to 1900* (Cambridge, 1983), 25 (「特洛伊木馬」，引用席妮・史密斯〔Sydney Smith〕); Patricia Crawford, 'The Construction and Experience of Maternity in Seventeenth-Century England', in Valerie Fildes (ed.), *Women as Mothers in Pre-Industrial England: Essays in Memory of Dorothy McLaren* (London, 1990), 20 (「繁衍」，引用伊麗莎白・特納〔Elizabeth Turner〕).

3 *OED*; Catherine M. Scholten, *Childbearing in American Society, 1650–1850* (New York, 1985), 15; Susan E. Klepp, *Revolutionary Conceptions: Women, Fertility and the Family Limitation in America, 1760–1820* (Chapel Hill, 2009); Mary E. Fissell, *Vernacular Bodies: The Politics of Reproduction in Early Modern England* (Oxford, 2004).

4 Judith Schneid Lewis, *In the Family Way: Childbearing in the British Aristocracy, 1760–1860* (New Brunswick, 1986), 72; Stella M. Drumm (ed.), *Down the Santa Fe Trail and Into Mexico: The Diary of Susan Shelby Magoffin 1846–1847* (New Haven, 1926), 245, 287.

5 Jacob R. Marcus (ed.), *The American Jewish Woman: A Documentary History* (New York, 1981), 267 (柯恩); Sylvia D. Hoffert, *Private Matters: American Attitudes to Childbearing and Infant Nurture in the Urban North, 1800–1860* (Urbana, 1989), 38 (卡博).

6 Joanne Begiato, ' "Breeding" a "Little Stranger": Managing Uncertainty in Pregnancy in Later Georgian England', in Jennifer Evans and Ciara Meehan (eds.), *Perceptions of Pregnancy from the Seventeenth to the Twentieth Century* (Cham,

2017), 21, 25; Countess of Ilchester and Lord Stavordale (eds.), *The Life and Letters of Lady Sarah Lennox, 1745–1826* (2 vols, London, 1901), ii, 292 (「粗鄙不雅」); *Gentleman's Magazine* LXI Dec. 1791, 1100, quoted in Maurice J. Quinlan, *Victorian Prelude: A History of English Manners, 1700–1830* (London, 1965), 67.

7 關於此段與下段中的俚俗用語，見Albert Barrère and Charles G. Leland, *Dictionary of Slang, Jargon and Cant* (2 vols, London, 1889– 90), i, x (對俚俗用語的評論), 165 (大醉), 297 (爛醉如領主或如魚), 345 (爛醉如帝王), 377 (喝高了、喝掛), 417 (愛上某個人), 522 (酩酊); ii, 155 (布丁). 關於勞工階級社群的例子，見Ellen Ross, *Love and Toil: Motherhood in Outcast London, 1870–1918* (London, 1993), esp. 107; Deborah Fink, *Agrarian Women: Wives and Mothers in Rural Nebraska, 1880–1940* (Chapel Hill, 1992), esp. 84。

8 Alice Domurut Dreger, *Hermaphrodites and the Medical Invention of Sex* (Cambridge, MA, 1998); Angus McLaren, *Reproductive Rituals: The Perception of Fertility in England from the Sixteenth to the Nineteenth Century* (London, 1984), 46; Stephen Wilson, *Magical Universe: Everyday Ritual and Magic in Pre-Modern Europe* (London, 2004), 161–3.

9 概要見Frank Newport, 'Americans Prefer Boys to Girls, Just as They Did in 1941', Gallup, June 23, 2011. Reported at https://news.gallup.com/poll/148187/americans-preferboysgirls1941.aspx。二十世紀末完成的學術文獻回顧可參N. E. Williamson, 'Sex Preferences, Sex Control and the Status of Women', *SIGNS: Journal of Women in Culture and Society* 1 (1976), 847–62。

10 關於「性別」的女性主義概念以及主流概念，尤可參見Deborah Cameron, 'Gender: The Unsettling Adventures of a Feminist Keyword'（雷蒙・威廉斯學會年度演講，牛津，二〇一六年）；Joanne Meyerowitz, 'A History of "Gender" ', *American Historical Review* 113 (2008), 1346–56。

11 Newport, 'Americans Prefer Boys to Girls'.

12 關於飲食，可參見Lewis, *In the Family Way*（貴族）；McMillen, *Motherhood in the Old South*, 37。

13 M. Inez Hilger, *Chippewa Child Life and Its Cultural Background* (Washington, DC, 1951), 7– 9 (奈特湖).

14 Laura Gowing, *Common Bodies: Women, Touch and Power in Seventeenth-Century England* (New Haven, 2003), 127 (皺褶領), 128 (「不良印記」), quoting A. M., *A Rich Closet of Physical Secrets* (London, 1652), ch. 1.

15 Laura Gowing, ' "The Manner of Submission": Gender and Demeanour in SeventeenthCentury London', *Cultural and Social History* 10 (2013), 37（倫敦市

長法庭）；McLaren, *Reproductive Rituals*, 50，引用G. J. Witkoswki, *Histoire des Accouchements Chez Tous Les Peuples* (Paris, n.d.)中的一則故事，頁170（植物學家）。

16 Marie Jenkins Schwartz, *Birthing a Slave: Motherhood and Medicine in the Antebellum South* (Cambridge, MA, 2006), 132–4 (佛斯特); 'A Question of Legitimacy', *Western Journal of Medicine and Surgery* (1845), 457, discussed in Schwartz, *Birthing a Slave*, 133; Henry Fielding, *The History of the Adventures of Joseph Andrews, and His Friend Mr. Abraham Adams* (2nd edn, 2 vols, London, 1742), ii, 73 (草莓).

17 關於此段與接下來四段，見*A Declaration of a Strange and Wonderfull Monster: Born in Kirkham Parish in Lancashire* (1646), quoted in Gowing, *Common Bodies*, 127（圓顱黨）；Stephen Wilson, *Magical Universe*, 158（莎士比亞）；Ellen Ross, *Love and Toil: Motherhood in Outcast London, 1870–1918* (London, 1993), 111（倫敦婦產醫院）；Leslie J. Reagan, *Dangerous Pregnancies: Mothers, Disabilities, and Abortion in Modern America* (Berkeley, 2010), 19（「手臂殘缺」、「畸形」）；Indiana University Archives, IU Folklore Institute student papers, 70/149, Barbara J. Stanley, 'Superstitions of Pregnancy and Childbirth' (1970), 12, 15, 18, 19, 22（美國中西部例子、「怪胎」）。

第七章

1 Sharon Olds, *The Sign of Saturn Poems 1980–1987* (London, 1991), 8–9.

2 關於生產的歷史，如今已有大量相關研究。本章著重探討四個主要人物：十七世紀東安格利亞一位牧師太太、十八世紀的一位切羅基族婦女、一九三〇年代美國東南部白人佃農家庭的婦女，以及一九四〇年代的曼哈頓人歐蒂絲・柏格。近年關於生產之劃時代改變的有力論述已成圭臬：Judith Walzer Leavitt, *Brought to Bed: Childbearing in America, 1750–1950* (1986, repr. New York, 2016)。

3 關於分娩的比喻，見Peggy Vincent, *Baby Catcher: Chronicles of a Modern Midwife* (New York, 2002), 134, 135（斯汀森海灘、颱風）；Lia Purpura, *Increase* (Athens, GA, 2000), 43（地圖等高線）；Steve Humphries and Pamela Gordon, *A Labour of Love: Experience of Parenthood in Britain, 1900–1950* (London, 1993), 15（撥火棍、女帽商）；社會科學家Margaret Mead, 'On Having a Baby' (1972), extracted in Wendy Martin (ed.), *The Beacon Book of Essays by Contemporary American Women* (Boston, 1996), 215；Laura Gowing, *Common Bodies: Women, Touch, and Power in Seventeenth-Century England* (New Haven, 2003), 169（酷

刑、愛麗絲・桑頓）。

4 英國史學者對於研究近代早期婦女生產的興趣格外濃厚。綜論可見拙著'Early Modern Birth and the Story of Gender Relations', *History Workshop Journal* 78 (2014), 287– 94。關於本節中厄爾斯科恩的珍・喬斯林的記述，以及近代早期的諸般細節，則統整自 Linda A. Pollock, 'Childbearing and Female Bonding in Early Modern England', *Social History* 22 (1997), 286–306; Laura Gowing, *Common Bodies* and her 'Giving Birth at the Magistrate's Gate: Single Mothers in the Early Modern City', in Stephanie Tarbin and Susan Broomhall (eds.), *Women, Identities and Communities in Early Modern Europe* (Aldershot, 2008), 137–52; Adrian Wilson, *The Making of Man-Midwifery: Childbirth in England 1660–1770* (London, 1995) and his *Ritual and Conflict: The Social Relations of Childbirth in Early Modern England* (London, 2013); Mary E. Fissell, *Vernacular Bodies: The Politics of Reproduction in Early Modern England* (Oxford, 2004)。關於珍・喬斯林，可特別參見Alan Macfarlane, *The Family Life of Ralph Josselin, A Seventeenth-Century Clergyman: An Essay in Historical Anthropology* (Cambridge, 1970); Alan Macfarlane, *The Diary of Ralph Josselin, 1616–1683* (London, 1976)。家庭生活場景描述，亦參考Catherine Richardson, *Domestic Life and Domestic Tragedy in Early Modern England: The Material Life of the Household* (Manchester, 2006)。

5 關於十八世紀切羅基族婦女分娩場景和近代生活的描述，主要參考James Mooney, 'The Sacred Formulas of the Cherokees', *Seventh Annual Report of the Bureau of American Ethnology to the Secretary of the Smithsonian Institution, 1885–1886* (Washington, 1891), 387, 363; Lee Irwin, 'Cherokee Healing: Myths, Dreams and Medicine', *American Indian Quarterly* 16 (1992), 239–42; Carol Neithammer, *Daughters of the Earth: The Lives and Legends of American Indian Women* (New York, 1977), 1–22; Katy Simpson Smith, *We Have Raised All of You: Motherhood in the South, 1750–1835* (Baton Rouge, 2013)。另有其他細節出自 Sarah H. Hill, *Weaving New Worlds: Southeastern Cherokee Women and their Basketry* (Chapel Hill, 1997); Theda Perdue, *Cherokee Women: Gender and Cultural Change, 1700–1835* (Lincoln, 1998); Carolyn Ross Johnston, *Cherokee Women in Crisis: Trail of Tears, Civil War, and Allotment, 1838–1907* (Tuscaloosa, 2003), esp. 18–22。

6 關於一九三〇年代美國東南部白人佃農家庭及其近代生活，主要參考描述場景令人身歷其境、深具洞見的當代社會學論著For the white tenant farmers of the 1930s US Southeast, and their recent past, I drew on the fine visual writing and insights of a contemporary sociologist, Margaret Jarman Hagood, *Mothers of the*

South: Portraiture of the White Tenant Farm Woman (1939, repr. New York, 1972)，其他關於助產「阿婆」的補充參考資料包括Linda Holmes and Margaret Charles Smith, *Listen to Me Good: The Life Story of an Alabama Midwife* (Columbus, 1996), 96（胞衣）；歐妮・李・羅根口述，凱瑟琳・克拉克記錄，*Motherwit: An Alabama Midwife's Story* (New York, 1989), 147（神、放鬆）以及 Molly LaddTaylor, *Mother-Work: Women, Child Welfare and the State, 1890–1930* (Chicago, 1994), 23–6（「受苦難」、「雙手」）。

7 關於歐蒂絲・柏格的生活，以及在她之前和之後婦女生產情況的改變，主要參考Abigail Lewis [Otis Burger], *An Interesting Condition: The Diary of a Pregnant Woman* (Garden City, NY, 1950), which was commissioned by the publishers (correspondence with author), esp. 190–200 (birth), ，其他細節參見頁117（醫生），34（動物學課程），61（七百五十美金），120–21、140、203（狄克－里德），120（標本），171（蘇格蘭威士忌），173（宮縮時停住），接續討論亦參見頁69–70, 75（十九世紀小說）、98（科學）。Grantly DickRead, *Childbirth without Fear; The Principles and Practice of Natural Childbirth* (New York, 1944); as well as, in particular, Jacqueline H. Wolf, *Deliver Me from Pain: Anesthesia and Birth in America* (Baltimore, 2009); Ann Oakley et al, 'Becoming a Mother: Continuities and Discontinuities over Three Decades,' in Fatemeh Ebtehaj et al (eds.), *Birth Rites and Rights* (Oxford, 2011), 9–27; Paula A. Michaels, *Lamaze: An International History* (New York, 2014); Wendy Kline, 'Communicating a New Consciousness: Countercultural Print and the Home Birth Movement of the 1970s', *Bulletin of the History of Medicine* 89 (2015), 527–56; Leavitt, *Brought to Bed*。

8 關於接下來四段，參見上述各組人物出處。

第八章

1 Abigail Lewis [Otis Burger], *An Interesting Condition: The Diary of a Pregnant Woman* (Garden City, NY, 1950), 203–4; Ann Oakley, *Taking It Like a Woman* (London, 1987), 62.

2 Theda Perdue, *Cherokee Women: Gender and Cultural Change, 1700–1835* (Lincoln, 1998), 25 (球棍), 43; Carolyn Ross Johnston, *Cherokee Women in Crisis: Trail of Tears, Civil War, and Allotment, 1838–1907* (Tuscaloosa, 2003), 19 (囟門); and see Kim Anderson, *Life Stages and Native Women: Memory, Teachings, and Story Medicine* (Winnipeg, 2011), 57.

3 關於這三段裡恢復自由之身的費城黑人為自己取名的細節，見Gary B. Nash,

Forging Freedom: The Formation of Philadelphia's Black Community, 1720–1840 (Cambridge, MA, 1998), esp. 79–88; Julie Winch, *A Gentleman of Color: The Life of James Forten* (New York, 2002), esp. 113; Susan E. Klepp, *Revolutionary Conceptions: Women, Fertility and the Family Limitation in America, 1760–1820* (Chapel Hill, 2009), 118（黛娜）。

4 Nancy C. Dorian, 'A Substitute Name System in the Scottish Highlands', *American Anthropologist* 72 (1970), 303–19; Nancy C. Dorian, *The Tyranny of Tide: An Oral History of the East Sutherland Fisherfolk* (Ann Arbor, 1985), 83 (約翰・薩瑟蘭), 66 (直呼外號).

5 Shirley Boteler Mock, *Dreaming with the Ancestors: Black Seminole Women in Texas and Mexico* (Norman, 2010), 219, 223.

6 布琦・艾米契塔透過小說和回憶錄講述自身經驗：*Second-Class Citizen* (London, 1974, repr. Oxford, 1994), 135–8 and *Head Above Water* (1986, repr. Oxford, 1994), 104。

第九章

1 Anne Enright, *Making Babies: Stumbling into Motherhood* (London, 2005), 127–30.

2 Milicent Washburn Shinn, *The Biography of a Baby* (Boston, 1900), 20 (風笛); Abigail Lewis [Otis Burger], *An Interesting Condition: The Diary of a Pregnant Woman* (Garden City, NY, 1950), 153 (廉價玩具號角); M. Inez Hilger, *Chippewa Child Life and Its Cultural Background* (Washington, DC, 1951), 7 (「可憐悽慘的嗚咽聲」).

3 Leah Astbury, ' "Ordering the infant": caring for newborns in early modern England', in Sandra Cavallo and Tessa Storey (eds.), *Conserving Health in Early Modern Culture: Bodies and Environments in Italy and England* (Manchester, 2017), 83–6; John and Elizabeth Newson, *Patterns of Infant Care in an Urban Community* (London, 1963), 89–92, quotation at 89 (「詐哭」).

4 Joanna Bourke, 'The Sentience of Infants', in *The Story of Pain: From Prayer to Painkillers* (New York, 2014), 214–18.

5 Lewis, *An Interesting Condition*, 23 (摧脊斷骨).

6 Katy Simpson Smith, *We Have Raised All of You: Motherhood in the South 1750–1835* (Baton Rouge, 2013), 90 (考克斯); Shirley Marchalonis, *The Worlds of Lucy Larcom 1824–1893* (Athens, GA, 1989), 70–71.

7 Emily Cockayne, *Hubbub: Filth, Noise and Stench in England, 1600–1770* (New Haven, 2007), 116 (「冒犯」); Stephanie J. Shaw, 'Mothering under Slavery in the

Antebellum South', in Evelyn Nakano Glenn, Grace Chang and Linda Renine Forcey (eds.), *Mothering: Ideology, Experience, and Agency* (New York, 1994), 245 (「一瓶糖水」); Mark M. Smith (ed.), *Hearing History: A Reader* (Athens, GA, 2004), 37 (克拉克); Work Projects Administration, 'Angie Boyce', *Slave Narratives: A Folk History of Slavery in the United States. From Interviews with Former Slaves: Indiana Narratives* (Washington, DC, 1941), (安姬・金恩).

8 Marla N. Powers, *Oglala Women: Myth, Ritual and Reality* (Chicago, 1986), 56 (「嚇到孩子」)；歐及布威族的類似習慣見Thomas Peacock and Marlene Wisuri, *The Four Hills of Life: Ojibwe Wisdom* (Afton, 2006), 38。

9 Amanda Vickery, *The Gentleman's Daughter: Women's Lives in Georgian England* (New Haven, 1998), 110.

10 Ann Oakley, *From Here to Maternity: Becoming a Mother* (Harmondsworth, 1979), 252 (「表現特別優良」).

11 印第安納大學美洲原住民族研究中心（American Indian Studies Research Institute, Indiana University）原住民族語言詞典資料庫。

第十章

1 此詞語見《牛津英語大辭典》，轉引自一八九二年 *Magazine of Poetry* 及 *Our Bodies Ourselves* (Boston, 1978)；Ann Oakley, *From Here to Maternity: Becoming a Mother* (Harmondsworth, 1979), 145。

2 Patricia Crawford, *Blood, Bodies and Families in Early Modern England* (2004, repr. London, 2014), ch. 5, quotation at 147 (「像凝乳」); F. Truby King, *The Expectant Mother, and Baby's First Months: For Parents and Nurses* (Wellington, 1925), 59; Oakley, *From Here to Maternity*, 181 (「好東西」'good thing').

3 Alexander Longe, 'A Small Postscript on the Ways and Manners of the Indians Called Cherokees', ed. David H. Corkran, *Southern Indian Studies* 11 (1969), 34; and see Julie L. Reed, 'Family and Nation: Cherokee Orphan Care, 1835–1903', *American Indian Quarterly* 34 (2010), 312.

4 Oakley, *From Here to Maternity*, 48 (「要命的病」), 124 (「釣魚線」), 163 (「世界大戰」).

5 Irma Honigmann and John Honigmann, 'Child Rearing Patterns among the Great Whale River Eskimo', *University of Alaska Anthropological Papers* 2 (1953), 33; Wendy Mitchinson, *Giving Birth in Canada, 1900–1950* (Toronto, 2002), 89 (「配茶」); 286–8.

6 M. Inez Hilger, *Chippewa Child Life and Its Cultural Background* (Washington,

DC, 1951), 15–16.

7 Margaret Charles Smith and Linda Holmes, *Listen to Me Good: The Life Story of an Alabama Midwife* (Columbus, 1996), 51.

8 關於此段與下段：Mrs William Parkes, *Domestic Duties or, Instructions to young married ladies* (2nd edn, London, 1825), 319–32; Elizabeth Cady Stanton, *Eighty years and more* (New York, 1898), 118 (「蒙羅媽媽」); Fanny Fern [pseud.], *Ruth Hall: A domestic tale of the present time* (New York, 1855), 43.

9 Patrick Minges, *Far More Terrible for Women: Personal Accounts of Women in Slavery* (WinstonSalem, 2006), 148–50.

10 Harold Nicolson to Vita Sackville-West, 15 Aug. 1914, Nigel Nicolson (ed.), *Vita and Harold: The Letters of Vita Sackville-West and Harold Nicolson* (New York, 1992), 53.

11 JiYeon Yuh, *Beyond the Shadow of Camptown: Korean Military Brides in America* (New York, 2002), quotation at 100.

12 關於此段與下段：Margaret Llewelyn Davies (ed.), *Maternity: Letters From Working Women* (1915, repr. London, 1978), 46 (「奢侈」), 49 (「起床」), 187 (「我第一次」), 189 (「挖礦工作」), 190 (「辛苦」).

13 Carole Itter, 'Cry Baby' (1976), in Laura Chester (ed.), *Cradle and All: Women Writers on Pregnancy and Birth* (Boston, 1989), 213.

14 Mary Chamberlain, *Growing up in Lambeth* (London, 1989), 94 (「不能下床」); Michael Young and Peter Willmott, *Family and Kinship in East London* (Glencoe, 1957), 39–40 (「上教堂」).

15 關於此段與下段：Helen Sekaquaptewa, *Me and Mine: The Life Story of Helen Sekaquaptewa as told to Louise Udall* (Tucson, 1969), 180–81.

16 Oakley, *From Here to Maternity*, 119–20, 215–16.

17 Emily Rathbone Greg (ed.), *Reynolds-Rathbone Diaries and Letters 1753–1839* (privately printed, 1905), 76–7.

18 Margaret Jarman Hagood, *Mothers of the South: Portraiture of the White Tenant Farm Woman* (1939, repr. New York, 1972), 137.

19 Connie Young Fu, 'The World of Our Grandmothers', in Asian Women United of California (eds.), *Making Waves: An Anthology of Writings by and about Asian American Women* (Boston, 1989), 37–9.

20 Helen M. Dart, *Maternity and Child Care in Selected Rural Areas of Mississippi* (Washington, 1921), 4, 30, 40–41.

21 *England's Merry Jester* (1694) quoted in Laura Gowing, '"The Manner of Submission": Gender and Demeanour in SeventeenthCentury London', *Cultural and Social History* 10 (2013), 33.

22 關於此處與情緒史有關的例子，見Joel Pfister, 'On Conceptualizing the Cultural History of Emotional and Psychological Life in America', in Pfister and Nancy Schnog (eds.), *Inventing the Psychological: Toward a Cultural History of Emotional Life in America* (New Haven, 1997), 31–2。

23 Tim ReinkeWilliams, *Women, Work and Sociability in Early Modern London* (Houndsmills, 2014), 33.

24 Louise Erdrich, *The Blue Jay's Dance: A Memoir of Early Motherhood* (New York, 1995), 146.

25 Polly Clarke (Lexington) to Mrs Mary Cotton (Hopkinton), Dec. 11, 1782, Allen-Ware Papers, 1782–1866, Box 1, Folder 1782–1800, Massachusetts Historical Society.

26 Nathan Sellers to [Mrs Ann Gibson Sellers] (Philadelphia?), 12 Dec. 1785, Sellers Family Papers, American Philosophical Society.

27 Katharine C. Balderston (ed.), *Thraliana: The Diary of Mrs Hester Lynch Thrale (later Mrs Piozzi), 1776–1809* (2 vols, 2nd edn, Oxford, 1951), i, 158.

28 Jean Radford, 'My Pride and Joy', in Katherine Gieve (ed.), *Balancing Acts, On Being a Mother* (London, 1989), 138.

29 James C. Mohr and Richard E. Winslow (eds.), *Cormany Diaries: A Northern Family in the Civil War* (Pittsburgh, 1982), 597.

30 Amanda Vickery, *The Gentleman's Daughter: Women's Lives in Georgian England* (New Haven, 1998), 15–16 (引文); Adrian Wilson, *Ritual and Conflict: The Social Relations of Childbirth in Early Modern England* (London, 2013), 179.

31 Hannah Woolley, *The Gentlewomans Companion; Or a Guide to the Female Sex: Containing Directions of Behaviour, in All Places, Companies, Relations and Conditions, from Their Childhood Down to Old Age* (London, 1673), quotation at 208.

32 Hagood, *Mothers of the South*, 55.

33 Susannah Shaw Romney, *New Netherland Connections: Intimate Networks and Atlantic Ties in Seventeenth-Century America* (Chapel Hill, 2014), 66.

34 關於這三段，見Cherríe Moraga, *Waiting in the Wings: Portrait of a Queer Motherhood* (Ithaca, 1997), quotations at 85–7。

第十一章

1 LiYoung Lee, 'The Waiting,' *The City in Which I Love You* (Rochester, 1990), 64.

2 本節中對於維多利亞時期人物和場景的綜合描述，主要參考Annemarie Adams, *Architecture in the Family Way: Doctors, Houses and Women 1870–1900* (London, 1996)，特別是頁131（廚房）、136（起居室）、140–3（育兒室）；Jane Hamlett, *Material Relations: Domestic Interiors and Middle-Class Families in England, 1850–1910* (Manchester, 2010) ，特別是頁47、50、78、87（起居室）、118–9（僕人）、112、120–4、（育兒室、刺繡範本）、130（荷蘭畫作）；Ruth Goodman, *How to Be a Victorian: A Dawn-to-Dusk Guide to Victorian Life* (New York, 2014)，頁11–15、123–7（氣味、衣物）、17、133–4（肥皂、香水）、214–5（尿布）、255–70（待洗衣物）；格拉斯哥的場景描述另見Eleanor Gordon and Gwyneth Nair, *Public Lives: Women, Family and Society in Victorian Britain* (New Haven, 2003)，特別是頁6、123–5（起居室）、45、150–1（僕人）、96（《韋佛利期刊》）。

3 Patricia E. Malcolmson, *English Laundresses: A Social History, 1850–1930* (Urbana, 1986), 23, 34, quotation at 34.

4 本節中關於佩里曼、鮑爾斯和莫比爾鎮的細節參考Laurie A. Wilkie, *The Archaeology of Mothering: An African-American Midwife's Tale* (New York, 2003)，特別是頁25、28、104–6（房屋與土地）、33、（威利）、83（漢斯貝里）、87–8（地位）、91、96、97、（食物與食品）、127、215（抗菌劑、療法）、214（小天使花瓶）；Marilyn Culpepper, *Mobile: Photographs from the William E. Wilson Collection* (Charleston, 2001)，尤請參見頁9、55。關於黑人獲解放之後傾向避開白人離群索居，見Paula Giddings, *When and Where I Enter: The Impact of Black Women on Race and Sex in America* (New York, 1984)及Jacqueline Jones, *Labor of Love, Labor of Sorrow: Black Women, Work, and the Family, from Slavery to the Present* (New York, 2010)。

5 Ann Oakley, *From Here to Maternity: Becoming a Mother* (Harmondsworth, 1979), 163.

6 關於艾莉・梅・巴洛茲，見James Agee and Walker Evans, *Let Us Now Praise Famous Men: Three Tenant Families* (1939, repr. Boston, 1988)，她在書中的化名為安妮・梅・葛傑（Annie Mae Gudger），尤請參見頁liii– liv、127–89、頁139的細節（院子）；151（肥皂）；152、155、206（走廊）；154–5（氣味）；165、173、259、272、275、279（衣櫥、衣物）；173（壁爐）；177–82（廚房）；441（哺乳）。關於她的鄰居伊麗莎白・丁格（在書中的化名為莎娣・瑞克茨〔Sadie Ricketts〕），見同上，頁xvii及頁191、199–200、364中的細節。

關於懷舊氣味，見同上，頁154，關於尿布氣味，另見Margaret Jarman Hagood, *Mothers of the South: Portraiture of the White Tenant Farm Woman* (1939, repr. New York, 1972), 105。

7 此段與接下來五段中的「長時段」敘事（*longue durée* narrative）主要從Kathleen Brown, *Foul Bodies: Cleanliness in Early America* (New Haven, 2009) 獲得啟發。關於巴斯寇，尤請參見同上，頁221、237（「打腫臉充胖子」）。關於十八世紀僕人，見Carolyn Steedman, *Labours Lost: Domestic Service and the Making of Modern England* (Cambridge, 2009), 14。關於布的觸感語言，亦可見Amanda Vickery, *The Gentleman's Daughter: Women's Lives in Georgian England* (New Haven, 1998), 149；「尿布」字源見《牛津英語大辭典》；Elizabeth Roberts, *A Woman's Place: An Oral History of Working-Class Women, 1890–1940* (Oxford, 1984), 161（蘭卡斯特「揩抹用布」）；Ellen Ross, *Love and Toil: Motherhood in Outcast London, 1870–1918* (London, 1993), 138（臭、扣環和綁帶）；M. Inez Hilger, *Chippewa Child Life and Its Cultural Background* (Washington, DC, 1951), 15（「蘚類的甜香」）；亦見Kim Anderson, *Life Stages and Native Women: Memory, Teachings, and Story Medicine* (Winnipeg, 2011), 58–61。

8 Martha Vicinus, 'The Perfect Victorian Lady', in Martha Vicinus (ed.), *Suffer and Be Still: Women in the Victorian Age* (Bloomington, 1972). 探討居家女性特質（domestic womanhood）之興起的經典文獻為Leonore Davidoff and Catherine Hall, *Family Fortunes: Men and Women of the English Middle Class, 1780–1850* (Chicago, 1987).

9 Adrienne Rich, *Of Woman Born: Motherhood as Experience and Institution* (1976, repr. New York, 1986), 27.

10 Eunice Murray, *Frances Murray: A Memoir* (Glasgow, 1920), 113 (乏味), 117 (寶寶王國).

11 關於莫比爾鎮的南北戰爭紀念碑，見Culpepper, *Mobile*, 48。

12 Lucille Clifton, *Generations: A Memoir* (New York, 1976), esp. 11–12, 34, 79.

第十二章

1 Lisa Baraitser, *Maternal Encounters: The Ethics of Interruption* (Hove, 2009).

2 Amanda Vickery, *The Gentleman's Daughter: Women's Lives in Georgian England* (New Haven, 1988), 114–15.

3 Rebecca Allmon to her aunts, Halifax, 29 Mar. 1787, Byles Family Papers, Box 2, Massachusetts Historical Society.

4 Vickery, *The Gentleman's Daughter*, 115.

5 Ethel Armes (ed.), *Nancy Shippen, her journal book* (New York, 1968), 144 (李文斯頓); Vickery, *The Gentleman's Daughter*, 115–16 (帕克); Frances Marvin Smith Webster to Lucien Bonaparte, Fort Pickens, 18 Sept. 1846, in Van R. Baker (ed.), *The Websters: Letters of an Army Family in Peace and War, 1836–1853* (Kent, 2000), 109; Louisa Wylie Boisen to Herman Boisen, Bloomington, 4 Aug. 1878, and Rebecca Wylie to Louisa Boisen, Bloomington, Jan. 1875, Wylie House Museum.

6 關於這四段，見Ann Oakley, *From Here to Maternity: Becoming a Mother* (Harmondsworth, 1979)，頁31、253–4，及引自頁142（萊特）、253（米切爾）。

7 Eleanor Gordon and Gwyneth Nair, *Public Lives: Women, Family and Society in Victorian Britain* (New Haven, 2003), 143.

8 關於此段與以下兩段，見Margery Spring Rice, 'The Day's Work', in *Working-Class Wives: Their Health and Conditions* (Harmondsworth, 1939), 94–127; Selina Todd, *Young Women, Work, and Family in England, 1918–1950* (Oxford, 2005).

9 關於這兩段：Mass Observation, 'The Housewife's Day', *New Series Bulletin* 42 (May/June 1951), 2, quoted in Clare Langhamer, *Women's Leisure in England 1920–60* (Manchester, 2000), 31–2。

10 *Manchester Evening News*, 20 Oct. 1955.

11 Mass Observation: DR1831, reply to March/April 1948 Directive, quoted in Langhamer, *Women's Leisure*, 30.

12 關於此段與下段：Maria Campbell, 'Preface', in Kim Anderson, *Life Stages and Native Women: Memory, Teachings, and Story Medicine* (Winnipeg, 2011), xv (故事) and interviewed in Anderson, ibid, 112–14。

13 關於此段與下段：Oakley, *From Here to Maternity*, 252–4, quotations at 253 (工廠工人), 254 (米切爾、「好幾年來」)。

14 Margaret Mead, 'On Having a Baby' (1972), extracted in Wendy Martin (ed.), *The Beacon Book of Essays by Contemporary American Women* (Boston, 1996), 216.

15 Oakley, *From Here to Maternity*, 241.

第十三章

1 關於此段與下段，見A. Roger Ekirch, *At Day's Close: Night in Times Past* (New York, 2005), 267–8（鮑斯威爾及其所屬時代）；Alicia Ostriker, 'Postscript to Propaganda', *The Mother/Child Papers* (1980, repr. Pittsburgh, 2009), 47。

2 關於此段與接下來四段中所提近代早期床鋪，主要參考John Crowley, *The Invention of Comfort: Sensibilities and Design in Early Modern Britain and Early*

America (Baltimore, 2003)，特別是頁74（「碎布條拼成的被子」）、81（馬里蘭州）、91（伊博族）；JeanLouis Flandrin, *Families in Former Times: Kinship, Household and Sexuality*, trans. Richard Southern (Cambridge, 1979), 90–102；Laura Gowing, ' "The Twinkling of a Bedstaff": Recovering the Social Life of English Beds 1500–1700', *Home Cultures* 11 (2014), 275–304；Ferdinand Baynard de la Vingtrie, *Travels of a Frenchman in Maryland and Virginia*, ed. Ben C. McCary (Williamsburg, 1950), 13（「箱形框架」）；Philip D. Morgan, *Slave Counterpoint: Black Culture in the Eighteenth-Century Chesapeake and Lowcountry* (Chapel Hill, 1998), 114；Raffaella Sarti, *Europe at Home: Family and Material Culture, 1500–1800* (New Haven, 2002), 103（乞沙比克新移民）、119–31；John Styles, 'Lodging at the Old Bailey: Lodgings and Their Furnishings in EighteenthCentury London', in Styles and Amanda Vickery (eds.), *Gender, Taste and Material Culture in Britain and North America 1700–1830* (New Haven, 2006), 71–5。

3 關於此段與接下來三段中所提及較現代的床鋪，參考Tom Crook, 'Norms, Forms and Beds: Spatializing Sleep in Victorian Britain', *Body & Society* 14 (2008), 15–35; Judith Flanders, *Inside the Victorian Home: A Portrait of Domestic Life in Victorian England* (New York, 2003), 42–7; Hilary Hinds, 'Together and Apart: Twin Beds, Domestic Hygiene and Modern Marriage, 1890–1945', *Journal of Design History* 23 (2010), 275–304; ReaderEditors of Woman's Home Companion, *Bedtime Story. Reports on Sleeping Equipment* (New York, 1942)。

4 Flandrin, *Families in Former Times*, 100 (「大床」).

5 Crowley, *The Invention of Comfort*, 167 (「床墊破爛不堪」).

6 此段裡肯塔基州居民的生活習慣，見Verna Mae Slone, *How We Talked and Common Folks* (1978, repr. Lexington, 2009)，特別見頁259（與家人同睡）、251–2（木屋）、266和279（雞群）、254（動物）、28（擠到）、32（「短柱」）、61（年紀夠大）、125（借宿）；William Lynwood Montell, *Killings: Folk Justice in the Upper South* (Lexington, 1986), 29（「非常想念」）；以及從官方改革者的視角，Lydia J. Roberts, *The Nutrition and Care of Children in a Mountain County of Kentucky, United States Children's Bureau Publication 110* (Washington DC, 1922)。後來的人類學家研究結果見Susan Abbott, 'Holding On and Pushing Away: Comparative Perspectives on an Eastern Kentucky ChildRearing Practice', *Ethos* 20 (1992), 33–65，引言出自頁58（學校老師）。

7 關於「奶媽覺」，見Lodewijk Brunt and Brigitte Steger (eds.), *Worlds of Sleep: New Perspectives* (Berlin, 2008), 18。

8 近代早期「前半夜睡眠」和「後半夜睡眠」的關鍵記述見Ekirch, *At Day's Close*, ch. 12。

9 William Gouge, 'The Duties of Parents', in *Of Domesticall Duties* (London, 1622), 515 (「撒潑胡鬧」); and see Elizabeth Lincoln, *The Countesse of Lincolnes Nurserie* (Oxford, 1628).

10 A . Marsh, *The Ten Pleasures of Marriage Relating to All the Delights and Contentments that are Mask'd under the Bands of Matrimony* (Oxford, 1682), 122 (「輾轉難眠」), attributed to Aphra Behn; Alan Macfarlane, *The Family Life of Ralph Josselin, a Seventeenth-Century Clergyman: An Essay in Historical Anthropology* (Cambridge, 1970), 89 (「忽然放聲大哭」); Mary Collier, *The Woman's Labour: An Epistle to Mr Stephen Duck* (London, 1739), quotations at 11.

11 Narcissa Prentiss Whitman, 30 Mar. 1837, in Clifford Merrill Drury (ed.), *Where Wagons Could Go: Narcissa Whitman and Eliza Spalding* (1963, repr. Lincoln, 1997), 126.

12 關於此段與接下來四段的詮釋，參考Anne Bradstreet, *The Tenth Muse Lately Sprung Up in America, or, Severall Poems Compiled with Great Variety of Wit and Learning, Full of Delight* (London, 1650)，引言見頁43（「任性號啕」）；David H. Flaherty, *Privacy in Colonial New England* (Charlottesville, 1972), 76–9（母嬰同床）; Robert S. Cox, 'The Suburbs of Eternity: On Visionaries and Miraculous Sleepers', in Brunt and Steger, *Worlds of Sleep*, 53–73；Alec Ryrie, 'Sleeping, Waking and Dreaming in Protestant Piety', in Jessica Martin and Alec Ryrie (eds.), *Private and Domestic Devotion in Early Modern Britain* (Farnham, 2012), 73–92；Sasha Handley, 'From the Sacral to the Moral: Sleeping Practices, Household Worship and Confessional Cultures in Late SeventeenthCentury England', *Cultural and Social History* 9 (2012), 27–46。

13 以下數段現代人的睡眠習慣見：Benjamin Reiss, 'Sleeping at Walden Pond: Thoreau, Abnormal Temporality, and the Modern Body', *American Literature* 85 (2013), 5–31；A. Roger Ekirch, 'The Modernization of Western Sleep: Or, Does Insomnia Have a History?', *Past & Present* 226 (2015), 149–92。Sasha Handley, 'Sociable Sleeping in Early Modern England, 1660–1760', *History* 98 (2013), 79–104, quotation at 84 (《閒談者》)。

14 Brenda Shaughnessy, 'Liquid Flesh', *Our Andromeda* (Port Townsend, 2012), 22–7, quotation at 26.

15 Steve Humphries and Pamela Gordon, *A Labour of Love: The Experience of Parenthood in Britain 1900–1950* (London, 1993), 72–3 (「長靠椅」).

16 Elizabeth Roberts, *Women and Families: An Oral History, 1940–1970* (Oxford, 1995), 155.

17 此段與接下來七段中對於夜晚時光的詮釋，參考Mabel Loomis Todd Papers (MS496C), Manuscripts and Archives, Yale University Library, Series III: Diaries 1879–1881；Journal Volume III；and 'Millicent's Journal' Volume I。陶德後來因為與詩人艾蜜莉・狄金生之兄奧斯汀・狄金生（Austin Dickinson）之間的婚外情關係而廣為人知；見Polly Longsworth (ed.), *Austin and Mabel: The Amherst Affair & Love Letters of Austin Dickinson and Mabel Loomis Todd* (New York, 1983)。她的大量私人書寫為維多利亞時期性史相關研究留下豐富材料，見Peter Gay: *The Bourgeois Experience: Victoria to Freud. Volume 1: The Education of the Senses* (New York, 1984), 71–108。茉莉・佩頓身分辨認參見*Boyd's Directory of the District of Columbia* (Alexandria, 1880), 711。

18 關於「床伴」，見Gowing, ' "The Twinkling of a Bedstaff" '。

19 Jacqueline H. Wolf, *Don't kill your baby: Public health and the decline of breastfeeding in the nineteenth and twentieth centuries* (Columbus, 2001), 188 (「美國寶寶」).

20 Mrs W. D. to Mrs West, 9 May 1918, Pennsylvania, in Molly LaddTaylor (ed.), *Raising a Baby the Government Way: Mothers' Letters to the Children's Bureau, 1915–1932* (New Brunswick, 1986), 108; Adrienne Rich, *Of Woman Born: Motherhood as Experience and Institution* (1976, repr. New York, 1986), 31–2.

21 此處的證據出自睡眠研究相關結果：William Caudill and Helen Weinstein, 'Maternal Care and Infant Behavior in Japan and America', *Psychiatry* 32 (1969), 12–43；Caudill and David W. Plath, 'Who Sleeps By Whom? ParentChild Involvement in Urban Japanese Families', *Psychiatry* 29 (1966), 344–66；M. Gantley, D. P. Davies and A. Murcott, 'Sudden Infant Death Syndrome: Links with Infant Care Practices', *British Medical Journal* 306 (6869), 16–20（卡地夫）。

22 Abigail Lewis [Otis Burger], *An Interesting Condition: The Diary of a Pregnant Woman* (Garden City, NY, 1950), 245.

第十四章

1 本章前兩節引用的鄧約翰詩作：〈銷魂忘我〉（The Extasie）第四、七－八行。關於催產素，見Sarah Blaffer Hrdy, *Mother Nature: Maternal Instincts and How They Shape the Human Species* (New York, 1999), 137–39；C. Sue Carter and Stephen W. Porges, 'The Biochemistry of Love: An Oxytocin Hypothesis', *EMBO Reports* 14 (2013), 12–16。關於愛欲和哺乳，見Adrienne Rich, *Of Woman Born:*

Motherhood as Experience and Institution (1976, repr. New York, 1986), 37；Maggie Nelson, *The Argonauts* (Minneapolis, 2015), 44。

2 母親哺乳以及請奶媽餵奶也如同生產，自成一段歷史。此段及下段引用的重要著作包括Emily West and R. J. Knight, 'Mothers' Milk: slavery, wetnursing and black and white women in the Antebellum South', *Journal of Southern History* 83 (2017), 37–68；Marissa C. Rhodes, 'Domestic Vulnerabilities: Reading Families and Bodies into EighteenthCentury AngloAtlantic Wet Nurse Advertisements', *Journal of Family History* 40 (2015), 39–63；Janet Golden, *A Social History of Wet Nursing in America: From Breast to Bottle* (Cambridge, 1996), esp. 22–3（波士頓）；Marie Jenkins Schwartz, ' "At Noon, Oh How I Ran": Breastfeeding and Weaning on Plantation and Farm in Antebellum Virginia and Alabama', in Patricia Morton (ed.), *Discovering the Women in Slavery: Emancipating Perspectives on the American Past* (Athens, GA, 1996), 241–59；Valerie A. Fildes, *Wet Nursing: A History from Antiquity to the Present* (Oxford, 1988)；Fildes, *Breasts, Bottles and Babies: A History of Infant Feeding* (Edinburgh, 1986)。

3 關於受僱於醫院的奶媽，以及本節中特別描述的瑪格麗特・寇利耶，見Alysa Levene, *Childcare, Health and Mortality at the London Foundling Hospital 1741–1800* (Manchester, 2007)，特別見111、132–3、136（寇利耶）；96、122（切特西）；106–14（斷奶）；134–5（薪酬）；Gillian Clark (ed.), *Correspondence of the Foundling Hospital Inspectors in Berkshire, 1759–1768* (Reading, 1997), xxxvi（訪查員）；以及，扶幼院兒童衣著見Clark, 'Infant Clothing in the Eighteenth Century: A New Insight', *Costume* 28 (1994), 47–59。關於家中有了第一個孩子面臨的貧困問題，見：Barry Stapleton, 'Inherited Poverty and LifeCycle Poverty: Odiham, Hampshire, 1650–1850', *Social History* 18 (1993), 339–55；Patricia Crawford, *Parents of Poor Children in England, 1580–1800* (Oxford, 2010), 9。

4 關於本節中的瑪格麗格・莫里斯及十八世紀中葉的費城，見John Jay Smith (ed.), *Letters of Doctor Richard Hill and His Children, Or, The History of a Family as Told By Themselves* (Philadelphia, 1854), 173–4, 178, 183；Catherine La Courreye Blecki and Karin A. Wulf (eds.), *Milcah Martha Moore's Book: A Commonplace Book from Revolutionary America* (University Park, 1997), 5, 19。

5 Patricia Crawford, *Blood, Bodies and Families in Early Modern England* (Harlow, 2004), ch. 5, 146 (「吮乳」).

6 A . Marsh, *The Ten Pleasures of Marriage Relating All the Delights and Contentments that are Mask'd under the Bands of Matrimony* (Oxford, 1682), 134.

7 潔身守貞的姿勢見Laura Gowing, ' "The Manner of Submission": Gender and

Demeanour in SeventeenthCentury London', *Cultural and Social History* 10 (2013), 25–45, 34。Lorena S. Walsh, ' "Til Death Us Do Part": Marriage and Family in SeventeenthCentury Maryland', in Thad W. Tate and David L. Ammerman (eds.), *Chesapeake in the Seventeenth Century: Essays on Anglo-American Studies* (Chapel Hill, 1979), 141 (「奶量很足」).

8 Katy Simpson Smith, *We Have Raised All of You: Motherhood in the South, 1750–1835* (Baton Rouge, 2013), 96 (考克斯); Fildes, *Wet Nursing*, 102 (拉馬齊尼).; Angus McLaren, *Reproductive Rituals: The Perception of Fertility in England from the Sixteenth to the Seventeenth Century* (London, 1984), 34 (匍匐風鈴草).

9 Rhodes, 'Domestic Vulnerabilities', 44–5（廣告）；關於僕役階級相關文獻更廣泛的討論見David M. Katzman, *Seven Days a Week: Women and Domestic Service in Industrializing America* (New York, 1978), 99。

10 Marsh, *The Ten Pleasures of Marriage*, 141 (「疏離」); Amanda Vickery, *The Gentleman's Daughter: Women's Lives in Georgian England* (New Haven, 1998), 107–10, quotation at 108 (史契夏).

11 Fildes, *Wet Nursing*, 85 (遺囑), 87 (「非外借而來」).

12 Hardy, *Mother Nature*, 35, (「滿足靈藥」).

13 Patricia Crawford, 'Women's Dreams in Early Modern England', *History Workshop Journal* 49 (2000), 130–31 (「神聖的字詞」、「泉水」).

14 Mary Richardson Walker, *First White Women over the Rockies, Vol. 2: On To Oregon: The Diaries of Mary Walker and Myra Eells* (1966, repr. Nebraska, 1998), 331.

15 Judith Schneid Lewis, *In the Family Way: Childbearing in the British Aristocracy, 1760–1860* (New Brunswick, 1986), 210 (Devonshire); Nora Doyle, ' "The Highest Pleasure of Which Woman's Nature Is Capable": BreastFeeding and the Sentimental Maternal Ideal in America, 1750–1860', *Journal of American History* 97 (2011), 958–73, quotations at 961 (巴肯), 958 (華金斯), 962 (亞倫).

16 Sally McMillen, 'Mothers' Sacred Duty: BreastFeeding Patterns among Middle and UpperClass Women in the Antebellum South', *Journal of Southern History* 51 (1985), 333–56, quotations at 333.

17 Doyle, ' "The Highest Pleasure" ', 969 (路易斯).

18 Ibid., 967 (「迷人」).

19 Rhodes, 'Domestic Vulnerabilities', 51 (「尋求奶媽職位」、「自薦」).

20 接下來三段參考Fanny B. Workman, 'The WetNurse in the Household', *Babyhood* 2 (1886), 142–4；Golden, *A Social History of Wet Nursing in America*, 141, 159–66。

21 Thomas E. Cone Jr, *History of the Care and Feeding of the Premature Infant* (Boston, 1985), esp. 46.

22 Gerda Lerner, 'Dreaming', *Women's Studies Quarterly* 11 (193), 26; Marilyn Chin, 'We Are Americans Now, We Live in the Tundra', *The Iowa Review* 17 (1987), 84.

23 Marylynn Salmon, 'The Cultural Significance of Breast-feeding and Infant Care in Early Modern England and America', *Journal of Social History* 28 (1994), 247–69, 250 (「皓礬」).

24 Isabella Beeton, *Mrs Beeton's Book of Household Management*, ed. Nicola Humble (Oxford, 2000), 1022–4.

25 Margaret B. Blackman, *Sadie Brower Neakok: An Inupiaq Woman* (Seattle, 1989), 128.

26 Mrs Abby Fisher, *What Mrs Fisher Knows About Southern Cooking* (San Francisco, 1881), 72.

27 Ann Oakley, *From Here to Maternity: Becoming a Mother* (Harmondsworth, 1979), 187 (奶粉).

28 Margaret Jarman Hagood, *Mothers of the South: Portraiture of the White Tenant Farm Woman* (1939, repr. New York, 1972), 55.

29 Philippa Mein Smith, 'Mothers, Babies and the Mothers and Babies Movement: Australia Through Depression and War', *Social History of Medicine* 6 (1993), 51–83.

30 Jacquelyn S. Litt, *Medicalized Motherhood: Perspectives from the Lives of African-American and Jewish Women* (New Brunswick, 1999), 58–9, 101 (瑟爾瑪・柯恩), 108.

31 John and Elizabeth Newson, *Patterns of Infant Care in an Urban Community* (London, 1963), esp. 38 (「洗去」'swill'), 44 (「退奶」'get rid'), 50, 54 (統計數字), 55.

32 Ibid., 37 (「哭」、「尿布」).

33 Ibid., 36 (「與生俱來的權利」), 42 (「兩條左手臂」'left arms'), 43 (「怠惰」、「逃避卸責」).

34 Ibid., 40 (「更美好」'nicer'), 41 (「小嘴」、「親近」), 43 (「工作」).

35 Ibid., 36 (太稀薄等等), 37 (「都是溼的」).

36 Ibid., 38 (所有引言).

37 Oakley, *From Here to Maternity*, 42–3 (Hilary Jackson), 167 (「漏」), 186 (「牛舍」).

38 I bid., 168.

39 I bid., 182, (「放鬆」), 177 (感受的轉換、「沒有任何感覺」), 178 (「美好」).

40 Jackie Kay, 'Big Milk', *Granta* 63 (London, 1998), 99–109.

第十五章

1 關於育兒指南，特別參見Angela Davis, *Modern Motherhood: Women and Family in England, c. 1945–2000* (Manchester, 2012), ch. 5；Rima D. Apple, *Perfect Motherhood: Science and Childrearing in America* (New Brunswick, 2006)；Julia Grant, *Raising Baby by the Book: The Education of American Mothers* (New Haven, 1998); Christina Hardyment, *Dream Babies: Childcare Advice from John Locke to Gina Ford* (1983, repr. London, 2007)。

2 此註釋與接下來數筆註釋主要標示引文出處。此段與下段中的引言出自：Richard Allestree, *The Ladies Calling, in Two Parts* (4th edn, Oxford, 1676), 49–52, quotation at 49, copy held in Lilly Library, Bloomington, Ind.; Jane Sharp, *The Midwives Book, or, The Whole Art of Midwifry Discovered*, ed. Elaine Hobby (Oxford, 1999), quotation at 374。

3 Eminent Physician, *The Nurse's Guide: Or, the Right Method of Bringing up Young Children* (London, 1729); William Cadogan, *An Essay upon Nursing and Management of Children from Their Birth to Three Years of Age* (London, 1748); James Nelson, *Essay on the Government of Children under Three Heads, viz, Health, Manners and Education* (London, 1753); William Buchan, *Domestic Medicine* (Edinburgh, 1769).

4 Michael Underwood, *A Treatise on the Diseases of Children, with Directions for the Management of Infants from the Birth; especially such as are brought up by hand* (London, 1784), and many further editions.

5 A Lady, *The Ladies Library, Volume 1* (London, 1714).

6 Lydia Maria Child, *The Mother's Book* (Boston, 1831); L. H. Sigourney, *Letters to Mothers* (Hartford, 1838), vii (「坐在家中」); Mrs William Parkes, *Domestic Duties, or, Instructions to young married ladies* (3rd edn, London, 1828), 184, 186; Eliza Warren, *How I Managed My Children from Infancy to Marriage* (London, 1865); Milicent Washburn Shinn, *The Biography of a Baby* (Boston, 1900); Sidonie Matsner Gruenberg, *Your Child Today and Tomorrow: Some Practical Counsel for Parents* (Philadelphia, 1912); Sophia JexBlake, *The Care of Infants, A Manual for Mothers and Nurses* (London, 1898).

7 L. Emmett Holt, *Care and Feeding of Children* (6th edn, New York, 1894), 15–16.

8 參見如Sir Frederic Truby King, *Feeding and Care of Baby* (London, 1913); Benjamin Spock, *The Common Sense Book of Baby and Child Care* (New York, 1946)以及迄一九九八年的其他版本；Penelope Leach, *Babyhood: Stage by Stage, from Birth to Age Two; How Your Baby Develops Physically, Emotionally, Mentally* (Harmondsworth, 1974)；Mabel Liddiard, *Mothercraft Manual, or The expectant and nursing mother and baby's first two years* (London, 1948), ，重製圖表收於Hardyment, *Dream Babies*, 153。

9 Eminent Physician, *The Nurse's Guide*, 46 (「龍骨」); Sigourney, *Letters to Mothers*, vii (「卷鬚」); Eric Pritchard, *Infant Education* (London, 1907), 94, (電話); Shinn, *The Biography of a Baby*, 6 (猴子).

10 Henry Newcome, *The Compleat Mother, or, An Earnest Perswasive to All Mothers* (London, 1695), 6–7; William Moss, *Essay on the Management and Nursing of Children* (London, 1781), titlepage (理解能力); John D. West, *Maidenhood and Motherhood; or The Ten Phases of a Woman's Life* (Detroit, 1888), 25–9. 英國醫學會出版品內文轉引自Ann Oakley, 'Normal Motherhood: An Exercise in Self-Control?' in Bridget Hutter and Gillian Williams (eds.), *Controlling Women: The Normal and the Deviant* (London, 1981)，頁80（操心）、82（嬰兒車）。

11 John Locke, *Some Thoughts on Education* (London, 1693), 2 (抱著輕搖).

12 Mrs Childs, *The Mother's Book* (2nd edn, Boston, 1831), dedication; Benjamin Spock and Michael B. Rothenberg, *Dr Spock's Baby and Child Care* (6th edn, New York, 1992), xvi–xvii.

13 James N. Green, Librarian, Library Company of Philadelphia, correspondence with the author; Spock, *The Common Sense Book*, 1, (「相信自己」).

14 Mary R. Melendy, *Perfect Womanhood for Maidens-Wives-Mothers* (Chicago, 1903), 5; Charlotte Perkins Gilman, *Concerning Children* (Boston, 1900); Gillian E. Hanscombe and Jackie Forster, *Rocking the Cradle: A Challenge in Family Living* (London, 1981); and see Kristin G. Esterberg, 'Planned Parenthood: The Construction of Motherhood in Lesbian Mother Advice Books', in Andrea O'Reilly (ed.), *Feminist Mothering* (Albany, 2008), 75–88.

15 Rima D. Apple, *Perfect Motherhood*, 19 (識字率), 47 (卡林); Elizabeth Roberts, *Women and Families: An Oral History, 1940–1970* (Oxford, 1995), 142; Lucinda McCray Beier, 'Expertise and Control: Childbearing in Three TwentiethCentury WorkingClass Lancashire Communities', *Bulletin of the History of Medicine* 78 (2004), 379–409.

16 Sharp, *The Midwives Book*, 376; Underwood, *A Treatise on the Diseases of*

Children; Edith Buxbaum, *Your Child Makes Sense: A Guidebook for Parents* (New York, 1949).

17 Mary Truby King, *Mothercraft* (15th printing, London, 1944), 4 (「最幸福」), 66 (作息時間表), 164 (「二十一小時」).

18 C. Anderson Aldrich and Mary M. Aldrich, *Babies Are Human Beings* (New York, 1942), 60–61 (引言、標註), 75 (妙翻了), 76 (食欲), copy belonging to Indiana University South Bend. 印第安納大學圖書館群於一九九〇年實施館藏書目電子化，實體的原始卡片目錄和借還書紀錄也不復存。

第十六章

1 Rivka Galchen, *Little Labors* (New York, 2016); Trevor MacDonald, *Where's the Mother? Stories from a Transgender Dad* (Dugald, 2016); Sarah Manguso, *Ongoingness: The End of a Diary* (Minneapolis, 2015); Maggie Nelson, *The Argonauts* (Minneapolis, 2015); Lia Purpura, *Increase* (Athens, GA, 2015); Eula Biss, *On Immunity: An Innoculation* (Minneapolis, 2014); Rachel Zucker, *the pedestrians* (Seattle, 2014); Rachel Zucker, *MOTHERs* (Denver, 2014); Lisa Baraitser, *Maternal Encounters: The Ethics of Interruption* (Hove, 2009); Lonnae O'Neal Parker, *I'm Every Woman: Remixed Stories of Marriage, Motherhood, and Work* (New York, 2005); Anne Enright, *Making Babies: Stumbling into Motherhood* (London, 2004); Rachel Cusk, *A Life's Work: On Becoming a Mother* (London, 2001).

2 關於柏格及羅根，見the pseudonymous Abigail Lewis [Otis Burger], *An Interesting Condition: The Diary of a Pregnant Woman* (Garden City, NY, 1950), 123–5；Onnie Lee Logan, as told to Katherine Clark, *Motherwit: An Alabama Midwife's Story* (New York, 1989)，頁98（「聽不懂」）、90（「智慧」）；Clarebeth LoprinziKassell, 'Onnie Lee Logan / Matilda Mitchell: Grand Midwives', *Birth Gazette* 12 (1996), 26–8。

3 關於此段與下段，見：C. Anderson Aldrich and Mary M. Aldrich, *Babies Are Human Beings* (New York, 1942), 102（「蘇打餅乾」）；Lewis, *An Interesting Condition*，頁241（躁動不安的表兄弟）、133（「男人婆」）、255（漫畫）。我對柏格與其世界的詮釋亦參考Benjamin Spock, *The Common Sense Book of Baby and Child Care* (New York, 1946)；Rima D. Apple, *Perfect Motherhood: Science and Childrearing in America* (New Brunswick, 2006)，特別是頁107–34，引言出自頁83（「再怎麼強調」）。

4 關於此段與下段，見：Logan and Clark, *Motherwit*, 62（豬草）、64（長牙療

方）。我對歐妮・李・羅根與其世界的詮釋亦參考Christa Craven and Mara Glatzel, 'Downplaying Difference: Historical Accounts of African American Midwives and Contemporary Struggles for Midwifery', *Feminist Studies* 36 (2010), 330–58；Gertrude Jacinta Fraser, *African American Midwifery in the South: Dialogues of Birth, Race and Memory* (Cambridge, MA, 1998), esp. 240, 242–4；Margaret Charles Smith and Linda Holmes, *Listen to Me Good: The Life Story of an Alabama Midwife* (Columbus, 1996)，引言出自頁155（「從小就被教導」)；Jacqueline S. Litt, *Medicalized Motherhood: Perspectives from the Lives of African-American and Jewish Women* (New Brunswick, 2000), 63–81；Debra Anne Susie, *In the Way of Our Grandmothers: A Cultural View of Twentieth-Century Midwifery in Florida* (Athens, GA, 1988)。

5 Nancy Oestreich Lurie (ed.), *Mountain Wolf Woman, Sister of Crashing Thunder: The Autobiography of a Winnebago Indian* (Ann Arbor, 1961), 1, 84.

6 Harriet Connor Brown, *Grandmother Brown's Hundred Years, 1827–1927* (Boston, 1929), 24, 33, 40, 95–96.

7 Eleanor Gordon and Gwyneth Nair, *Public Lives: Women, Family and Society in Victorian Britain* (New Haven, 2003), 146.

8 Anne Megna Dunst, 'How I Fought for My Schooling with a Baby in My Arms', *Italian Americana* 5 (1979), 249–53; Elizabeth Roberts, *A Woman's Place: An Oral History of Working-Class Women, 1890–1940* (Oxford, 1984), 23–5 (菲利浦太太為化名).

9 關於此段與下段，見：Elizabeth Keckley, *Behind the Scenes, Or, Thirty Years a Slave and Four Years in the White House* (New York, 1868), 19–21；Stephanie J. Shaw, 'Mothering under Slavery in the Antebellum South', in Evelyn Nakano Glenn et al. (eds.), *Mothering: Ideology, Experience and Agency* (New York, 1994), quotations at 244。

10 Cathy Cade, *A Lesbian Photo Album: The Lives of Seven Lesbian Feminists* (Oakland, 1987), 86.

11 關於這四段，見Lewis, *An Interesting Condition*，頁111（郊區）、227（危機）、123（「心思」）、92（「心理學」）、242（投注極大心力）、111（「連身毛線衣」）; Philip Wylie, *Generation of Vipers* (New York, 1942)；Rebecca Jo Plant, *Mom: The Transformation of Motherhood in Modern America* (Chicago, 2010), ch. 1。

12 Litt, *Medicalized Motherhood*, 80 (「看的」、「模式」).

13 關於此段與下段，見：Logan and Clark, *Motherwit*，頁89（「發展」）、95–6（床）；Smith and Holmes, *Listen to Me Good*，頁42（「一種藥草」、鼴鼠腳）、

155（「老大不小的女孩」）、93（「硬紙板箱盒」、「同一張床」）、99（「梳子」、「乳頭」）。

14 Bartlett Jere Whiting, *Early American Proverbs and Proverbial Phrases* (Cambridge, MA, 1977), 323 (「婆媽之智」); *OED* ('mothersome').

15 Karen Ritts Benally, 'Thinking Good: The Teachings of Navajo Grandmothers', in Marjorie M. Schweitzer (ed.), *American Indian Grandmothers: Traditions and Transitions* (Albuquerque, 1999), 25–52, quotations at 38.

16 Michael Young and Peter Willmott, *Family and Kinship in East London* (Glencoe, 1957), 2 8– 43, quotation at 28.

17 Linda W. Rosenzweig, *The Anchor of My Life: Middle-Class American Mothers and Daughters, 1880–1920* (New York, 1993), 117–21, quotations at 118 (塔托), 120–21 (溫瑟・亞倫).

18 關於這幾種行業的工作者長年歷練培養出巧智，見Mary E. Fissell, 'Sarah Stone: Artisan of the Body' (unpublished paper)；Jane Sharp, *The Midwives Book, Or the Whole Art of Midwifry Discovered*, ed. Elaine Hobby (Oxford, 1999), 273。

19 Ellen Ross, *Love and Toil: Motherhood in Outcast London 1870–1918* (New York, 1993), 120–21; Lucinda McCray Beier, 'Expertise and Control: Childbearing in Three TwentiethCentury WorkingClass Lancashire Communities', *Bulletin of the History of Medicine* 78 (2004), esp. 397–8, 400; Elizabeth Ewen, *Immigrant Women in the Land of Dollars: Life and Culture on the Lower East Side 1890–1925* (New York, 1995), 130–36, quotation at 132 (塞爾佩).

20 Mrs Layton, 'Memories of Seventy Years', in Margaret Llewelyn Davies (ed.), *Life As We Have Known It by Cooperative Women* (1931, repr. New York, 1975), 43–6; Susan L. Smith, *Japanese American Midwives: Culture, Community, and Health Politics, 1880–1950* (Urbana, 2005), 60–103, esp. 78–9, 86.

21 Fran Leeper Buss, *La Partera: Story of a Midwife* (Ann Arbor, 1980), esp. 45 (「不想被包住」); 64–5 (包住寶寶); 50 (其他產婆); 66 (豆子); 67 (哺乳); 79 (洋甘菊); 52, 68 (指甲).

22 Lewis, *An Interesting Condition*, 16 (「太複雜」); 24 (「高高在上」); 160 (「開心歡呼」); 231 (「社工」); 252 (「迷惘」).

23 Apple, *Perfect Motherhood*, 25 (斯坦頓、康布), 22 (持續研讀); Litt, *Medicalized Motherhood*, 127 (瑪莉安・馬克斯).

24 Angela Davis, *Modern Motherhood: Women and Family in England, c. 1945–2000* (Manchester, 2012), 128–32, quotations at 129 (斯波克); Apple, *Perfect Motherhood*, 124 (軍人太太).

25 Molly LaddTaylor (ed.), *Raising a Baby the Government Way: Mothers' Letters to the Children's Bureau, 1915–1932* (New Brunswick, 1986), 89 (N. F.太太), 81–3 (C. S.太太), 103–4 (H. S.太太).

26 Logan and Clark, *Motherwit*, 102;Smith and Holmes, *Listen to Me Good*, 114;關於醫學實驗，見Deidre Benia Cooper Owens, *Medical Bondage: Race, Gender, and the Origins of American Gynecology* (Athens, GA, 2017)。

27 Young and Willmott, *Family and Kinship in East London* (1957), 37.

28 Logan and Clark, *Motherwit*, 129–30 (白人客戶); 174–5 (開始抱怨的醫生).

29 Richard A. Meckel, 'Educating a Ministry of Mothers: Evangelical Maternal Associations, 1815–1860', *Journal of the Early Republic* 2 (1982), 403–23, quotation at 413.

30 F. Prochaska, 'A Mother's Country: Mothers' Meetings and Family Welfare in Britain, 1850–1950', *History* 74 (1989), 379–99, quotation at 397.

31 Litt, *Medicalized Motherhood*, 129–30 (「娃娃團」); Apple, *Perfect Motherhood*, 98 (「寶貝棒棒俱樂部」).

32 Lynn Y. Weiner, 'Reconstructing Motherhood: The La Leche League in Postwar America', *Journal of American History* 80 (1994), 1357–81; Terry Slater, 'Why I Decided to Have a Baby', *Spare Rib* 63 (1977), 10–12.

第十七章

1 關於托嬰，見Miriam FormanBrunell, *Babysitter: An American History* (New York, 2009)，尤請見頁14。

2 史波丁家人間的關係是露西在書信日記中揭露。關於此段與接下來五段，見：Daniel Dulany Addison, *Lucy Larcom: Life, Letters, and Diary* (Boston, 1894)，尤請見頁29–31（木造小屋）、42（「不告而別」）;Lucy Larcom, *A New England Childhood, Outlined from Memory* (Boston, 1889)，特別見頁190（狄更斯）、226（「半活生物」）;261（擁擠不堪）;258–64;補充資料參見現代作者根據其他手稿所寫傳記：Shirley Marchalonis, *The Worlds of Lucy Larcom 1824–1893* (Athens, GA, 1989), chs. 2–3，特別見頁32–3、53（「家庭幸福美滿」）及257（「姊妹感情」）。Caroline Matilda Kirkland, *A New Home – Who'll Follow? Or, Glimpses of Western Life* (New York, 1839, repr. 1855), 115. Lydia Maria Child, *The Mother's Book* (2nd edn, Boston, 1831), 4。

3 關於此段與接下來六段，主要參考相關田野調查研究報告：Madeline Kerr: *The People of Ship Street* (London, 1958)，尤請見頁15（「由母親主導」、關係鮮少破裂）;50–51（煮飯、母親／媽媽）;192–5（日常生活細節）;196–7（U太太）；104、198（尤妮絲）。所有人名及街名皆為報告中所用化名。

4 關於以下兩節敏德及其家人親戚的生活細節，主要參考一位較年輕的克里族人芙瑞妲・阿赫納丘（Freda Ahenakew）於一九八〇年代晚期進行的兩份訪談紀錄：Freda Ahenakew and H. C. Wolfart (ed. and trans.), *Their Example Showed Me the Way: A Cree Woman's Life Shaped by Two Cultures, Told by Emma Minde* (Edmonton, 1997)，尤請見頁xi（nisikos）；59（賈斯婷）；67（「過得很辛苦」）；79–83（工作）；91（養育孫女）；131–5（尿布、洗衣服、「野餐」）；以及Ahenakew and Wolfart (ed. and trans.), *Our Grandmothers' Lives, As Told in Their Own Words* (Saskatoon, 1992)，頁26（克里族觀念）；97（水上飛機、獨木舟）；241（「保姆」）；224（「餵奶」）；325–7（苔蘚）。亦見根據一九三四、一九三五年所作田野調查寫成的David G. Mandelbaum, *The Plains Cree: An Ethnographic, Historical, and Comparative Study* (1940, repr. Regina, 1979)，頁140（苔蘚）、142–3（斷奶）；Jane Willis, *Geniesh: An Indian Girlhood* (Toronto, 1973)（收養）；Regina Flannery, *Ellen Smallboy: Glimpses of a Cree Woman's Life* (Montreal, 1995)，頁32（幫其他嬰孩哺乳）。關於十七世紀的邁阿密族和蒙塔格奈族，見Sarah M. S. Pearsall, 'Native American Men –and Women– at Home in Plural Marriages in SeventeenthCentury New France', *Gender and History* 27 (2015), 591–610, quotations at 596。

5 Patricia Hill Collins, *Black Feminist Thought* (New York, 1990, repr. 2000), 131–2; and her 'The Meaning of Motherhood in Black Culture and Black Mother–Daughter Relationships', in Patricia BellScott et al. (eds.), *Double Stitch: Black Women Write about Mothers and Daughters* (Boston, 1991).

6 關於此段與接下來四段中探討的薇妮・傑克森及其世界，主要參考Richard S. Dunn, *A Tale of Two Plantations: Slave Life and Labor in Jamaica and Virginia* (Cambridge, MA, 2014)，尤請見頁46、51、53、107–12、209–14；亦見Dell Upton, 'White and Black Landscapes in EighteenthCentury Virginia', in Robert Blair St George (ed.), *Material Life in America, 1600–1860* (Boston, 1988), 357–69，尤請見頁360、367；Laura Croghan Kamoie, *Irons in the Fire: The Business History of the Tayloe Family and Virginia's Gentry, 1700–1860* (Charlottesville, 2007)，尤請見頁95、99–100。

7 Frederick Douglass, *My Bondage and My Freedom* (1855, repr. New Haven, 2014), 46–7, 61, quotation at 47; Katy Simpson Smith, 'Black Aunts', in *We Have Raised All of You: Motherhood in the South 1750–1835* (Baton Rouge, 2013), 231–41, esp. 233–4; Stephanie J. Shaw, 'Mothering under Slavery in the Antebellum South', in Evelyn Nakano Glenn et al. (eds.), *Mothering: Ideology, Experience and Agency*

(New York, 1994), esp. 250 (曼蒂阿姨).

8 Collins, 'Meaning of Motherhood', 47 (布魯克斯).

9 Virginia Woolf, *A Room of One's Own* (London, 1929).【譯註：中譯本《自己的房間》。】

10 關於這幾段中與吳爾芙有關的討論，見Alison Light, *Mrs Woolf and the Servants* (London, 2007)。

11 關於這三段中未婚的艾莉絲・費雪，見艾莉絲・費爾德（Alice Field；她如此自稱）的訪談紀錄：'Interview with Mrs Field', SN2000 The Edwardians, 1870–1913, accessed online 22 August 2016；P. Thompson and T. Lummis, *Family Life and Work Experience Before 1918, 1870–1973* (7th edn, UK Data Service, 2009)。

12 關於這五段，見Martha Haygood Hall, 'The Nursemaid: A SocioPsychological Study of an Occupational Group' (MA thesis, University of Chicago, 1931)，特別見頁iii、123（海古德・霍爾）、8、32（聚餐）、25–7（來自歐洲的移民）、36–42（工作情況、流動率）、171（燙髮鉗）；頁60、68中引言（凱希）、103（「惶惶不知所終」）、110（「相處愉快」、「好的感受」、「不順眼」、「喜歡我」）、153（莉莎）、182–3（安娜）。

13 關於此段與下段，見Mrs William Parkes, *Domestic Duties or, Instructions to young married ladies* (2nd edn, London, 1825)，尤請見頁155；Eliza Warren, *How I Managed My Children from Infancy to Marriage* (London, 1865)，頁25–6（海絲特）。

14 Mary Ann Ashford, *Life of a Licensed Victualler's Daughter. Written by Herself* (London, 1844), reprinted in Claudia Nelson and Susan B. Egenoff (eds.), *British Family Life, 1780–1914* (5 vols, London, 2013), iv, 159–77, quotations at 162.

15 關於本節中特別探討的人父育嬰歷史，見Shawn Johansen, *Family Men: Middle-Class Fatherhood in Early Industrializing America* (New York, 2001)，頁73–9引言出自頁75–6 (Lincoln Clark, John Wesley and Ann North)；Lynn Abrams, ' "There Was Nobody Like My Daddy": Fathers, the Family and the Marginalisation of Men in Modern Scotland', *Scottish Historical Review* 78 (1999)，頁219–42，尤請見頁233（「換尿布」）；Laura King, ' "Now You See a Great Many Men Pushing Their Pram Proudly": FamilyOriented Masculinity Represented and Experienced in TwentiethCentury Britain', *Cultural and Social History* 10 (2013)，頁599–617, 引言出自頁607（「娘娘腔」、「怕老婆」）、608（羅福德、酒吧）；Julie Smith, 'The First Intruder: Fatherhood, A Historical Perspective', in Peter Moss (ed.), *Father Figures: Fathers in the Families of the 1990s* (Edinburgh, 1995)，頁17–26, 尤請見Figure 1（埃文）、頁19（《女性時空》）。更多細節見Lynn Jamieson and

Claire Toynbee, *Country Bairns: Growing Up, 1900–1930* (Edinburgh, 1992)，頁110（魏斯特太太談起父親）。Lincoln Steffens, 'Becoming a Father at 60 is a Liberal Education', *American Magazine* 106 (Aug 1928), 48. Johan de Brune, *Emblemata of zinne-werck* (Amsterdam, 1661)。

第十八章

1 Viola Paradise, *Maternity Care and the Welfare of Young Children in a Homesteading County in Montana* (Washington, DC, 1918), chapter title.

2 關於近代早期英格蘭的場景，主要參見Barry Stapleton, 'Inherited Poverty and LifeCycle Poverty: Odiham, Hampshire, 1650–1850', *Social History* 18 (1993), 339–55；Amanda Flather, *Gender and Space in Early Modern England* (Woodbridge, 2007), ch. 3；Patricia Crawford, *Parents of Poor Children in England, 1580–1800* (Oxford, 2010)；亦見Linda Oja, 'Childcare and Gender in Sweden c. 1600–1800', *Gender and History* 27 (2015), 77–111。

3 關於這兩段中二十世紀農家的例子，見Paradise, *Maternity Care and the Welfare of Young Children*；Deborah Fink, *Agrarian Women: Wives and Mothers in Rural Nebraska, 1880–1940* (Chapel Hill, 1992)；Julie JonesEddy, *Homesteading Women: An Oral History of Colorado, 1890–1950* (New York, 1992)。

4 貝蒂・薩瑟蘭是真名，有她的兒子和媳婦於一九七六至一九七八年間接受一名人類學家訪談的紀錄為證：Nancy C. Dorian, *The Tyranny of Tide: An Oral History of the East Sutherland Fisherfolk* (Ann Arbor, 1985)，特別見頁7（腳推搖籃）、15（石板地）、30–31（寡婦、揹丈夫）、34（鞋子）、35（以物易物）、49（捕獲的魚類）、51（購物）、80（親戚）。

5 關於這四段中所描述紐約廉價公寓裡的義大利裔家庭手工業者，見Mary Van Kleeck, *Artificial Flower Makers* (New York, 1913)，尤請見頁86–7（賺得的錢如何花用）、90（工廠員工與家庭手工業者相對人數）、95（家庭手工作業流程）、(the process of manufacture), 97–8（佚名熟練家庭手工業者的例子、工作到大半夜）、110（香堇花）、143對頁照片；Elizabeth Ewen, *Immigrant Women in the Land of Dollars: Life and Culture on the Lower East Side, 1890–1925* (New York, 1985), esp. ch. 1（義大利南部）、105–6頁照片（帶孩子、白色箱子）；Eileen Boris, *Home to Work: Motherhood and the Politics of Industrial Homework in the United States* (New York, 1994)，尤請見頁104（收入）、106（義大利生意）。上述場景以外的描述，參見Boris, *Home to Work*，尤請見頁191；Shelley Pennington and Belinda Westover, *A Hidden Workforce: Women Homeworkers in England, 1850–1985* (New York, 1989)。

6 關於此段與接下來三段，見Xialoan Bao, *Holding Up More than Half the Sky: Chinese Garment Workers in New York City, 1948–1992* (Urbana, 2001)，頁122（行話）、125–7（引言、化名李太太的家庭手工業者案例）。

7 Mary H. Blewett, *Men, Women, and Work: Class, Gender, and Protest in the New England Shoe Industry, 1780–1910* (Urbana, 1988)，此處細節尤請見頁6–9（廚房製鞋）、12（給奴隸穿的鞋子）、14–15、30–31（鞋面縫製處理）、51–3（吉福德與麥金泰）、144、156（鞋靴種類）150（工廠描述）、209、213（一八七〇年代已婚女工）、17（引用吉爾曼所言）。

8 托育服務的興起與沿革鮮少有人探討，見Patricia E. Malcolmson, *English Laundresses: A Social History, 1850–1930* (Chicago, 1986)，頁34–5（倫敦實例），引言出自頁35；Elizabeth Roberts, *A Woman's Place: An Oral History of Working- C lass Women, 1890–1940* (Oxford, 1984)，頁144（小道消息）；Elizabeth Rose, *A Mother's Job: The History of Day Care, 1890–1960* (New York, 1999)。

9 Sherna Berger Gluck, *Rosie the Riveter Revisited: Women, the War and Social Change* (Boston, 1987), 128–50, esp. 143–4, 146–7 (拉夫勒斯).

10 Sheila Patterson, *Dark Strangers: A Sociological Study of the Absorption of a Recent West Indian Group in Brixton, South London* (Bloomington, 1964), 310–11 (「席爾瑪・L」) ，其他引言出自頁316（美國對有色人種的差別待遇）；Elyse Dodgson, *Motherland: West Indian Women to Britain in the 1950s* (London, 1984)，引言出自頁31（送走）；Nancy Foner, *Jamaica Farewell: Jamaican Migrants in London* (Berkeley, 1978)，尤請見頁60（教育）、80–83（工作與托兒），引言出自頁82（「祖母或姑姑、阿姨」）。

11 關於布瑞爾太太（化名）與北蘭開郡橫跨多個世代的歷史，見Elizabeth Roberts, *Women and Families: An Oral History, 1940–1970* (Oxford, 1995)，尤請見頁135（引言）；Roberts, *A Woman's Place*。

12 Rachel Thomson, 'Making Motherhood Work?', *Studies in the Maternal* 2 (2011), 1；Jodi VandenbergDaves, *Modern Motherhood: An American History* (New Brunswick, 2014), 249；Boris, *Home to Work*, 347，指出一九八七年全國育有未滿一歲嬰兒的媽媽之中有半數是職業婦女。

第十九章

1 Jane Lazarre, *The Mother Knot* (Boston, 1976), 109–10.

2 Daniel Thomas Cook, *The Commodification of Childhood: The Children's Clothing Industry and the Rise of the Child Consumer* (Durham, 2004), 100–104 (粉紅色與

藍色).

3 Ann Oakley, *From Here to Maternity: Becoming a Mother* (Harmondsworth, 1979), 250 (狄傑利).

4 關於此段與下段：Colette A. Hyman, *Dakota Women's Work: Creativity, Culture, and Exile* (St. Paul, 2012)，尤請見頁17–18（嬰兒背板）、27（畫作）；John C. Ewers, *Plains Indian History and Culture: Essays on Continuity and Change* (Norman, 1997), 76, fig. 4.7。

5 Frances Densmore, *Chippewa Customs* (1929, repr. St. Paul, 1979), 48–9, plate 22.

6 James S. Chisholm, *Navajo Infancy: An Ethological Study of Child Development* (New York, 1983), esp. 78 (尿布、薔薇科灌木).

7 Robert Holt, 'Extract from an account of a charity, for assisting the female poor, at the period of their lying in', *Reports of the Society for Bettering the Condition and Increasing the Comforts of the Poor* (London, 1798), i, 120–1; Mary Chamberlain, *Growing Up in Lambeth* (London, 1989), 95 (嬰兒肚圍及法蘭絨墊背保暖織物).

8 Stuart Campbell, 'Work and Play: The Material Culture of Childhood in Early Modern Scotland', in Janay Nugent and Elizabeth Ewan (eds.), *Children and Youth in Premodern Scotland* (Woodbridge, 2015), 67–8.

9 Christian August Struve, *A Familiar Treatise on the Physical Education of Children During the Early Period of Their Lives* (trans. A. F. M. Willich, London, 1800) (「吸吮袋」); Albertine de Saussure, *Progressive Education Commencing with the Infant* (Boston, 1835), 335 (「糖袋」，參見譯者Almira Phelps的討論); John and Elizabeth Newson, *Patterns of Infant Care in an Urban Community* (London, 1963), 57–60 (奶嘴的其他名稱).

10 Laurie A. Wilkie, *Creating Freedom: Material Culture and African American Identity at Oakley Plantation, Louisiana, 1840–1950* (Baton Rouge, 2000), esp. 189–92; Newbell Niles Puckett, *Folk Beliefs of the Southern Negro* (Chapel Hill, 1926).

11 本節所述搖籃和嬰兒床歷史參考的兩部著作，皆以討論白人中產及上層階級使用者為主：Karin Calvert, *Children in the House: The Material Culture of Early Childhood, 1600–1900* (Boston, 1992), esp. 27–9, 65–9, 132–5；and Sally Kevill-Davies, *Yesterday's Children: The Antiques and History of Childcare* (Woodbridge, 1991), esp. 106–24。

12 John Henry Mole, *Minding Baby* (1852).

13 KevillDavies, *Yesterday's Children*, 106 (「一直推動搖籃」).

14 Isabella Beeton, *Mrs Beeton's Book of Household Management*, ed. Nicola Humble

(Oxford, 2000), 496 (「婆婆媽媽」、「裹成木乃伊」).

15 Anne Winters, 'Night Light', *The Key to the City* (Chicago, 1986), 25.

16 George Frederic Still, *The History of Paediatrics; The Progress of the Study of Diseases of Children up to the End of the XVIIIth Century* (London, 1931), 265 (「蠟燭」); Harriet Connor Brown, *Grandmother Brown's Hundred Years, 1827–1927: Settling the Midwest* (Boston, 1929), 97 (羽毛、「罌粟花」); Oakley, *From Here to Maternity*, 170 (布萊迪).

17 Steve Humphries and Pamela Gordon, *A Labour of Love: The Experience of Parenthood in Britain 1900–1950* (London, 1993), 58 (席多); Michele Felice Corne, *Hanging Out the Wash* (1800), reprinted in Kathleen M. Brown, *Foul Bodies: Cleanliness in Early America* (New Haven, 2009), 219.

18 Amanda Vickery, *The Gentleman's Daughter: Women's Lives in Georgian England* (New Haven, 1998), 117 (帕克); John Spargo, *The Bitter Cry of Children* (New York, 1909), 28 (衣物籃); Charles A. Le Guin (ed.), *A Home-Concealed Woman: The Diaries of Magnolia Wynn Le Guin, 1901–1913* (Athens, GA, 1990), 71 (「節慶拉炮紙盒」、貨物棧板); Elizabeth Roberts, *A Woman's Place: An Oral History of Working-Class Women, 1890–1940* (Oxford, 1984); 150–1 (香蕉箱); Chamberlain, *Growing up in Lambeth*, 96 (麵粉袋與舊抽屜); Margaret Jarman Hagood, *Mothers of the South: Portraiture of the White Tenant Farm Woman* (1939, repr. New York, 1972), 97 (籠舍式嬰兒床); Regina Flannery, *The Gros Ventres of Montana: Part 1 Social Life* (Washington, DC, 1953), 141 (硬挺皮革).

19 Chisholm, *Navajo Infancy*, 79 (奶瓶).

20 Margaret Mead, 'On Having a Baby' (1972), extracted in Wendy Martin (ed.), *The Beacon Book of Essays by Contemporary American Women* (Boston, 1996), 207.

第二十章

1 Sylvia D. Hoffert, *Private Matters: American Attitudes toward Childbearing and Infant Nurture in the Urban North, 1800–1860* (Urbana, 1989), 132 (卡博).

2 American Indian Studies Research Institute, Indiana University, Assiniboine Dictionary.

3 *OED*, 'weanling'; George Thornton Emmons, *The Tlingit Indians*, ed. Frederica de Laguna (Seattle, 1991), 257, 260.

4 Margaret Jarman Hagood, *Mothers of the South: Portraiture of the White Tenant Farm Woman* (1939, repr. New York, 1972), 68, 139.

5 關於此段與下段：Marie Campbell, *Folks Do Get Born* (New York, 1946), 192–

203，引言出自頁202–3。

6 Isaac Williams, *Aunt Sally, Or, They Cross the Way to Freedom. The Narrative of the Slave-Life and Purchase of the Mother of Rev. Isaac Williams, of Detroit, Michigan* (Cincinnati, 1858), 10 and 63–4（揹兩個嬰兒）, further details at 31, 35, 59, 60, 61.

7 Shepard Knapp (ed.), *Gideon Lee Knapp and Augusta Murray Spring, His Wife* (privately printed, 1909), 66.

8 Charles A. Le Guin (ed.), *A Home-Concealed Woman: The Diaries of Magnolia Wynn Le Guin, 1901–1913* (Athens, GA, 1990), quotations at 7–8, 16（艾斯邱）；11, 28（弗雷），44–5（珍・米勒），53（「沒有自己的時間」）。

9 Viola Bankes and Pamela Watkin, *A Kingston Lacy Childhood: Reminiscences of Viola Bankes* (Wimborne, 1986), 7–9.

10 Mary Chamberlain, *Growing Up in Lambeth* (London, 1989), 94.

11 John and Elizabeth Newson, *Patterns of Infant Care in an Urban Community* (London, 1963), 52; Philippa Mein Smith, 'Mothers, Babies, and the Mothers and Babies Movement: Australia through Depression and War', *Social History of Medicine* 6 (1993), 70–71.

12 Jean Radford, 'My Pride and Joy', in Katherine Gieve (ed.), *Balancing Acts, On Being a Mother* (London, 1989), 137–44, quotations at 137（「生母來自英格蘭」），141（「奇蹟」）。

13 Susan Abbott, 'Holding On and Pushing Away: Comparative Perspectives on an Eastern Kentucky ChildRearing Practice', *Ethos* 20 (1992), 33–65, esp. 55–8（引言）；同樣是一九八〇年代在麻州伍斯特（Worcester）的情況，另見Deborah Madansky and Craig Edelbrock, 'Cosleeping in a Community Sample of 2and 3YearOld Children', *Pediatrics* 86 (1990), 197–280。

14 Philippa Maddern and Stephanie Tarbin, 'LifeCycle', in Sandra Cavallo and Silvia Evangelisti, *A Cultural History of Childhood and Family in the Early Modern Age* (Oxford, 2010), 114–15.

15 Ibid., 124 (薛帕); Nancy C. Dorian, *The Tyranny of Tide: An Oral History of the East Sutherland Fisherfolk* (Ann Arbor, 1985), 6, 10–11, 50, 54.

16 Maddern and Tarbin, 'LifeCycle', 130 (勒熱納).

17 Laurie A. Wilkie, *The Archaeology of Mothering: An African-American Midwife's Tale* (New York, 2003), 66–9.

18 M. Inez Hilger, *Chippewa Child Life and Its Cultural Background* (Washington, DC, 1951), ix (「開始有記憶」、「有意識」), 39.

19 Peter Wheeler, *Chains and Freedom: Or, The Life and Adventures of Peter Wheeler*

(New York, 1839), 21; Katy Simpson Smith, *We Have Raised All of You: Motherhood in the South 1750–1835* (Baton Rouge, 2013), 46 (卡道巴人).

20 Linda Pollock, *Forgotten Children: Parent–Child Relations from 1500 to 1900* (Cambridge, 1983), 107(繩子);Carolyn Steedman, *Labours Lost: Domestic Service and the Making of Modern England* (Cambridge, 2009), 48;以及此段與下段:Martha Haygood Hall, 'The Nursemaid: A SocioPsychological Study of an Occupational Group' (MA thesis, University of Chicago, 1931), 143(「開心」、「唸這本書」、「傭人」)、145(「不是我的誰」、「管我」)、147(「把戲」)。

第二十一章

1 Sara Ruddick, *Maternal Thinking: Towards a Politics of Peace* (Boston, 1989), 75.

2 相關變動歷程見Gerda Lerner, *The Grimké Sisters from South Carolina* (New York, 1971)及Lois W. Banner, 'Elizabeth Cady Stanton: Early Marriage and Feminist Rebellion', in Linda K. Kerber and Jane De HartMathews (eds.), *Women's America: Refocusing the Past* (New York, 1987), 201–12;Adrienne Rich, *Of Woman Born: Motherhood as Experience and Institution* (New York, 1976)。

3 關於此段與接下來三段的討論,見Annelise Orleck, *Common Sense and a Little Fire: Women and Working-Class Politics in the United States, 1900–1965* (Chapel Hill, 1995), 215–40,引言出自頁218(「在家中」)、220(葛森);Julie Guard, 'A Mighty Power against the Cost of Living: Canadian Housewives Organize in the 1930s', *International Labor and Working-Class History* 77 (2010), 27– 47。

4 此段與接下來兩段的討論參考Katherine M. B. Osburn, *Southern Ute Women: Autonomy and Assimilation on the Reservation, 1887–1934* (Albuquerque, 1998), 3–7, and ch. 4, esp. 73–5;Emily K. Abel and Nancy Reifel, 'Interactions between Public Health Nurses and Clients on American Indian Reservations During the 1930s', *Social History of Medicine* 9 (1996), 89–108。

5 關於此段與下段:Daniel W. Rivers, *Radical Relations: Lesbian Mothers, Gay Fathers, and Their Children in the United States since World War II* (Chapel Hill, 2013), 176–8,引言出自頁178。

淺談寫作方法

i Annabel Patterson, 'Anecdotes', *Early Modern Liberalism* (Cambridge, 1997) 153–82; Michael McKeon, *The Secret History of Domesticity: Public, Private, and the Division of Knowledge* (Baltimore, 2005), quotation of Antoine Varillas at 470–1 (「男人於公領域」). 最近開始出現以軼事為開場或原型框架的文化史分析,這

股風潮方興未艾。

ii Ruth H. Bloch, 'American Feminine Ideals in Transition: The Rise of Moral Mother, 1785–1815', *Feminist Studies* 4 (1978), 111; Amanda Vickery, *The Gentleman's Daughter: Women's Lives in Georgian England* (New Haven, 1998), 110; Anthony Fletcher, *Growing Up in England: The Experience of Childhood 1600–1914* (New Haven, 2008), 106; Linda Oja, 'Childcare and Gender in Sweden c. 1600–1800', *Gender and History* 27 (2015), 78, 82. 亦可見本書第九章討論。

iii Lisa Baraitser, *Maternal Encounters: The Ethics of Interruption* (Hove, 2009), 12 (「持續對敘事發動攻擊」、「千瘡百孔」).

iv Eve Kosofsky Sedgwick, *Tendencies* (Durham, 1993), 25.

v Linda A. Pollock, *Forgotten Children: Parent–Child Relations from 1500 to 1900* (Cambridge, 1983), 98.

vi Joan W. Scott, 'Rewriting History', in Margaret Higonnet et al (eds.), *Behind the Lines: Gender and the Two World Wars* (New Haven, 1987), 19–30, quotations at 22. vii Ellen Ross, *Love and Toil: Motherhood in Outcast London* (New York, 1993); Judith Walzer Leavitt, *Brought to Bed: Childbearing in America, 1750–1950* (New York, 1986, repr. 2016).

引文出處

第二章，第26頁
引用菲利普·拉金詩句
出自*Collected Poems* © 1988 by Philip Larkin, Faber and Faber Ltd.

第四章，第51頁
引用詩作〈國會山原野〉
出自*Collected Poems* © 2002 by Sylvia Plath, Faber and Faber Ltd.

第七章，第83頁
「生產這樣閃閃發光的動詞」
出自Sharon Olds的*Satan Says* © 1980
（已獲匹茲堡大學出版社授權刊印於本書）

第十一章，第133頁
引用李立揚詩句
出自*The City In Which I Love You*中的詩作‘The Waiting’© 1990 by Li-Young Lee, BOA Editions, Ltd., www.boaeditions.org.

第十三章，第176頁
引用詩句出自*Our Andromeda*中的詩作‘Liquid Flesh’© 2012 by Brenda Shaughnessy.（已獲以下單位授權刊印於本書：The Permissions Company, Inc, on behalf of Copper Canyon Press, www.coppercanyonpress.org）

國家圖書館出版品預行編目資料

母親的歷史：懷胎、分娩、哺乳、一夜無眠、安撫嬰孩、教養育兒……跨越時間與地域，思索母性、理解母職，並探尋人母身分的歷史及演變軌跡／莎拉．諾特（Sarah Knott）著；王翎譯. -- 一版. -- 臺北市：臉譜，城邦文化出版；家庭傳媒城邦分公司發行, 2022.05

面；　公分. --（臉譜書房；FS0145）

譯自：Mother : an unconventional history

ISBN 978-626-315-092-8（平裝）

1.CST：母親 2.CST：母職 3.CST：育兒 4.CST：歷史

544.141　　111003334